FUGEN
Ein Jahrbuch

FUGEN

Deutsch-Französisches Jahrbuch
für Text-Analytik

Herausgegeben von
Manfred Frank, Friedrich A. Kittler, Samuel Weber

Mit Beiträgen von

Norbert W. Bolz
Rüdiger Campe
Jacques Derrida
Manfred Frank
Jochen Hörisch
Ludwig Jäger
Friedrich A. Kittler
Traugott König
Ulrich Nassen
Manfred Schneider
Bernd Martin Schuppener
Christian Stetter
Horst Turk
Samuel Weber
Raimar Stefan Zons

Walter-Verlag Olten und Freiburg im Breisgau

Gedruckt mit Hilfe der Förderungs- und
Beihilfefonds Wissenschaft der VG WORT GmbH,
Goethestrasse 49, 8000 München 2

1. Auflage 1980
Alle Rechte vorbehalten
© Walter-Verlag AG Olten und Freiburg i. Br. 1980
Satz: Zobrist & Hof AG, CH-Pratteln
Druck: Grafische Betriebe des Walter-Verlags
Einbandarbeiten: Walter-Verlag, Buchbinderei Heitersheim
Printed in Switzerland

ISBN 3-530-24601-8

INHALTSVERZEICHNIS

Vorstellung 7

I

MANFRED FRANK
«Kaum das Urthema wechselnd» 9

SAMUEL WEBER
Das linke Zeichen 43

JACQUES DERRIDA
Nietzsches Otobiographie oder Politik des Eigennamens 64

II

FRIEDRICH A. KITTLER
Fleurs de Lys 99

MANFRED SCHNEIDER
Lichtenbergs ungeschriebene Autobiographie 114

RAIMAR STEFAN ZONS
Ein Familienzentrum: Goethes «Erlkönig» 125

RÜDIGER CAMPE
Schreibstunden in Jean Pauls Idyllen 132

ULRICH NASSEN
Trübsinn und Indigestion 171

III

LUDWIG JÄGER
Linearität und Zeichensynthesis 187

HORST TURK
Die Sprache des «unbeherrschten Schauens» 213

CHRISTIAN STETTER
Zum Verhältnis von Sprachsystem und Sprachgeschichte 233

Geistergespräche

FRIEDRICH A. KITTLER
Kratylos. Ein Simulacrum 247

Archiv 252

Charakteristika und Kritik

NORBERT W. BOLZ
Greph: Qui a peur de la philosophie 266

MANFRED FRANK
Die Welt als Wunsch und Repräsentation 269

JOCHEN HÖRISCH
Literarische Absolutismus 278

TRAUGOTT KÖNIG
Die Abenteur der Dialektik in Frankreich 282

BERND MARTIN SCHUPPENER
Jean-Paul Sartre, La Grand Morale 290

VORSTELLUNG

I. Vergangenheit

Unser Motiv zur Gründung eines publizistischen Organs, das die im deutschsprachigen Raum verstreuten texttheoretischen, semiologischen und ästhetischen Studien zu einer fruchtbaren und kritischen Auseinandersetzung bringen (verfugen) soll, war nicht der Wunsch, die wissenschaftlichen Zeitschriften um eine weitere zu vermehren. Wir glaubten vielmehr – und diese Überzeugung entsprang einer historischen und wissenschaftspolitischen Besinnung –, daß nach dem Verbindlichkeitsschwund eines bestimmten Theorieparadigmas aus Kritischer Theorie, transzendentaler Hermeneutik und analytischer Philosophie, das in den vergangenen 15 Jahren einen, wenn auch instabilen Konsensus zu verbürgen schien, eine Neuorientierung geboten sei. Wir glauben, gut daran zu tun, die brüchige Einheit der deutschsprachigen Geisteswissenschaften (in einem sehr weiten und fraglichen Sinn des Wortes) dem Licht von Entwürfen auszusetzen, die vor allem aus dem zeitgenössischen Frankreich einzufluten beginnen. «Strukturalismus» und «Neo-Strukturalismus» suchen den Untergang des Wissenschaftskonzepts, das besagte Paradigmen haben, nicht durch Kesselflickerei und immanente Auseinandersetzung hinauszuzögern, sondern durch eine epochale Reflexion auf seine epistemologischen und institutionellen Voraussetzungen durchsichtig zu machen. In der vorliegenden Publikation sollen diese «Strukturalismen» nicht simpel affirmiert, sondern ihrerseits kritisch geprüft werden; aber auch die kritische Lektüre fordert die erklärte Bereitschaft, die traditionellen Praktiken der Textwissenschaften den französischen Einwänden auszusetzen, mit ihnen ins Gespräch zu treten und das Gespräch auszudehnen – zu welchem Ende auch immer.

II. Gegenwart

Der erste Jahrgang der FUGEN will die Vielfalt der im deutschen Sprachraum begonnenen Studien, die sich in das skizzierte Gebiet vorwagen, in der Vielfalt dokumentieren, die es nun einmal und vor allem bei einem Anfang gibt. Dabei entstanden zufällige Schwerpunkte im Gebiet der Literatur- und Sprachwissenschaften, besonders der germanistischen, aber auch Heterogenitäten und Koinzidenzen in der Sache. So wird man in diesem Band Beiträge zum autobiographischen Schreiben, Erkundungsgänge im heiklen Feld zwischen Literatur(wissenschaft), Philosophie und Nationalsozialismus und Versuche finden, die Starre des linguistischen Strukturbegriffs aufzutauen. Fugen vereinigen nicht, sie bringen in Nachbarschaft.

III. Zukunft

Hinfort wird es sinnvoll sein, die inhaltliche Disposition der FUGEN vorzuentwerfen, und zwar unter thematischen Schwerpunkten, die auch die hier nicht vertretenen Disziplinen in die Diskussion einbeziehen. Wir laden unsere Leser und Mitarbeiter dazu ein, für den nächsten Jahrgang drei Fragekomplexe zu favorisieren:
1. das Problem der institutionellen Bedingungen, unter denen unsere verschiedenen Disziplinen und die Texte stehen, mit denen wir zu tun haben (Gegenstand eines Colloquiums «über die Gegenwart unserer Bildungsanstalten», das – bedauerliches Futurum exactum – Ende 1979 in Freiburg stattgefunden haben wird),
2. das Problem der politischen Implikationen einer bestimmten Nietzschelektüre, die in jenem weiten Raum zwischen Bataille und der Nouvelle Droite ihr (Un)Wesen treibt,
3. die Aufgabe, die analytischen, poststrukturalistischen und transzendental-hermeneutischen Sprachauffassungen über den Minimalkonsens hinaus, den der sprichwörtliche linguistic turn für sie alle darstellt, zur wechselseitigen Kenntnisnahme zu verpflichten. (Wir kündigen dieses Thema hiermit für eine Arbeitstagung im Juni 1980 an.) Solche Arbeitstagungen sollen fortgeführt werden und das Gesicht des Jahrbuchs nach und nach bestimmen.

M.F. F.A.K. S.W.

MANFRED FRANK

«Kaum das Urthema wechselnd»
Die alte und die neue Mythologie im «Doktor Faustus»

Wie die Geschichten geschehen sind, erfahren wir aus den Erzählungen derer, die sie überlebt haben. Erzählungen sind Texte: Gewebe aus Sinn-Ausdrucks-Einheiten, und ihre Elemente sind die ‹großen linguistischen Einheiten›: die Sätze. Man muß die Metapher der Verwebung beim Wort nehmen: Nicht so verhält sich's, als folgte in Texten der Sinn den Spuren der Ausdrücke nach oder als wiederholte umgekehrt die Kette der Ausdrücke die unsichtbare Bahn der Bedeutungen. Wer eines von beiden für möglich hält, unterstellt eine Übersetzbarkeit der beiden im Zeichen verwobenen Medien ineinander. Tatsächlich kommen sie in keinem Merkmal überein. Und sind dennoch aufeinander angewiesen. Denn der Sinn gleicht entweichendem Gas: als die bestimmte Einheit, die er ist, vermöchte er sich nur unter der Bedingung zu verdichten, daß ein ihm entsprechend zubestimmter Ausdruck ihn begrenzt; aber dieser Ausdruck wird zum Zeichen seinerseits nur im Hinblick auf seinen Sinn. Erst als bezeichnete wird die Kette der vom Verschwinden bedrohten Geschehnisse zur Geschichte: zur Historie. Sobald sie unter der Kategorie ihres Sinns erschlossen, d.h. narrativ aufbereitet wird, hat sie den Charakter einer symbolischen Ordnung, d.h. eines Textes erworben. Geschichte ist wesenhaft Historie; was geschah und was die Überlebenden vom Geschehenen wissen (können), das sind, selbst wenn die Grenzen dieses Wissens unendlich verschiebbar bleiben, Namen *eines* Begriffs.
Kann man weitergehen und fragen, ob auch die Geschichte als solche überlebt werden könne? Das scheint mir – auf eine noch dunkle Weise – das Problem zu sein, das sich dem fiktiven Erzähler in Thomas Manns *Doktor Faustus* stellt; jenem Serenus Zeitblom, der, mit dem Erbe einer «bürgerlich-humanistischen» Erziehung kokettierend, ans hermeneutische Archiv einer ganzen Menschheitsära – sagen wir: ans Erbe der europäischen Aufklärung in jenem weiten Sinne, den Adorno und Horkheimer dem Term verliehen haben – appelliert und dabei doch ein widersprüchliches, fast passioniertes Einverständnis mit den

Gewalten bekundet, die vor der Türe stehen, um die Errungenschaften dieser Ära zu beseitigen. Es ist, genau genommen, die Sympathie mit den ‹dämonisch› genannten Mächten, den Gewalten, die auf den Untergang des Abendlandes hinarbeiten, welche ihm die Chronik eines «hoch-prekären und sündigen Künstlerlebens»[1] zur eigentlichen Lebensaufgabe werden läßt. Ich glaube, die gleichzeitige Notwendigkeit und Unmöglichkeit seiner Erzählung entspringt aus dem Umstand, daß die Tradition, aus deren Deutungsreserven er seine weltanschauliche Identität aufbaut und durch die er sein erzählerisches Gewissen entlastet, in der Historie nicht mehr fortwirkt, mit deren Abfassung er beschäftigt ist. Aus strukturellen Gründen, und nicht nur weil der Erzähler des Romans – wer übrigens? – seine Autorschaft ironisch-problematisch an ihn abtrifft, führt Zeitblom eine Schein-Existenz. (Etwa von der Art, wie es die kollektiven Phantasmen einer Epoche tun.)

I. Eine geschichtsphilosophische Überlegung soll andeuten, worauf ich hinauswill. Seit wenigstens zwei Jahrhunderten, seit dem Erwachen des ‹historischen Bewußtseins›, rücken die vielen Geschichten, in denen individuelle mit kollektiven Tatabläufen sich verweben, ins Kontinuum der *einen* Geschichte, der Welt-Geschichte, ein: in die Geschichte des Abendlandes. Ihre Kontinuität, und d.h.: die Einheit in ihrem Vergehen, wird sichtbar, sofern nur überhaupt ein Begriff von Geschichte zur Verfügung steht. Ein solcher Begriff schließt nämlich den Gedanken eines Aufbruchs und eines Zieles ein, mithin einer teleologischen Ausrichtung des einen Moments aufs andere. Sie gibt der Historie – dem wissenden und letzten Endes: dem wissenschaftlichen Nachvollzug der Geschichte – eine Art Kompaß an die Hand, vermöge dessen sie die chaotische Fülle des Stoffs durch die Einheit einer globalen Hinsichtnahme beherrschen kann. Dieser Umstand bindet den Gedanken der Geschichte an den Gedanken ihres Abschlusses: des Untergangs und der Katastrophe.

Hegels resümierender Nachvollzug der Irrfahrt des abendländischen Geistes ist wie Vergils *Aeneis,* auf die er sich beruft, aus dem Bewußtsein solcher Vollendung konzipiert. Zwar ist die Wahrheit nur im Werden, aber nicht das Werden selbst ist wahr. Darum kann Hegel sagen, die vermeintliche Wahrheit der gestrigen Nacht sei heute mittag «schal geworden». Wenn zutrifft, daß die «Wahrheit durch Aufschreiben nicht verlieren [kann], ebensowenig dadurch, daß wir sie aufbewahren»,[2] hat die Geschichtlichkeit aufgehört, der eigene Ort des

Wahren zu sein. Oder, wie es in der *Enzyklopädie* heißt: «Das Allgemeine (...) lebt nur als Prozeß; aber es ist selbst nicht Teil des Prozesses, nicht im Prozesse, sondern (...) selbst prozeßlos.»[3]
Fortan ist die globale Perspektive auf den Weg der abendländischen Rationalität eröffnet und zugleich von einem Endzeitbewußtsein begleitet, von dem die apokalyptischen Phantasien eines beträchtlichen Teils der modernen Dichtung[4] ebenso beredt Zeugnis ablegen wie die Besinnung aller radikaleren Philosophie der Geschichte. Vorbereitet vom alten Schelling, der der Neuzeit – und eigentlich dem gesamteuropäischen Denken – zuerst die Diagnose stellte, in ihm vollstrecke sich die Selbstverblendung der Subjektivität, und mit jeweils eigenen Akzentuierungen weitergetragen durch Marx, Nietzsche, Spengler, Heidegger, Kojève, Adorno und – nicht zu übersehen – maßgebende Ideologen des Dritten Reichs, erstreckt sich das Bewußtsein vom ‹Untergang des Abendlandes› bis hinein in die zeitgenössische Praxis der ‹Dekonstruktion›, der die ‹abendländische episteme› wieder zum (Hegelschen) Singular sich versammelt.

Ich wage eine so grob vereinfachende und die zum Teil beachtlichen Differenzen, die sich zwischen den genannten Positionen auftun, überspringende Abstraktion, weil nur sie mir erlaubt, ein ihnen allen Gemeinsames zu entdecken, um das mir zu tun ist. Nach der Überwindung der «bisherigen Geschichte» – es sei die ‹Geschichte der Klassenkämpfe›, des ‹jüdisch-christlichen Ressentiments›, der ‹totalitär gewordenen Zivilisation› und/oder ‹Aufklärung›, der ‹Seinsverdrängung› oder des ‹Phono-Logozentrismus› – wird Geschichte nicht mehr im überkommenen Sinne fortschreibbar sein: Nicht eine Epoche oder ein maßgebliches Theorie-Paradigma sind zu Ende gegangen; sondern der gesamte historische Orientierungsrahmen, der noch die Risse, die Brüche und Verwerfungen als Epochen – d.h. als Stockungen – auf dem Wege der einen abendländischen Geistigkeit verständlich machte, ist abgegolten und unhaltbar geworden. (Nicht zufällig beobachtet der Liberale Zeitblom im aufblühenden Umsturzdenken der Rechtskonservativen «eine tiefgreifende diskursive Lockerung, die auch mein Denken in ihren Wirbel zog» [*DF* 468].[4a]) Nicht, als habe mit einem Mal eine im Rahmen der ‹bisherigen Geschichte› unversehene Macht den Plan betreten und ihr unberechenbares Regiment aufgerichtet: die abendländische Geschichte selbst enthüllt sich vielmehr von ihrem Ende-als-Geschichte her als die schrittweis sich vollziehende Freisetzung der Macht, die ihren Untergang besiegelt. Für Schelling, Nietzsche, Heidegger oder Derrida ist es die Subjektivität, welche dies Zerstörungswerk vollführt. Der Weg des Abendlandes wäre aus diesem Gesichtspunkt der Weg der Selbstzerstörung traditionell eingelebter, dem Menschen Heimat und Orientierung gewährender symbolischer Ordnungen durch eine bindungs- und haltlos gewordene Subjektivität. Und dieses Mal handelte es sich nicht mehr um den Umsturz einer Ordnung im Vorblick auf eine andere, in deren Segeln der Wind des Fortschritts weht; sondern diesmal handelt sich's darum, daß der Gedanke der teleologisch beschützten Ordnung als solcher, dem zersetzenden Werk der Zeit Fesseln anlegend und es in die Ordnung eines Textes – eines Historie – hinüberrettend, unhaltbar geworden ist. Die An-archie droht. Lukács sprach von der «Zerstörung der Vernunft». Man versteht, was er meint, wenn man sich klarmacht, daß die Deutung von Subjektivität als Vernunft – es ist die Hegelsche Deutung – die letzte historisch in Erscheinung getretene Anstrengung manifestiert, die anarchisch-analytische Potenz einer auf eigene Füße gestellten, einer ganz sich selbst überlassenen Negativität[5] auf den Gedanken einer sich selbst tragenden und Sinn verbürgenden Ordnung hin zu überschreiten. Die Widersacher dieser prekären Ordnung – für Lukács z. B. Schelling, Nietzsche, Heidegger und Hitler – sind mithin die Zerstörer der Vernunft.

Die widersprüchlichen Forderungen des Systems und der Freiheit zu versöhnen, war bekanntlich das Grundbegehren des idealistischen Philosophierens. In diesen Begriffsgebäuden wurde zum letzten Mal der Traum geträumt, es sei denkbar, die Subjektivität selbst in Pflicht zu nehmen zugunsten einer systematischen Organisation von Gedanken, die ihrerseits aus dem Grunde der Freiheit entspringen. So stellt es sich auch für Teile der romantischen Kunst – z. B. die Musik – dar, die eine letzte Anstrengung unternimmt, die abgegoltenen Ausdrucks- und Gattungs-Formen vor ihrer endgültigen Zerstörung mit dem Geist der Freiheit zu durchglühen: sie weniger zu beerben denn aus Subjektivität neuzuerschaffen.

II. Auch nach der Selbstzerstörung des christlichen Europa stellen sich einer hinreichend rigorosen Abstraktion die beiden Begriffe «Subjektivität» und «Ordnung» als die Pole dar, um die sich die Reflexion des nach-abendländischen Europa bewegt. Einer bestimmten, freilich wirkungsmächtigen, *Deutung* dieses Prozesses zufolge, versteht sich, der Thomas Mann – als Zeitgenosse der Selbstzerstörung Deutschlands und Europas – in ironischer Distanz nahesteht. Immerhin zieht er vor,

die seinem Roman eingeschriebene Geschichtsmetaphysik nicht selbst zu vertreten, sondern dadurch gleichzeitig zu objektivieren und zu neutralisieren, daß er sie dem fiktiven und exemplarischen Zeitgenossen, dem protypischen deutschen Bildungsbürger der Epoche zwischen den Weltkriegen, in den Mund legt. Auf diese Weise vermag er die Weltanschauung dieses Typs als solche darzustellen, ohne sich durch ein persönliches Engagement zu kompromittieren. Zeitblom, das ist die Blüte der spätbürgerlichen Kunstepoche, die sich vergeblich im anachronistisch gewordenen Wertsystem alteuropäischer Menschenwürde zu orientieren beteuert, während sie gleichzeitig die Zerstörung aller für die Geschichte des Abendlandes verbindlichen Werte nicht nur bezeugt, sondern zum Teil sympathetisch mitvollzieht. (Beispiele sind seine beständige Bewunderung der Kriegserfolge des deutschen Heeres; die widersprüchliche Hoffnung auf die vom Führer zur Abwendung «heiliger Not» entwickelte Wunderwaffe; seine antidemokratischen Anwandlungen [vgl. z.B. DF 448, 468].) Zugunsten der offenkundigen Homologien, die zwischen der Weltansicht Zeitbloms und Thomas Manns bestehen: bis hinein in ihre gemeinsamen Idiosynkrasien, ihre intellektuellen und moralischen Voreingenommenheiten, z. B. ihre vom Ressentiment verzerrte Schwäche für die brutale Macht (die des Lebens so gut wie die des Krieges), die Einengung ihrer sozialen Wahrnehmung auf die bildungsbürgerlichen Schichten, ihre völkerpsychologischen Klischees und Deutschtums-Stereotypen, – zugunsten dieser Homologien hat man die erzählstrategische Vorsicht zu gering veranschlagt, die in der Herausarbeitung und Profilierung des Erzählers waltet. Prinzipiell zwar wird die Kategorie des seine Welt entwerfenden Subjekts irrealisiert, sobald sich ihre Spur einem Text einschreibt. Jeder Text wendet das «ich» des wirklichen Erzählers ins grammatikalische Subjekt des erfundenen, des textuellen Erzählers um; er virtualisiert den Subjekt-Referenten ebensosehr wie den Verweisungsbezug seiner Äußerungen auf die Welt. Insofern ist das implizite oder auch ausdrücklich exponierte Erzähler-Subjekt in einem Roman stets auch *Objekt* unserer Aufmerksamkeit. Das ist freilich in besonderer Weise der Fall, wenn der Erzähler *als* erzählter in den Blick kommt, wenn er – worauf vor allem Orłowski bestanden hat[6] – viel weniger der Chronist als das exemplarische *sujet* (im Doppelsinn des Wortes) dieses Zeitromans ist.
Thomas Mann sprach vom «Roman meiner Epoche, verkleidet in die Geschichte eines hoch-prekären und sündigen Künstlerlebens» (*EDF*

33). Und er fügte hinzu, das Geheimnis, das in der Beziehung des Chronisten zu dem mit unlauteren Mitteln sich steigernden «deutschen Tonsetzer» walte, sei ein «Geheimnis ihrer Identität» (*EDF* 68). Man kann die Formulierung vom Geruch der werkästhetischen Geheimniskrämerei befreien, indem man, wie es Orłowski vorbildlich begonnen hat, neben der Erzählsituation und der Erzählhaltung das ganze System unthematisch eingeschleuster Voraussetzungen, Kenntnisprojektionen, Mystifikationen und ideologisch-weltanschaulicher Überformungen freilegt, mit dem Zeitblom die Biographie seines «alter ego» zurichtet und modelliert. Der kunstvolle Aufbau des leitmotivischen Geflechts, das jeden Akt des biographischen sujets an eine vom Erzähler vorinterpretierte Bedeutung verweist, ist ebenso Zeitbloms Werk wie die absichtsvolle Spiegelung der Stationen dieses Lebens in den Stationen und realpolitischen Umständen seiner biographischen Darstellung, die von Bertram[7] und Spengler vorbereitete Engführung von «deutschem Wesen» und «faustischem Schicksal», das penetrante Ansinnen einer ursächlichen Beziehung zwischen Leverkühns (keineswegs erwiesener) syphilitischer Infektion und seiner «dämonischen Inspiration» sowie die Abbildung des biographischen Zusammenbruchs auf den vaterländischen. Man kann ohne Mühe Widersprüche in Zeitbloms Äußerungen und Verfahrensweisen aufdecken. So verhindern ihn die Bescheidenheitstopoi, durch die er allerorten seine mangelnde Eignung als Erzähler eines ihm so wesensfremden Stoffes sowie den unvermeidlichen Perspektivismus seiner Chronik und seine prinzipielle Glaubwürdigkeit beteuert, keineswegs daran, dialogisch reich ausgeführte Szenen einzublenden, die weder er selbst bezeugen noch aus fremdem Zeugnis übernommen haben will. Ein «ich bin überzeugt, daß» oder ein «Ich war nicht dabei, kann mir aber leicht vorstellen»[8] muß hier den Schein authentischer Information erzeugen. Ohnehin greift Zeitbloms perspektivischer Bericht an zentralen Stellen auf die Haltung einer souverän auktorialen Erzählung über, z. B. wenn er seelische Regungen Leverkühns ausmalt, von denen ihm dieser nicht berichtet haben und die er selbst auch aus Verhaltensäußerungen so nicht erraten kann, wie er sie seinem Bericht einschreibt.[9] Mit einem Wort: Der Adrian Levenkühn des Romans ist wesentlich ein Geschöpf seines Chronisten, und genau darin besteht das Geheimnis ihrer Identität. Es impliziert freilich, daß sich die mühsame und peinlich eingehaltene Differenzierung des «guten und des schlechten Deutschland»[10], des bildungsbürgerlich-liberalen und des konservativ-revolutionären, des gegenaufklärerischen Deutschland, als unhaltbar erweist: das dämonische, das ‹vom Teufel geholte› Deutschland enthüllt sich als eine verborgene, aber tief eingewurzelte Obsession, die das liberale Deutschland – und sei's im Gestus der ‹inneren Emigration› – «liebend» mit seinem Herzblut nährt. Wer von der Erzählillusion des Romans sich nicht täuschen läßt, ist sich ohnehin bewußt, daß Leverkühn ebenso wie Zeitblom ein «être de papier»[11] ist, daß sein Sein den Status der Allegorie hat und daß *Doktor Faustus* einen heiklen, immer vom Scheitern bedrohten Versuch Thomas Manns darstellt, jene katastrophische Geschichtsmetaphysik als solche zu bezeichnen, in deren Licht das kleinbürgerlich-ästhetizistische Deutschland seinen Ruin und die Anstrengungen, ihm zu widerstehen, sich zurechtlegt. Der eigentliche Held des Romans ist also die deutsche Ideologie selbst; man täte – aus Gründen der Erzählstruktur seines Werks – dem Verfasser Unrecht, wenn man ihm – auf der Basis seiner gewiß weitreichenden persönlichen Affinitäten zu dieser Ideologie – unterstellen wollte, er benutze das dämonisierende und faustisch eingefärbte Deutschland-Bild, das in einer bestimmten Tradition der Spätromantik, besonders Bertram-Nietzsches, Spenglers und der deutsch-nationalistischen Zeit aufkam, als eine positive Quelle der Geschichtsdeutung (vgl. *EDF* 45). Im Gegenteil wird diese Deutung – in der allegorisierenden Behandlung, die sie im Text erfährt – zum Thema seiner Reflexion.

Das gilt auch für den beinahe ausschließlichen Ästhetizismus des Werks. Nicht der Autor ist es, dem sich die Vorgeschichte des Nazismus auf ein Ensemble kultureller Daten und Tendenzen reduziert, sondern es waren Ideologen des Dritten Reichs selbst (Alfred Rosenberg z. B.), die diese kulturgeschichtliche Kausalität bevorzugten. Der deutsche Faschismus hat sich selbst wesentlich als ein Politischwerden von ästhetischen Ideen verstanden;[12] in einem gewissen Sinn läßt er sich als die hysterische Korrektur jener Ersatzbefriedigung begreifen, die der bürgerliche ‹deutsche Geist› auf den Feldern der Kunst und der Wissenschaft sich suchte, nachdem ihm die Nationwerdung unter den Zeichen des Fortschritts und der Konstitution mißlungen war.[13]

Wie nun freilich die Politisierung des Ästhetischen – jener Instanz also, in deren Namen Klassik und Romantik das *summum humanum* eingeklagt hatten – die blutigste Reaktion und den praktischen Widerruf des axiologischen Systems der europäischen und der deutschen Kultur – die «Zurücknahme der neunten Symphonie» – zur Folge haben konnte, – das ist, glaube ich, die Geschichte, mit deren Rekon-

struktion der *Doktor Faustus* befaßt ist. Er stellt sich dieser Aufgabe, indem er Zeitbloms genetische Rekonstruktion seinerseits als Dokument einer Geschichte liest, deren Erkenntnisanspruch tiefer reicht als der des betroffenen und verstrickten Zeitgenossen. – Ich will diese Interpretationsarbeit meinerseits rekonstruieren. Mein Interesse ist dabei nicht, eine am Detail orientierte Deutung des Romans zu leisten; ich will nur eine Perspektive entwickeln, von der ich glaube, daß ihre konkrete Ausführung das Detail nicht zu fürchten hätte.
III. Ich frage zunächst danach, wie der Roman uns plausibel macht, daß ein dem Anspruch nach ausschließlich ästhetisches Experiment – unternommen im Medium der Musik, dem nach Bertrams und Manns Ansicht spezifisch deutschen Beitrag zur europäischen Kunst – in eine barbarische und antihumane Politik hat pervertiert werden können.
Ich nehme den geschichtsphilosophischen Faden dort wieder auf, wo ich ihn vorhin unterbrochen habe: beim Antagonismus der Gedanken des Systems und der Subjektivität. Man kann das leitmotivische Geflecht des *Doktor Faustus* aus dieser Grundopposition mit Hilfe von Variationen und Modulationen ebenso erfolgreich ableiten, wie das Robert Donington mit den wenigen Grundmotiven in Wagners *Ring* gelungen ist.[14] Die vorzugebende Hypothese wäre lediglich, daß das musikalische Experiment Leverkühns mit dem politischen seines Volkes darin übereinkomme, daß es beiden «um eine forcierte Suche nach einer neuen Ordnung» gehe.[15]
Das Provokante besteht freilich in der auf den ersten Blick ungeheuerlichen These, daß große Kunst – sonst Vor-schein richtigen Lebens und einer redlichen Ordnung unter den Menschen (vgl. *DF* 666) – hier den totalen Staat vorbereitet habe. (Ich übersehe nicht, daß Zeitblom es ist, der uns diesen Schluß nahelegt: man muß ihn seinerseits prüfen.)
Nach einer Geschichte wird gefragt; danach, *wie* etwas hat geschehen können.
Erinnern wir uns an das Wort vom Ende der Geschichte. Für einige unter Hegels romantischen Zeitgenossen – zumal die Dichter unter ihnen – stellte es sich in den Kategorien der drohenden Katastrophe dar: Mit der Emanzipation von der Verstrickung in die abendländische Onto-Theologie (die Auslegung des Seins als Gott) zugleich erwacht das Bewußtsein, in ein hermeneutisch-axiologisches Vakuum entlassen zu sein. Hölderlins Klage um die entschwundenen Götter erfährt mannigfache Bewährung in den geschichtsphilosophischen Räsonnements des Jenaer Kreises. Schelling und Friedrich Schlegel – ich habe es

anderswo ausführlicher gezeigt[16] – haben, wohl als erste, den Sieg der (politischen und kulturellen) Aufklärung – und damit exemplarisch: des Zielpunktes abendländischer Rationalität – für den Verlust der Möglichkeit verantwortlich gemacht, Ordnungen menschlichen Miteinanders fortan von außerhalb der «sich selbst überlassenen Vernunft»[17] zu «beglaubigen» (SW II/1, 56, passim). Schelling vergleicht den durch die Revolution an die Macht gekommenen bürgerlichen Staat einer sich selbst betreibenden Maschine, die, fortan ungeniert von transzendenten Zielvorgaben («Ideen»), ihren eigenen Gesetzen gemäß blindlings fortwirkt (SW I/3, 584). Die institutionell geübte Kontrolle *über* das rationelle Funktionsganze verkomme so zur *inner*funktionellen Selbst-Kontrolle, d. h. werde zu einer Frage der richtigen oder falschen ‹Programmierung› der Maschinengesellschaft. Ähnlich Friedrich Schlegel: Ohne der aufklärerischen Vernunft das Recht der Analyse, der Polemik, der kritischen Infragestellung aller Positivitäten abzusprechen, kann er dennoch ihrer undialektischen Totalisierung zu einer bürgerlichen Nachfolgeideologie mit vergleichbar positivem Anspruch nicht zustimmen.[18] Die sich selbst überlassene Tätigkeit des analytischen Geistes – so ist seine Argumentation – enthüllt sich einer gründlicheren Besinnung, als sie der analytischen Vernunft gelingt, als subversiv mit zwiefacher Stoßrichtung: sie «untergräbt» die mythischen Residuen nicht oder nicht mehr legitimierter Positivitäten und erfüllt insofern eine emanzipatorische Mission; ist doch, nach Schlegels Worten, «der Idealismus, in praktischer Absicht, nichts anderes als der Geist der Revolution »(KA II, 314). Aber er untergräbt mit seiner nichts verschonenden «Polemik» gegen alle synthetischen Formationen zugleich die Grundlage seiner *eigenen* Legitimität («untergräbt sich selbst bis zur Selbstvernichtung» [KA III, 89]). Daß die analytische Vernunft einerseits, die nach ihrer Maßgabe eingerichtete Maschinengesellschaft andererseits mit eigenen Mitteln sich nicht fundieren können, das gab den entscheidenden Anstoß zur Entwicklung jenes Gedankens, von dem Schelling nicht unrichtig vermutet, daß er «noch nie in eines Menschen Sinn gekommen ist – wir müßten eine neue Mythologie haben, diese Mythologie aber muß im Dienste der Ideen stehen».[19]

Um die Tragweite dieser in der Tat bemerkenswerten Folgerung – sie steht, wie ich gleich zeigen will, im Zentrum der Überlegungen des *Doktor Faustus* – angemessen einzuschätzen, ist es sinnvoll, einen strukturellen Unterschied mythischer und rationaler Ordnungen zu betrachten: Mythen sind Schöpfungen des synthetischen, rationale

Ordnungen (z. B. die Struktur eines liberalistischen Staates) Schöpfungen des analytischen Geistes. Jene appellieren an einen Bereich der Rechtfertigung, diese konstituieren sich auf der Basis eines grundsätzlichen Zweifels an der Möglichkeit transzendenter Beglaubigung. Diese Unterscheidung (die, mutatis mutandis, noch in der Studentenbewegung der 60er Jahre und bei Jürgen Habermas eine Rolle spielt) prägt alle mir bekannten Äußerungen der romantischen Epoche über Mythos und Rationalität, vom frühen Schlegel über Schelling bis zu Richard Wagner.

Man kann versuchen, sie zeichentheoretisch zu präzisieren. Allgemein wird der Mythos zu den nicht-bezeichnenden, nämlich zu den symbolischen Ausdrucksformen gerechnet. Im Gegensatz zum Zeichen ist das Symbol nicht eindeutig; es ist nicht kodiert und hat keinen festen Verweisungsbezug. Dan Sperber hat vorgeschlagen, es als ein ungebundenes Zeichen zu definieren, dem sein Sinn nicht aufgrund einer systematisch geregelten Beziehung von materiellem Ausdruck und intelligiblem Sinn(gehalt) zugewiesen ist, sondern zum Ausdruck in einer ursprünglichen, wenn auch sozial motivierten Stiftung hinzuerfunden werden muß.[20] Dieser Ausdruck mag als das Zeichen, das er darüberhinaus stets auch ist, welche Bedeutung auch immer haben: das christliche Symbol des Kreuzes z. B. besteht völlig unbeschadet der semiologischen Funktion des Zeichens ‹Kreuz› und ist aus ihr nicht abzuleiten. Symbolische Interpretationen können – wie das Beispiel zeigt – durchaus von rituellen Verrichtungen oder gesellschaftlichen Zeremoniells her motiviert sein: das Wesentliche ist (und damit läßt sich ein Einwand gegen Lévi-Strauss verbinden, der Mythen als Zeichensysteme untersucht), daß der symbolische Vollzug den Sinn an sein zeichenhaftes Substrat magisch anbindet. Im Ritual (z. B. im Abendmahl) deutet die sinnliche Bewegung nicht auf eine der Handlung äußerliche Idee, sondern *ist* diese Idee. Der Hut, dem Tell seine Reverenz verweigert, oder die bei Demonstrationen mitgeführte rote Fahne *sind* unmittelbar die Staatsgewalt bzw. deren Herausforderung, und das vermöge einer ritualisierten interpretatorischen Zusprechung, durch welche die Akteure ihre Zusammengehörigkeit befestigen, ja ihre soziale Synthesis vollziehen. Dergleichen imaginäre Identifikationen zählen nicht unter die Möglichkeiten des analytischen Zeichengebrauchs, in welchem die Ausdrucks- und die Sinnebene im Rahmen ihrer (konventionellen) Beziehung immer zugleich analytisch gesondert bleiben. Was ein Zeichen – insofern es dem virtuellen System einer Sprache

eingeschrieben ist – bedeutet, kann man lernen und alsdann wissen. Symbolische Zusammenhänge werden nicht gewußt, sondern geglaubt und nicht gelehrt, sondern beglaubigt. Symbole bleiben, selbst wenn sie verstanden werden, vieldeutig und treten nur im Übergang zum Imaginären hervor.[21] Die Imagination aber ist eine Bewußtseinshaltung eigener Art: sie nimmt das Zeichen oder eine Kette von Zeichen zum Anlaß von Sinnprojektionen, die deren gewöhnliche Bedeutung unsichtbar überlagern. Darin kommen Ritual und Dichtung überein. Beide gehen mit dem Sinn im Zustande seiner Latenz – vor oder jenseits seiner Kodierung – um.
Tatsächlich handelt sich's bei dieser Unterscheidung um eine szientifische Abstraktion, die sich nicht überall aufrechterhalten läßt. Denn auch ein Zeichensystem bleibt – wie jeder Apparat von Handlungsanweisungen und Rezepten – stumm, wenn er nicht interpretiert wird. Auffälligerweise entspricht ja der Spielregel als solcher kein einziger Zug im Spiel selbst. Vor allem darum, weil das Zeichen (wie Ch. S. Peirce gezeigt hat), um unter einer bestimmten Hinsicht auf Objekte oder Sachverhalte sich beziehen zu können, eines Kommentars oder einer Interpretation bedarf, die sich nicht als Ergebnis einer einfachen Deduktion aus ihrer Grammatik begreifen läßt.[22] Deduktionen lassen sich grundsätzlich nur im gleichgearteten Feld der Struktur (dessen, was Peirce *idea* oder *object* nennt) und nicht des angewandten Zeichens (des interpretierten *representamen*) geben. Die struktural-horizontale Beziehung des Zeichens zu allen anderen Zeichen und zu ihren Objekten – das Werk des analytischen Geistes – wird von einer weiteren, gleichsam vertikalen Beziehung gekreuzt: der der Zeichen zu ihren Benützern. Das Zeichensystem funktioniert auf der Ebene des gesprochenen Wortes nur, wenn eine Interpretationsgemeinschaft seinen Verwendungssinn zuvor festlegt, d. h. das Abbildungsverhältnis zwischen den kodierten Zeichen und ihren Gegenständen von Grund auf hervorgebracht hat, um es im Lauf der Geschichte permanent neu festzusetzen: Sache der synthetischen oder dialektischen Vernunft. Auf diese Weise bleibt der (abendländische) Logos – z. B. in Gestalt der Semio*logie* – rückgebunden an symbolische Handlungen und axiomatische Entscheidungen, die von der Ebene der sozialen Interaktion ihren Ursprung nehmen und die ich in Anlehnung an den frühromantischen Sprachgebrauch mythisch nennen will. – In diesem Sinne wäre der Mythos nicht das Gegenteil, sondern die Kontrolle des analytischen Logos im Namen einer Totalität.

Mythen teilen ja mit Sprachen zunächst die Eigenschaft, soziale (und mithin synthetische) Gebilde zu sein; es ist ebenso widersinnig, sie als Privat-Veranstaltungen zu denken, wie die Idee einer Privatsprache widersinnig ist (*SW* II/1, 56/7). Sie haben überdies – und das unterscheidet sie von reinen Grammatiken – heuristische oder Modell-Funktion. Mit Metaphern und wissenschaftlichen Paradigmen teilen sie die Eigenschaft, Vorschläge zu einer allgemeinen und systematischen Weltdeutung an die Hand zu geben. Was sie von wissenschaftlichen Modellen unterscheidet, ist nicht ihre Un- oder Vorwissenschaftlichkeit (das wäre eine tautologische Behauptung), sondern die Tatsache, daß sie mit der Einsetzung von *Axiomen* und *Deutungsgrundsätzen* zu tun haben, die im Bereich der analytischen Wissenschaften – z. B. im Bereich der traditionellen Linguistik – nicht etwa ausgespart sind, dort aber unbefragte und unhintergehbare Urevidenzen bleiben müssen. In diesem Sinne, meinte Schelling, «ist man versucht zu sagen: die Sprache selbst sey nur die verblichene Mythologie, in ihr sey nur in abstracten und formellen Unterschieden bewahrt, was die Mythologie noch in lebendigen und concreten bewahre» (*SW* II/1,52). Man kann diesen Index mythischer Provenienz, der allen natürlichen Sprachsystemen eignet, aus Gründen der Abstraktion ausklammern: ohne ihm Rechnung zu tragen, wird man nicht erklären können, wie es möglich sei, daß Sprachen nicht nur formale Apparate zur Erzeugung wohlgeformter Sätze sind, sondern systematisierte Weltansichten einer je bestimmten historischen Gesellschaft bereitstellen. Darum ist es logisch unmöglich, die soziale Synthesis, durch die sich ein Ensemble von Subjekten als Gesellschaft konstituiert, von der Konstitution ihrer sprachlichen Weltansicht abzutrennen. Schelling hat bereits darauf hingewiesen, daß es methodisch unmöglich sei, die Struktur einer Volksgemeinschaft von der Struktur ihrer Sprache abzusondern (so, als spiegele die sprachliche Weltansicht die Struktur einer Sozialisation wider): denn die «Gemeinschaftlichkeit der Weltansicht» (des Bewußtseins), die eine Gesellschaft definiere, sei ja gerade die Gemeinschaftlichkeit ihrer Sprache (*SW* II/1, 62/3. Cassirer verweist auf diese Stelle zustimmend).[23] Wenn aber die Reflexion auf die gemeinschaftsstiftenden obersten Wertüberzeugungen und Weltansichten unerläßlich ist, um sich der *sozialen* Funktion der Sprache zu bemächtigen, dann ist es auch unmöglich, von ihrem *mythischen* Index abzusehen. Denn «zu jeder Zeit», sagt Richard Wagner, «wo Mythus und Religion im lebendigen Glauben eines Volksstammes lebten, (hat) das besonders

einigende Band gerade dieses Stammes immer nur in eben dieser Religion gelegen».[24] Und an anderer Stelle: «Zu allen zeiten ist den menschen *Gott* das gewesen, was sie gemeinsam als das höchste erkannten, das stärkste gemeinsame gefühl».[25]
Alle Mythen erzeugen schließlich den Schein einer Ordnung und liefern teleologische Rechtfertigungen des Lebens sowohl der Individuen wie der Gesellschaften, indem sie institutionalisierte Gratifikationen für kulturell anerkannte Bedürfnisse bereitstellen. So nennt Schelling, einer pythagoreischen Tradition eingedenk, jenen mythischen Ort, dessen sich das menschliche Bewußtsein wie einer bergenden und unzugänglichen Burg erinnert, «das göttliche Verwahrsam» (*SW* II/2, 157ff.). In ihm sei aufbewahrt und beschirmt, na an Rettendem das «Verhängniß der Entfremdung» des Menschen von Gott übersteht. (*SW* II/1, 213; II/2, 148, 154, passim).
Ich wage einmal wieder – pour faire vite – eine Verallgemeinerung und behaupte, daß romantischem Denken der ‹Untergang des Abendlandes› in Termen einer Opposition des synthetischen (mythischen) und des analytischen (rationalen) Geistes sich darstellte: Die analytische Vernunft, erfolgreich in der Destruktion unhaltbar gewordener Ansprüche der feudalen Zeit, wird schlechterdings destruktiv, sobald sie die Berufung auf eine mögliche Legitimation von Rationalität verbietet, d. h. die Sprache – als kodifizierte Weltansicht – um ihren mythischen Index bringt. Dieser Prozeß hat sich jedoch in den Augen der Romantiker abgespielt, und es wäre müßig, ihn zu verleugnen: In allen Bereichen des gesellschaftlichen Lebens äußert sich das Destruktive einer totalitär gewordenen Rationalität: in der Atomisierung und Monadisierung der Einzelche ebensosehr wie darin, daß sie nurmehr als gesellschaftliche Funktionsträger und/oder als Konkurrenten auf dem Markt – also über Äußerlichkeitsbeziehungen – miteinander kommunizieren. Das ist der Grundton sowohl der altständisch-konservativen wie der progressiven Gesellschaftskritik der romantischen Zeit: bis hinein in die Äußerungen der frühsozialistischen Theoretiker in Frankreich, die man darum zu Recht als «romantische Sozialisten» bezeichnet hat (D. Owen Evans).[26]
Während in anderen europäischen Staaten die Liberalismus-Kritik unmittelbar politische Dimensionen annimmt und in gesellschaftlichen Prozessen sich ausdrückt, bleibt die «verspätete Nation» damit beschäftigt, dem Verlust der Mythologie – und dessen, wofür sie beispielhaft einsteht – nachzutrauern. Schellings und Schlegels Überle-

gungen nehmen etwa diesen Verlauf: Der Logos der abendländischen Kultur entwickelt sich aus mythischen Weltansichten. Die erste Stufe der Rationalisierung hat man im Poesie-Werden der Mythen zu sehen, wie sie von Homer bis Sophokles bezeugt ist. Damals hatte die Poesie jedoch noch unmittelbar eine soziale Funktion: sie war – z. B. in der Tragödie – der Ort, an welchem die gesellschaftliche Synthese der Einwohner eines Gemeinwesens als solche in kultischer Form begangen wurde. Die griechische und die europäische Aufklärung haben dann auch die Poesie rationalisiert und partikularisiert. Es wird ihr Schicksal im Zeitalter der analytischen Vernunft, privat hervorgebracht und privat konsumiert zu werden. Ihrer Zersetzung als Mythos entspricht ihr Verlust eines Publikums als homogener Gruppe: «Wo, wie in unseren Staaten, die öffentliche Freiheit in der Sklaverei des Privatlebens untergeht, da kann die Poesie auch nur dazu herabsinken»(*SW* I/6, 573). Ergebnis einer Abkopplung von der gemeinschaftsbildenden Idee des Göttlichen, verliert sie die Möglichkeit, eine neue gesellschaftliche Synthese zu rechtfertigen. Es fehlt, sagt Schelling, «das Mittelglied», das der analytischen «Wissenschaft» die «Rückkehr» zur Idee des Absoluten (*SW* I/3, 629), nämlich zur «Anschauung der absoluten Identität in der objektiven Totalität» (*SW* I/2, 73), ermöglichen würde. Ein solches Mittelglied hat eben unter anderen Bedingungen, als es diejenigen der «bürgerlichen Gesellschaft» sind, «in der Mythologie existirt (...), ehe diese, wie es jetzt scheint, unauflösbare Trennung geschehen ist». Solange sie die Basis der bürgerlichen Öffentlichkeit ist, kann es die «neue» und zugleich «letzte Ausbildung» einer «Religion» nicht geben, deren Haupteffekt darin bestehen würde, «die Menschen in einer gemeinschaftlichen Anschauung zu vereinigen». «Die Frage nach der Möglichkeit eines universellen Stoffes der Poesie [einer Mythologie also], treibt uns also selbst auf etwas Höheres hin. Nur aus der geistigen Einheit eines Volks, aus einem wahrhaft öffentlichen Leben, kann die wahre und allgemeingültige Poesie sich erheben – wie nur in der geistigen und politischen Einheit eines Volkes Wissenschaft und Religion ihre Objektivität finden» (*SW* I/6, 573).
IV. Vielleicht wird man einwenden, mein Exkurs über Mythos und Poesie – über die romantische Idee einer Wiederherstellung der Mythos in der Moderne – sei ein wenig ausführlich geraten. Wer die wirkungsgeschichtliche Bedeutsamkeit dieser Idee – über Wagner und Nietzsche vor allem – bis hinein in die kulturpolitischen Debatten der Reichsschrifttumskammer aus der Kenntnis der Belege einzuschätzen ver-

mag, wird anders urteilen. Noch Hanns Johsts Eintreten für die Wiederbelebung der kultischen Tragödie – z. B. in den Experimenten des sog. Thingspiels [27] – wäre ohne Schellings und Schlegels Vorläuferschaft, die freilich in Grundzügen der idealistischen Epoche als ganzer zufällt, völlig undenkbar gewesen.

Die Germanistik pflegt aus nachvollziehbaren Gründen zu verstummen, wenn sie eine für sich ganz wohlgeartete und aus der Geschichte der deutschen Literatur begründete Idee auf den wirkungsgeschichtlichen Mahlstrom der Naziideologie zutreiben sieht. Muß man eine solche Idee alsdann aufgeben? Schließlich mußte sich fast die gesamte deutsche Kultur – nicht nur Wagner und Nietzsche, bei denen es nahelag – gefallen lassen (und das ist aus einem radikalen Standpunkt nicht einmal unberechtigt), von den Nazis zur ‹Vorgeschichte› erklärt zu werden. Charakteristisch ist das Wort Ernst Bertrams, der im Sommersemester 1933, im «Schicksalsjahr des deutschen Aufbruchs», seine Vorlesung mit den Worten beginnt: «Ich muß, wie wir alle, von dem sprechen, was uns alle bewegt, ehe wir, kaum das Urthema wechselnd, von dem großen Führer des vorromantischen Geisteraufstandes in Deutschland zu sprechen haben».[28] Tatsächlich wechselt auch die Kulturpolitik des Dritten Reichs «kaum» das romantische Urthema, wenn sie die Poesie in dem Sinne politisiert, wie es – unter freilich «kaum» vergleichbaren Umständen – auch den Romantikern vorgeschwebt hatte. Dies Urthema bleibt auch im *Doktor Faustus* gegenwärtig. Wider den ersten Augenschein erfährt es durch Thomas Mann eine beachtliche Differenzierung, die freilich ohne die inzwischen in ihrem ganzen Ausmaß abzuschätzende Mitarbeit Adornos undenkbar gewesen wäre. Adornos und Manns Analyse ist ohne Zweifel «kaum» vergleichbar mit der kulturellen Selbstinterpretation Nazi-Deutschlands (die ihrerseits unter dem Niveau von Leverkühns ästhetischer Innovation bleibt). Und doch tilgt die Unschärferelation, die dem einschränkenden «kaum» eingezeichnet ist, nicht völlig die Spur jener Marge, an der sich Nazi-Deutschland und seine (deutschen) Kritiker und Analytiker als Zeitgenossen, d. h. als Teilhaber einer universalisierenden Formation des historischen Bewußtseins, berühren.[29]

V. Ich sagte, daß sich Thomas Mann durch die Exposition des Erzählers einerseits, durch die Kontrastierung Zeitbloms und Leverkühns andererseits die Freiheit verschafft, gleichzeitig «fromme Verehrung» und «erschrockenen Zweifel»[30] der im Roman rekonstruierten

Geschichte gegenüber zu bezeigen. Er vermag so, den Zwiespalt dieser Geschichte als solchen darzustellen. Die Musik, deren Gleichung mit dem «Deutschtum» er von Bertram übernimmt[30a] und deren Formgesetze er, soweit möglich, auf die Prosa seines Werks überträgt, leistet dabei gute Dienste, denn «die Musik (ist) die Zweideutigkeit (...) als System» (*DF* 66). Indem Th. Mann sie zum Demonstrationsobjekt seiner die Grenzen von Kritik und Poesie, Wissenschaft und Kunst verwischenden [31] kulturgeschichtlichen Allegorese erwählt, gewinnt er Handhabe zur Anwendung seiner, wie ich glaube, leitenden Hypothese über das Wesen des Nationalsozialismus, den er für eine Revolution im rückschlägigen Sinne hält.[32] Die «konservative Revolution»[33] deren Ideen im Roman vor allem durch Chaim Braisacher und die Schwabinger Intellektuellen im Kridwiß-Zirkel entwickelt werden, eignet sich ihrerseits wieder zur Engführung mit Leverkühns musikalischem Experiment (Zeitblom betont diese «eigentümliche Korrespondenz», dies «Verhältnis geistiger Entsprechung» nachdrücklich [*DF* 493]). Sowohl in den kulturpolitischen Räsonnements des Schwabinger Kreises wie in Leverkühns musiktheoretischen Reflexionen geht es um die Idee des sogenannten «Durchbruchs»: Eine wenn auch aporetische Antwort ist zu finden auf die Herausforderung der kulturellen und politischen «Sterilität»: symbolisiert in der Metaphorik der Kälte und der Äußerlichkeit. Diese Gefahr droht in der Tat, weil der geschichtliche Augenblick den endgültigen Sieg des analytischen Geistes – der destruktiv und autonom gewordenen Subjektivität – besiegelt hat. Im politisch-sozialen Bereich äußert er sich in der «Atomisierung», in der wachsenden «Beziehungslosigkeit» der zersplitterten Einzelche (*DF* 485/6; passim), denen das Fundament ihrer Regeneration zur «Gemeinschaft» mit dem Absterben «des ganz unberührbaren, völlig unverletzlichen Glaubens» (*DF* 488) entzogen ist.[33a] Dem entspricht im Bereich der Kunst die von Tag zu Tag spürbarer werdende Unhaltbarkeit tradierter Ausdrucksformen und Gattungen, deren konventionelle Verbindlichkeit den Ruin funktionierender Sozialität nicht überleben kann. Auf diese Weise enthüllt sich das Schicksal der Kunst – der Musik – als an das Geschick der Gesellschaft gebunden, auf deren Boden sie erwächst. Diese Verschränkung erklärt, warum es naheliegt, Leverkühns «Durchbruch» in eine Analogie zum politischen «Durchbruch» (Nazi-Deutschlands) zu bringen; denn wirklich reflektieren nicht nur die Schwabinger Intellektuellen (deren Reden ein realistisches Bild der präfaschistischen Intelligenz zwischen den Weltkriegen ver-

mitteln), sondern auch die Kulturpropagandisten der Nazis (von denen einige diesen Zirkeln in direkter Provenienz entstammen) das sozialpolitische Dilemma der Weimarer Zeit in ästhetisch-mythologischen Kategorien. Die Ästhetik wird zum Paradigma der Politik. «Mythen (sollen) fortan das Vehikel der politischen Bewegung» sein (*DF* 486). Diese Entwicklung entspringt natürlich nicht dem «deutschen Wesen» (die aufdringlichen Appelle ans «Wesen» eines Volks oder einer Rasse – die auch Thomas Mann liebt – sind Ausfallserscheinungen des historischen Bewußtseins, oft mit hörbar ideologischem Zungenschlag); wohl aber hat sie eine Wurzel in der deutschen Geschichte.
Hegels Rede vom Ende der schönen Kunst oder Heines Wort vom Ende der Kunst-Epoche waren in ihrer Zeit nur scheinbar pessimistisch: sie setzten den Glauben an die Kraft einer (politischen) Reflexion voraus, die dem Fortschritt verpflichtet ist und den reifen Gedanken aus der Vormundschaft der Anschauung befreit. Die Wiederkehr der Kunst in der romantischen Theorie, ja ihre Auszeichnung als Organon der Philosophie und als Schlußstein des Systems, deutet auf die jähe Enttäuschung dieser Hoffnungen: Die Macht des Gedankens beginnt ihre aggressiven und destruktiven Konsequenzen zu entfalten; statt sie auf höherer Ebene wiederherzustellen, zersetzt der Begriff die Möglichkeit eines nicht entfremdeten Umgangs des Menschen mit dem Menschen und mit der Natur, wie sie allein in der mit dem Gedanken ausgesöhnten Anschauung des Kunstprodukts zum Vorschein kommt. Schließlich ist der Verlust des Schönen kein bloß ideeller Mangel, der allein dem Bildungsbürger empfindlich wäre: er wurde zum Index einer verlorenen sozialen Identität, die in der Kunst – dem Ausdruck der Totalität menschlicher Wesenskräfte – ihre letzte Erinnerungs-Zuflucht bezogen hat. Der mißlingende Fortschritt und der wachsende Zweifel an seiner Legitimität verweisen die Reflexion konsequent an die Vergangenheit; Geschichte stellt sich als Zerfallsprozeß dar, dessen Schwundstufe die ‹Zivilisation› – d. h. die Überwindung einer vergleichsweise archaischen ‹Kultur›-Formation – sein wird. Das erklärt den konservativen Charakter der neo-romantischen oder neudeutschen Utopien. Aber sie haben auch ihre Zukunftsvision, ihr revolutionäres Moment: nämlich das Engagement für eine womöglich gewaltsame Wiederherstellung der verlorenen Einheit, die nur *gegen* die bestehenden Verhältnisse durchgesetzt werden kann und auf die allein noch der Kompaß des Kunstproduktes zeigt.
Dies sind, in gerade noch zulässiger Vereinfachung, die Überlegungen,

die Leverkühns musikalisches Experiment mit den Ideen der «konservativen Revolution» verbinden. Beide gehen davon aus, daß gelingende Interaktion einen funktionierenden Kultus – eine «Mythologie» oder «Religion» – voraussetzt; beide halten die Seinsweise des Mythos für unvereinbar mit einer Emanzipation von Subjektivität/Rationalität, wie sie in den demokratisch-kapitalistischen Einrichtungen des industriellen Zeitalters sich ereignet hat; und beide glauben, nur mit «revolutionären» Mitteln – bzw. durch «unlautere Inspiration» – den kulturellen und politischen Untergang des Abendlandes aufhalten zu können: durch die Erzwingung einer neuen, und zwar totalitären Verbindlichkeit, welche die Subjektivität sich unterwirft und die vorderhand utopischerweise nur im Kunstwerk zum Vor-schein kommt.
Kann man leugnen, daß diese Ideen in der Tradition der «Neuen Mythologie» stehen? Wagners *Kunstwerk der Zukunft* präludiert überall der Geschichtsmetaphysik des *Doktor Faustus*. Wagners Hauptgedanke ist, daß die europäische Aufklärung die «zum *Kunstwerke* gewordene religiöse Feier», in welcher die Alten das Bewußtsein ihres axiomatisch gerechtfertigten sozialen Einverständnisses zum Ausdruck brachten, unmöglich gemacht habe, und daß, während mehr und mehr «die herkömmlich fortgesetzte wirkliche religiöse Tempelfeier (...) an Innigkeit und Wahrheit (...) einbüßte», «ihr Kern ins Kunstwerk» sich gerettet habe.[34] Dort gelte es, ihn wieder zu entdecken, denn nur in der Kunst sei dem atomisierten Volk der bürgerlichen Zeit noch die Erinnerung seiner Herkunft und mit ihr die Verheißung seiner Zukunft als der einen Menschheitsklasse aufbewahrt. Gewiß ist der anarchistisch-proletarische Zug, den die Idee bei Wagner oder bei Sorel noch hatte, in den Debatten der Schwabinger Zirkel, in welchen u. a. die fiktiv maskierten Ansichten Tocquevilles, Sorels, Spenglers und besonders Moeller van den Brucks referiert werden, weitgehend getilgt: die Supplementär-Begriffe des Volks, der Blutsgemeinschaft oder der Rasse tilgen die dem Bürger bedrohliche klassenkämpferische Aufladung. Davon abgesehen, halten auch Leverkühns Überlegungen große Nähe zu Wagner: Der Durchbruch «aus geistiger Kälte in eine Wagniswelt neuen Gefühls», so träumt er, werde der erlösten Kunst zugleich den «Weg zum ‹Volk›» bahnen (*DF* 428/9). Die «Erlösung» der Kunst bestünde ihrerseits darin, daß sie wieder, wie in ihren alteuropäischen Anfängen, ins kultische Ereignis zurückkehrte, daß sie aufhörte, «Religionsersatz für eine kleine Bildungselite, ‹Publikum› genannt», zu sein und in die sinnliche Religion des (in charakteristische

Anführungsstriche verwiesenen) ‹Volkes› sich rückverwandelte (l. c.). Das wäre dann «eine Kunst mit der Menschheit auf du und du» (*DF* 429; vgl. 402).

VI. Man sieht, wie die politische und die ästhetische Utopie einander fordern und unterstützen. Dies zu zeigen, gelingt nicht immer so leicht wie in Zeitbloms Vergleich der Kridwiß-Zirkel-Ideen mit den Kompositionsprinzipien von Leverkühns großem Oratorium. Wohl aber ist es ein Hauptaugenmerk des Erzählers, die politisch-soziale Überdeterminiertheit schon der frühesten theologischen und musikologischen Bildungserlebnisse seines Helden aus der Einheit der einen und beständigen leitmotivischen Oppositionsstruktur abzuleiten.

Ich beschränke mich auf einige zentrale Belege: Die musikalische Initiation, die Adrian Leverkühn in seines Onkels Instrumentensammlung erfährt, legt sein charakteristisch-zwiespältiges Interesse am Gegenstand der Musik mit einem Schlage bloß. Die Musik fesselt ihn als dasjenige ästhetische Medium, das wie kein anderes über-individuelle Ordnung, d. h. Konventionalität und intersubjektive Verbindlichkeit (*DF* 64), mit systematischer Zweideutigkeit vereint (*DF* 66). Die semiotische Natur des tonalen Code verhindert nämlich nicht die Freiheit des Komponisten oder des Hörers, eine reich modulierte Sequenz von Tönen abwechselnd auf mehrere Grundtöne zu beziehen, d. h. einen und denselben Ton verschiednen Tonarten zuzusprechen. Die systematische und insofern objektive Natur des Code befreit das interpretierende Subjekt mithin keineswegs von der vielfachen Entschlüsselbarkeit der kodifizierten Zeichen: zum erstenmal ersteht die Vision einer grundtonlosen Melodie vor Leverkühns Phantasie auf (*DF* 65/6). «Beziehung ist alles» (*DF* 66), sagt er und formuliert damit das Prinzip eines zwar nicht regellosen, aber unendlichen Transformationen geöffneten Textes, bei dessen Komposition strenge Ordnung und subjektive Willkür zusammenbestehen.

Kretschmars Vorlesungen, besonders diejenige über Beethovens Sonata opus 111, schaffen diesen noch spielerischen und ziellosen Phantasien historischen Halt und technisches Profil. Kretschmar stellt die Opposition von Gesetz und Freiheit, die bislang wie ein zeitloses Wesensmerkmal des Musikalischen erscheinen konnte, erstmals in die Geschichte des musikalischen Materials zurück, der politische Konnotationen nicht fehlen. Nach seiner Ansicht – es ist die literarisch zubereitete Deutung, die Adorno dem Werk gegeben hatte[35] – steht die Sonate op. 111 auf dem Gipfel einer spannungsvollen Entwicklung, die

auf Entscheidung drängt. In ihr manifestiere sich das Schicksal des Rationalisierungsprozesses, der seit Jahrhunderten an den Fundamenten der musikalischen (wie aller übrigen) Konventionen zu rütteln begonnen habe; und zwar in der Weise, daß die Unhaltbarkeit dieser Konventionen (z. B. der Gattung Sonate, ihres literarischen Aufbaus, ihrer kompositorischen Syntax, ihres Periodenschemas, ihrer Floskeln usw.) inzwischen besiegelt sei. Indem Beethoven im Arietta-Satz die Objektivität des Themas so lange in die subjektive Reflexion eines hypertrophen Variationenteils hinübertreibe, bis sie im individuellen Einfall, im «Nur-Persönlichen» (*DF* 73) sich aufzulösen beginne, unternehme er den gewaltigen Versuch, die Verbindlichkeit der tragenden Konvention zum Zeitpunkt, da sie als historische Formation abgegolten ist, ein letztes Mal, aus Freiheit, herzustellen. Mit anderen Worten: Beethoven erschafft eine Möglichkeit abendländischer Kultur mit Mitteln der Subjektivität neu, nachdem sie als eine naturwüchsige Traditionsgestalt abgestorben ist. «Wo Größe und Tod zusammenträten, erklärte (Kretschmar), da entstehe eine der Konvention geneigte Sachlichkeit, die an Souveränität den herrischsten Subjektivismus hinter sich lasse, weil darin das Nur-Persönliche, das doch schon die Überhöhung einer zum Gipfel geführten Tradition gewesen sei, sich noch einmal selbst überwachse, indem es ins Mythische, Kollektive groß und geisterhaft eintrete» (*DF* 73).
Die Wortwahl ist keineswegs zufällig. Kretschmar appelliert – wie wir sehen – an die romantische Idee der Neuen Mythologie, deren Zeitgenosse Beethoven ja war: Was in seinem Werk als ein Gerade-noch gelingt, das hatte Schelling vorgeschwebt, als er die Künstler aufforderte, eine Neue Mythologie zu erschaffen, die aus dem Grunde der Freiheit stamme (nachdem die geschichtlichen Quellen für eine mehr-als-subjektive Abkunft der Mythen versiegt seien).
Genau das ist der Aspekt an Kretschmars materialreicher Vorlesung, der Leverkühn beschäftigt. Die Begrifflichkeit und das in ihr sich aussprechende Interesse verraten ihn. Für ihn ist wie für seinen Lehrer (und wie für Wagner) ausgemacht, «daß die Säkularisierung der Kunst, ihre Trennung vom Gottesdienst, einen nur oberflächlichen und episodischen Charakter trage». Alsbald phantasiert er «von der wahrscheinlich bevorstehenden Wiederzurückführung ihrer heutigen Rolle [d. h. ihrer gesellschaftlichen Beziehungslosigkeit, ihrer Nur-Subjektivität] auf eine bescheidenere, glücklichere im Dienst eines höheren Verbandes, der nicht gerade, wie einst, die Kirche zu sein brauche» (*DF* 82/3).[30]

Das heikle Verhältnis zwischen konventioneller Verbindlichkeit und subjektiver Freiheit, das in Beethovens Spätwerk noch einmal eine instabile Synthese eingehen dürfte, zerfällt – nach Adornos Diagnose (vgl. *PhM* 69)[37] – in der avancierten Kunst seiner Nachfolger, auf je verschiedene Weise bei Wagner und Brahms, zugunsten eines subjektiven Ausdrucks, der sich nicht mehr als im Dienst einer vergebenen kontrapunktisch-polyphonen Intersubjektivität stehend begreift: die homophon-melodische Verfassung gewinnt die Oberhand, das Kontrapunktische wird zur «bloßen Dreingabe» erniedrigt (*PhM* 55).

Mit Kretschmars Unterscheidung der «harmonischen Subjektivität» von der «polyphonischen Sachlichkeit» (*DF* 73; vgl. *PhM* 59) gewinnt jener leitmotivische Urgegensatz, der den *Doktor Faustus* wie ein heuristisches Prinzip strukturiert, seine geschichtsphilosophische Präzision, die er fortan behalten wird. Kontrapunkt und Polyphonie sind stellvertretende Diskursmerkmale, denen, über den musikalischen Bereich hinaus, eine allgemeine semiologische Bedeutung eignet: die vielstimmige Komposition appelliert nämlich an eine gesellschaftliche Organisationsform, die das Individuum einem über-subjektiven Rahmen einfügt. Wohl klingt die einzelne Stimme mit im organischen Ganzen der Komposition, aber sie empfängt ihren Sinn und ihre Gesetzmäßigkeit aus der Totalität *aller* Stimmen und *aller* Töne. Es gibt eine Konvention, die die Hierarchie von Themen und Variationen fundiert und kraft ihrer Objektivität und Verbindlichkeit den Einzelnen vor der Verzweiflung bodenloser Selbstrechtfertigung schützt. Die Möglichkeit eines solchen Bandes zwischen den Menschen ist zugleich mit der revolutionären Tat der Befreiung vom Feudalsystem verloren; die bürgerliche Gesellschaft produziert zwar Funktionszusammenhänge, deren Ordnung eher noch rigoroser geworden ist als die vergleichsweise simple der vorbürgerlichen Zeit; doch handelt sich's – wie in der polytonal-harmonischen Musik – um eine Ordnung ohne transzendentes Prinzip, ohne festen Grundton, ohne objektive Beglaubigung. Der harmonisch kontrollierte Zusammenhang der Einzelstimmen, wie er z. B. für die geistliche Vokalmusik der Renaissance charakteristisch war, ist der in Einsamkeit verlassenen Melodik der romantischen Melodie gewichen, deren Stimmführung lyrisch, d. h. monologisch oder doch nur schein-dialogisch ist: «punktuelles Zünden der Welt im Subjekt», welchem der Andere aus dem Blick entschwindet und dem das Herz kalt zu werden beginnt, wie es der Roman als die conditio der bürgerlichen Zeit symbolisch vorführt. Die Aufgabe, die

sich der Kunst stellt – Schlegel und Schelling hatten es bereits formuliert, Wagner war ihnen gefolgt –, wird darin bestehen, die Objektivität der vorbürgerlichen Epoche mit den Mitteln der Subjektivität selbst zurückzugewinnen, den Untergang des Abendlandes durch eine revolutionäre Indienstnahme der analytischen Vernunft für die Zwecke einer neuen Gemeinschaftlichkeit – konservativ-revolutionär also – zurückzunehmen. «Wenn Spengler von der späten abendländischen Wissenschaft prognostiziert, sie werde ‹alle Züge der großen Kunst des Kontrapunkts tragen›, und wenn er die ‹infinitesimale Musik des grenzenlosen Weltraums› als ‹tiefste Sehnsucht› der abendländischen Kultur nennt, dann scheint die in sich rückläufige Zwölftontechnik, unendlich in ihrer geschichtslosen Statik, jenem Ideal näher, als jemals Spengler, aber auch Schönberg, sich beikommen ließ» (PhM 65).
Auch Leverkühns Frage ist: Wie läßt sich unter Bedingungen einer autonom, aber illegitim gewordenen Subjektivität die Wiedergewinnung der Polyphonie – der übersubjektiven Verbindlichkeit – betreiben?[38] Er begnügt sich nicht mit der Anstrengung, den «Anschein der Polyphonie» zu erwecken (DF 107); denn sein historisches Bewußtsein ist wach genug, um die Unmöglichkeit einer Wiederbelebung der mythischen Formation und einer transzendenten Beglaubigung zwischenmenschlicher Ordnungen zu durchschauen. Gleichwohl: die homophone Musik – so meint er – hat das «schlechte Gewissen», das auf Umsturz denken läßt, gegen sich (l. c.). Daß die Religion abstirbt und «schon allgemeiner Gleichgültigkeit (verfällt)» (DF 119), ist nämlich nur die eine Seite des historischen Rationalisierungsprozesses; die andere ist die wachsend spürbare Unerträglichkeit des selbstgenügsamen «Scheins», mit dem die Kunst die entschwundene Wahrheit, mit alten Formen und Konventionen frevelhaft spielend, verhöhnt. «Schein und Spiel», sagt Leverkühn (fast mit Adornos eigenen Worten), «haben heute schon das Gewissen der Kunst gegen sich. Sie will aufhören, Schein und Spiel zu sein, sie will Erkenntnis werden» (DF 242, vgl. PhM 43f., 52 11).
Der Teufel bestätigt in seinem Gespräch mit dem Komponisten, mißbilligend, dessen Neigung, ‹alles auf die gesellschaftlichen Zustände zu schieben› (DF 320.). Offenbar bezieht er sich auf Leverkühns Äußerung, die Entwicklung unseres Wahrheitssinnes lasse das Spielen mit Formen, aus denen das Leben gewichen sei, unerlaubt erscheinen; es frage sich, «ob das Werk als solches, das selbstgenügsam und harmonisch in sich geschlossene Gebilde, noch in irgendeiner

legitimen Relation steht zur völligen Unsicherheit, Problematik und Harmonielosigkeit unserer gesellschaftlichen Zustände, ob nicht aller Schein, auch der schönste, heute zur Lüge geworden ist» (*DF* 241; vgl. 321). «Zulässig (sei) allein noch der nicht fiktive, der nicht verspielte, der unverstellte und unverklärte Ausdruck des Leides, in seinem realen Augenblick» (*DF* 321).

VII. An der Deutung dieses Satzes entscheidet sich das Verständnis des ganzen Romans. Die Interpretation, die uns Zeitbloms Rhetorik des Ansinnens und der unausdrücklichen Unterstellung nahelegt, lautet, daß Leverkühn, wie er's im paralytischen Schock der Schlußszene scheinbar selbst gesteht, das Gebot der ihm auferlegten Kälte bricht, sobald er den musikalischen Ausdruck für einen Zustand der vollkommenen Heillosigkeit als solchen (d. h. als Ausdruck) affirmiert. Das wäre die Erfüllung des Teufelspaktes, den im anderen, im politischen Milieu Leverkühns «Vaterland» erfüllt: die revolutionär erpreßte Regression ins Archaische, die gewaltsame Umwendung des ‹Untergangs des Abendlandes› durch die Wiederherstellung eines Zustandes prä-rationaler Ordnung und Verbindlichkeit. Leverkühns altdeutsches Geständnis, mit dem Zeitblom diese Deutung stimmungsvoll stützt, lautet: «Statt klug zu sorgen, was vonnöten auf Erden, damit es dort besser werde, und besonders dazu zu tun, daß unter den Menschen solche Ordnung sich herstelle, die dem schönen Werk wieder Lebensgrund und ein redlich Hineinpassen bereiten, läuft wohl der Mensch hinter die Schul und bricht aus in höllische Trunkenheit: so gibt er sein Seel daran und kommt auf den Schindwasen» (*DF* 666).[39]

Nun, abgesehen davon, daß Leverkühn (ich übergehe die Problematik seiner Zurechenbarkeit im Schlußtableau) dies Urteil nicht über sich selbst spricht (jedenfalls bereitet die Grammatik seiner Äußerung keine Handhabe zu einer solchen Zusprechung), muß man sich fragen, ob der reine, wieder expressiv gewordene Seelenlaut der Klage, wie ihn Zeitblom in Adrians letzten Kompositionen vernimmt (*DF* 643), zur Affirmation eines menschenverachtenden und terroristischen Regimes taugen könne.

Zeitblom stützt seine Interpretation durch zwei Belege: die paralytische, die rauschhafte Inspiration von Leverkühns letzten Kompositionen (durchs «theologische Virus» [*DF* 477, 470f.]) und durch die akribische Analyse, die ihre prä-rationalen und barbarischen Einschläge freizulegen sucht. Ich sehe zunächst ab von den steten Bekundungen der Sympathie und der Freundschaft, ja der (unerwiderten)

Liebe, durch welche Zeitblom selbst sich unwillentlich zum Konspiranten der ‹Barbarei› macht, die er seinem Freunde unterstellt. (Er nennt die *Apocalypsis cum figuris* «ein ihm beängstigend nahestehendes» [*DF* 476], ein «befreundetes Kunstwerk» [*DF* 493].)
Wichtiger ist, daß Zeitblom, um die enthusiastische Wärme, mit welcher Leverkühn seine Hauptwerke niedergeschrieben hat, glaubwürdig zu bezeugen, einem zentralen Indiz widersprechen muß, mit dem er den phantastischen Teufelspakt beglaubigt. Der Widerspruch durchquert schon das Teufelsgespräch selbst (dessen sich selbst einbekennenden fiktionalen Status – «Schweige es für alle aufs Notenpapier nieder» (*DF* 296) – Zeitblom mit Fleiß ignoriert: Schweigen ist die Metapher der nicht-signifikanten, der nicht-referentiellen Zeichenverwendung): Der Teufel verlangt, in romantischer Tradition, den Liebesverzicht von Leverkühn, seine Einwilligung in ein Leben in Kälte und Seelenlosigkeit (*DF* 332). Genau diese Kälte fehlt den Werken des Durchbruchs; und es ist sonderbar, daß Zeitblom seine Strategie verläßt und diesmal der Wärme das Prädikat des Infernalischen und der Seelenlosigkeit zuspricht (*DF* 501). Diese Umwertung ist bedeutsam: in Adornos *Philisophie der neuen Musik* – der Hauptquelle Manns – steht die Kälte der atonalen Musik in kritischer Opposition zur Kälte der zwischenmenschlichen Beziehungen im präfaschistischen Staat, die das Kunstwerk entlarvt. Die «unmenschliche Kälte» (*PhM,* 105) ist Ausdruck des «Unversöhnten»; «kalt und unerbittlich» (l.c. 69), ist sie die «bestimmte Negation» jener bürgerlichen Herzenskälte, die sich für Wärme hält. Die Wahrheit der neuen Musik scheint «darin aufgehoben, daß sie durch organisierte Sinnleere den Sinn der organisierten Gesellschaft, von der sie nichts wissen will, dementiert» (l.c. 26). Wenn sie sich «den Ausdruck (versagt)» (l.c. 100), so tut sie es nicht, um dem ideenlosen Funktionieren des rationalen Staates (der Gesellschafts-Maschine) dezent zuzustimmen, sondern um die formierte Gesellschaft mit ihren Dissonanzen zu provozieren, um ihr die eigene Melodie vorzuspielen: Es wäre töricht zu glauben, das Verbot der neuen Kunst als ‹entarteter› belege das schlichte Nicht-Verstehen durch die neuen Machthaber und die von ihnen Beherrschten: Die Dissonanzen, die die Hörer erschrecken, sprechen «von ihrem eigenen Zustand: einzig darum sind sie ihnen unerträglich» (l.c. 16; vgl. 102). Die entfesselte Kunst widerspricht der gefesselten Gesellschaft; ihr Schein-Barbarismus entlarvt die reale Barbarei der rationalen Durchorganisation im totalitären Staat; ihre Düsternis überführt die Helle der nach-

abendländischen Epoche ihrer verdrängten Dunkelheit. Insofern ist hinter der Kälte der Kunst die Wärme ihres «realen Leids» (l.c. 43), die expressiv gewordene Klage über die Eisberge zwischen den Herzen der Lebenden, verborgen.
Ohne Zweifel sind die Versuche, «Objektivität subjektiv zu setzen», d.h. «die zerstörte Konvention» aus Subjektivität neuzuerschaffen (*PhM* 70 und 56), vom Mißlingen bedroht: Eine Kompositionstechnik, die mit dem subjektiven «Einfall» jede Erinnerung an die altabendländisch-«großherzige Wärme» (105) preisgibt, kann zum «Gleichnis von tödlicher Integration», d.h. totaler Normanpassung, werden (l.c. 73). «Die neue Ordnung (...) löscht virtuell das Subjekt aus» (l.c. 69). Spuren von «streamline» (l.c. 69), die Zeitblom ja auch in Leverkühns Oratorium feststellen will (*DF* 501), schleichen sich ein; die rationale Kompositionstechnik erweist sich nicht länger mehr als kritische Herausforderung, sondern als «Allegorie des ‹technischen Zeitalters›» (*PhM* 69): Sie redet von etwas anderem und auf andere Weise (ἄλλα καὶ ἄλλως ἀγορεύει), aber sie sagt dasselbe wie die Technik. Die Anstrengung, durch totale Organisation des Materials «die verlorene Macht und Verbindlichkeit Beethovens wiederherzustellen» (l.c. 69), gelingt ihr nur um den Preis der Freiheit, der Quelle jeder Innovation. Die Zwölftontechnik läßt eben keine Wahl: In der Demarche der *totalen*, nicht mehr thematisch gebundenen Variation (l.c. 56ff.) war von der Absicht her eine Option aufs immer Neue enthalten. Eben das mißlingt, denn «es gibt im Intervallverlauf nichts Neues» (l.c. 74). Ja: «die Paradoxie dieser Verfahrensweise» besteht darin, daß gerade ihr das Bild des Neuen unter den Händen zur alten Wirkung mit neuen Mitteln wird und daß die stählerne Apparatur der Zwölftontechnik auf das sich richtet, was freier einmal und notwendiger zugleich aus dem Zerfall der Tonalität sich erhob. Der neue Wille zum Ausdruck findet sich belohnt durch den Ausdruck des Alten» (l.c. 100). Die Vergangenheit wird so zum Ideal des Zukünftigen, wie es Hans Sachs vom konservativen Neutönertum Walthers von Stolzing sagt: «Es klang so alt, und war doch so neu».[40]
Jene Dialektik der Aufklärung, die Adorno in der Entwicklung der neuen Musik nachweist, steht als Deutungsmodell überall im Hintergrund von Zeitbloms Werkanalysen. Sie liefert auch das Modell für seine Engführung dieser Dialektik mit dem Aufkommen des Nationalsozialismus aus der Vision einer ‹totalen Organisation›, die er als radikalste Zurichtung der Vision der konservativen Revolution

begreift (»Es war eine alt-neue, eine revolutionär-rückschlägige Welt« [*DF* 489]). Ihren Verfechtern bestätigt Zeitblom sehr wohl, daß sie «mit anerkennenswerter Fühlsamkeit die Finger am Pulse der Zeit» hatten (*DF* 492); auch er leugnet nicht, von der «tiefgreifenden diskursiven Lockerung», die nach dem Zusammenbruch des deutschen Autoritätsstaates Platz gegriffen habe, affiziert zu sein (*DF* 468); und er gesteht, daß er die Episierung des Dramas, die er an Leverkühns letzten Werken beobachtet (und die schon Schellings Kunstphilosophie prophezeit hatte), als gattungstheoretischen Ausdruck der End- und Schwundstufe eines bindungslos gewordenen Individualismus anerkenne (*DF* 494). Vor allem betont er, daß er die Nachbarschaft von Ästhetizismus und Barbarei «aus eigenem Erleben», durch Einfühlung «in den teuren und hochgefährdeten» Freund – der in der gebetartigen Schlußsentenz des Romans metonymisch mit dem «Vaterland» geglichen wird (l.c. 676) – kenne (l.c. 495). Gleichwohl glaubt er, die *Apocalypsis cum figuris* vom «Vorwurf des Barbarismus», der in der öffentlichen Kritik erhoben wurde, ja vom «anti-kulturellen» und «anti-humanen» Engagement nicht freisprechen zu können (*DF* 499, 497). Er liest in ihr die Spuren des Hitlerismus: einer «explodierenden Altertümlichkeit», einer «Vereinigung des Ältesten mit dem Neuesten» (501). Seine Indizien sind Leverkühns Rückgriff auf präklassisch strenge Formen einer «echten Mehrstimmigkeit»[41] (494), auf «Sprache» im semiologischen Sinn funktionierender Intersubjektivität; der gelegentliche Rückfall des Werks ins Vor-Verbale, ins Elementare, in physiologisch leicht assimilierbare Rhythmen, bis hin zum Einsatz des dröhnenden Gongs (496); die Verwendung des Gleitklangs, welcher das unartikulierte Geheul zum Thema erhebe (497); die Verdinglichung der menschlichen Stimme durch ihre schrittweise Reduktion auf den anorganischen Instrumentalklang, ja ihre Enthüllung und Überführung als seelenloser Naturlaut (498, 644) bzw. als «kaltes Krähen», als affirmative Allegorie des technischen Zeitalters (501); ihre Poly-, ja ihre A-metrie, vermöge deren sie jeder Gleichförmigkeit des Maßes, jeder musikalischen Periodenbildung aufkündige und, von Takt zu Takt wechselnd, rein dem Sprachakzent sich anpasse (499); endlich ihr systematisiertes Spiel mit der Polysemie, das aus einer und derselben Notenfolge – durch veränderte Instrumentierung, durch Modulation und Intervallumschreibungen – den gläsern-durchsichtigen Sphärenklang des Engelschors mit dem ihm eingeschriebenen «Verlangen nach Seele» (501) – und den explodierenden Satanismus des sirrenden, schwirrenden Höllengelächters erstehen lasse, darin das tiefste Geheimnis der Musik enthüllend, «welches ein Geheimnis der Identität ist» (*DF* 502/3).

VIII. Es ist das Geheimnis der Identität zwischen Zeitblom und Leverkühn selbst, der allegorischen Dyade von Barbarei und Aufklärung, die Th. Mann im Selbstverständnis der Epoche nachweist. Dabei hat Zeitbloms werkanalytische Kompetenz ihre Grenze gerade in ihrer Analytizität: er starrt gleichzeitig entsetzt und fasziniert auf ein Phänomen, dessen Zweideutigkeit ihn verstört, keineswegs aber zur Selbstreflexion bewegt. Während er es kritisch zu beobachten glaubt, nimmt er nicht wahr, wie das Werk ihn selbst kritisiert: Es deutet seine unentrinnbare Zeitgenossenschaft; sein passioniertes Abseitsstehenwollen; seine von der Evolution der Ausdrucksmittel hoffnungslos überholte Leitmotiv-Technik;[42] das ohnmächtige Biedermeiertum seiner althumanistisch-liberalen und dabei so völlig anachronistischen Optionen; seine Verflochtenheit in Weltansicht und Sprachgebrauch der faschistischen Zeit bis hinein in die schicksalhaft-dämonologische Rekonstruktion ihres Aufkommens; und den Schreibzwang, der ihn noch als scheiternden Chronisten in die Geschichte verwickelt, die er erzählt. Dieser Mangel an Dialektik – der ihm als einer Allegorie, als einer Personifikation des gefährdeten deutschen Bürgertums natürlich ist – macht sein Urteil über Leverkühns Kunstwerk dem der Nazis, die es verwerfen, in einem entscheidenden Punkte vergleichbar: Beide ertragen nicht seine Zweideutigkeit: der Humanist nicht, weil er einer Pädagogik der Wahrheit, der Eindeutigkeit und der Universalität verpflichtet ist, die nach der Vollendung und Ablösung des ontotheologischen Paradigmas unsagbar geworden ist; die Nazis nicht, weil sie dem musikalischen Ausdruck der unerhörtesten Klage mißtrauen müssen: er ist imaginär gebrochen, er hat teil an der wesenhaften Vieldeutigkeit des wahren Kunstwerks, er verrät nicht, wem es gilt; er vollbringt einen ästhetischen «Durchbruch», der den realpolitischen verhöhnt. Im übrigen: «Die Klage des Höllensohns, die furchtbarste Menschen- und Gottesklage, die, ausgehend vom Subjekt, aber stets weiter sich ausbreitend und gleichsam den Kosmos ergreifend, auf Erden je angestimmt worden ist» (*DF* 643): warum sollte sie dem Amt Rosenberg eher zusagen als ihr von geistiger Krankheit und Dekadenz gezeichneter Schöpfer?

Zeitblom betont, daß Leverkühns Musik tatsächlich erheblich mißfällt.[43] Seine Analyse beruft sich auf die *strukturalen* Konvergenzen,

nicht auf die *wirkungsgeschichtliche* Nachfolge, die im Dritten Reich gerade ausbleibt. Das Fatale und im Wortsinne Abstrakte, das Abgeschnittene und Einseitige seiner Perspektive besteht nun darin, daß sie ihm zwar ermöglicht, die «heilige Not» bei der Entwicklung der ‹Wunderwaffe des Führers› mitzuempfinden, nicht aber zu erwägen, welche objektiven und geschichtlichen Tendenzen in Leverkühns Kunstwerk ihren legitimen Ausdruck gefunden haben könnten. Für ihn sind die mythischen Anfänge der Menschheit selbst schon intellektuelle und moralische Verlegenheiten; der Kultus als solcher erscheint ihm zu jeder Zeit und in jeder Form barbarisch (*DF* 595); der Prozeß der Rationalität geht nirgends wider sein liberales Gewissen; und das Bedürfnis der Gemeinschaft ist ihm fremd: In allen Rücksichten bejaht Zeitblom den bürgerlichen Fortschrittsoptimismus, dessen Dialektik im totalen Staat einen unversehenen Ausdruck findet. Immerhin: all das, was Zeitblom von sich weist, hat eine Rolle gespielt bei der Entstehung des Nationalsozialismus; das scheint den Chronisten zur moralischen Alternativ-Figur gegen Leverkühn zu qualifizieren. Aber man muß sehen, daß einer Politik der einfachen Verneinung der geschichtlichen Tendenzen und der in ihnen diffus sich andeutenden Bedürfnisse nichts Rettendes entwachsen kann. Sie ist das permanente Alibi zum Hier und Jetzt einer dialektischen Situationsanalyse und eines zeitgenössischen Engagements. Das unterscheidet Zeitbloms Position von der Leverkühnschen (es ist freilich heikel, sie aus dem satanologisch-dämonischen Rankenwerk herausschälen zu wollen, in die Zeitbloms anachronistische und ihrerseits atavistische Phantasie sie eingeflochten hat): Leverkühn erwägt einmal den Gedanken, «das ablösende Gegenteil der bürgerlichen Kultur sei nicht Barbarei, sondern die Gemeinschaft» (*DF* 495). Deren Bildungsgesetz sei an kultische Verrichtungen und mythenähnliche Überzeugungen ihrer Teilhaber gebunden, denn «Gott spricht nur durch den Chor (Kollektiv)».[44]
Ähnliches hatten nicht nur, gut 100 Jahre früher, die deutschen Idealisten erwogen, so dachte auch Alfred Rosenberg, der die mythischen Sehnsüchte der Europäer des 20. Jahrhunderts auf den Verlust eines gesamtgesellschaftlichen «Höchstwertes» zurückführte und für seine Zwecke propagandistisch ausschlachtete.[45] Kann man der Wirkung dieser Politik etwas entgegenstellen, wenn man die pervertierbaren Motive, die ihren Erfolg begünstigten, einfach von der erschrockenen Seele abhält? Zweifellos hat Rosenbergs Wort vom «mythenlos gewordenen bürgerlichen und marxistischen Deutschland»[46] die Legitima-

tionskrise der Weimarer Republik besser, nämlich erfolgreicher interpretiert als der vereinigte Puritanismus der bürgerlich Liberalen (der Zeitblom-Brüder und Schwestern), aber auch als der (wie Bloch sagt) «sektiererische Aufkläricht» der Kommunisten,[47] die zwar die Welt rettend verändern, aber ausgerechnet im Augenblick ihrer höchsten Not nicht interpretieren wollten.

Nun, Zeitblom ist in Wahrheit nicht *nur* die Allegorie des deutschen Bildungsbürgers: als der auktoriale Erzähler, dessen Feder er unversehens lenkt, wird er zum geheimen Mitwisser, zum «anderen Ich» Leverkühns, dessen Sorgen und Gedanken er teilt. Warum hätte er sonst die geschichtlichen Reflexionen seines Helden so deutlich freigelegt, daß der Leser sie rekonstruieren und noch gegen die Bewertung durch den Biographen abwägen kann? Zeitbloms Diagnose lautet – ich wiederhole sie in äußerster Verdichtung –, Leverkühns Kunstwerk habe dem Zustand der Heillosigkeit als solchem ästhetische Zustimmung abgepreßt, indem es diesen Zustand selbst als die neue Ordnung bejaht habe. Dem widerspricht aber nicht nur Leverkühns Einsicht in die historische Realität der musikalischen wie aller anderen intersubjektiven Ordnungen. («Die heute zerstörten musikalischen Konventionen waren nicht allezeit gar so objektiv, so äußerlich auferlegt. Sie waren Verfestigungen lebendiger Erfahrungen und erfüllten als solche schon lange eine Aufgabe von vitaler Wichtigkeit: die Aufgabe der Organisation» [*DF* 254].) Dem widerspricht vor allem die Tatsache, daß ihm der «Durchbruch» zum «Volk» und zum «Ausdruck» nur aus der Negation heraus gelingt: Negiert wird der populistische, der exoterische und propagandistische Charakter des Kunstwerks, ja die gesamte Tradition einer von den Nazis bruchlos – «kaum das Urthema wechselnd» – zugeeigneten deutschen und europäischen Kultur. Um dieser Erfahrung willen möchte Leverkühn «die 9. Symphonie zurücknehmen», deren kritisch-moralisches Potential offenbar zu schwach geworden ist, um dem Applaus der Nazis Widerstand entgegenzubringen: hohl ist das Pathos der Humanität geworden; darum verwendet Leverkühn Dissonanzen zur Bezeichnung alles Hohen und Erhabenen, während alles Harmonische und Tonale – wie oft bei Alban Berg – der Bezeichnung des Höllischen, Banalen und Gemeinen dient (*DF* 498). Negiert wird aber insbesondere der Werkcharakter und die ihm eingeschriebene Bejahung: Leverkühns höchste Kunstwerke sind Klagen des Höllensohns, ihr entfesselter Ausdruck ist der des schreienden Herzens; und ihre Bejahung der Idee einer neuen Verbindlichkeit zwischen den

Menschen dementiert durch die schneidende Kälte, mit der sie sich vernehmen läßt, jede Integrationsbereitschaft unter den herrschenden Terror. Im Gegensatz zu Teilen der bürgerlichen Intelligenz, die – um wohlverstandener liberalistischer Opportunität willen – mit dem Nationalsozialismus zugleich die Vision der einen Menschheitsklasse und der wiedererrichteten Verbindlichkeit ablehnt, bewahrt er diese Vision als eine Utopie, die er freilich nur an den Grenzen des musikalisch Bezeichenbaren aufscheinen läßt (als das Wahre im Falschen)[48] und deren realpolitische Perversion seine Kunst zum Ausdruck der wildesten Klage hinreißt.

Auch daran, daß *dies* die angemessene Deutung von Leverkühns Kunstwerken ist, kann man freilich zweifeln. Selbst dann noch hält man Adrians Selbstdeutung eher die Treue als Zeitbloms zwiespältig ambitionierter Ablehnung, die am Ende – ratlos und ohnmächtig – ans Gebet sich verwiesen sieht: an den Appell an die zuvor verleugneten mythischen Gewalten. Denn nur wenn man Zeitbloms ideologisch eingefärbter Deutschtums-Psychologie Kredit gewährt, wird einem Leverkühns Satz (mit dem er, wohlbemerkt, einen der beharrlichsten Einwände Zeitbloms erwidert) verdächtig erscheinen: «Interessante Lebenserscheinungen», sagt er, «haben wohl immer dies Doppelgesicht von Vergangenheit und Zukunft, wohl immer sind sie zugleich progressiv und regressiv in einem. Sie zeigen die Zweideutigkeit des Lebens selbst» (*DF* 258). Eine faschistische Äußerung? Schon darum nicht, weil sie an die Arbeit der Differenzierung appelliert, die der eindimensionalen Optik des liberal-konservativen Chronisten ebenso mangelt wie seinen inhumanen Widersachern; sodann weil sie den unerlösbar *disseminalen* Charakter jedes Kunstwerks ins Recht setzt. «Ein Gedicht», sagt Novalis, «muß ganz *unausschöpflich* seyn, wie ein Mensch».[49] Erst wenn es diesen essentiellen Bezug auf den Menschen durchschneidet, kann es sich ‹streamline› und ‹eindeutige Aussage› leisten. Solange es ein unersetzliches Instrument der geschichtlichen Selbstverständigung der Menschengattung bleibt – «des Dichters Reich sei die Welt, in den Fokus seiner Zeit gedrängt»[50] –, ist die Sorge für die im Kunstwerk bedrohte Humanität (*DF* 497) entweder anachronistisch (eine altabendländische Kontinuität der humanitas voraussetzend) oder banausisch (das Kunstwerk auf eine Sequenz von Aussage-Sätzen oder präzisen Imperativen reduzierend). Das Kunstwerk ist weder schuldig noch unschuldig: es ist nicht schon selbst die Tat, an die man diesen Maßstab legen könnte; wohl aber öffnet es einen Horizont möglicher

Praxis: «Das Symbolische afficirt nicht unmittelbar, es veranlaßt Selbstthätigkeit».[51] Insofern ist, wie Novalis sagt, «Kritik der Poesie ein Unding»: sie käme einer Kritik des Wahren gleich. Die Schwierigkeit in der Beurteilung von Kunst, für welche der *Doktor Faustus* ein eindrucksvolles Beispiel liefert, verwandelt sich also in die Schwierigkeit «zu entscheiden (...), ob etwas (Kunst) sey oder nicht».[52] Eine Garantie, daß diese Entscheidung in heilsamer Praxis sich bewähre, gibt es nicht: Αἰτία ἑλομένου, θεὸς ἀναίτιος (Die Schuld liegt bei dem, der gewählt hat; Gott ist schuldlos).

ANMERKUNGEN

[1] Thomas Mann, *Die Entstehung des Doktor Faustus. Roman eines Romans,* Ffm. 1966 (=Stockholmer Gesamtausgabe der Werke von Th. M.), S. 33 (hinfort im laufenden Text zit. *EDF*).
[2] G. W. F. Hegel, *Phänomenologie des Geistes,* hg. von Joh. Hoffmeister, Hamburg 1952, S. 81.
[3] G. W. F. Hegel, *Werke in 20 Bd.en* (= Theorie Werkausgabe), Ffm. 1970, Bd. 9, S. 51.
[4] Vgl. Manfred Frank, *Die unendliche Fahrt. Ein Motiv und sein Text,* Ffm. 1979.
[4a] Unter der Sigle *DF* weise ich hinfort, im laufenden Text, Zitate aus Th. Mann, *Doktor Faustus. Das Leben des deutschen Tonsetzers Adrian Leverkühn erzählt von einem Freunde* (Stockholmer Werk-Ausgabe), Ffm. 1965, nach.
[5] Der Deutung folgend, die Dieter Henrich von Hegels «Grundoperation» gegeben hat, z. B. in dem Aufsatz gleichen Namens: *Hegels Grundoperation,* in: *Der Idealismus und seine Gegenwart,* FS für Werner Marx, hg. von Ute Guzzoni, Bernhard Rang und Ludwig Siep, Hamburg 1976, S. 208 – 230.
[6] Hubert Orlowski, *Prädestination des Dämonischen. Zur Frage des bürgerlichen Humanismus in Thomas Manns «Doktor Faustus»,* Poznán 1969. Orlowski gibt in den einleitenden Kapiteln eine in Grundzügen auch durch Hermann Kurzkes (bis ins Jahr 1976 reichende) kommentierte Bibliographie (Ffm. 1977) nicht überholte Charakterisierung der Forschungstendenzen in bezug auf den *DF*, mit dem Akzent auf den verschiedenen Versuchen, Leverkühn für oder wider eine Mitverantwortung am deutschen Zusammenbruch zu belangen.
[7] Vgl. zu Bertram und Th. Mann die in Kurzkes «kritischem Bericht» noch nicht aufgeführte wichtige Abhandlung von Bernhard Böschenstein, *Ernst Bertrams «Nietzsche» – eine Quelle für Thomas Manns «Doktor Faustus»,* in: *Euphorion 72 (1978), Heft 1, 68 – 83.*
[8] Vgl. H. Orlowski, l.c., S. 68 (im Kontext)
[9] L.c., S. 96 ff.
[10] Th. Mann, *Deutschland und die Deutschen,* in: Th. M., *Ausgewählte Essays in drei Bd.en,* hg. von Hermann Kurzke, Bd. 2, Ffm. 1977, S. 297.

[11] Roland Barthes, *Introduction à l'analyse structurale des récits*, in: *Communications* 8 (1966), p. 20.
[12] Man muß nicht vergessen, daß Moeller van den Bruck und Rosenberg in Künstler- und Literaturkreisen verkehrten und ihre Vorstellungen zuerst in diesem Milieu entwarfen. Hitler und Goebbels hielten sich selbst für Kunstschaffende. Nietzsches «Künstler-Politiker» schwebte ihnen allen als Leitbild vor.
[13] Ich gebe zwei Zitate für viele. Das eine stammt von Achim von Arnim, der in seiner Rezension von J. W. Ritters *Fragmenten aus dem Nachlasse eines jungen Physikers* (in den *Heidelbergischen Jahrbüchern der Literatur*, Jg. 3. Abt. 1, Bd. 2 [1810], S. 118) schreibt, Frankreich habe mit und nach der Revolution eine neue politische Welt hervorgebracht; den Deutschen sei dagegen die Politik eine «lässige Störung», ihre Stärke liege auf dem Gebiet der Wissenschaft und Kunst. – Das andere Zitat ist von Schelling, der in seinen letzten Lebensjahren für eine (nicht mehr gehaltene) Vorlesung notierte: «Laßt *Euch* dagegen ein unpolitisches Volk schelten, weil die meisten unter euch mehr verlangen *regiert zu werden* (...) als zu regieren, weil ihr die Muße (...) die Geist und Gemüth für andere Dinge frei läßt, für ein größeres Glück achtet, als ein jährlich wiederkehrendes, nur zu Parteiungen führendes politisches Gezänke (...); laßt politischen Geist euch absprechen, weil ihr, wie Aristoteles, für die erste vom Staat zu erfüllende Forderung die ansehet, daß den Besten Muße gegönnt sey, und nicht bloß die Herrschenden, sondern auch die ohne Antheil am Staat Lebenden, nicht in unwürdiger Lage sich befinden (*Polit.* II,10)» (Schellings *sämtliche Werke*: hg. von K. A. F. Schelling, I. Abt. Bde 1–10; II. Abt. Bde 1–4, Stuttgart 1856–1861, II. Abt., Bd. 1, S. 549; vgl. II. Abt., Bd. 4, 367 [hinfort im Text zit.: *SW*, röm. Ziffer verweist auf Abteilung, arabische Ziffer verweist auf Band]).
[14] Robert Donington, *Wagner's ‹Ring› and its Symbols. The Music and the Myth*, London 1963 (1974), dt. Stuttgart 1976.
[15] Michael Mann, *Adrian Leverkühn: Repräsentant oder Antipode?*, in: *Neue Rundschau*, Heft 2 (1965), S. 204.
[16] *Die Dichtung als «Neue Mythologie». Motive und Konsequenzen einer frühromantischen Idee*, in: *Recherches Germaniques* 9 (1979), 122–140 und *Das Sagbare und das Unsagbare*, Ffm. 1980, S. 85–108
[17] Schelling verweist mit dieser Wendung auf Lessings *Erziehung des Menschengeschlechts*. Auch Lessing hatte die Geburt des *dritten Zeitalters* der Menschheit nicht für ein Ereignis gehalten, das gleichsam von selbst aus der Vernunft hervorgehe; vielmehr bedarf sie, wie er sagt, einer transzendenten «Offenbarung», d. h. eines «Richtungsstoßes», «auf welche die menschliche Vernunft selbst nimmermehr gekommen wäre» (§ 77).
[18] Friedrich Schlegel, *Kritische Ausgabe seiner Schriften* (hinfort im Text zit.: *KA*), hg. von Ernst Behler unter Mitwirkung von Jean-Jacques Anstett und Hans Eichner, München-Paderborn-Wien 1958 ff., Bd. III, S. 88/9.
[19] *Das älteste Systemprogramm des deutschen Idealismus (1797)*, in: M. Frank/G. Kurz (Hg.), *Materialien zu Schellings philosophischen Anfängen*, Ffm. 1975, S. 111/2.
[20] Dan Sperber, *Über Symbolik*, Ffm. 1975.
[21] Vgl. dazu Manfred Frank, *Das individuelle Allgemeine*, Ffm. 1977, 334 ff. und 345 ff.
[22] Vgl. zu diesem Problem die hervorragende, viel zu wenig beachtete Arbeit von Gilles-Gaston Granger, *Essai d'une philosophie du style*, Paris 1968.
[23] Ernst Cassirer, *Philosophie der symbolischen Formen. Zweiter Teil: Das mythische*

Denken, Darmstadt 1977, S. 211. Schellings (und Cassirers) Argument ist für eine methodologische Erörterung des Verhältnisses realgeschichtlicher und kultureller Ereignisse noch keineswegs ausgeschöpft. Soviel ich sehe, kommt es dem sehr nahe, was Lucien Goldmann in einigen Arbeiten über die Einfältigkeit der Struktur sagt, die z. B. ökonomische mit ästhetischen Produktionen vereinige (derart, daß nicht etwa diese jene in einem anderen Diskurs redupliziert. Es gibt *eine* Struktur und verschiedene Realisationen derselben auf verschiedenen Artikulationsniveaus).

[24] Richard Wagner, *Sämtliche Schriften und Dichtungen*. Volksausgabe, Leipzig o. J. (hinfort zit.: *SSD*), Bd. III, S. 131. Durkheim geht in den *Formes élémentaires de la vie religieuse* so weit, das Sakrale geradezu mit dem Sozialen zu identifizieren.

[25] Richard Wagner, *Sämtliche Briefe*, hg. von Getrud Strobel und Werner Wolf, Bd. III, Leipzig 1975, S. 182 (Brief an Ferdinand Heine vom 4. Dez. 1849).

[26] David Owen Evans, *Le socialisme romantique. Pierre Leroux et ses contemporains*, Paris 1948.

[27] Vgl. Hanns Johst, *Ich glaube! Bekenntnisse*, München 1928, S. 39 im Kontext. Den Zusammenhang, aus dem sich diese Ideen ergeben haben, entwickelt sehr gut Klaus Vondung, *Magie und Manipulation. Ideologischer Kult und politische Religion des Nationalsozialismus*, Göttingen 1971.

[28] Ernst Bertram, *Deutscher Aufbruch. Eine Rede von studentischer Jugend*, in: *Deutsche Zeitschrift*, 46. Jg. des *Kunstwart*, 1933, S. 609.

[29] Vgl. Derridas erhellende Bemerkungen zur Einheit jener Diskurs-Maschine, die sowohl die Option für den Wert des Lebens wie diejenige für den Wert des Todes produziert: in beiden Produktionen arbeitet sie zugunsten einer und derselben diskursiv-binären Opposition, die von der Epoche auf diese oder jene Weise artikuliert und aktualisiert wird. (S. u. S. 89f.)

[30] Bernhard Böschenstein, l.c., S. 83.

[30a] Ernst Bertram, *Nietzsche. Versuch einer Mythologie*, Berlin 1918, S. 107 – 109 (ff.).

[31] Vgl. Th. Mann, *Gesammelte Werke in 13 Bd.en*, Ffm. ³1974, Bd. XIII, S. 265.

[32] «Restaurativ im revolutionären Sinn und insofern faschistisch»: eine Nachlaß-Notiz aus dem Thomas-Mann-Archiv Zürich, zit. in: Karlheinz Hasselbach, *Thomas Mann. Doktor Faustus*, München 1977, S. 29 (S. 142). Thomas Manns Wort ist übrigens auf den «eisernen Konstruktivismus der 12-Ton-Musik» gemünzt.

[33] Neben Moeller van den Brucks politisch-spekulativer Schrift *Das Dritte Reich*, 1923, gibt es zahlreiche Ansätze im Denken des Bürgertums, die in die Richtung einer «konservativen Revolution» verlaufen. Vgl. A. Mohler, *Die konservative Revolution in Deutschland 1918 bis 1932*, Stuttgart 1950; spezifischer für die Situation im *DF*: G. Fuchs, *Sturm und Drang in München um die Jahrhundertwende*, München 1936. (Es ist interessant zu wissen, daß Mohler immer noch aktiv ist als Ideen-Lieferant der «Neuen Rechten» [GRECE] in Frankreich.)

[33a] George Bataille erinnert daran, daß *Faschismus*, der Etymologie nach, *Vereinigung, Konzentration* bedeutet (*fascis: [Ruten-]Bündel) (Die psychologische Struktur des Faschismus*, München 1978, S. 28).

[34] Wagner, *SSD* 132, 134.

[35] Ich verzichte darauf, die inzwischen beträchtlich angewachsene Literatur über Adornos geheime Mitautorschaft am *DF* im Detail zu nennen und erwähne nur die wichtige Arbeit von Hansjörg Dörr, *Thomas Mann und Adorno. Ein Beitrag zur Entstehung des ‹Doktor Faustus›*, in: *Literaturwissenschaftliches Jahrbuch*. Im Auftrag der

Görres-Ges. hg. von Hermann Kunisch, 11 (1970), S. 285 – 322. Weitere Literatur in der schon erwähnten Bibliographie von Hermann Kurzke, *Thomas Mann Forschung 1969 – 1976. Ein kritischer Bericht*, Ffm. 1977, S. 242 ff.

[36] «Seit die Kultur vom Kultus abgefallen ist, ist sie denn auch nichts anderes mehr als ein Abfall» (*DF* 326).

[37] Unter der Sigle *PhM* belege ich hinfort im laufenden Text Zitate aus Th. W. Adorno, *Philosophie der neuen Musik*, Ffm. 1958. Die für Th. Mann bedeutsamen zusätzlichen musikologischen Arbeiten Adorno nennt und charakterisiert erschöpfend die schon genannten Abhandlung von Hansjörg Dörr (Anm. 35).

[38] Ich beschränke mich auf den musikalischen Bereich und übergehe Zeitbloms Bemühung, die Hoffnung auf einen Umschlag subjektiver Willkür(freiheit) in eine neue und verbindliche Ordnung als bewegende Kraft auch der protestantischen Theologie (sowohl zur Luther- wie zur Barth-Zeit), der Winfried-Brüderschaft und der anderen Kunstarten zu belegen. Diese Zusammenhänge sind einigermaßen bekannt und in der Thomas-Mann-Literatur ausgeschöpft. Nicht selten rühren sie an obsolete Deutschland-Klischees.

[39] Dolf Sternberger hat die Zweideutigkeit dieses Zitats sehr gut herausgearbeitet und eine Art Geistergespräch zwischen Lukács und Adorno hinsichtlich seiner Einschätzung sich entwickeln lassen: D. S., *Deutschland im ‹Doktor Faustus› und ‹Doktor Faustus› in Deutschland*, in: *Thomas Mann 1875 – 1975. Vorträge in München – Zürich – Lübeck*, hg. von Beatrix Bludau, Eckhard Heftrich und Helmut Koopmann, Ffm. 1977, S. 163f. und Anm. 15. S. 170 - 172.

[40] Wagner, *SSD* VII, S. 198.

[41] Zeitblom spricht von den «extrem polyphonen Härten dieses Stücks» (*DF* 498).

[42] Gunter Reiss (*Allegorisierung und moderne Erzählkunst. Eine Studie zum Werk Thomas Manns*, München 1970, S. 124 ff.) hat den Antagonismus der im Roman «praktizierten Musik» und derjenigen, von der er spricht, als Allegorisierung der Unmöglichkeit herkömmlichen Erzählens gedeutet. Ich würde weitergehen und sagen, daß der Roman von Zeitbloms Scheitern als Erzähler handelt und daß die Funktion Leverkühns aus dieser Perspektive neu situiert sein will.

[43] Es ist interessant zu wissen, daß es in den ersten Jahren des Nazi-Regimes offizielle Fürsprecher der Zwölfton-Musik gab. Sie teilten in der Folge das Schicksal der Fürsprecher der expressionistischen Dichtung.

[44] Eine Nachlaß-Notiz Thomas Manns, zit. in Lieselotte Voss, *Die Entstehung von Thomas Manns Roman ‹Doktor Faustus›. Dargestellt anhand von unveröffentlichten Vorarbeiten*, Tübingen 1975, S. 191.

[45] Alfred Rosenberg, *Der Mythus des 20. Jahrhunderts. Eine Wertung der seelisch-geistigen Gestaltenkämpfe unserer Zeit*, 67. – 70. Aufl., München 1935, S. 520/1.

[46] L. c. 520

[47] Ernst Bloch, *Erbschaft dieser Zeit*, Ffm. 1974, S. 22.

[48] Um eine weitere Wendung Ernst Blochs aus dem Zusammenhang seiner Faschismus-Analyse aufzugreifen.

[49] Novalis, *Schriften. Die Werke Friedrich von Hardenbergs*. Hg. von Paul Kluckhohn und Richard Samuel, 2. Aufl., Stuttgart 1960 ff., Bd. III, S. 664, Nr. 603.

[50] L. c. Bd. III, S. 693, Nr. 705.

[51] L. c.

[52] L. c. Bd. III, S. 685/6, Nr. 671.

SAMUEL WEBER

Das linke Zeichen: Zur Semiologie Saussures und Peirces

Es ist ruhiger um den Strukturalismus geworden. Seit einiger Zeit ist man sogar dabei, Bilanz zu ziehen, als ob alles schon gelaufen wäre und es nur noch darum ginge, daraus die gebotenen Schlüsse zu ziehen, um zur eigentlichen Tagesordnung übergehen zu können.
Man zeigt sich beflissen, den Strukturalismus in seinen Kontext zu stellen, gleichsam so, wie man eine alte Vase in den Schrank stellt, den man dann abschließen will. Wenn man aber genauer hinsieht, um mehr über das abschließende Urteil über den Strukturalismus zu erfahren, oder wenn man nach dem Kontext fragt, in den man - abschließend - ihn stellen will, bekommt man nicht selten zur Antwort, daß es gerade der Kontext sei, den der Strukturalismus übersehen hat und übersehen mußte; und daß daher wir, wenn wir dem Kontext im allgemeinen und dem unsrigen im besonderen gerecht werden wollen, jetzt über den Strukturalismus hinausgehen müssen.
Eine derartige Einschätzung findet man z.B. in einem neulich erschienenen Artikel von Wolfgang Iser, der die «Problemlage gegenwärtiger Literaturtheorie» behandelt.[1] Diese Lage versucht Iser durch die Beschreibung von «drei epochalen Schlüsselbegriffen» greifbar zu machen. Die Begriffe sind Struktur, Funktion und Kommunikation. Die Einheit des Strukturbegriffs sieht Iser in der Neigung, «Komponentenanalyse zu betreiben, durch die es möglich wird, das Inventar (der) Strukturelemente festzustellen.»[2]. Aus dieser Bestimmung ergibt sich aber auch das, was Iser die «charakteristische Begrenztheit des Strukturkonzepts» nennt, nämlich nur die Tendenz zur Beschreibung der «semantischen Dimension des Textes», die zum «eigentlichen Endhorizont» des Strukturalismus wird.[3]
Die Beschränktheit des Strukturbegriffes also liegt, Iser zufolge, in seiner Unfähigkeit, über immanente Beschreibung, über «Inventarisierung» semantischer Momente hinauszukommen. Indem der Strukturbegriff seinen Blick «ausschließlich auf intratextuelle Gegebenheiten» richtet, vernachlässigt er gerade den Kontext, in dem allein solche

Gegebenheiten wirksam werden. Denn

literarische Texte sind immer auf Kontext bezogen; es ist diese Beziehung, durch die der Text den konkreten Sinn seiner Strukturiertheit beziehungsweise den konkreten Sinn seiner Verwendung gewinnt.[4]

Wegen dieser Vernachlässigung des Kontextes bedarf der Strukturbegriff einer Ergänzung, und die sieht Iser durch den Begriff geleistet, den er Funktion nennt und so bestimmt:

Der Funktionsbegriff thematisiert die Kontextualität des Textes und verdeutliche die Wechselseitigkeit der Beziehung, die ein Text zu seiner Umwelt unterhält.[5]

Die immanente Partialität des Strukturbegriffes wird demnach durch die Umsichtigkeit des Funktionsbegriffes ebenso ergänzt, wie dieser durch den der Kommunikation. Ich kann natürlich hier die Argumentation Isers nicht weiter verfolgen, so sehr sich das lohnen würde wegen der vielen wichtigen Fragen, die sie aufwirft (wie etwa die, warum Kontextualität ausschließlich oder vorzüglich mit dem Funktionsbegriff, nicht aber mit dem der Kommunikation identifiziert werden sollte). Ich muß mich also auf jenen Aspekt seiner Ausführungen beschränken, auf den es mir vor allem ankommt, auf die allgemeine Einschätzung des Strukturbegriffs (bzw. des Strukturalismus, denn beide werden von ihm als «weitgehend identisch» behandelt) als einer neuen Spielart der immanenten Kritik, oder genauer, der immanenten Beschreibung. Denn diese Einschätzung wird ohne Zweifel von vielen geteilt und ist daher nicht ohne Einfluß auf die gegenwärtige Theoriediskussion in der Bundesrepublik, aber auch anderswo, etwa in den USA. Diese verlangt, daß der Strukturalismus in einen Kontext gestellt wird, und meint dies auch durch den Hinweis zu motivieren, daß er selbst notwendig den Kontext literarischer Texte zugunsten ihrer innersprachlichen, semantischen Organisation geopfert habe.

Nun möchte ich nicht behaupten, daß diese Einschätzung einfach falsch ist, da sie ohne Zweifel für die Arbeiten verschiedener Literaturwissenschaftler, die man als «orthodoxe» Strukturalisten beschreiben könnte, zutrifft. Was ich jedoch fragwürdig finde, ist die Überzeugung, daß die Beschränktheit dieser Orthodoxie einen Wesenszug des Strukturbegriffs selbst darstelle. Ich finde diese Einschätzung deswegen bedenklich, weil sie leicht den Weg zu Überlegungen versperren kann, deren theoretische Kraft weit über die Begriffe hinausreicht, die zu ihrer Be- oder gar Verurteilung verwendet werden, also Begriffe wie Funktion, Kommunikation und auch Struktur selbst. Denn die abschließende Einschätzung des Strukturbegriffs stellt diesen als mit

sich selbst einfach und in alle Ewigkeit gleich, d.h. als eine Entität hin, die niemals *aus eigenem Antrieb* über sich hinausführen könnte. Danach wäre der Strukturbegriff eine Angelegenheit, die von außerhalb seiner ergänzt werden muß. Eine derartige Einschätzung führt nicht zu einer erneuten Auseinandersetzung mit dem Begriff, sondern setzt ihn lediglich in Kontext, wie jene Vase im Schrank, ohne sich darüber Rechenschaft abzulegen, daß gerade dieser Schrank seit langem dazu neigt, aus den Fugen zu gehen; und zwar nicht zuletzt wegen der Sprengkraft gewisser Begriffe (oder sagen wir lieber: Gedanken und Gedankengänge), die sich eben schwer ab- und einschließen lassen. Denn ein derartiges Einstellen setzt immer voraus, daß das Gestellte gewissermaßen fertig und abgeschlossen vorliegt. Gerade das scheint mir aber höchst fragwürdig zu sein, sofern man vom Strukturalismus redet. Denn zumindest einige der Schriften, die mit diesem Terminus assoziiert werden, lassen sich nicht oder noch nicht in ihren Kontext einstellen oder gar mit dem Begriff des Kontexts abschließend beurteilen. Gegenüber der Sprengkraft der in ihnen entwickelten Gedanken bleibt der Begriff des Kontexts ebenso vage und unverbindlich wie handlich und tröstlich. Denn derjenige, der sich auf Kontext beruft, darf sich als *umsichtig* ansehen: er deutet an, daß er nicht eigensinnig und beschränkt, sondern weitblickend und großzügig ist, weiß er doch, worum es geht; er kennt – anscheinend zumindest – die Umstände und stellt die Sachen an ihren rechten Ort. Gerade aber die Texte, die am Anfang des Strukturalismus stehen, haben es sich weniger leicht gemacht mit der Frage des rechten Orts. Wie das geschehen ist und in welcher Richtung es führen könnte, möchte ich jetzt an zwei Autoren erörtern. Zunächst beginne ich mit Ferdinand de Saussure, und zwar mit seinen Cours de linguistique générale. (Ich darf hier parenthetisch bemerken, daß, so sehr mich die neueren Arbeiten über die nicht veröffentlichten Handschriften und Protokolle interessieren, ich immer noch der Meinung bin, daß auch die bekannte Version der Saussureschen Vorlesungen bei weitem nicht ausgeschöpft ist und selbst in der «Vulgata»-Fassung keine zwingende Handhabe für die orthodox-strukturalistische Saussure-Lektüre bietet.)
Schließlich kommt es hier wie überall auf die Art der Lektüre an, vielleicht sogar noch mehr als auf die Beschaffenheit von einzelnen Texten. Denn eine Lektüre, die sich der Produktivkraft von semantischen Spannungen, von syntaktischen Synkopen verschließt, die also auf in sich kohärente Aussagen allein achtet oder achten will, wird in

jedem Text letzten Endes dasselbe ausgedrückt finden. Gerade bei Saussure hieße das jedoch, seine eigentümliche und – glaube ich – fruchtbarste Seite zu verkennen. Diese besteht in der Spannung, die sein Denken in Bewegung bringt und darin erhält; und sie läßt sich im Zusammenhang mit der Idee der Immanenz besonders gut darstellen. Denn die Idee einer gewissen Immanenz ist dem Saussureschen Denken keineswegs fremd; im Gegenteil, sein gesamtes Vorhaben wird von ihr geleitet. Seine Bestimmung der *langue* als des «integralen und konkreten Gegenstandes des Linguistik»[5a] ist schließlich nur zu verstehen auf Grund seines umfassenden Projekts, eine neue und strenge Sprachwissenschaft zu schaffen. Denn die *langue* ist weniger eine empirische Tatsache als eine theoretische Konstruktion, wie Saussure selbst betont: «Weit davon entfernt, daß der Gegenstand dem Standpunkt vorausginge, ist es der Standpunkt, der den Gegenstand schafft».[6] Wenn also die Saussuresche Blickrichtung sich zunächst auf den von ihr auch konstruierten Gegenstand, *la langue* (das Sprachsystem) zielt, so manifestiert sich darin seine umfassende Absicht, eine relativ geschlossene unabhängige Wissenschaft der Sprache zu erarbeiten, die eines ebenfalls geschlossenen, homogenen Gegenstands bedarf. Ich glaube, daß die Bedeutung dieses Projekts für die gesamte Entwicklung des Saussureschen Denkens bislang nicht genügend gewürdigt worden ist. Es wird zum Beispiel oft übersehen, daß die entscheidenden Termini, «Synchronie» und «Diachronie», sich nicht direkt auf Objekte oder gar Realitäten richten, sondern zunächst und vor allem Perspektiven bezeichnen, unter denen Gegenstände konstruiert und untersucht werden. Außerdem reflektiert die Saussuresche Bemühung, die Einwirkung von außersprachlichen Faktoren auf die Funktion der Sprache zugunsten innersprachlicher, d. h. semiotischer Momente zurückzustellen, nicht mehr und nicht weniger als seine Absicht, eine derartige Wissenschaft aufzubauen. Doch es gibt selbstredend auch gewichtige innertheoretische Gründe, die Saussure bei seiner Abkehr von der referentiellen, repräsentativen Auffassung von Sprache (d. h. als Benennung, nomenclature) motivieren. Und gerade heute ist es wichtig, darüber konkret urteilen zu können; denn eine gewisse Reaktion gegen den Strukturalismus macht es sich leicht, indem sie die ganze Richtung mit der Verleugnung von Referenzialität als sprachlicher Funktion schlechthin gleichsetzt. Eine derartige schlichte Verleugnung ist ebenso absurd wie theoretisch irrelevant. Worauf es Saussure vielmehr ankam, war die Frage, ob die Sprache wesentlich aus dieser einzigen Funktion sich ableiten lasse, und da gibt er in der Tat eine deutliche und negative Antwort. Referentielle Verwendung der Sprache besteht, kann aber nicht das Phänomen der Bezeichnung erklären. Diese läßt sich nicht, Saussure zufolge, durch Hinweis auf Außensprachliches erklären, sondern allein durch die Beziehungen der Zeichen zueinander. Um aber sich aufeinander beziehen zu können, d.h. überhaupt erst als Zeichen (etwas) bezeichnen zu können, müssen die Zeichen sich voneinander abheben, sich also unterscheiden. In diesem Sinne also fällt für Saussure die sog. «Arbitrarität» des Zeichens – d.h. die Tatsache, daß es sich nicht wesentlich durch den natürlichen Bezug zu dem Bezeichneten qua Ding oder Referenten bestimmt – mit seiner *Differentialität* zusammen: Die Zeichen müssen sich zuerst und vorab voneinander unterscheiden, um (etwas) bezeichnen zu können, d.h. um zu Zeichen zu werden.

Mit der Bestimmung der Arbitrarität des Zeichens als «reiner Differenz» aber setzt Saussure einen Gedanken in Bewegung, der seine ursprüngliche Absicht, eine selbständige Wissenschaft der Sprache zu schaffen, ins Wanken zu bringen droht. Denn so sehr diese Bestimmung des Zeichens (als «reiner Differenz») es aus der Abhängigkeit von außersprachlichen Faktoren befreit, so sehr läßt sie zugleich ihre eigene Stabilisierung in einem festen Zustand, einem «état de langue», als fragwürdig erscheinen. Denn wenn alle Zeichen *nur* durch ihre Unterschiedenheit von anderen bezeichnen können, so ist noch nicht gezeigt, wie bestimmte – positive und dauerhafte – Zeichen überhaupt zustandekommen. Mithin wäre noch zu erklären, wie die Sprache im allgemeinen («la langue») zum jeweils besonderen Sprachsystem wird. Diese Frage spitzt sich zu, sobald Saussure den sprachlichen «Wert» theoretisch erörtert. Behauptet Saussure, daß «der Wert eines jeden Terminus durch seine Umgebung bestimmt wird»,[6a] und zwar rein differentiell, so bleibt immer noch die Frage offen: wie und wodurch wird diese Umgebung ihrerseits bestimmt? Nach welchen Gesetzen oder zufolge welcher Vorgänge werden die Grenzen einer sprachlichen Umgebung – eines Kontextes also – gesteckt?

Es erübrigt sich zu bemerken, daß dieser Aspekt der Saussureschen Lehre in jeweils verschiedener Weise sowohl von Lacan wie von Derrida aufgegriffen worden ist, um einerseits den Vorrang des Signifikanten, andererseits das Problem der Unentscheidbarkeit ins Spiel zu bringen. Dagegen haben die mehr orthodoxen Strukturalisten eher auf den anderen Gestus von Saussure gesetzt, durch welchen er seinen

Begriff der «reinen Differenz» wieder in den Griff zu bekommen versucht– «Obwohl Signifikant und Signifikat, für sich betrachtet, rein differentiell und negativ sind, bleibt ihre Verbindung ein positives Faktum»,[7] – ein Faktum also, das sich nicht mehr als Differenz schlechthin, sondern als Gegensatz bestimmt.

Erst aus dieser Domestizierung der Differenz zum Gegensatz ergibt sich die Möglichkeit eines orthodoxen Strukturalismus, d.h. des Gedankens einer geschlossenen Taxonomie aufgrund binärer Oppositionen: also der Inventarisierung im Sinne Bloomfields, Hjelmslevs, Benvénistes oder Isers. Theoretisch bleibt freilich noch zu beantworten, wie die Transformation der Differenz (als der Möglichkeitsbedingung der Semiose schlechthin) in die jeweils vorgegebene Besonderheit bestimmter Zeichensysteme – oder «Kontexte» – zu denken ist. Hier ist der Ort – man hat häufig darauf hingewiesen –, wo Saussures Betonung der gesellschaftlichen und geschichtlichen Faktoren, der Sprachgemeinschaft und der Tradition, ernstgenommen werden müßte. Hier ist ferner der Ort, wo die Arbitrarität des Zeichens-im-allgemeinen, als reine Differenz nämlich, geradezu danach verlangt, durch die Einführung von sozio-historischen Faktoren ergänzt zu werden, um überhaupt als Sprache-im-besonderen denkbar zu werden. Wenn wir also am Anfang des *Cours* lesen können, daß die Sprache («la langue») «nie unabhängig von gesellschaftlichen Tatsachen bestehen kann», und noch kategorischer: daß die «gesellschaftliche Natur (der Sprache) eine ihrer *wesentlichsten* Eigenschaften» ausmacht,[8] dann gibt es allen Grund, in diesen Aussagen mehr als bloße Beteuerungen zu sehen. Denn gerade Saussures Beharren auf dem differentiellen, im Gegensatz zum repräsentativen *Moment* des Zeichens verlangt unvermeidlich, daß die semiotische Differenz sich in dem und als einzelnes Zeichen bestimmt und stabilisiert; diese Bestimmung wiederum kann nur als gesellschaftlich-geschichtlicher Vorgang gedacht werden. Nicht allein darum, weil Saussure dies ausdrücklich versichert, sondern weil seine Auffassung der Differenz sonst unvollständig und «abstrakt» bliebe.

Ob oder *inwieweit* diese theoretische Notwendigkeit aufgrund der von Saussure hinterlassenen Nachschriften auch wirklich gedacht werden kann, kann ich hier nicht entscheiden. Sicher bleibt die Tatsache, daß sie *als* eine theoretische Notwendigkeit in seinen *Cours* deutlich eingezeichnet ist. Seine Untersuchung der Sprache als *langue,* als synchronisches Zeichensystem, verlangt, gleichsam aus eigenem Antrieb, eine

Ergänzung durch die diachronische Perspektive. Aus eigenem Antrieb, weil ohne die diachronische Dimension die synchronische nicht bloß abstrakt bleibt, sondern – wichtiger – in sich unstimmig wird.
Unstimmig heißt hier nicht einfach unvollständig oder einseitig. *Diese* Auffassung wird zwar im *Cours* selbst öfters nahegelegt: die synchronische Untersuchung der Sprache als langue, können wir dort lesen, gleicht der «Projektion» eines Körpers auf einer Fläche, sie sei also eine einseitige aber notwendige Reduktion der Wirklichkeit, unternommen in der Absicht, ihre gesetzmäßige Struktur erkennen zu können. Denn Gesetzmäßigkeit wird von Saussure ausschließlich der *langue* zugeschrieben; streng genommen (behauptet er) gibt es nur eine «loi synchronique», während diachronische Veränderungen «immer einen zufälligen und partikulären Charakter besitzen».[9]
Synchronische und diachronische Betrachtungsweisen wären demnach aufeinander angewiesen, um ein volles Bild des Gegenstandes geben zu können; doch ihre jeweilige Art, diesen Gegenstand aufzufassen, wäre ebenso radikal verschieden: die Synchronie zielte auf die Herausarbeitung von gesetzmäßigen, konstitutiven Zeichenbeziehungen, während die Diachronie sich im wesentlichen auf die reine Beschreibung ihrer empirischen Veränderungen beschränken müßte.
Das Problem liegt nun darin, daß *auch* die synchronische Auffassung der Sprache keine «Gesetzmäßigkeit» formulieren kann, sofern sie *die Beziehung von allgemeiner und bestimmter Semiose* nicht herausarbeitet, sofern sie also die Beziehung von «reiner Differenz» zu bestimmter Differenzierung der Zeichen nicht zu begründen vermag.
Sobald man das Problem auf diese Weise formuliert, wird einsichtig, daß es dabei *nicht* um die Erweiterung eines an und in sich geschlossenen Strukturbegriffes durch die Einbeziehung von Faktoren des Kontextes gehen kann, weil der Strukturbegriff von vornherein nicht geschlossen oder in sich stimmig ist. Doch auch diese Unstimmigkeit ist in den Text von Saussures *Cours* eingeschrieben. Sie ist lesbar wie die Spuren des Unbewußten lesbar sind: nicht in Gestalt der schlichten Aussage oder Behauptung, sondern als stumme aber trächtige Implikation.
Ich denke hierbei an Saussures Verwendung des Schachspiels als Gleichnis, mit welchem die Eigenschaften der *langue*-als-System illustriert werden sollen. «Die Verschiebung einer Figur ist eine Tatsache, die sich absolut von dem vorhergehenden und darauffolgenden Gleichgewicht unterscheidet. Die bewirkte Veränderung gehört keinem der

beiden Positionen (états) an: diese Positionen allein sind wichtig.»[10] Doch diese Beschreibung des Schachspiels vergißt gerade das Wesentliche: das Moment des Spiels. Als Spiel setzt sich Schach nicht allein aus den unmittelbar wahrnehmbaren Positionen der Figuren auf dem Brett zusammen; diese Stellungen und die jeweilige Bewegungsfähigkeit der verschiedenen Figuren machen lediglich den Ausgangspunkt des Spiels aus. Dieses selbst setzt erst mit gerade dem Moment ein, das Saussure offenbar ausschalten möchte: dem der Strategie. Das eigentliche Schach*spiel* besteht in den Transformationen von Stellungen durch die Spieler.

Doch auch das Wort Transformation ist hier zu statisch: denn es suggeriert immer noch jene radikale Unabhängigkeit von Zustand und Bewegung, die Saussure hervorheben will. Beim Schachspiel dagegen bestimmt sich schon der Zustand als solcher wesentlich als Übergangsmoment, d.h. im Bezug auf seine Veränderlichkeit. Streng genommen gibt es auch keinen in sich geschlossenen Zustand (état), jeder ist schon in sich durch Diachronie, d.h. durch die Asymmetrie des Zugs gespalten. Denn gerade weil er ein Spiel ist, gibt es beim Schach immer: den Zug.

Der Unterschied also zwischen Schach und Sprache liegt nicht, wie Saussure behauptet, in dem verschiedenen *Grad* des Bewußtseins («Der Schachspieler hat die Absicht, eine Positionsänderung vorzunehmen-...während die Sprache nichts im voraus überlegt»,[11]) – sondern in der verschiedenen *Art* des Bewußtseins und des Subjekts, das darin impliziert ist. Bei der Saussureschen Auffassung der *langue* und der Synchronie geht es um ein einheitliches Bewußtsein und ein ebenso einheitliches Subjekt: «Die synchrone Linguistik beschäftigt sich mit den logischen und psychologischen Beziehungen von Termini, die koexistieren und ein System bilden, so wie sie von einem identischen kollektiven Bewußtsein wahrgenommen werden (... tels qu'il sont aperçus *par la même conscience* collective»).[12] Die Bewußtseinsart des Schachspiels dagegen deutet auf ein gespaltenes, konfliktbedingtes Subjekt.

Doch, könnte man einwenden, vielleicht hat Saussure sich nur in der Wahl des Beispiels vergriffen. Vielleicht. Aber wenn man davon ausgeht, daß seine Einsicht in die differentielle Natur des Zeichens für seine gesamte Sprachtheorie ausschlaggebend bleiben muß, scheint die Wahl dieses Beispiels geradezu musterhaft gelungen. Denn auch wenn die Funktion des Zeichens nicht repräsentativ, sondern in erster Linie

differentiell ist, wird die Bildung von einzelnen Zeichen die Bewegung der Differenz nie ganz ausschließen oder einfangen können. Die Bestimmung der jeweiligen Zeichen und Zeichensysteme wird immer den Charakter einer Kompromißbildung tragen. Kompromiß deutet auf Konflikt, wie er sich gerade im Gleichnis vom Schachspiel artikuliert. Eine Konsequenz aus alledem lautet: Die theoretische Auffassung ebenso wie die praktische Verwendung von Sprache (oder jedem anderen Zeichengebilde als einem Medium von Verstehen, d.h. Sinn-Verstehen) wird nur vermöge einer Interpretation denkbar; denn allein die Interpretation vermöchte dem ansonsten unabschließbaren Spiel der Signifikanten Grenzen zu setzen, indem sie den Signifikanten die Signifikate zuweist. Oder genauer: indem Zeichen, die immer beide Funktionen – die des *signifiant* und des *signifié* – vereinen, im Sinne des Signifikats expliziert, d.h. ausgelegt werden. Diese Implikation der Saussureschen Sprachtheorie ist von niemandem früher bemerkt worden als von zweien ihrer schärfsten Kritiker: C.K. Ogden und I.A. Richards, die schon in *The Meaning of Meaning* schrieben: «The disadvantage of this account [nämlich Saussures Bestimmung des Zeichens als signifiant/signifié] is, as we shall see, that the process of interpretation is included by definition in the sign! (Die Nachteile der Saussureschen Zeichentheorie bestehen, wie wir sehen werden, darin, daß das Zeichen seine Interpretation schon per definitionem in sich enthält).»[13]
Per definitionem – denn Saussures Theorie des Zeichens läßt keine andere Erklärung zu, wie die in sich unabschließbare Bewegung der Differentialität alternativ zu definieren wäre.
Was den englischen Kritikern aber als der entscheidende Fehler erschien, das mag gerade die Fruchtbarkeit des Saussureschen Ansatzes ausmachen. Vorausgesetzt (wie es meine Überzeugung ist), daß man «Interpretation» nicht einfach als die Auslegung eines Sinnes versteht, der wie ein Kern im Auszulegenden schon enthalten wäre, sondern vielmehr als konfliktträchtiges Spiel, durch das sich zwar Sinn ergibt, doch unter Bedingungen, die «strategisch» zu nennen sind, weil sie auf die Notwendigkeit der Organisation und Bewältigung von Konflikten verweisen.
Allerdings lenkt der Vorwurf von Ogden und Richards, daß der «Vorgang der Interpretation im Zeichen per difinitionem schon enthalten» sei, unsern Blick auf einen anderen Denker, der schon 30 Jahre vor Saussure an der Grundlegung einer allgemeinen Semiotik gearbeitet hat: auf Charles Sanders Peirce. Was bei Saussure eher implizit

anklang, ist bei Peirce ausdrücklich thematisiert. Doch bevor wir uns dieser Thematisierung zuwenden, ist es ratsam, ein wenig auszuholen. Denn Saussures Behauptung, daß nicht der Gegenstand den Standpunkt diktiere, sondern umgekehrt dieser den Gegenstand, ist gerade im Falle von Peirce von besonderer Bedeutung. Man kann sich nämlich seinem Denken weniger leicht als jedem anderen durch einfältige Lektüre – d.h. durch die Sammlung von einzelnen Aussagen – nähern; vielmehr muß man ein Gefühl für die eigentümliche Spannung entwickeln, die dieses Denken in Bewegung bringt, die es durchzieht und auszeichnet. Vor der Eigentümlichkeit seines eigenen Denkens gab Peirce selbst einmal eine bemerkenswerte Beschreibung (in einem der Briefe an Lady Welby):

Meine Denkart ist so verschieden von der der meisten Menschen. Im übrigen bin ich Linkshänder (im buchstäblichen Sinne), was eine Gehirnentwicklung impliziert, die so verschieden von der der Rechtshänder ist, daß der Linkser damit rechnen muß, dauernd mißverstanden zu werden und als Fremdling, wenn nicht gar als Menschenfeind, unter seinesgleichen zu gelten (...) Meine geistige Linkshändigkeit hat es bewirkt (...), daß ich die Gedanken meiner Vorgänger gründlich durchdrungen habe und dabei nicht bei ihren Ideen, wie sie von ihren Urhebern verstanden waren, stehengeblieben bin, sondern vielmehr auf die Kräfte geachtet habe, die in ihnen schlummern.[14]

Die «geistige Linkshändigkeit» Peirces ist tatsächlich überall zu spüren: im großen als das Paradox eines Denkens, das immer wieder aufs Ganze geht, aufs allumfassende System zielt, um ständig wieder im Fragment sich niederzuschlagen. Im kleinen, durch einen Stil, den man nur «linkisch» nennen kann. Wie Saussure, der ja viel weniger als Peirce veröffentlicht hat, rang auch er stets mit der Sprache, mit einem *état de langue,* der ganz ungeeignet war, das, was er zu denken versuchte, angemessen zu artikulieren. Ich werde darauf zurückkommen. Zunächst aber will ich versuchen, Peirces Interesse am Phänomen des Zeichens verständlich zu machen, und zwar wieder durch ein Zitat aus den Briefen an Lady Welby:

Sie sollten wissen, daß von jenem Tag an, da ich mit zwölf oder dreizehn im Zimmer meines Bruders ein Exemplar von Whatelys Logik auflas und ihn fragte, was Logik sei und dabei irgendeine simple Antwort bekommen hatte, ich mich auf den Boden warf und in das Buch vergrub. (Seit diesem Tag es nie in meiner Macht gewesen ist, das Studium von was es auch sein mag – von Mathematik, Ethik, Metaphysik, Gravitation, Thermodynamik, Optik, Chemie, Vergleichende Anatomie, Astronomie, Psychologie, Phonetik, Wirtschaftswissenschaft, Wissenschaftsgeschichte, Kartenspiele, Männer und Frauen, Wein, Meteorologie – anders zu beschreiben, als darin Aspekte der Semiotik zu sehen) ...[15]

Wie Saussure war auch Peirce semiotisch sensibilisiert: alle möglichen Gegenstände des Wissens waren ihm zugleich Zeichen. Damit aber erscheint zugleich eine entscheidende Differenz zwischen ihm und Saussure: denn die Ausweitung des Zeichenbegriffes auf alle Phänomene der Wissenschaft und des Wissens bedeutet eine Verschiebung der Prioritäten und zugleich eine andere Auffassung der Wissenschaft. Saussure, wir erinnern uns, suchte einen Gegenstand zu bestimmen, der zugleich «ein in sich geschlossenes Ganzes und ein Prinzip der Klassifikation» beinhaltete,[16] ein Gegenstand, der «integral» im Sinne der Integration wäre: eben die *langue* als jeweils geschlossenes Sprachsystem. Daher beschränkte sich Saussure zunächst auf eine Untersuchung der Sprache, und vor allem der gesprochenen Sprache, anstatt die Prinzipien einer allgemeinen Semiologie herauszuarbeiten. Saussure versucht, innerhalb der verschiedenen Zeichenphänomene dasjenige zu finden, welches es dem Linguisten erlauben würde, «beide Füße auf dem Boden der langue zu stellen und sie als die Norm aller anderen Erscheinungen der Sprache (manifestations du langage) zu nehmen.»[17]

Kurzum, Saussure suchte einen homogenen, in sich geschlossenen Gegenstand – *la langue* –, um eine ebenso homogene, in sich geschlossene Wissenschaft – *la linguistique (synchronique)* – darauf begründen zu können. Daher lehnte er die Sprache als solche, *le langage,* und erst recht die Zeichen schlechthin als bevorrechtigte Untersuchungsobjekte ab: *zunächst* sollte die Semiotik sich als *Linguistik* durch die Theoretisierung der gesprochenen Sprache konstituieren, d.h. ihren einheitlichen Kern und Grund entfalten; *danach* könnte sie sich mit weniger einheitlichen Zeichenmedien befassen.

Bei Peirce dagegen gibt es diese Bevorzugung nicht und kann es sie auch gar nicht geben. Die Gründe dafür lassen sich vielleicht am ehesten durch eine Lektüre von zwei seiner frühesten Schriften aufzeigen. Diese Artikel, veröffentlicht im Jahre 1868, sind zwar noch sehr tastend und entbehren noch der Raffinements seiner späteren Abhandlungen. Dennoch besitzen sie einen wichtigen Vorzug, der für die Situierung der Beziehung von Zeichen und Interpretation bei Peirce von großem Nutzen ist: Sie zeigen die Peircesche Zeichentheorie *in statu nascendi*. Und wenn man davon ausgeht, daß Peirces Denken – wie vielleicht das jedes bedeutenden Philosophen – erst als Versuch einer Antwort auf ungelöste Fragen in Bewegung gesetzt wird, so müssen die selbsterklärten Ziele dieses Denkens im Lichte jener

Fragen gesehen werden, an denen sein Denken zuerst Anstoß nahm. Die zwei Texte, die diesen Anknüpfungspunkt sichtbar machen, heißen: «Fragen, welche gewisse für die Menschen beanspruchte Vermögen betreffen» («Questions Concerning Certain Faculties Claimed for Man»), und: «Einige Konsequenzen der vier Unvermögen» («Some Consequences of the Four Incapacities»). Wie man von dem ersten Titel zum zweiten kommt, also von der «beanspruchten Vermögen» zu den behaupteten Unvermögen, werde ich jetzt, durch eine Zusammenfassung des ersten Artikels, zu beschreiben versuchen.

Die «Vermögen», die den Menschen gewöhnlich zugeschrieben werden und die Peirce in Frage stellen will, betreffen alle die Möglichkeit einer unmittelbaren, anschaulichen Erkenntnis («intuitive cognition»). Unter «intuitiv» versteht Peirce eine Erkenntnis, die sich auf eine Prämisse bezöge, welche «nicht selbst schon ein Schluß wäre»,[18] also ursprünglich gegeben und von nichts abgeleitet. Die Frage, die Peirce stellt, heißt, ob es zwingende Gründe gibt, an die Möglichkeit einer solchen Erkenntnis zu glauben. Anders formuliert: gibt es Erkenntnis, die sich direkt aus einem Gegenstand ableitet (gleichgültig, ob dieser Gegenstand dem Bewußtsein äußerlich ist oder ihm innewohnend). Nach einer Argumentation, die zuweilen recht empiristisch anmutet und auf die ich hier nicht näher eingehen will, kommt Peirce zu dem Schluß, daß es zwingende Gründe für die Möglichkeit solcher unvermittelter Erkenntnis *nicht* gibt. Vielmehr beinhaltet schon die scheinbar in sich geschlossene Tätigkeit von Wahrnehmung einen komplizierten Vorgang der Synthese und der Konstruktion. Wie bei Saussure gilt auch für Peirce, daß Identität (und Identifizierung) erst als Resultat der Differenz (oder Differenzierung) gedacht werden kann, wie aus dem folgenden von ihm gegebenen Beispiel erhellt:

Man kann verschiedene Texturen von Stoff durch Gefühl unterscheiden, aber nicht unmittelbar; denn man muß seine Finger über den Stoff gleiten lassen, und das zeigt, daß man gezwungen ist, die Sinneswahrnehmung eines Augenblicks mit denen eines anderen zu vergleichen.[19]

Ähnlich verhält es sich mit der Konstitution eines persönlichen Selbstbewußtseins: die Wahrnehmungen, die man selbst macht, sind dafür weniger wichtig als das Zeugnis anderer, wie dies beim Kind offenkundig ist, aber für den Erwachsenen nicht weniger gilt. (In einer Parenthese vermerkt Peirce: «Das Zeugnis (anderer) kann einen überzeugen, daß man verrückt ist» [«Testimony will convince a man that he himself is mad.»][20]

Wenn es also keine Gründe gibt, an die Möglichkeit von intuitivunmittelbarer Erkenntnis zu glauben, so heißt das zugleich, daß es Gründe gibt, an der Mittelbarkeit jeglicher Erkenntnis festzuhalten. Wodurch sie vermittelt ist? Durch Anderes: d.h. durch andere Erkenntnisse, andere Menschen, andere Zeiten, andere Traditionen usw.

Diese Einsicht in die Vermitteltheit jedes Bewußtseins ist es vor allem gewesen, die Peirce zum Gedanken des *Zeichens* geführt hat. Denn «Zeichen» kennzeichnet für Peirce nichts anderes als die Art, wie ein Bewußtseinsgegenstand einem Bewußtsein gegeben ist: nämlich: nie unmittelbar, in sich anwesend, sich selbst gleich, sondern immer nur als «Prämisse», die selbst auf einem Schluß beruht, d.h. als etwas, das auf anderes verweist und verweisen muß, um als es selbst bestimmt werden zu können.

Die Frage also, «ob wir ohne Zeichen denken können» ist nur eine andere Art, nach der Möglichkeit «intuitiver», unvermittelter Erkenntnis zu fragen. Die Verneinung der einen Frage bedeutet für Peirce die Verneinung auch der anderen. Das Zeichen *ist* das Denken, sofern dieses auf anderes verwiesen und ausgerichtet sein muß, um zu sich selbst kommen zu können:

Aus der Behauptung, daß jeder Gedanke ein Zeichen ist, folgt, daß jeder Gedanke sich auf anderes richten muß, anderes bestimmen muß, denn dies macht das Wesen des Zeichens aus.[21]

An dieser Stelle wird es nützlich sein, wieder einen Blick auf Saussure zurückzuwerfen. Denn der Unterschied zwischen dem Saussureschen und dem Peirceschen Begriff des Zeichens wird hier besonders gut sichtbar.

In seiner Thematisierung des Zeichens, wir erinnern uns, wurde Saussure durch die Suche nach einem Gegenstand geleitet, der «integral und konkret» wäre und damit geeignet, eine strenge, in sich geschlossene Wissenschaft – die Linguistik – zu begründen. Schloß Saussure außersprachliche Referenz aus seiner Bestimmung des Zeichens aus, so spiegelt dieser Ausschluß den Wunsch, ein homogenes, in sich geschlossenes Medium als den wahren Gegenstand der Linguistik zu finden: eben *la langue*. Das Zeichen in Saussures Auffassung sollte also einen geschlossenen Innenraum der Sprache eingrenzen, und erst die Auswirkung der differentiellen Bestimmung des Zeichens stellte die Geschlossenheit dieses Innenraums in Frage.

Was also bei Saussure erst nach und nach sich entwickelt, und zwar zum Teil gegen seine ursprüngliche Absicht, ist bei Peirce gleich zu Anfang ausdrücklich thematisiert. Das Zeichen wird bei ihm von vornherein als Bewegung der Andersheit und der Äußerlichkeit bestimmt. Diese Bestimmung schließt prinzipiell aus, daß man einen bestimmten Zeichenbereich, etwa den der gesprochenen Sprache, anderen vorzieht, wie Saussure es tat. Denn die Zeichenfunktion kommt letztlich nicht den Gegenständen an sich zu, sondern dem Denken: Sie markiert die konstitutiven Grenzen des Bewußtseins, sofern dieses sich zwar auf Gegenstände richten muß, sie aber nie in ihrer Unmittelbarkeit zu fassen bekommt. Dies zeigt eine Bemerkung Peirces aus einem 1871 veröffentlichten Text über den Idealismus Berkeleys. «Das Äußerliche», schreibt er dort,

bedeutet einfach das, was unabhängig vom unmittelbar anwesenden Phänomen ist, d.h. von unserem jeweiligen Denken oder Gefühl; ebenso heißt «das Wirkliche» (the Real) das, was unabhängig von unserem Es-Denken oder Es-Fühlen da ist.[22]

Auf diese Bestimmung des Wirklichen werde ich zurückkommen. An dieser Stelle möchte ich nur unterstreichen, daß Peirce das Prädikat «äußerlich» durch den Bezug auf die Gegenwärtigkeit des Bewußtseins (einschließlich des Gefühls) bestimmt. Als Bewegung der (räumlichen, aber zugleich auch zeitlichen) Äußerlichkeit (z.B. im Sinne des Vorgehenden) markiert das Zeichen also die Grenzen des Bewußtseins, die aber immer ins Spiel gebracht werden müssen, damit Bewußtsein überhaupt entsteht.

Das klingt alles gewiß recht kantisch – und ist es auch. Kant war zweifellos eine, wenn nicht gar die entscheidende philosophische Quelle des Peirceschen Denkens. Gerade darum ist der letzte Schritt – die letzte Frage, die Peirce in diesem Text behandelt – von besonderem Interesse: denn sie artikuliert Peirces Stellung gegenüber Kant, und zwar à propos der Frage nach dem Ding-an-sich.

Doch bevor wir zu dieser letzten Frage kommen, müssen wir wieder auf ein Argument zurückgreifen, das Peirce bei seiner Erörterung des vorigen Problems, ob es ein Denken ohne Zeichen geben kann, anführt. Das Hauptargument, schreibt Peirce, das traditionell der Verneinung dieser Frage entgegengewirkt hat, lautet: Wenn das Denken als solches dem Zeichen nicht vorausgeht und es begründet, wird es in einen Regressus ad infinitum verstrickt; denn der Umweg über das Zeichen zum Objekt wird kein Ende haben, jede Erkenntnis wird sich auf andere Erkenntnisse beziehen müssen, die wiederum auf andere verweisen usf. ins Unendliche. Man wird nie wieder zum

Gegenstand kommen, zur begründeten Erkenntnis, denn jede wird sich immer als Folge eines Anderen, als Zeichen bestimmt haben. Darauf erwidert nun Peirce:
Dies setzt die Unmöglichkeit einer unendlichen Reihe voraus. Doch Achill wird, in der Tat, die Schildkröte überholen. *Wie* dies geschieht ist eine Frage, die im Augenblick nicht beantwortet werden muß; hier genügt die Feststellung, *daß* es geschieht.[23]

Nichts ist bezeichnender für die Denkart von Peirce als die Tatsache, daß er sich durch den Einwand unendlichen Regresses nicht von der Überzeugung abbringen läßt, daß es ein Denken ohne Zeichen nicht geben kann. Doch ebenso wie er sich weigert, die unendliche Reihe als Absurdität oder gar als Unmöglichkeit anzuerkennen, weigert er sich, die Andersheit und Äußerlichkeit des Zeichens selbst wieder in Griff zu bekommen, indem man sie auf den *Begriff* bringt.

Die Frage, die Peirce daran anschließt, heißt, «ob ein Zeichen sinnvoll sein kann, wenn es per definitionem etwas absolut Unerkennbares bezeichnet.»[24] Man sieht, es geht – zumindest unter anderem – um das Ding-an-sich, das man Kant zufolge zwar nicht erkennen kann, aber doch denken muß. Diese Unterscheidung aber stellt Peirce in Frage: es habe keinen Sinn, schreibt er, von einem Sinn zu reden, den man nicht erkennen kann. Solches Reden sei in sich widersprüchlich, denn es setze etwas als jenseits des Erkennens voraus, das doch nur eine Art des Erkennens darstellt, und zwar eine Negation, eine negative Form des Erkennens: das *Unerkennbare*.

Die Unaufhebbarkeit des Zeichens durch das Denken darf also nicht selber wieder zum Begriff – zum Prinzip oder gar zum Gegenstand – des Erkennens gemacht werden: Sie ist kein Ding-an-sich, aber auch nicht, wie Lacan will, ein «reiner Signifikant». Eben weil die herkömmliche Begründung des Zeichens im Denken, d.h. im Bezeichneten, im Signifikat und schließlich im Referenten durch Peirces Radikalisierung der Zeichentheorie in Frage gestellt wird, bedeutet jeder Versuch, nunmehr dieser radikalisierten Theorie eine stabile Geltung zu verschaffen, sie zu begründen oder sie abzurunden, wiederum einen Rückfall ins Referentielle.

Vielleicht ist aber ein derartiger Rückfall unvermeidlich, sofern jede theoretische Verwendung der Sprache – auch diese hier, aber ebenfalls, die von Peirce und Saussure – unvermeidlich eine gewisse Gültigkeit für ihre Äußerungen beansprucht und in diesem Sinn auch verstanden werden will. Wenn dem so ist, so bleibt es der Verdienst Peirces, diesem Rückfall immer wieder Widerstand entgegenzubringen, einem

Widerstand, der zwar die Verstehbarkeit seiner Texte erheblich erschwert, dafür aber die Produktivität der Lektüre steigert. Einer Lektüre nämlich in jenem «linkischen» oder «linkshändigem» Sinne, die nicht bei den Ideen stehenbleiben will, wie sie vielleicht gemeint sein mögen, sondern die sie gleichsam auf ihre unentfalteten Kräfte hin befragt. Zum Schluß möchte ich selbst eine solche Lektüre anschneiden. Aber zunächst will ich das Resultat dieses ersten, frühen Textes zusammenfassen: Jedes Denken ist vermittelt, bezieht sich nie direkt auf einen Gegenstand, sondern nur indirekt über Zeichen. Es gibt keine Gewähr dafür, daß man dabei nicht in eine unendliche Regression gerät; es gibt – für Peirce – nur die Gewißheit, daß Achill doch *in der Tat* die Schildkröte überholt, d.h. daß die unendliche Reihe weder unmöglich noch undenkbar sei. Es kommt also auf die *Tat* an. Auf welche? wird man fragen. Zum Beispiel auf die Tat früherer Erkenntnisse; denn zum Schluß dieses Textes weist Peirce darauf hin, daß – als Konsequenz des Vorhergehenden – es auch keine Erkenntnis geben kann, die nicht durch frühere Erkenntnis motiviert wurde, daß also jegliche Erkenntnis schon in sich geschichtlich ist und es nicht erst durch äußerliche Vermittlung wird (falls man die ins Schwanken geratene Unterscheidung von Innen und Außen noch aufrechterhalten will). Peirce formuliert das so: «Erkenntnis entsteht durch einen Prozeß des Beginnens, wie jede andere Veränderung.»[25]

Diese Formulierung, gleichsam hingeworfen am Schluß des Artikels, ist bemerkenswert: denn sie zieht die Konsequenz aus den bisherigen Erörterungen, daß Erkenntnis nicht Reproduktion eines Erkannten sei – etwa im Sinne der Korrespondenz-Theorie der Wahrheit als *adaequatio intellectus et rei* – sondern, daß sie vielmehr ein «Prozeß des Beginnens» darstellt, der aber keinen absoluten Anfang impliziert, sondern, weil er eben einen historischen Prozeß beinhaltet, eher radikale Veränderung, *change,* verlangt.

Wie nun diese Veränderung genauer gedacht werden soll, versucht Peirce in seinem folgenden Artikel darzulegen, und zwar, indem er zum ersten Mal eine umfassende Zeichentheorie zu skizzieren beginnt. Die entscheidende Stelle lautet:

Sofern wir denken, erscheinen wir ... als ein Zeichen. Nun hat ein Zeichen als solches drei Verweisungen: erstens ist es ein Zeichen für irgendeinen Gedanken, der es interpretiert; zweitens ist es ein Zeichen von irgendeinem Gegenstand, dem es in jenem Gedanken gleichwertig ist; drittens ist es ein Zeichen durch irgendeine Rücksicht oder Qualität, die es mit dem Gegenstand verbindet.[25a]

Diese Formulierung verdient genau gelesen zu werden. Denn wenn sie damit beginnt, das denkende Subjekt als ein Zeichen zu beschreiben, so ist das keine leere Rhetorik; Peirce wird es immer ablehnen, das Denken jenseits (oder diesseits) des Zeichens, etwa in einer subjektiven Psyche, begründen zu wollen. Seine Ablehnung jeglichen «Psychologismus» hebt seine Theorien von denen gewisser Nachfolger, wie Royce oder Mead, die sich auf ihn berufen haben, deutlich ab.
Diese Distanz gegenüber dem Psychologismus zeigt sich schon in Peirces Formulierungen: von Personen wird nicht geredet, sondern von Aspekten des Zeichenvorganges. Auch die Reihenfolge, in der diese erwähnt werden, scheint mit bedeutsam. An erster Stelle kommt der Hinweis auf jenen «Gedanken», der das Zeichen interpretiert – also was Peirce wenig später den «*Interpretant*» nennen wird. Nicht, wohlbemerkt, den *Interpreten* («interpreter»), eine Verschiebung, die man etwa bei Royce findet und die mehr als nur terminologischer Art ist. Peirce dagegen geht es nicht um Personen oder Subjekte, sondern um eine intellektuelle Funktion; die der Interpretation. Worin diese nun besteht, deutet die zweite Vorlesung («Reference») des Zeichens an: das Zeichen steht «für irgendeinen Gegenstand, dem es *in jenem Gedanken* gleichwertig – «equivalent» – ist». Der interpretierende Gedanke deutet das Zeichen, indem er es einem «Gegenstand» *gleichsetzt,* d.h. es in eine Beziehung der Äquivalenz stellt.
Die dritte Bestimmung schließlich enthält zwei Momente, die Peirce später unterscheiden wird: Qualität und Rücksicht. Beide aber bedeuten, daß der durch den Interpretanten gestiftete Bezug der Äquivalenz immer nur partiell sein kann. Anders gesagt: die Äquivalenzbeziehung von Zeichen und Gegenwart ist nie absolut, sondern immer bedingt.
Betrachten wir nun die Implikationen dieser Beschreibung des Zeichenvorgangs. Etwas – eine Erscheinung, ein Phänomen, ein Gebilde, oder, wie Peirce es später nennen wird: ein Repräsentamen – wird in eine Beziehung zu etwas anderem gesetzt, allerdings «nur» in einer gewissen Rücksicht; damit erst wird das Gebilde als Zeichen wirksam. Deutlich ist, daß die durchführende Instanz hier die des Interpretanten sein muß. Aber ebenso deutlich wird die Tatsache, daß dieser Interpretant nur unter bestimmten Bedingungen, in einer gewissen *Rücksicht* – und zwar im wörtlichen Sinne, also rückgängig – funktionieren kann. Denn die Gleichsetzung von Repräsentation und Gegenstand setzt frühere, überlieferte Gleichsetzungen voraus, frühere Zeichen und somit frühere Interpretationen, die übernommen oder auch verändert

werden. Die für das Zeichen konstitutive Herstellung von Äquivalenz durch den Interpretanten ist also «historisch» im einfachen Sinne von rück-blickend, retrospektiv, durch seine Angewiesenheit auf frühere Interpretationen (Zeichen). Aber der Interpretant ist nicht minder prospektiv, vorausgerichtet; denn die Setzung einer bestimmten Äquivalenzbeziehung schafft damit zugleich ein Zeichen, das wiederum vorausblickt, d.h. auf seinen Interpretanten gleichsam wartet.

Der Zeichenvorgang kann also nie als ein in sich abgeschlossener Prozeß aufgefaßt werden, sondern als eine vorübergehende Schließung und gleichzeitig als antizipatorische Öffnung auf einen neuen Sinn hin. Wir finden uns also wieder vor dem Spukbild des unendlichen Regressus; dessen, was Hegel die «schlechte Unendlichkeit» nannte. Denn nach welchen Gesetzmäßigkeiten diese an sich unendliche Reihe jemals zu bestimmten Urteilen, Aussagen und Äußerungen kommen kann, läßt sich noch nicht sagen.

Und dennoch wird Achill die Schildkröte überholen. «In Wirklichkeit.» Das heißt aber hier, in der Wirklichkeit, so wie sie von Peirce verstanden wird. Und das ist keine einfache Sache. Sie stellt vielmehr ein Problem dar, das Peirce immer wieder herausgefordert hat, und manchmal an recht überraschenden Stellen. Zum Beispiel am Ende dieses frühen Textes, nachdem er den Versuch abgeschlossen hat, den Zeichenvorgang theoretisch zu durchleuchten. Seine Analyse hatte gezeigt, daß jeder Denkakt sich in eine an sich unabgeschlossene und prinzipiell unabschließbare Reihe von anderen Denkakten, Interpretationen, Zeichen notwendig einfügt. Sie hat aber nicht gezeigt, wieso wir einige dieser Denkakte oder «Erkenntnisse» für wahr, andere für unwahr halten können. «Wahr» und «unwahr» aber, behauptet Peirce, beziehen sich auf die Wirklichkeit bzw. Unwirklichkeit des Gegenstandes. Wenn wir aber von wirklichen Gegenständen sprechen, meinen wir zwangsläufig Gegenstände, deren Beschaffenheit von unseren rein privat-individuellen Meinungen verschieden sind. Also folgert Peirce,

beinhaltet schon der Ursprung des Wirklichkeitsbegriffs wesentlich den Hinweis auf eine Gemeinschaft, die ohne abgemessene Grenzen ist und die Fähigkeit besitzt, ihr Wissen in bestimmtem Maße zu erweitern.[26]

Die Idee des Wirklichen bezieht sich also, Peirce zufolge, auf das, was «die Gemeinschaft immerfort wiederbejahren wird.» Daß eine derartige Bestimmung des Wirklichen und der Wahrheit höchst problematisch ist, brauche ich kaum ausdrücklich zu sagen: dazu haben andere, Apel z.B., ausführlich und kritisch sich geäußert. Denn das Vertrauen in jene «Gemeinschaft von Forschern» scheint gerade heute besonders fragwürdig, wenn nicht einfach hinfällig. Gerade hier wäre es freilich wichtig zu fragen, ob nicht eine «linke» Lektüre von Peirce fruchtbarer und angebrachter wäre als die simple Kritik. Nicht allein deswegen, weil Peirce selbst eine derartige Leseweise praktizierte und forderte, sondern weil seine ganze Theorie sie nahelegt. Denn ein Denken, wie ein Zeichen, *ist* nur, sofern es interpretiert wird. Interpretieren aber kann nie bedeuten, die innewohnende (oder gemeinte) Bedeutung einer Sache nur hervorzukehren; denn es gibt, nach Peirces Einsicht, keine dem Zeichen rein innewohnende Bedeutung, sondern nur Schlüsse aus früher gestifteten Interpretationen.

Wenn also Peirce von der Gemeinschaft als der Instanz schreibt, auf welche die Rede von Wirklichkeit zielt, so heißt dies weder, daß «es Wirkliches an sich gibt» (eher heißt es das Gegenteil), noch, daß es «die» Gemeinschaft gibt, im Sinne einer einheitlichen, ungeteilten, bestimmbaren Gruppe (von Forschern etwa). Streng genommen, heißt es lediglich, daß die Redeweise oder Verwendung des Wortes ‹Wirklichkeit› diese Gemeinschaft implizit voraussetzt. In einem Brief an Lady Welby sagt Peirce es deutlich: Wahrheit setzt einen öffentlichen, allen Teilhabern eines Kulturkreisen gemeinschaftlichen *Glauben* voraus:

Sie werden aber einwenden, daß ich damit selbst eine Behauptung als unfehlbare Wahrheit aufstelle. Überhaupt nicht: das ist eine bloße Definition. Ich sage nicht, es sei unfehlbar wahr, daß es einen solchen Glauben gibt, den jeder annehmen müßte, wenn er seine Forschungen nur weit genug triebe. Ich sage bloß, daß dies allein das ausmacht, was man Wahrheit nennt. Ich kann nicht unfehlbar wissen, ob es irgendeine Wahrheit gibt.[26a]

Heißt dies, daß Peirce letztlich, oder zumindest ‹mit der linken Hand›, doch zu dem geworden ist, wogegen er sich ständig und heftig wehrte: zum Nominalist und zum Skeptiker? Nicht unbedingt, glaube ich. Denn bei seinen Untersuchungen über die Natur des Denkvermögens kam es ihm stets weniger auf Wissen und Wahrheit als auf den Vorgang der Untersuchung selbst an, auf das Suchen , das «finding things out», wie er es nannte. Auf Erkenntnis nicht als festen und unveräußerlichen Besitz, sondern als Veränderung («change»). Dies zeigt sich vielleicht am suggestivsten an einer Stelle seiner Korrespondenz mit Lady Welby, wo er versucht, seine Auffassung von Fortschritt zu erläutern, und zwar indem er selbst eine terminologische Veränderung vorschlägt:

Anstelle des Wortes «Fortschritt» werde ich ein von mir ausdrücklich für diesen Zweck erfundenes Wort stellen, nämlich: Varieszenz. Damit meine ich eine Änderung, die einen unkompensierten Zuwachs der unabhängigen Elemente in einer Situation bewirkt. (In place of the word ‹progress› I will put a word invented by me to express what I mean, to wit, *variescence*. I mean such a change as to produce an uncompensated increment in the number of independent elements of a situation.)[27]

So rätselhaft diese Formulierung auf den ersten Blick erscheinen muß – und Peirce erörtert sie auch nicht weiter an Ort und Stelle –, so suggestiv wird sie, wenn man sie im Zusammenhang seiner Theorie des Zeichens interpretiert. Und zwar als seinen Versuch, seine radikal andere Art von Interpretation zu skizzieren, eine, die gewissermaßen über ihre eigene Schulter zu blicken imstande wäre: gleichsam vorwärts und rückwärts und noch dazu auf die eigene prekäre Stellung. Denn jede Interpretation muß zwangsläufig eine Beziehung der Äquivalenz aufstellen, d.h. einen Sinn herausfinden. Doch eine im Peirceschen Sinne operierende Interpretation müßte zugleich auf die Ausschließungen achten, durch welche jede derartige Äquivalenz notwendig erkauft wird, damit ein Kontext abgesteckt oder eine Situation bestimmt werden kann. Solche Ausschließungen beziehen ihre Geltung aus der antizipierten oder wirklich erreichten Zustimmung durch die Gemeinschaft, zumindest die der Forscher.
Mit dem Neologismus «Varieszenz» aber scheint Peirce die gegenläufige Bewegung hervorkehren zu wollen: eine Interpretation oder ein Denken, das zwar auch – das ist unvermeidlich – ausschließend wirkte, aber zugleich bestrebt wäre, die Anzahl unabhängiger Elemente zu steigern, d.h. die Zahl jener Elemente, die einerseits *in* einer Situation sind, andererseits Variabilität besitzen. Eine derartige Steigerung wiederum könnte, wie ich glaube, erreicht werden durch eine Steigerung der Verweise auf Beziehungen, die gerade *qua ausgeschlossene* über die jeweilige Situation hinausgingen. Alsdann würde «Varieszenz» in eine Richtung deuten, in der Erkenntnis sich dem Spiel nähert, ohne daß sie dadurch unernst würde. Denn gerade vermöge dieser Annäherung bliebe Erkenntnis ihrem bewegenden Impuls treu. D.h. aber: nicht dem Gegenstand, den sie erst begreifen will, sondern der unaufhörlichen Dynamik von Zeichen und Deutung, die sie hervorbringt und in die sie immer wieder zurückgehen muß.

ANMERKUNGEN

[1] Wolfgang Iser, «Zur Problemlage gegenwärtiger Literaturtheorie»: Auf den Weg gebracht. Idee und Wirklichkeit der Gründung der Universität Konstanz, hrsg. von Horst Sund und Manfred Timmermann, Konstanz: Universitätsverlag 1979, S. 355-374.
[2] Iser, ob.cit., 361.
[3] Iser, ob.cit., 362.
[4] Iser, ob.cit., 364.
[5] Iser, ob.cit., 365.
[5a] Ferdinand de Saussure, Cours de linguistique générale, Paris 1972, 23.
[6] Saussure, op. cit., 23 [sic!].
[6a] Saussure, ob.cit., 160.
[7] Saussure, ob.cit., 166.
[8] Saussure, ob.cit., 37.
[9] Saussure, ob.cit., 131.
[10] Saussure, ob.cit., 126.
[11] Saussure, ob.cit., 127.
[12] Saussure, ob.cit., 140.
[13] C.K. Ogden I.A. Richards, The Meaning of Meaning, New York, o.J., 4.
[14] Semiotic and Significs, The Correspondence between Charles S. Peirce and Victoria Lady Welby, Hg. Charles S. Hardwick, Bloomington & London, 1977, 96.
[15] Op.cit., 85-86.
[16] Saussure, op.cit., 25.
[17] Saussure, op.cit., 25.
[18] The Collected Papers of C.S. Peirce, ed. by Charles Hartshorne and Paul Weiss, Cambridge, Mass., 1931-1935,² 1960, Vol. VII-VIII ed. by Arthur W. Burks, Cambridge 1958. Stellennachweise beziehen sich auf die Band- und Paragraphennummer der Collected Papers, wie hier: CP, 5.213.
[19] CP, 5.221.
[20] CP, 5.233.
[21] CP, 5.253.
[22] Charles S. Peirce, Selected Writings, ed. by Philip Wiener, New York 1958, p. 83.
[23] CP. 5.250.
[24] CP, 5.254.
[25] CP, 5.263.
[25a] CP, 5.283.
[26] CP, 5.311.
[26a] Semiotic and Significs, p. 73.
[27] Semiotic and Significs, p. 143.

JACQUES DERRIDA
Nietzsches Otobiographie[1]
oder Politik des Eigennamens.
Die Lehre Nietzsches[2]

Sie erfahren es besser gleich: ich werde mein Versprechen nicht halten. Ich bitte Sie um Vergebung, aber es ist mir unmöglich, diesen Nachmittag zu Ihnen über das zu sprechen, wozu ich mich ein wenig verpflichtet hatte, wenigstens in einem indirekten Stil. Ich hätte ganz aufrichtig gewollt, es zu können.

Aber weil ich das, worüber ich zu Ihnen hätte sprechen wollen, nicht gänzlich mit Schweigen übergehen möchte, werde ich zur Entschuldigung ein Wort darüber sagen. Ich werde zu Ihnen ein wenig von dem sprechen, wovon ich nicht sprechen werde und sprechen hätte sollen. Als er mich mit seiner Einladung beehrte, hatte Roger Shattuck vorgeschlagen, hierselbst zusammen mit Ihnen eine (philosophische und literarische) Textanalyse der Unabhängigkeitserklärung und der Menschenrechtserklärung zu versuchen. Eine Übung in Komparatistik also an Gegenständen, die ungewohnt sind für die in diesem unglaublichen Fach spezialisierten Institute.

Zuerst war ich verwundert über einen so einschüchternden Vorschlag. Nichts hatte mich darauf vorbereitet. Und meine vorherige Arbeit hatte mich, scheint es, nicht auf den Weg solcher Analysen geführt, deren Bedeutung mir gleichwohl unmittelbar aufgegangen ist. Schließlich beim Nachdenken habe ich mir gesagt, daß ich, so ich die Zeit und die Kraft hätte, dieses Experiment gern versuchen würde, um daran begriffliche Hebel zu erproben, die anderswo brauchbar gewesen waren – für das, was man andere «Gegenstände» nennt, ob es um die Textanalyse von «philosophischen» oder «literarischen» Korpora ging, ob um eine kritische Problematik der «Sprechakte», um eine Theorie der «performativen» Schreibweise, der Unterschrift, des Vertrags, politischer oder akademischer Institutionen usw. Im Grund, sagte ich mir, hätte ich, so ich die Zeit oder Kraft aufbrächte, gerne nicht sowohl eine jurido-politische Untersuchung der zwei Texte und der zwei Ereignisse versucht, die sie markieren (eine ungeheure und für mich unzugängliche Aufgabe), als vielmehr lediglich auf dieses Beispiel

einige Fragen zugespitzt, die anderswo und an anscheinend weniger politischen Korpora erarbeitet wurden.
Und unter diesen Fragen ist diese, die einzige, die ich hier festhalte, heute, für einen Nachmittag, in dieser Universität, die eben den Jahrestag der Unabhängigkeitserklärung feiert (was uns schon den Verweis auf die Feier eines anderen Jahrestags gibt, um den wir uns gleich drehen werden): WER UNTERZEICHNET UND MIT WELCHEM VORGEBLICH EIGENEN NAMEN DEN DEKLARATIVEN AKT, DER EINE INSTITUTION GRÜNDET?
Ein solcher Akt besteht nicht in einem deskriptiven oder konstativen Diskurs, er vollzieht, vollbringt und tut, was er zu tun sagt; so ist mindestens seine intentionale Struktur. Mit seinem präsumptiven Unterzeichner, mit dem, der als individuelles oder kollektives Subjekt sich in seinem Vollzug dergestalt verpflichtet, unterhält ein solcher Akt nicht denselben Bezug wie ein anderer Diskurs oder wie jeder andere konstative Text (wenn es denn welche gibt und man ihnen in der «Wissenschaft», der «Philosophie», der «Literatur» begegnen kann). Die Erklärung, die eine Institution gründet, schließt in sich schon ein, daß sich der Unterzeichner mit ihr verpflichtet. Und die Unterschrift behält mit dem Stiftungsakt als einem Akt von Sprache und Schrift eine Verbindung, die nicht mehr empirischer und mithin reduzibler Zwischenfall ist, wie man das leicht vorstellen kann bei einem wissenschaftlichen Text, dessen Wert sich ohne Schwierigkeit vom Namen seines Autors abtrennt und sogar abtrennen muß, um Anspruch auf Objektivität zu erheben. Obwohl im Prinzip eine Institution, in ihrer Geschichte und Überlieferung, sich unabhängig machen muß von den empirischen Individuen, die sie hervorgebracht haben, obwohl sie sie in gewisser Weise (und vor allem, wenn sie ihrer gedenkt) zu ihrer Trauerarbeit machen muß, trifft es sich, daß aufgrund der Struktur selber der Stiftungssprache der Gründungsakt einer Institution – der Akt als Archiv ebensosehr wie der Akt als Performanz – die Unterschrift in sich bewahrt.
Aber wessen Unterschrift eigentlich? Wer ist der *wirkliche* Unterzeichner eines solchen Textes? Und was soll hier ‹wirklich› und ‹wirksam› besagen?
Hier gilt es vorsichtig und kleinlich zu sein. Mehrere Instanzen sind zu unterscheiden. Zum Beispiel Jefferson, der «Redakteur» des Entwurfs; niemand im Prinzip wird ihn für den Unterzeichner der Erklärung halten. Jefferson vertritt die (Volks)Vertreter, die ihm die Aufgabe

übertragen haben, einen ersten Entwurf zu redigieren (nicht zu schreiben im produktivsten und initiatorischsten Wortsinn, sondern eben zu *redigieren,* wie man von einem Sekretär sagt, er redigiere einen *Brief,* dessen Geist ihm vorher diktiert wird). Daraufhin sollte Jefferson seinen Entwurf eben denen vorlegen, deren Vertreter er für einige Zeit ist und die selber Vertreter sind, nämlich *the representatives of the United States of America in General Congress assembled.* Diese Vertreter, deren Vertreter er ist, werden den Entwurf durchzusehen und zu ratifizieren haben.

Und Sie wissen, was aus der Prüfung jenes Briefes wurde, wielange die wörtliche Erklärung aufgeschoben wurde und mit welchem Leiden Jefferson das bezahlte. Als ob er insgeheim davon geträumt hätte, ganz allein zu unterzeichnen!

Was die «Vertreter» selber angeht, so unterzeichnen sie ebensowenig. Wenigstens im Prinzip. Auf alle Fälle unterzeichnen sie nicht für sich selber, sie haben Auftrag oder Prokura zu unterschreiben. Sie sprechen und zeichnen *in the name of ...: We therefore the representatives of the United States of America in General Congress assembled, do in the Name and by the Authority of the good people of these that as free and independant States ...*

Von Rechts wegen ist es also das Volk, das «gute» Volk (entscheidend die nähere Bestimmung), das durch Einschaltung seiner Vertreter und seiner Vertreter von Vertretern *sich* frei und unabhängig erklärt. Das gute Volk verpflichtet sich und nur sich, wenn es selber seine Erklärung unterzeichnet. Das Wir *(we),* das in der Erklärung spricht, spricht «im Namen des Volkes».

Aber dieses Volk existiert nicht, nicht vor dieser Erklärung. Anders gesagt, durch jene Unterzeichnung bringt es sich als freies und unabhängiges Subjekt, als möglicher Unterzeichner zur Welt. Unterzeichnend autorisiert es sich zu unterzeichnen. Unterzeichnend sagt es (und tut, was es durch seine Vertreter als Dolmetscher zu sagen tut, gerade indem es diese Vertretung selber rechtfertigt): Fortan habe ich das Recht zu unterzeichnen, mithin werde ich es schon gehabt haben, da ich es mir ja gegeben habe. Ich habe mir einen Namen und eine Unterschriftsvollmacht gegeben. Von Rechts wegen gab es keinen Unterzeichner vor dem Text der Erklärung, die also selber Produzent und Garant ihrer eigenen Unterzeichnung ist. Das ist etwas ganz und gar Unerhörtes – eine Unterzeichnung, die sich einen Namen gibt. Sie macht einen Kredit auf, ihren eigenen Kredit, von ihr selber zu ihr selber. Sie *verschafft sich* Kredit und zwar mit einem einzigen Gewaltstreich. Der Gewaltstreich macht und gründet Recht, er bringt das Recht zur Welt.

Das ist etwas Unerhörtes, aber ganz Alltägliches. Und vergessen wir die Gewalt jenes Aktes nicht; bei der Gelegenheit ging es darum, eine andere Staatsunterschrift zu löschen und Bande kolonialer Vaterschaft oder Mutterschaft zu brechen oder «aufzulösen». Vergessen wir es nicht, um Gewalt und Banalität dieser Performanz zu ermessen: Von dem damals Geschehenen hängt von Rechts wegen noch jetzt – heute – die Unterschrift jedes amerikanischen Bürgers ab, weil sie ja von der Verfassung und den Gesetzen dieses Landes verbürgt wird. Dasselbe gilt vom Verkehr diesem Land fremder Subjekte und Siegel, es gilt von Briefen, Versprechen, Heiraten, Schecks, denen Ihr Land Stätte, Asyl oder Recht geben kann.

Und trotzdem. Und trotzdem gibt es noch eine andere Instanz hinter der Szene. Eine andere Instanz geht ans Unterzeichnen, hinter dieser Unterschriftshervorbringung, um sie zu verbürgen. Wieder ist es «im Namen von ...», daß das gute amerikanische Volk *sich* unabhängig erklärt und sich eine unterzeichnende Identität erfindet. Es unterzeichnet im Namen der Naturgesetze und im Namen Gottes. Seine verfassungsmäßigen Gesetze *setzt* es auf den Grund der Naturgesetze und damit zugleich, denkt es (interpretiert es), im Namen Gottes, des Schöpfers der Natur.

Wage ich es, hier den Beginn ihrer Erklärung zu erinnern?

When in the course of human events it becomes necessary for one people to dissolve the political bands which have connected them with another, and to assume among the powers of the earth the separate and equal station to which the laws of Nature and of nature's God entitle them, a decent respect to the opinions of mankind requires that they should declare the causes which impel them to the separation. We hold these truths to be self-evident: that all men are created equal; that they are endowed by their creator with certain inalienable rights [...] Und zum Schluß: We therefore the Representatives of the United States of America, in general Congress assembled, appealing to the Supreme Judge of the world for the rectitude of our intentions, do in the Name and by Authority of the good people of these Colonies solemnly PUBLISH and DECLARE, That these united Colonies are and of Right ought to be FREE AND INDEPENDENT STATES [...].

Als Sekretär und Redakteur vertritt Jefferson, er vertritt die «Repräsentanten», die die Vertreter des Volkes sind, in dessen Namen sie sprechen, wobei das Volk selber sich aus den Naturgesetzen autorisiert, die sich im Namen Gottes, des *Richters* und Schöpfers einschreiben. Weshalb dann litt Jefferson, dieser Vertreter von Vertretern, die selber andere vertretende Instanzen vertreten usw. ins Unendliche? Weshalb hing er so an seinem Text? Weshalb hat es ihn so geschmerzt, *sich* korrigiert, geändert, «verbessert», vor allem gekürzt zu sehen? Weshalb und wo? Ein solches Gefühl verstümmelnder Verletzung wäre unbegreiflich gewesen bei einem *einfachen* Vertreter von Vertretern, die selber usw.

Wenn die Verletzung beim Delegiertwerden nicht verschwunden ist, dann, weil die Dinge nicht so einfach waren, weder die Struktur der Vertretung noch die Prokura der Unterschrift. Jemand – nennen wir ihn Jefferson – hat gewünscht, daß die Stiftung des amerikanischen Volkes zugleich auch die seinen eigenen Namens wäre. Ein Staatsname. Hat er Erfolg gehabt? Ich riskiere es nicht, das zu entscheiden. Sie kennen die Geschichte besser als ich: Um Jefferson über die «Verstümmelung» (das Wort stammt nicht von mir) zu trösten, erzählt Franklin ihm die Geschichte eines Hutmachers *(hatter)*. Der hatte zuerst das Aushängeschild *(signboard)* seines Ladens ersonnen: das Bild eines Hutes und darunter die Inschrift *«John Thompson, hatter, makes and sells hats for ready money»*. Ein Freund rät ihm, *«hatter»* zu streichen: was soll's, *«makes hats»* ist ausdrücklich genug. Ein anderer Freund schlägt vor, *«makes hats»* zu tilgen, denn den Käufer kümmert es nicht, wer die Hüte macht, wenn sie ihm nur gefallen (diese «Tilgung» ist besonders interessant, denn sie stellt, wenn sie das sagen kann, die Löschung der zeichnenden Marke des Herstellers dar). Der dritte Freund – denn immer sind es die Freunde, die auf Streichungen dringen – verlangt, *«for ready money»* wegzulassen (denn damals ist Barzahlung üblich) und im selben Atemzug *«sells hats»* zu tilgen (nur ein Dummkopf würde glauben, daß die Hüte geschenkt oder weggegeben werden). Am Ende zeigte das Schild nur ein Bild und unterm ikonischen Zeichen in Hutform einen Eigennamen, *«John Thompson»*. Nichts weiter. Man hätte dieselbe Geschichte für andere Geschäfte und den Eigennamen unter einem Regenschirm, ja unter Schuhen geschrieben ausdenken können.

Von Jeffersons Reaktion erzählt die Geschichte nichts. Ich stelle sie mir sehr unbestimmt vor. Es gab da eine Reflexion seines Unglücks, aber auch seines größten Wunsches: Wenn überhaupt, dann lieber noch eine völlige Tilgung seines Textes, die unterm Bild nur noch seinen Eigennamen als Gründungstext stehenlassen hätte: eine einfache stiftende Unterschrift. An der Stelle, wo in letzter Instanz Gott, der zweifellos darauf pfeift, im Interesse all dieses «guten» Volkes Gott weiß wen und

was vertreten zu haben, wo Gott allein unterzeichnet haben wird. Seine eigene Unabhängigkeitserklärung. Um damit Staat zu machen, nicht mehr und nicht weniger.
Die Frage bleibt. Wie entsteht so etwas wie ein Staat? Worauf gründet es sich? Und wie macht sich eine «Unabhängigkeit»? Oder vielmehr: wie erklärt sie sich und die Auto-nomie dessen, was unterzeichnend sich sein eigenes Gesetz gibt? Wer unterzeichnet diese Autorisationen zu unterzeichnen, diese Vertretungen, Prokurationen, Delegationen? Auf diesem Weg werde ich trotz meinem Versprechen heute nicht weiter gehen.
Ich gebe der Bequemlichkeit nach und wende mich Themen zu, die mir näher, wenn nicht vertrauter und verwandter sind; ich spreche zu Ihnen von Nietzsche: von seinem Namen, seinen Unterschriften, seinen Gedanken über die Institution, den Staat, über die akademischen und staatlichen Institutionen, über die unterm Titel «akademische Freiheit» erklärte Unabhängigkeit, von seiner ganzen Philosophie der Erklärung, der Zeichen, Schilder (*enseignes*) und Lehren (*enseignements*). Also Nietzsche, heute, in Charlottesville. Für einige Jahrestage.

1. Logik der Lebendigen

«... Menschen, denen es an allem fehlt, außer, daß sie eins zuviel haben – Menschen, welche nichts weiter sind, als ein großes Auge oder ein großes Maul oder ein großer Bauch oder irgend etwas Großes – umgekehrte Krüppel heiße ich solche.
Und als ich aus meiner Einsamkeit kam und zum ersten Male über diese Brücke ging: da traute ich meinen Augen nicht und sah hin, und wieder hin, und sagte endlich: ‹Das ist ein Ohr! Ein Ohr, so groß wie ein Mensch!› Ich sah noch besser hin: und wirklich, unter dem Ohre bewegte sich noch etwas, das zum Erbarmen klein und ärmlich und schmächtig war. Und wahrhaftig, das ungeheure Ohr saß auf einem kleinen dünnen Stiele – der Stiel aber war ein Mensch! Wer ein Glas vor das Auge nahm, konnte sogar noch ein kleines neidisches Gesichtchen erkennen; auch, daß ein gedunsenes Seelchen am Stiele baumelte. Das Volk sagte mir aber, das große Ohr sei nicht nur ein Mensch, sondern ein großer Mensch, ein Genie. Aber ich glaubte dem Volke niemals, wenn es von großen Menschen redete – und behielt meinen Glauben bei, daß es ein umgekehrter Krüppel sei, der an allem zu wenig und an einem zu viel habe.»
Als Zarathustra so zu dem Bucklichten geredet hatte und zu denen, welchen er Mundstück und Fürsprecher war, wandte er sich mit tiefem Unmute zu seinen Jüngern und sagte:
«Wahrlich, meine Freunde, ich wandle unter den Menschen wie unter den Bruchstükken und Gliedmaßen von Menschen!
Dies ist meinem Auge das Fürchterliche, daß ich den Menschen zertrümmert finde und zerstreut wie über ein Schlacht- und Schlächterfeld hin.»
Von der Erlösung (II 392f.)[3]

Ersparen möchte ich Ihnen die Langeweile, den Zeitverlust und die Versklavung, die immer aufkommen, wenn man zu Verkettungen schreitet, zum Rückruf von Prämissen oder vorherigen Reden, zur Selbstrechtfertigung einer Bahn, einer Methode, eines Systems, zu mehr oder weniger geschickten Überleitungen, zur Herstellung von Zusammenhängen usw. All das sind Imperative der klassischen Pädagogik, mit denen man indessen nie ohne Widerruf bricht; aber sie wären schnell dabei, wenn man sich ihnen strikt beugte, einen auf Schweigen, Tautologie und Wiederkäuen zu beschränken.
Ich schlage Ihnen also *meinen* Kompromiß vor. In den Termen der akademischen Freiheit weiß ein jeder, daß man ihn nehmen oder lassen kann. In Anbetracht der Zeit, über die ich verfüge, der Langeweile, die ich auch mir selber ersparen will, der Freiheit, zu der ich fähig bin und die ich bewahren will, gehe ich auf eine Weise vor, die einige aphoristisch und unannehmbar finden, andere als Gesetz hinnehmen und andere wieder nicht aphoristisch genug finden werden, weil sie mich mit solchen Ohren hören (alles läuft aufs Ohr hinaus, mit dem Sie mich gehört haben, bisher, ein andermal oder gar heute), daß Kohärenz und Kontinuität meiner Bahn ihnen schon bei den ersten Worten, ja schon beim Titel selber aufgegangen sind. Jedenfalls sei dies verstanden: wer immer nicht mehr folgen will, kann das tun. Ich lehre nicht die Wahrheit an sich, ich verwandle mich nicht in ein durchscheinendes Sprachrohr der ewigen Pädagogik. Ich regle, so gut ich kann, eine gewisse Zahl von Problemen, mit Ihnen und mit mir oder mit mir und mir durch Sie hindurch oder mit mir und einer bestimmten Zahl hier vertretener Instanzen. Ich will den Platz, den ich hier einnehme, nicht der Schaustellung oder Szene entziehen. Nicht einmal das, was ich, um es kurz zu machen und mit der Bitte an Sie, den Sinn ein wenig zu verschieben und mit einem anderen Ohr zu hören, die *auto-biographische* Demonstration nennen werde. An ihr möchte ich ein gewisses Vergnügen nehmen, damit *Sie dieses Vergnügen von mir lernen*.
Besagte «akademische Freiheit», das Ohr und die Autobiographie – das sind meine Gegenstände, für einen Nachmittag.
Wir haben es letzte Woche verifiziert, als wir auf unsere Weise *Die Logik des Lebenden* von François Jacob[4] lasen: Ein Diskurs über das-Leben-den-Tod besetzt einen bestimmten Raum zwischen dem *lógos* und der *grammè*, der Analogie und dem Programm, den verschiedenen Bedeutungen des Programms und der Reproduktion. Und weil es ums Leben geht, muß der Strich, der Logisches und Graphisches verknüpft,

auch zwischen dem Biologischen und dem Biographischen, dem Thanatologischen und dem Thanatographischen am Werk sein.
Man weiß, dies alles ist heute einer Neubewertung unterworfen. Dies alles, das heißt das Biographische und das *autòs* des Autobiographischen.
Wir betrachten die Biographie eines «Philosophen» nicht mehr als ein Korpus empirischer Zwischenfälle, die einen Namen und eine Unterschrift außerhalb eines Systems ließen, das sich seinerseits einer immanenten philosophischen Lektüre darböte, der philosophisch einzig legitimen: ein ganzes akademisches Unverständnis der textuellen Erfordernis, die man nach den herkömmlichsten Grenzen des Geschriebenen, ja der «Veröffentlichung» regelt. Vermittelst dessen man daraufhin und andererseits «Leben von Philosophen» schreiben kann, biographische Romane in jenem ornamentalen Stil und Typ, zu dem sich bisweilen große Philosophiehistoriker hergeben. Biographische Romane oder Psychobiographien, die vorgeben, von der Entstehung des Systems nach empirischen Prozessen psychologischen oder gar psychoanalytischen, historistischen oder soziologischen Typs Rechenschaft zu geben. Nein, eine neue Problematik des Biographischen im allgemeinen, der Philosophenbiographie im besonderen muß andere Kraftquellen mobilisieren und mindestens eine neue Analyse des Eigennamens und der Unterschrift. Weder die «immanentistischen» Lektüren philosophischer Systeme, strukturalistisch oder nicht, noch die externen empirisch-genetischen Lektüren haben als solche jemals die *dýnamis* jener Randung zwischen «Werk» und «Leben», zwischen System und Subjekt des Systems befragt. Diese Randung – ich nenne sie *dýnamis* wegen ihrer Kraft, ihrer Macht, ihrer virtuellen und auch beweglichen Potenz – ist weder aktiv noch passiv, weder innen noch außen. Vor allem ist sie keine schmale Linie, kein unsichtbarer oder *unteilbarer* Strich zwischen dem Gehege der Philosopheme einerseits und andererseits dem Leben eines schon unter seinem Namen zu identifizierenden Autors. Diese teilbare Randung durchquert die beiden «Körper», das Korpus und den Körper, nach Gesetzen, die wir erst zu ahnen beginnen.
Was man das Leben nennt – Sache oder Gegenstand der Biologie und der Biographie – steht (das ist die erste Komplikation) nicht einem Etwas gegenüber, das für es entgegensetzbarer Gegen-stand wäre: dem Tod, dem Thanatologischen oder Thanatographischen. Das «Leben» hat auch *Mühe,* Gegenstand einer Wissenschaft zu werden in dem Sinn,

den Philosophie und Wissenschaft diesem Wort immer gegeben haben als dem rechtmäßigen Status der Wissenschaftlichkeit. Diese Mühe und die daraus folgenden Verzögerungen (wir sprachen letzte Woche davon) – all das liegt im besonderen daran, daß eine Philosophie des Lebens stets ihren in der Wissenschaft des Lebens vorbereiteten Platz hat. Das ist nicht bei allen anderen Wissenschaften der Fall, bei den Wissenschaften des Nichtlebens, anders gesagt des Toten. Was einen zu der Behauptung triebe, daß alle Wissenschaften, die ihre Wissenschaftlichkeit ohne Verzögerung oder Rückstand erobern, Wissenschaften des Toten sind und daß es zwischen dem Toten und dem Status des wissenschaftlichen Gegenstandes eine Ko-implikation gibt, die uns *interessiert* und den Wunsch zu wissen interessiert. Wenn es so steht, ist das sogenannt lebendige Subjekt des biologischen Diskurses selber ein Teil (teils nehmend, teils genommen und voreingenommen) im untersuchten Feld mitsamt dem enormen philosophischen, ideologischen, politischen Erwerb, mit allen Kräften, die es bearbeiten, mit allem, was sich in der Subjektivität eines Biologen oder einer Gemeinschaft von Biologen potentialisiert. All diese Bewertungen markieren die gelehrte Unterschrift und schreiben das Bio-graphische ins Biologische ein.

Der Name Nietzsche nun ist vielleicht heute für uns im Abendland der Name des einzigen (vielleicht in anderer Weise mit Kierkegaard und vielleicht auch mit Freud), der von Philosophie und Leben, von Wissenschaft und Philosophie des Lebens *mit seinem Namen, in seinem Namen* gehandelt hat. Der einzige vielleicht, der seinen Namen – *seine Namen* – ins Spiel brachte und seine Biographien. Mit beinahe allen Risiken, die das einschließt: für « «ihn», für «sie», für seine Leben, seine Namen und ihre Zukunft, die politische Zukunft vor allem dessen, was er unterzeichnen lassen hat.

Wie könnte man das außer Rechnung stellen, wenn man ihn liest? Man liest ihn nur, wenn man es in Rechnung zieht.

Seinen Namen ins Spiel bringen (mit allem, was sich damit verpflichtet und was sich nicht auf ein *Ich* beschränkt), Unterschriften in Szene setzen, aus allem, was man von Leben oder Tod geschrieben hat, ein ungeheures bio-graphisches Namenskürzel machen – das hätte er getan und wir hätten es zu Protokoll zu nehmen. Nicht um ihm das Benefiz zurückzuerstatten; erstens ist er tot, *er,* eine triviale, aber im Grund ziemlich unglaubliche Evidenz; und der Genius des Namens ist dazu da, sie uns vergessen zu machen. Totsein bedeutet zumindest, daß kein

Benefiz und kein Malefiz, berechnet oder nicht, dem Namensträger zurückkommt, sondern nur dem Namen; worin der Name, der nicht der Träger ist, immer und *a priori* ein Totenname ist. Was dem Namen, kommt nie dem Lebendigen zurück; nichts kommt dem Lebendigen zurück. Weiterhin werden wir ihm das Benefiz nicht einräumen, weil das in seinem Namen Hinterlassene wie alle Hinterlassenschaft (hören Sie das Wort mit welchem Ohr Sie wollen) einer vergifteten Milch[5] gleichkommt, die sich von vornherein – wir werden daran gleich gemahnt werden – mit dem Schlimmsten unserer Zeit vermengte. Und das nicht von ungefähr.

Ich werde Nietzsche, sei es gesagt vorm Aufschlagen der geringsten seiner Schriften, weder als einen Philosophen (des Seins, des Lebens oder des Todes) lesen noch als einen Gelehrten noch auch als einen Biologen, wenn anders diese drei Typen die Abstraktion vom Biographischen und die Prätention gemein haben, ihr Leben und ihren Namen nicht in ihren Schriften zu verpflichten. Diesen Nachmittag werde ich Nietzsche von der Szene des *Ecce homo* her lesen. Darin bringt er seinen Körper und seinen Namen vor, selbst wenn er in Masken oder Pseudonymen ohne Eigennamen einhergeht. Masken oder plurale Namen können wie jede Maske und selbst jede Theorie des Simulacrum immer nur vorgebracht oder hervorgebracht werden in bezug auf ein Schutz-Benefiz und einen Mehrwert, in denen die List des Lebens wiederzuerkennen ist. Eine List, die von da an verliert, wenn der Mehrwert nicht mehr dem Lebendigen zurückkommt, sondern dem Namen der Namen oder der Gemeinschaft der Masken.

Ich werde ihn lesen von demjenigen her, was das Zitat «*Ecce homo*» und «Wie man wird, was man ist» sagt oder sich sagt. Ich werde von jenem Vorwort zu *Ecce homo* her lesen, von dem Sie sagen könnten, es sei dem ganzen Werk koextensiv, so daß also das ganze Werk ebensogut *Ecce homo* bevorwortet und sich wiederholt findet in dem, was im strengen Sinn das Vorwort von einigen Seiten zu dem *Ecce homo* betitelten Werk heißt. Sie kennen jene ersten Zeilen auswendig:

«In Voraussicht, daß ich über kurzem mit der schwersten Forderung an die Menschheit herantreten muß, die je an sie gestellt wurde, scheint es mir unerläßlich, zu sagen, *wer ich bin*. Im Grunde dürfte man's wissen: denn ich habe mich nicht ‹unbezeugt gelassen›. Das Mißverhältnis aber zwischen der Größe meiner Aufgabe und der *Kleinheit* meiner Zeitgenossen ist darin zum Ausdruck gekommen, daß man mich weder gehört, noch auch nur gesehn hat. Ich lebe auf meinen eignen Kredit hin, es ist vielleicht bloß ein Vorurteil, daß ich lebe? ...» (II 1065)

Seine eigene Identität, die er zu erklären beabsichtigt und die, so unverhältnismäßig ist sie, nichts zu schaffen hat mit dem, was die Zeitgenossen unter diesem Namen, seinem Namen oder vielmehr Homonym Friedrich Nietzsche kennen, diese beanspruchte Identität hat er nicht durch einen Vertrag mit seinen Zeitgenossen. Er empfängt sie durch den unerhörten Vertrag, den er mit sich selber geschlossen hat. Er hat sich bei sich verschuldet und *uns darin eingeschlossen durch das, was von seinem Text vermöge der Unterschrift bleibt.* «Auf meinen eignen Kredit hin»: das ist auch unser Geschäft, dieser unendliche Kredit, ohne gemeinsames Maß mit dem, den die Zeitgenossen ihm unterm Namen F.N. aufgemacht oder abgeschlagen haben. Dieser Name ist schon ein Falschname, ein Pseudonym und Homonym, das hinter der Täuschung den anderen Friedrich Nietzsche verstecken würde. In ihrer Verbindung mit diesen finsteren Affären von Vertrag, Schuld und Kredit flößt uns die Pseudonymie ein Mißtrauen ohne Maß ein, wenn wir die Unterschrift oder das «Autograph» Nietzsches zu lesen glauben und jedesmal, wenn er *erklärt:* ich, der Unterzeichnete, F.N.

Nie weiß er in der Gegenwart, in einem gegenwärtigen Wissen und sogar in der Gegenwart von *Ecce homo,* ob der maßlose Kredit, den er *sich* aufgemacht hat – in seinem Namen, aber auch notwendigerweise im Namen eines anderen –, je honoriert werden wird. Man sieht die Konsequenzen voraus: wenn das Leben, das er lebt und sich erzählt («Autobiographie» sagen sie), zuvörderst *sein* Leben nur unter der Wirkung eines geheimen Vertrags, eines aufgemachten und verschlüsselten Kredits, einer Verschuldung, eines Bündnisses oder Ringes ist, dann kann, solange der Vertrag noch nicht honoriert worden ist (und das kann er nur durch einen anderen, Sie zum Beispiel), Nietzsche schreiben, daß sein Leben womöglich nur ein Vorurteil ist. «Es ist vielleicht ein Vorurteil, daß ich lebe ...» Das Leben oder mehr noch als das Leben: *mein* Leben, dieses «daß ich lebe», das «ich-lebe» in der Gegenwart – es ist ein Vor-urteil. Ein Urteil, ein vorweggenommener Richterspruch, eine gewagte Vorwegnahme; verifiziert werden wird sie erst können im Augenblick, wo der Namensträger, derjenige, den das Vorurteil einen Lebendigen nennt, tot sein wird. Nach oder während dem Todesurteil. Und wenn das Leben zurückkommt, dann dem Namen und nicht dem Lebendigen, dem Namen des Lebendigen *als* dem Namen des Toten.

Daß das «ich lebe» ein Vorurteil (und aufgrund der daraus *a priori*

folgenden Mordwirkung mithin ein Präjudiz) ist, das am Tragen des Namens und an der Struktur jedes Eigennamens hängt, davon hat «er» den Beweis. Er sagt, daß er ihn hat: jedesmal wenn er den ersten besten «Gebildeten» fragt, der ins Oberengadin kommt. Ihm ist der Name Nietzsche unbekannt; und der «Nietzsche» heißt, empfängt dann den Beweis, daß er nicht gegenwärtig lebt: «Ich lebe auf meinen eignen Kredit hin, es ist vielleicht bloß ein Vorurteil, daß ich lebe ...? Ich brauche nur irgendeinen ‹Gebildeten› zu sprechen, der im Sommer ins Ober-Engadin kommt, um mich zu überzeugen, daß ich *nicht* lebe ... Unter diesen Umständen gibt es eine Pflicht, gegen die im Grunde meine Gewohnheit, noch mehr der Stolz meiner Instinkte revoltiert, nämlich zu sagen: *Hört mich! denn ich bin der und der. Verwechselt mich vor allem nicht!*» (II 1065)
Er sagt es wider Willen und doch aus «Pflicht», um sich einer Schuld zu entledigen. Wem gegenüber?
Er zwingt sich zu sagen, wer er ist, das geht gegen seinen natürlichen Habitus, der ihn zur Dissimulation hinter Masken treibt. Der Wert der Dissimulation – Sie wissen es – wird ohne Unterlaß bejaht. Das Leben ist Dissimulation. Wenn er sagt «ich bin der und der», geht er, scheint es, gegen den Dissimulationsinstinkt. Das würde uns *einerseits* denken lassen, daß sein Vertrag seiner Natur widerspricht; er tut sich Gewalt an, wenn er sich verpflichtet, einen Kredit im Namen des Namens, in seinem Namen und im Namen des anderen zu honorieren. Aber *andererseits* könnte diese selbstpräsentierende Zurschaustellung sehr wohl eine List der Dissimulation bleiben. Sie würde uns noch immer täuschen, falls wir sie als eine schlichte Identitätspräsentation hörten, gesetzt wir wüßten schon, wie es um eine Selbstpräsentation und eine Identitätserklärung steht («Ich, der und der»; «ich, die und die»; «Ich, die Metaphysik»; «Ich, die Psychoanalyse»).
Alles später über die Wahrheit Gesagte muß von dieser Frage und Ungewißheit her umgewertet werden. Es genügt nicht, unsere theoretischen Gewißheiten über Identität und über das, was wir von einem Eigennamen zu wissen glauben, zu erschüttern. Sehr schnell, auf der nächsten Seite, appelliert Nietzsche an seine «Erfahrung» und seine «Wanderung im Verbotenen»: sie haben ihn gelehrt, die Ursachen der Idealisierung und Moralisierung ganz anders anzusehen; er sah die «*verborgene* Geschichte» der Philosophen – er sagt nicht der Philosophie – und die «Psychologie ihrer großen Namen» ans Licht kommen (II 1066).

75

Daß das «ich lebe» von einem Namensvertrag verbürgt wird, dessen Fälligwerden den Tod dessen voraussetzt, der in der Gegenwart «ich lebe» sagt; daß der Bezug eines Philosophen zu seinem «großen Namen», d.h. zu dem, was ein System seiner Unterschrift umrandet, einer Psychologie zuzählt und zwar einer so neuen, daß sie nicht mehr *im* System der Philosophie als eines seiner Teile noch auch in der Psychologie als Region der philosophischen Enzyklopädie gelesen werden kann; daß all das ausgesprochen wird in einem «Friedrich Nietzsche» unterzeichneten Vorwort eines Buches, das *Ecce homo* heißt und dessen letzte Worte lauten: «Hat man mich verstanden? *Dionysos gegen den Gekreuzigten* ...»; daß Nietzsche Ecce homo, Christus, nicht Christus ist, nicht einmal Dionysos, sondern vielmehr der Name des «Gegen», der Gegenname, der Kampf, der sich zwischen den zwei Namen ansagt und nennt – all das würde hinreichen, um auf einzigartige Weise den Eigennamen und die homonyme Maske zu pluralisieren und alle Fäden des Namens in ein Labyrinth – das des Ohrs natürlich – zu verwickeln. Suchen Sie die Ränder, die Wände, die Gänge.

Zwischen dem Vorwort, das F.N. unterzeichnet ist und unter den Titel zu stehen kommt, und dem ersten Kapitel «Warum ich so weise bin», kommt eine einzige Seite, ein Hors d'oeuvre, ein Exergon[6], ein loses Blatt, dessen Topos und dessen Zeitlichkeit auf seltsame Weise ausrenken, was wir in unserer ruhigen Gewißheit als die Zeit des Lebens und die Zeit der Lebenserzählung, der Lebensbeschreibung durch den Lebendigen, kurz als die Zeit der Autobiographie verstehen möchten. Diese Seite ist datiert. Datieren heißt unterzeichnen. Und «datiert sein von ...» heißt auch den Ort der Unterschrift anzeigen. Diese Seite ist auf gewisse Weise datiert, weil sie «heute» und «heute an meinem Geburtstag» sagt. Der Geburtstag ist der Augenblick, wo sich das Jahr um sich dreht[7], mit sich einen Ring schließt, sich vernichtet und wiederbeginnt. Hier ist es das Jahr meiner 45 Jahre, der Tag des Jahres, wo ich 45 Jahre werde. Ein wenig wie der Mittag des Lebens. Ungefähr auf dieses Alter legt man gewöhnlich den Mittag des Lebens, ja den Dämon des Mittags, auf die schattenlose Hälfte eines großen Tages.

Das Exergon beginnt mit den Worten: «*An diesem vollkommnen Tage, wo alles reift* und nicht nur die Traube braun wird, fiel mir eben ein Sonnenblick auf mein Leben» (II 1069; Unterstreichung J.D.).

Ein Augenblick ohne Schatten, der mit all den «Mittagen» Zarathustras zusammenklingt. Ein Augenblick der Bejahung, der wiederkehrt als der Geburtstag, von dem aus man gleichzeitig voraus- und zurück-

blicken kann. Der Schatten aller Negativität ist verschwunden: «Ich sah rückwärts, ich sah hinaus, ich sah nie so viel und so gute Dinge auf einmal.»
Dieser Mittag indessen läutet die Stunde einer Beerdigung. In einem Spiel mit der Umgangssprache begräbt er seine 44 Jahre; aber was er begräbt, ist der Tod, und indem er den Tod begräbt, hat er das Leben gerettet – und die Unsterblichkeit.

«Nicht umsonst begrub ich heute mein vierundvierzigstes Jahr, ich *durfte* es begraben – was in ihm Leben war, ist gerettet, ist unsterblich. Das erste Buch der *Umwertung aller Werte*, die *Lieder Zarathustras*, die *Götzen-Dämmerung*, mein Versuch, mit dem Hammer zu philosophieren – alles Geschenke dieses Jahres, sogar seines letzten Vierteljahrs! *Wie sollte ich nicht meinem ganzen Leben dankbar sein?* – Und so erzähle ich mir mein Leben.»

Er sagt wirklich: ich erzähle *mir* mein Leben, ich sage es auf und erzähle es so *für mich*. Und das ist das Ende des Exergon auf dem losen Blatt, zwischen *Vorwort* und Beginn von *Ecce homo*. Sein Leben wie ein Geschenk empfangen oder vielmehr dem Leben, ihm, meinem Leben jedoch, dankbar sein; ihm genauer noch Dank wissen und zwar für die Gabe dessen, was sich schreiben und unterzeichnen ließ mit jenem Namen, für den ich einen Kredit aufgemacht habe und der, was er geworden ist, erst sein wird von dem her, was dieses Jahr gegeben ward (die drei zitierten Werke), im Lauf des datierten Ereignisses eines Sonnenumlaufs und sogar eines Teils von diesem Lauf oder Rücklauf, dieser Wiederkehr; das Geschehene, die 44 Jahre bejahen, daß sie gut sind und wiederkehren sollen, ewig, unsterblich – all das ist es, was das seltsame Geschenk dieser autobiographischen Erzählung *konstituiert,* versammelt, zusammenfügt und beieinanderhält.

«Und so erzähle ich mir mein Leben.» Die Erzählung, die den Toten bestattet und den Geretteten rettet, ist *auto*biographisch nicht darum, weil der Unterzeichner sein Leben und die Wiederkehr dieses Lebens als Leben und nicht als Tod erzählt; sie ist es, weil er *sich* dieses Leben erzählt und der erste, wo nicht der letzte Adressat der Erzählung ist. Im Text. Und weil das «ich» von der ewigen Wiederkehr konstituiert wird, existiert und unterzeichnet es nicht vor der Erzählung *als* ewiger Wiederkehr. Bis dahin, *bis jetzt* bin ich als Lebendiger vielleicht nur ein Vorurteil. Es ist die ewige Wiederkehr, die unterzeichnet oder siegelt. Sie können den oder die Namen Friedrich Nietzsches also nicht vor der Wiederbejahung des Hymens, vor dem Ring oder Bündnis der ewigen Wiederkehr denken oder *hören*. Sie werden von seinem Leben und

seinem-Leben-seinem-Werk nichts vernehmen oder verstehen vor diesem Gedanken des «ja ja», das zum schattenlosen «Geschenk», zur Mittagsreife unterm überströmenden Becher der Sonne gesprochen wird. Hören Sie den Beginn des *Zarathustra* wieder.
Daher die Schwierigkeit, *das Datum* eines solchen Ereignisses zu bestimmen. Wie soll man das Kommen einer auto-biographischen Erzählung orten, die wie der Gedanke der ewigen Wiederkehr dazu nötigt, das Kommen eines jeden Ereignisses anders kommen zu lassen? Diese Schwierigkeit breitet sich überall aus, wo man zu *bestimmen* sucht: Das Datieren eines Ereignisses, aber auch das Identifizieren eines Textanfangs, eines Lebensursprungs oder der ersten Bewegung einer Unterzeichnung sind ebensoviele Probleme der Randung.
Die Struktur des Exergon als Randung oder der Randung als Exergon muß sich notwendig überall abdrucken, wo das Leben, «mein-Leben» in Frage steht. Zwischen einem Titel oder Vorwort einerseits, dem kommenden Buch andererseits, zwischen dem Titel *Ecce homo* und *Ecce homo* «selber» situiert diese Exergon-Struktur den Ort, von dem aus das Leben *wiedererzählt* und d.h. wiederbejaht wird, «ja ja», «amen amen», daß es ewig (und selektiv, als die Lebendige und nicht als der zu begrabende Tote in ihm) wiederkehren soll – das Leben mit sich selbst verbündet gemäß dem hochzeitlichen Ring. Dieser *Ort* ist weder im Werk (er ist ein Ex-ergon) noch im Leben des Autors. Wenigstens nicht einfach, denn er ist ihnen ja auch nicht äußerlich. In ihm wiederholt sich die Bejahung: ja ja, ich billige, unterzeichne, unterschreibe diese Anerkennung einer Schuld gegenüber «mir-selbst», gegenüber «meinem-Leben» – und ich will, daß das wiederkehrt. Dieser Ort begräbt noch den Schatten jeder Negativität; er ist Mittag. Das Thema des Exergon taucht noch einmal später auf, im Kapitel «Warum ich so gute Bücher schreibe», und macht aus der Vorbereitung des «großen Mittags» eine Verpflichtung, eine Schuld, eine «Aufgabe», «meine Aufgabe, einen Augenblick höchster Selbstbesinnung der Menschheit vorzubereiten, einen *großen Mittag,* wo sie zurückschaut und hinausschaut» (II 1125).
Aber der Mittag des Lebens ist kein Ort, keine Stätte, hat nicht statt. Und ist eben deshalb kein Augenblick, sondern nur eine sofort verschwindende Grenze. Und schließlich kommt das ja alle Tage wieder, immer, jeden Tag, bei jeder Drehung des Rings. Immer vor Mittag, immer nach oder Nach-Mittag. Wenn man das Recht zum Lesen der Unterschrift F.N. nur in diesem Augenblick hat, im Augenblick, wo

er «Mittag, ja ja, ich ich und ich, ich erzähle mir mein Leben» unterzeichnet, dann merken Sie das unmögliche Lektüre- und vor allem Lehrprotokoll und was an lächerlich Albernem, aber auch Dunklem, was von einer finsteren und heimtückischen Schattengeschichte in der Erklärung liegen kann, Friedrich Nietzsche habe dies oder jenes gesagt, dies oder jenes über dies oder jenes gedacht, über das Leben zum Beispiel, im Sinn menschlicher Existenz oder im biologischen Sinn. Friedrich Nietzsche oder irgendwer nach Mittag, der und der, ich zum Beispiel.

Ich werde nicht zusammen mit Ihnen *Ecce homo* lesen. Ich lasse Sie mit jenem Hinweis auf den Ort des Exergon, auf die Faltung, die er gemäß einer unscheinbaren Grenze bildet: keinen Schatten gibt es mehr und alle Aussagen, vorher und nachher, links und rechts, sind zugleich möglich (Nietzsche hat so ziemlich alles gesagt) und notwendigerweise kontradiktorisch (er hat die miteinander unverträglichsten Dinge gesagt und gesagt, daß er sie sagt). Bevor ich *Ecce homo* verlasse, nur ein Indiz für diese widersprüchliche Duplizität.

Was geschieht gleich nach jener Art Exergon, nach jenem Datum (denn es *ist* ein Datum: Unterschrift, Geburtstagsberufung, Feier von Gaben oder Gegebenheiten, Schuldanerkenntnis)? Nach jenem «Datum» beginnt das erste Kapitel («Warum ich so weise bin»), Sie wissen es, mit den Ursprüngen «meines» Lebens: mein Vater und meine Mutter, als noch einmal das Widerspruchsprinzip in meinem Leben zwischen Todesprinzip und Lebensprinzip, Ende und Anfang, Tiefe und Höhe, Fallendem und Steigendem usw. Dieser Widerspruch ist mein Schicksal. Er liegt in meiner Genealogie selber, in meinem Vater und meiner Mutter, in dem, was ich als die Identität meiner Eltern in Räselform deklniere: in einem Wort mein Vater tot, meine Mutter lebendig, mein Vater der Tote oder der Tod, meine Mutter die Lebendige oder das Leben. Was mich angeht, ich stehe zwischen beiden; das ist mir zugefallen, das ist ein Glücksfall; und an diesem Platz liegt meine Wahrheit, meine doppelte Wahrheit in beiden. Man kennt die Stelle: «Das Glück meines Daseins, seine Einzigkeit vielleicht, liegt in seinem Verhängnis: ich bin, um es in Rätselform auszudrücken, als mein Vater bereits gestorben, als meine Mutter lebe ich noch und werde alt» (II 1070).

Sofern *ich* mein Vater *bin,* bin ich tot, bin ich der Tote und der Tod. Sofern ich meine Mutter bin, bin ich das Leben, das fortdauert, das Lebendige, die Lebendige. Ich bin mein Vater, meine Mutter und ich[8], und ich, der ich mein Vater und meine Mutter und ich bin, mein Sohn und ich, der Tod und das Leben, der Tote und die Lebendige usw. Das bin ich, der und die; «ich bin der und der» besagt all das und Sie können meinen Namen nicht hören/verstehen, wenn Sie ihn nicht mit diesem Ohr hören, als den des Toten und der Lebendigen, den doppelten und geteilten Namen des toten Vaters und der Überlebenden, der Mutter, die überlebt und übrigens so sehr überleben wird, daß sie mich begraben wird. Überlebend ist die Mutter, Überleben ist der Name der Mutter. Dieses Überleben ist mein Leben, das es umrandet und überrandet, und der Name meines Todes, meines toten Lebens ist der Name meines Vaters oder eben mein Patronym.

Muß diese undarstellbare Szene nicht jedesmal berücksichtigt werden, wenn man eine F.N. unterzeichnete Aussage zu identifizieren vorgibt? Und die Aussagen, die ich eben las oder übersetzte, gehören nicht zur Gattung Autobiographie im strengen Sinn. Es ist sicher nicht falsch zu sagen, Nietzsche spreche von seinen (wie man sagt) «realen» Eltern, aber er spricht von ihnen «in Rätselform», symbolisch, änigmatisch, anders gesagt in der Form einer sprichwörtlichen Legende und als eine Erzählung voller Lehren.

Was sind dann die Konsequenzen des doppelten Ursprungs? Die Geburt Nietzsches im Doppelsinn des Wortes (Geburt als Geburtsakt und als Gebürtigkeit) ist selber doppelt. Sie bringt zur Welt aus einem einzigartigen Paar, aus Tod und Leben, Totem und Lebendiger, Vater und Mutter. Die doppelte Geburt erklärt, wer ich bin und wie ich mich identifiziere («der und der»): doppelt und neutral.

«Diese doppelte Herkunft, gleichsam aus der obersten und der untersten Sprosse an der Leiter des Lebens, *décadent* zugleich und *Anfang* – dies, wenn irgend etwas, erklärt jene Neutralität, jene Freiheit von Partei im Verhältnis zum Gesamtproblem des Lebens, die mich vielleicht auszeichnet. – Ich habe für die Zeichen von Aufgang und Niedergang eine feinere Witterung [beachten Sie, was er immer wieder von der Jagd, von Fährten und seiner Nase sagt] als je ein Mensch gehabt hat, ich bin der Lehrer *par excellence* hierfür – ich kenne beides, ich bin beides» (II 1070).

Ich bin ein Meister, der Meister und Magister, «der Lehrer *par excellence*». Und ich kenne und bin alle zwei, man müßte sagen *die Zwei*, das Duell oder das Double, ich kenne, was ich bin, die Zwei, das-Leben-der Tod. Zwei ist das-Leben-der-Tote. Wenn ich sage, «verwechselt mich nicht», «ich bin der und der», dann heißt das: der-Tote-die-Lebendige.

Logik des Toten, Logik der Lebendigen – das ist das Bündnis, dem gemäß er seine Unterschriften verrätselt, das Bündnis, in dem er sie schmiedet oder siegelt – und fingiert: dämonische Neutralität des Mittags, vom Negativen und Dialektischen befreit.

«... ich kenne beides, ich bin beides. – Mein Vater starb mit sechsunddreißig Jahren: er war zart, liebenswürdig und morbid, wie ein nur zum Vorübergehn bestimmtes Wesen – eher eine gütige Erinnerung an das Leben, als das Leben selbst» (ebd.).

Der Sohn überlebt den Vater nicht nur *nach* dessen Tod, sondern der Vater war *schon* tot, wird während seinem eigenen Leben schon tot gewesen sein. Schon als «lebendiger» Vater war er nur Erinnerung an das Leben, an ein früheres Leben. Diese elementare Struktur der Verwandtschaft – der tote oder vielmehr abwesende, von ihm selber abwesende Vater und die Mutter, die vor allem und nach allen lebt und sosehr überlebt, daß sie noch den begräbt, den sie zur Welt brachte, eine allem Alter entrückte Jungfrau – habe ich andernorts auf eine Logik der Totenglocke *(glas)* und Obsequenz bezogen. Sie hat ihre Beispiele in großen Familien gefunden, in der Familie Jesu (dem Dionysos hier, aber auch als sein Spiegeldoppelgänger entgegensteht) und in der Nietzsches, wenn man berücksichtigt, daß die Mutter den «Zusammenbruch» überlebt hat; und im allgemeinen in allen Familien, wenn man nur «alle Fakten beiseiteschiebt».

Vor der Heilung oder Auferstehung, die er ebenfalls in *Ecce homo* erzählt, wiederholt der einzige Sohn zunächst den Tod des Vaters. «Im gleichen Jahre, wo sein Leben abwärts ging, ging auch das meine abwärts: im sechsunddreißigsten Lebensjahre kam ich auf den niedrigsten Punkt meiner Vitalität – ich lebte noch, doch ohne drei Schritt weit vor mich zu sehn. Damals – es war 1879 – legte ich meine Basler Professur nieder, lebte den Sommer über wie ein Schatten in St. Moritz und den nächsten Winter, den sonnenärmsten meines Lebens, *als* Schatten in Naumburg. Dies war mein Minimum: Der Wanderer und sein Schatten entstand währenddem. Unzweifelhaft, ich verstand mich damals auf Schatten.» Ein wenig später: «Meine Leser wissen vielleicht, inwiefern ich Dialektik als Décadence-Symptom betrachte, zum Beispiel im allerberühmtesten Fall: im Fall des Sokrates» (II 1070f.). Man könnte auch sagen, in seinem Verfall und seiner Dekadenz. Er ist ein Sokrates, der Décadent par excellence, aber auch das Gegenteil. Das erklärt er zu Beginn des folgenden Unterkapitels: «Abgerechnet nämlich, daß ich ein *décadent* bin, bin ich auch dessen Gegensatz» (II 1072). Diese doppelte Herkunft, die zu Beginn von Unterkapitel 1 schon berufen wird, wiederbejaht und erklärt im Unterkapitel 2, können Sie auch zu Beginn von Unterkapitel 3 hören: «Diese doppelte Reihe von

Erfahrungen, diese Zugänglichkeit zu anscheinend getrennten Welten wiederholt sich in meiner Natur in jeder Hinsicht – ich bin ein Doppelgänger, ich habe auch das ‹zweite› Gesicht noch außer dem ersten. *Und* vielleicht auch noch das dritte ...» (II 1073). Zweites und drittes Gesicht und nicht nur, wie er anderswo sagt, drittes Ohr. Eben hat er uns erklärt, daß er beim Entwurf eines Porträts des «wohlgeratenen» Menschen sich selbst beschrieben hat: «Wohlan, ich bin das *Gegenstück* eines *décadent:* denn ich beschrieb eben *mich*» (II 1073).

Der Widerspruch des «Doppelgängers» geht also über das hinaus, was eine dialektische Opposition an abweichender Negativität enthalten könnte. Was unterm Strich und jenseits des Striches zählt, ist ein bestimmter *Schritt jenseits*. Ich denke hier an die Syntax ohne Syntax des *Pas au-delà* von Blanchot: er schreitet auf den Tod zu in einer Schrittart, die ich eine der unmöglichen Überschreitung oder Übertretung nenne. *Ecce homo:* «Um nur etwas von meinem Zarathustra zu verstehen, muß man vielleicht ähnlich bedingt sein, wie ich es bin – mit einem Fuße *jenseits* des Lebens» (II 1074). Ein Fuß[9] und, jenseits der Opposition zwischen Leben und/oder Tod, ein einziger Schritt.

2. Das otographe Zeichen des Staates

Die Unterschrift der Autobiographie schreibt sich in diesem Schritt. Sie bleibt ein Kredit auf die Ewigkeit und verweist auf eines der zwei «ich», die ohne Namen den Vertrag schließen, nur gemäß dem Ring der ewigen Wiederkehr.

Das hindert nicht, sondern erlaubt es im Gegenteil, daß derjenige, der da sagt «Sommer wurde ich ganz und Sommer-Mittag» (II 1081), auch sagt «Ich bin ein Doppelgänger»: und also verwechsle ich mich nicht, auch nicht mit meinem Werk.

Hier besteht eine Differänz zur Autobiographie, eine Allo- und Thanatographie. In dieser Differänz spricht sich eben, zu neuen Kosten, die Frage der Institution und der Lehrinstitution aus. Sie ist es, in die ich einführen möchte.

Die frohe Botschaft der ewigen Wiederkehr ist eine Verkündigung und Lehre, die Adresse oder Bestimmung einer Doktrin. Per definitionem kann sie sich nicht in der Gegenwart zu hören geben. Sie ist unzeitgemäß, differänt und achronisch. Aber weil diese Botschaft eine Bejahung (ja ja) wiederholt, weil sie die Wiederkehr, den Wiederbeginn

und eine bestimmte, das Wiederkehrende bewahrende Reproduktion bejaht, muß ihre Logik selber einer bestimmten Lehrinstitution Raum geben. Zarathustra ist ein «Lehrer», er verkündet eine Doktrin und beabsichtigt die Gründung neuer Institutionen.
Institutionen des «ja». Sie brauchen Ohren, aber wie das?
Er sagt:

«Das eine bin ich, das andre sind meine Schriften. Hier werde, bevor ich von ihnen selber rede, die Frage nach dem Verstanden- oder *Nicht*verstandenwerden dieser Schriften berührt. Ich tue es so nachlässig, als es sich irgendwie schickt: denn diese Frage ist durchaus noch nicht an der Zeit. Ich selber bin noch nicht an der Zeit, einige werden posthum geboren. – Irgendwann wird man Institutionen nötig haben, in denen man lebt und lehrt, wie ich leben und lehren verstehe: vielleicht selbst, daß man dann auch eigene Lehrstühle zur Interpretation des Zarathustra errichtet. Aber es wäre ein vollkommner Widerspruch zu mir, wenn ich heute bereits Ohren *und Hände* für *meine* Wahrheiten erwartete: daß man heute nicht hört, daß man heute nicht von mir zu nehmen weiß, ist nicht nur begreiflich, es scheint mir selbst das Rechte. Ich will nicht verwechselt werden – dazu gehört, daß ich mich selbst nicht verwechsle» (II 1099).

Bei der Lehre und mit ihren neuen Institutionen geht es also auch ums Ohr. Alles rollt sich, Sie wissen, in Nietzsches Ohr ein, in die Motive seines Labyrinths. Ohne ihm hier auf den Grund zu gehen, bemerke ich seine häufige Wiederkehr im selben Kapitel von *Ecce homo*[10] und komme mit diesem Schritt – einer anderen Wirkung des Labyrinths – auf den Text, der *Über die Zukunft unserer Bildungsanstalten* betitelt und von 1872 ist, ganz und gar am anderen Ende.

Wie knüpft sich der Knoten dieses ganzen Themas (ich habe, ich bin und ich fordere ein feines Ohr, ich bin (die) zwei, (der) doppel(gänger), ich zeichne doppelt, meine Schriften und ich sind zweierlei, ich bin der-Tote-die-Lebende und bin ihnen zubestimmt, von ihnen komme ich und an sie wende ich *mich,* usw.) zusammen mit dem Knoten der *Zukunft*? Mit der Politik und den Politiken, die darin verwickelt sind? Die Defiguration defiguriert die Muttersprache, die Profanation profaniert den Körper der Muttersprache – so das Verbrechen gegen das Leben, hören Sie: die Lebendige. Vom Unterrichtssystem, wie es heute eingerichtet ist, wird dieses Verbrechen fortgesetzt.

«Von Natur spricht und schreibt jetzt jeder Mensch so schlecht und gemein seine deutsche Sprache, als es eben in einem Zeitalter des Zeitungsdeutsches möglich ist: deshalb müßte der heranwachsende edler begabte Jüngling mit Gewalt unter die Glasglocke des guten Geschmacks und der strengen sprachlichen Zucht gesetzt werden: ist dies nicht möglich, nun so ziehe ich nächstens wieder vor, lateinisch zu sprechen, weil ich mich einer so verhunzten und schändlichen Sprache schäme. [...] An Stelle jener rein praktischen Instruktion, durch die der Lehrer seine Schüler an eine strenge sprachliche Selbsterziehung gewöhnen sollte, finden wir überall die Ansätze zu einer gelehrt-historischen Behandlung der Muttersprache: das heißt, man verfährt mit ihr, als ob sie eine tote Sprache sei, und als ob es für die Gegenwart und Zukunft dieser Sprache keine Verpflichtungen gäbe» (Zweiter Vortrag, III 199f.).

Es gibt also ein Gesetz; es verpflichtet in bezug auf die Sprache und auf diejenige Sprache, in der sich das Gesetz ausspricht: die Muttersprache. Sie ist die lebendige Sprache (in Opposition zum Latein, der toten und väterlichen Sprache, der Sprache eines anderen Gesetzes, einer zweiten und hinzugekommenen Unterdrückung, des Todes). Notwendig ist ein Bündnis und Vertrag mit der lebendigen Sprache, mit der Sprache der Lebendigen gegen den Tod und den Toten. Und wie Bündnis und Vertrag gehört die wiederholte Bejahung stets zur Sprache, sie kommt auf die Unterschrift der nichtentarteten, edlen Muttersprache zurück. Der Umweg über *Ecce homo* gibt es uns zu denken: Die Geschichte und Geschichtswissenschaft, die den Toten tötet oder behandelt und die mit dem Tod handelt, ist die Wissenschaft des Vaters. Sie nimmt den Platz des Toten und den des Vaters ein. Ein Vater ist sicher auch der Lehrer, sogar der gute Lehrer und selbst derjenige, der in seiner Verzweiflung dem schlechten Deutsch oder der mißhandelten Mutter das Latein vorzieht; der gute Lehrer aber erzieht im Dienst der Mutter, deren Untertan/Subjekt er ist, er erzwingt sich Gehorsam, indem er dem Gesetz der Muttersprache gehorcht und die lebendige Integrität ihres Körpers achtet. «Die historische Manier ist unserer Zeit in dem Grade geläufig geworden, daß auch der lebendige Leib der Sprache ihren anatomischen Studien preisgegeben wird: hier aber beginnt gerade die Bildung, daß man versteht, das Lebendige als lebendig zu behandeln, das überall sich aufdrängende ‹historische Interesse› dort zu unterdrükken, wo vor allen Dingen richtig gehandelt, nicht erkannt werden muß. Unsere Muttersprache aber ist ein Gebiet, auf dem der Schüler richtig handeln lernen muß» (III 300).
Das Gesetz der Mutter als Sprache ist ein «Gebiet», ein «lebendiger Leib», der nicht wohlfeil «geopfert» und «preisgegeben» werden darf. «Sich preisgeben» besagt auch: sich hingeben, sich weggeben, ja sich prostituieren. Der Lehrer muß diese schlechte Behandlung des Leibes der Muttersprache oder dieses Sich-gehen-lassen um jeden Preis unterdrücken. Er muß lehren, wie die Lebendige richtig zu behandeln ist. Von daher also gehe ich jenen (wie man so sagt) «Jugendtext» über *Die Zukunft unserer Bildungsanstalten* an. An diesem sehr dichten Kreuzungspunkt wähle ich aus: zwischen der Frage der pädagogischen

Institutionen und denen des-Lebens-des-Todes, des-Toten-der-Lebenden, des Sprachvertrags, des Unterschriftskredits, des Biologischen und des Biographischen. Der Umweg über *Ecce homo* wird uns auf paradoxe und geduldige Weise zum Protokoll dienen. Ich werde nicht «schon» sagen und die «Jugend» im Licht einer Teleologie und als «Lehre» erklären. Gleichwohl kann man, ohne daß eine solche Retro-Perspektive den Sinn hätte, den sie in der aristotelisch-hegelschen Tradition haben konnte, um Lektüreprotokolle der *Zukunft unserer Bildungsanstalten* zu komplizieren, zurückkommen auf das, was Nietzsche selber über den «Kredit» lehrt, der einer Unterschrift aufgemacht wird, über die Verspätung der Fälligkeit, über die posthume Differenz zwischen ihm und seinem Werk usw.

Ich warne Sie gleich: diese Protokolle werde ich nicht deshalb vervielfältigen, um Peinliches an diesem Text zu dissimulieren, um seinen «Autor» von «Schuld» freizusprechen und um zu neutralisieren oder zu entschärfen, was eine demokratische Pädagogik oder eine «linke» Politik an ihm beunruhigen kann. Noch auch, was den finstersten Losungen des Nationalsozialismus als eine «Sprache» hat dienen können. An dieser Stelle ist im Gegenteil die größte Indezenz geboten. Man wird sich sogar fragen, warum es nicht genügt, zu sagen, daß «Nietzsche das nicht gedacht hat», «nicht gewollt hat», «es sicher ausgekotzt hätte»[11] und daß Erbfälschung und interpretatorische Mystifikation vorliegen; man wird sich fragen, warum und wie dasjenige möglich war, was so naiv eine Fälschung heißt (sie gelang nicht mit allem und jedem), warum und wie «dieselben» Wörter und «dieselben» Aussagen, falls es dieselben sind, mehrfach und in Sinnen und Kontexten verwendbar sind, die angeblich verschieden, ja unvereinbar sein sollen; man wird sich fragen, warum die einzige Unterrichtsinstitution, der einzige Beginn einer Unterrichtsinstitution, der sich je auf Lehre oder Unterricht Nietzsches über den Unterricht berufen konnte, nazistisch war.

Erstes Protokoll. Diese Vorträge gehören nicht nur zum «Posthumen», von dem *Ecce homo* spricht. Unterm Titel des Posthumen hätten sie ihren Autor verpflichten können. Sie bilden vielmehr einen Text, von dem Nietzsche ausdrücklich sagt, er hätte ihn nicht veröffentlichen wollen und sei's nach seinem Tod. Denn sie sind ein Diskurs, den er unterwegs sogar abgebrochen hat. Das heißt nicht, er hätte alles darin widerrufen, etwa dasjenige, was einen antinazistischen Demokraten von heute am meisten skandalisieren würde. Vergessen wir trotzdem nicht, daß er «geschworen» hatte, diese Vorträge nicht zu veröffentlichen. Am 25. Juli 1872, nach dem fünften Vortrag, schreibt er an Wagner:

«Im Anfange des nächsten Winters halte ich noch meinen Baselern den sechsten und siebenten Vortrag ‹über die Zukunft der Bildungsanstalten›. Ich will wenigstens *fertig* werden, selbst in der herabgestimmten und niederen Form, in der ich bis jetzt jenes Thema behandelt habe. Für die *höhere* Behandlung muss ich eben ‹reifer› werden und mich selbst zu bilden suchen.»[12]

Am 20. Dezember an Malvida von Meysenbug:

«Nun werden Sie die Vorträge gelesen haben und erschreckt worden sein, wie die Geschichte [es geht um die narrative Fiktion, ein imaginäres Gespräch, dessen Erzählung den ersten Vortrag eröffnet] plötzlich abbricht, nachdem so lange präludirt war und in lauter negativis und mancherlei Weitschweifigkeiten der Durst nach den wirklichen neuen Gedanken und Vorschlägen immer stärker sich eingestellt hatte. Man bekommt einen trocknen Hals bei dieser Lektüre und zuletzt nichts zu trinken! Genau genommen paßte das, was ich mir für den letzten Vortrag erdacht hatte – eine sehr tolle und bunte Nachtbeleuchtungsscene – nicht vor mein Baseler Publikum, und es war gewiß ganz gut, daß *mir das Wort im Munde stecken blieb.*»[13] (Unterstreichung J.D.)

Und Ende Februar des folgenden Jahres:

«Sie müssen mir [...] glauben, daß ich alles in ein paar Jahren besser machen kann und besser machen will. Einstweilen haben diese Vorträge für mich selbst eine exhortative Bedeutung: sie mahnen mich an eine Schuld, oder an eine Aufgabe, die gerade mir zugefallen ist ... Jene Vorträge sind primitiv und dazu etwas improvisirt [...] Fritzsch war bereit sie zu drucken, aber ich habe geschworen, kein Buch erscheinen zu lassen, bei dem ich nicht ein Gewissen, so rein wie ein Seraphim besitze.»[14]

Anderes Protokoll. Man muß auch die Gattung berücksichtigen, deren Code ständig markiert wird, die narrative, fiktionale Form, den «indirekten Stil», kurz alles, wodurch die Intention ironisiert und sich und den Text markiert, indem sie ihm ihre Gattungsmarke läßt. Es geht in diesen Vorträgen, die ein Universitätsmitglied vor Universitätsmitgliedern und Studenten über das Studium an Universitäten und Gymnasien hält, um eine theatralische Durchbrechung der Gattungsgesetze und des Akademismus. Aus Zeitmangel werde ich diese Züge nicht eigens analysieren. Aber man müßte auch der Einladung folgen, die die Vorrede uns macht: langsam lesen, als achronische Leser, die dem Gesetz ihrer Zeit entgehen, indem sie sich Zeit zum Lesen lassen, jede nötige Zeit, ohne «aus Zeitmangel» zu sagen, wie ich es eben tat. Unter dieser Bedingung wird man zwischen den Zeilen lesen können, wozu er uns auffordert, aber auch lesen, ohne «Tabellen» behalten zu wollen, wie man es meistens macht. Verlangt wird eine «meditatio generis futuri» (III 272f.), eine praktische Meditation, die soweit geht, sich die Zeit für eine wirksame Zerstörung von Gymnasium und Universität zu geben. «Was wird nicht alles [zwischen der Zeit, wo neue Gesetzgeber der Erziehung im Dienste einer völlig erneuten Bildung geboren sein werden, und der Gegenwart] geschehen sein! Vielleicht liegt zwischen ihr und der Gegenwart die Vernichtung des Gymnasiums, vielleicht selbst die Vernichtung der Universität, oder wenigstens eine so totale Umgestaltung der eben genannten Bildungsanstalten, daß deren alte Tabellen sich späteren Augen wie Überreste aus der Pfahlbautenzeit darbieten möchten» (III 272). Und in der Zwischenzeit empfiehlt uns Nietzsche, wie er es für Zarathustra tun wird, den Text zu vergessen und zu zerstören, aber durch Taten. Wie soll ich, in Anbetracht der gegenwärtigen Szene, meinerseits diesen Text sichten? Und was davon behalten?

Vor allem das Motiv des *Phönix*. Einmal mehr ist die Vernichtung des Lebens nur ein Schein, Vernichtung des Scheins von Leben. Begraben oder verbrannt wird, was *schon tot* ist, damit aus der Asche das Leben, die Lebendige wiedergeboren oder wiedergezeugt werde. Das vitalistische Thema Entartung/Regeneration ist in allem Gesagten aktiv und zentral. Man hat es schon gesehen, das muß zuerst über die Sprache, die Praxis der Sprache, die *Behandlung* ihres Körpers, den Mund und das Ohr ablaufen, zwischen der mütterlichen, natürlichen, lebendigen Sprache und der väterlichen, wissenschaftlichen, formalen und toten. Und weil es um Behandlung geht, betrifft es mit Notwendigkeit die Erziehung, die Lehre und die Zucht. Nun soll aber die «Vernichtung» des Gymnasiums eine «Neugeburt» vorbereiten. (Und was sie auch darüber denkt, die Universität ist nur das Produkt oder die Entwicklung dessen, was das Gymnasium präformiert und programmiert – so das durchgehaltenste Thema der Vorträge.) Die Vernichtung vernichtet nur, was schon entartet ist und sich der Vernichtung vorzugsweise anbietet. Der Ausdruck «Entartung» bezeichnet zugleich den Verlust der genetischen oder generösen Lebenskraft und den des *Typs,* den der Art oder Gattung, die Ent-artung. Er kommt sehr oft vor zur Bezeichnung der Bildung und vor allem der universitären Bildung, wenn sie staatlich und journalistisch wird. Nun hat das Konzept der Entartung – *schon,* würden Sie sagen – die Struktur, die es in späteren Analysen, zum Beispiel in der *Genealogie der Moral* haben wird. Die Entartung führt nicht zum Lebensverlust durch regelmäßigen und kontinuierlichen Verfall, nach einem homogenen Prozeß. Sie beginnt mit einer

Wertumwertung, wenn ein feindliches und reaktives Prinzip eigens zum aktiven Feind des Lebens wird. Das Entartete ist keine mindere Vitalität, sondern dem Leben feindlich, ein dem Leben feindliches Lebensprinzip.

Das Wort Entartung wird vor allem im fünften und letzten Vortrag häufiger und häufiger. Hier werden die Bedingungen des wiederbelebenden Aufschwungs definiert. Auf die nivellierende und demokratische Bildung, die vorgebliche akademische Freiheit in der Universität und die maximale Bildungs-Ausbreitung sollen folgen: der Zwang, die Zucht, die Auswahl unter Leitung eines Lenkers, eines Führers, ja eines «großen Führers». Das ist die Bedingung, um den deutschen Geist, diesen «männlich ernsten, schwergemuten, harten und kühnen deutschen Geist, jenen aus der Reformation her gesund bewahrten Geist des Bergmannssohnes Luther» (III 261) vor seinen Feinden zu retten. Die deutsche Universität muß als Bildungsanstalt wiederhergestellt werden und dazu bedarf es einer «innerlichen Erneuerung und Erregung der reinsten sittlichen Kräfte. Und dies soll dem Studenten immerdar zu seinem Ruhme nacherzählt werden. Auf den Schlachtfeldern [von 1813, J.D.] mag er gelernt haben, was er am wenigsten in der Sphäre der ‹akademischen Freiheit› lernen konnte: daß man große Führer braucht, und daß alle Bildung mit dem Gehorsam beginnt» (III 261). Nun erklärt sich alles Unglück der Studenten von heute daraus, daß sie keinen Führer gefunden haben. Sie bleiben «führerlos».

«Denn ich wiederhole es, meine Freunde! – alle Bildung fängt mit dem Gegenteil alles dessen an, was man jetzt als akademische Freiheit preist, mit dem Gehorsam, mit der Unterordnung, mit der Zucht, mit der Dienstbarkeit. Und wie die großen Führer der Gefährten bedürfen, so bedürfen die zu Führenden der Führer: Hier herrscht in der Ordnung der Geister eine gegenseitige Prädisposition, ja eine Art von prästabilierter Harmonie. Diese ewige Ordnung ...» (III 262).

Es ist dieser von aller Ewigkeit her erlassene Befehl, den die herrschende Kultur von heute zu vernichten oder umzukehren sucht.

Sicher wäre es naiv und grob, wollte man einfach das Wort «Führer» herausgreifen und es ganz allein nachklingen lassen mit seiner hitlerschen Konsonanz und dem Echo, das die nazistische Orchestration der Nietzschereferenz gab – als hätte dieses Wort keinen anderen möglichen Kontext. Aber es wäre genauso kurzsichtig zu leugnen, daß hier etwas abläuft und durchläuft, was dem *Selben* angehört (welchem Selben, bleibt das Rätsel), vom nietzscheschen Führer, der nicht nur ein Lehr- und Schulmeister ist, bis zum hitlerschen Führer, der auch ein

Denkmeister sein wollte, ein Führer in Lehre und Schulbildung, ein Lehrer der Wiedererweckung. Es wäre genauso kurzsichtig und politisch verschlafen, wie wenn man sagte, daß Nietzsche das nie gewollt und gedacht hat, daß er es ausgekotzt hätte und es nicht so, nicht mit diesem Ohr hörte/verstand. Selbst wenn das wahr sein könnte, gäbe es Gründe, sich für diese Hypothese sehr wenig zu interessieren (die ich hier an einem sehr schmalen Korpus untersuche, wobei ich andere Komplikationen aufspare): erstens, weil Nietzsche, wie immer, *vor* seinem Namen gestorben ist und weil es nicht darum geht, zu erfahren, was er gedacht, gewollt oder gemacht hätte; man hat übrigens allen Anlaß zu glauben, daß es in jedem Fall sehr kompliziert gewesen wäre und das Beispiel Heideggers gibt uns in dieser Hinsicht genug zu denken. Sodann beschränken sich die Effekte oder die Struktur eines Textes nicht auf seine «Wahrheit», aufs Meinen seines vorgeblichen Autors, geschweige denn auf seinen vorgeblich einmaligen und identifizierbaren Unterzeichner. Und selbst wenn der Nazismus, weit entfernt, die Wiedererweckung zu sein, zu der diese Vorträge von 1872 aufrufen, nur ein Symptom der beschleunigten Zersetzung von Bildung und europäischer Gesellschaft wäre, die sie diagnostizieren, bliebe noch zu erklären, daß die reaktive Entartung dieselbe Sprache, dieselben Wörter, dieselben Aussagen, dieselben Losungen ausbeuten kann wie die aktiven Kräfte, denen sie entgegentritt. Dieses Phänomen und diese Spiegel-List sind Nietzsche bekanntlich nicht entgangen. Die Frage, die sich uns stellt, hätte womöglich die Form: Muß es nicht eine mächtige Maschine geben, die in einer gegebenen Menge (und die ganze Schwierigkeit sammelt sich in der Bestimmung einer solchen Menge, die nicht einfach linguistisch oder logisch, nicht einfach historisch-politisch, ökonomisch, ideologisch, psycho-phantasmatisch usw. sein kann, weil keine regionale Instanz, auch nicht die der «letzten Instanz», die der Philosophie oder Theorie angehört, d.h. einer Unter-Menge dieser Menge, sie festhalten kann) zugleich die Bewegungen zweier entgegengesetzter Kräfte programmiert, sie paart, konjugiert und vermählt wie das-Leben-dem-Tod? Mit dieser machtvollen Programmiermaschine kann keine der zwei antagonistischen Kräfte brechen; sie sind ihr *bestimmt,* sie schöpfen aus ihr ihre Herkunft und ihre Kraftquellen, sie tauschen in ihr ihre Aussagen und lassen sie, wie unvereinbar die Aussagen auch manchmal scheinen, durch die Maschine mit einer Familienähnlichkeit ineinander übergehen. Diese «Maschine» ist ersichtlich keine Maschine im klassisch philosophischen

Sinn mehr, weil das «Leben» einer ihrer Teile ist und weil sie mit der Opposition Leben/Tod spielt. Und dieses «Programm» ist auch kein Programm im teleologischen oder mechanistischen Sinn des Wortes. Die «Programmiermaschine», die mich hier beschäftigt, ruft nicht nur zur Entzifferung, sondern auch zur Umformung, zur praktischen Umschrift gemäß einem Theorie/Praxis-Verhältnis, das, wenn möglich, nicht mehr zum Programm gehört! Es reicht nicht, es zu sprechen. Und jene umformende Umschrift des großen Programms, wenn sie möglich wäre, geschähe nicht in Büchern (ich komme hier nicht zurück auf das anderswo so oft über die allgemeine Schrift Gesagte), durch Lektüren oder Vorlesungen oder Vorträge über die Schriften Nietzsches, Hitlers und der Naziideologen vor dem Krieg oder von heute. Jenseits jeder (historischen, polit-ökonomischen, ideologischen) Regionalität geht es um Europa und nicht nur um es, um dieses Jahrhundert und nicht nur um es, eingeschlossen die «Gegenwart», in der wir bis zu einem gewissen Punkt leben und Stellung oder Partei nehmen.

Unterstellen Sie folgenden Einwand. Achtung, die Aussagen Nietzsches sind nicht dieselben wie die der Naziideologen, und das nicht nur, weil die einen ganz grob und bis zur Äfferei die anderen karikieren. Wenn man sich nicht mit dem Aufgreifen dieser oder jener kurzen Sequenz begnügt, sondern die ganze Syntax des Systems in der subtilen Feinheit seiner Artikulationen und die Paradoxien seiner Umkehrungen usw. rekonstruiert, wird man schon sehen, daß die als «selbig» geltende Aussage genau das Gegenteil besagt, dem Umgekehrten entspricht, der reaktiven Umkehrung eben dessen, was sie mimt. Zugegeben. Und doch ist diese Möglichkeit zur Verkehrung und mimetischen Perversion zu erklären. Verbietet man sich, aus der Unterscheidung von unbewußten und absichtlichen Programmen (wir haben uns darüber erklärt) ein absolutes Kriterium zu machen, berücksichtigt man beim Lesen eines Textes nicht nur das – bewußte oder unbewußte – Meinen, dann muß die pervertierende Vereinfachung das Gesetz ihrer Möglichkeit in der Struktur des «verbleibenden» Textes haben, worunter wir nicht mehr die bleibende Substanz der Bücher verstehen, von der man *Scripta manent* sagt. Selbst wenn das Meinen eines der Unterzeichner oder Aktionäre der großen und anonymen GmbH Nietzsche nichts bedeuten würde, kann es nicht völlig zufällig sein, daß der Diskurs, der in der Gesellschaft und nach bürgerlichen und verlegerischen Normen seinen Namen trägt, den Naziideologen zur legitimierenden Referenz gedient hat; gibt es nichts absolut Kontingentes in der Tatsache, daß die einzige Politik, die ihn *wirklich* wie ein höchstes und offizielles Banner geschwenkt hat, die Nazi-Politik war. Damit sage ich nicht, diese «nietzschesche» Politik sei die einzige je mögliche, auch nicht, daß sie der besten Lektüre des Erbes entspricht, und nicht einmal, daß die, die sich nicht darauf bezogen, ihn besser gelesen haben. Nein. Die Zukunft des Textes Nietzsche ist nicht abgeschlossen. Aber wenn in den noch offenen Umrissen einer Epoche die einzige nietzscheanisch genannte (sogenannte) Politik eine Nazi-Politik gewesen ist, ist das notwendig signifikant und muß in seiner ganzen Tragweite befragt werden.

Nicht daß wir wüßten oder zu wissen glaubten, was der Nazismus ist, und von daher «Nietzsche» und seine große Politik wiederzulesen hätten. Ich glaube nicht, daß wir den Nazismus schon zu denken wüßten. Diese Aufgabe bleibt vor uns und die politische Lektüre des nietzscheschen Körpers oder Korpus gehört dazu. Dasselbe würde ich sagen vom Korpus Heideggers oder Marx' oder Freuds und von so vielen anderen.

Kurzum: hat die große Politik Nietzsches in ihrer Glut nur lange hingehalten oder ist sie jenseits eines Erdbebens, von dem Nationalsozialismus und Faschismus nur Episoden gewesen wären, erst im Kommen?

Ich hatte eine Stelle in *Ecce homo* aufgespart. Sie gibt zu verstehen, daß wir den Namen Nietzsche erst lesen werden im Augenblick, wo die große Politik wirklich ins Spiel gekommen sein wird. In der Zwischenzeit, solange dieser Name noch nicht gelesen ist, bliebe jede Frage nach dem nietzscheschen oder nicht-nietzscheschen «Charakter» dieser oder jener politischen Sequenz vergebens. Der Name hat noch seine ganze Zukunft. Hier ist die Stelle:

«Ich kenne mein Los. Es wird sich einmal an meinen Namen die Erinnerung an etwas Ungeheures anknüpfen – an eine Krisis, wie es keine auf Erden gab, an die tiefste Gewissens-Kollision, an eine Entscheidung, heraufbeschworen *gegen* alles, was bis dahin geglaubt, gefordert, geheiligt worden war. Ich bin kein Mensch, ich bin Dynamit. – Und mit alledem ist nichts in mir von einem Religionsstifter – Religionen sind Pöbel-Affären, ich habe nötig, mir die Hände nach der Brührung mit religiösen Menschen zu waschen... Ich *will* keine «Gläubigen», ich denke, ich bin zu boshaft dazu, um an mich selbst zu glauben, ich rede niemals zu Massen... Ich habe eine erschreckende Angst davor, daß man mich eines Tages *heilig* spricht: man wird erraten, weshalb ich dies Buch *vorher* herausgebe, es soll verhüten, daß man Unfug mit mir treibt... Ich will kein Heiliger sein, lieber noch ein Hanswurst... Vielleicht bin ich ein Hanswurst ... Und trotzdem oder vielmehr *nicht* trotzdem – denn es gab nichts Verlogneres bisher als Heilige – redet aus mir die Wahrheit. – Aber meine Wahrheit ist furchtbar: denn man hieß bisher die *Lüge* Wahrheit. [...] Der Begriff Politik ist dann gänzlich in einen Geisterkrieg aufgegangen, alle Machtgebilde der alten Gesellschaft sind in die Luft gesprengt – sie ruhen allesamt auf der Lüge: es wird Kriege geben, wie es noch keine auf Erden gegeben hat. Erst von mir an gibt es auf Erden *große Politik*» (II 1152f.).

Wir haben, glaube ich, nicht zu entscheiden. Eine interpretatorische Entscheidung ist nicht zwischen zwei Meinungen, zwei politischen Gehalten zu fällen. Die Interpretationen werden keine hermeneutischen oder exegetischen Lektüren sein, sondern politische Eingriffe in die politische Umschrift des Textes und seiner Bestimmung/Adresse. So läuft es seit je. Und in stets einzigartiger Weise. Zum Beispiel seit dem sogenannten Ende der Philosophie und seit dem Text-Indikator, der «Hegel» heißt. Keinerlei Zufall hier, sondern ein Effekt der Adreßstruktur aller «nachhegelisch» genannten Texte: immer kann es einen rechten und einen linken Hegelianismus geben, einen rechten und einen linken Nietzscheanismus, einen rechten und einen linken Heideggerianismus und sogar (um es nicht zu vergessen) einen rechten und einen linken Marxismus, wobei der eine stets der andere, der Doppelgänger des anderen sein kann.

Gibt es «im» Nietzscheschen Korpus etwas, was uns die Doppelinterpretation und besagte Perversion des Textes zu verstehen hilft? Der fünfte Vortrag sagt uns, es müsse etwas «Unheimliches» in der «Unterdrückung» der am wenigsten entarteten Bedürfnisse geben (III 258). Warum «unheimlich»? Das ist eine andere Gestalt derselben Frage.

«Unheimlich» ist das Ohr: was es ist, doppelt; was es werden kann, lang oder klein; was es tun oder lassen kann (lassen, nicht wahr, weil es das offenste und preisgegebenste Organ ist, das der Säugling – Freud erinnert daran – nicht schließen kann), die Art, wie man sein Ohr leihen oder spitzen kann. Ich werde, um hier zum Ende zu kommen, so tun, als richtete ich mich ans Ohr, indem ich Ihnen, wie versprochen, noch etwas von der «akademischen Freiheit», der meinen und der Ihren, ins Ohr sage.

Wenn die Vorträge gegen die «akademische Freiheit», die Studenten und Lehrer in ihren Gedanken und Programmen frei läßt, die sprachliche Zucht zu empfehlen scheinen, dann nicht, um Zwang und Freiheit einander zu opponieren. Hinter der «akademischen Freiheit» zeichnet sich der Umriß eines Zwanges ab, der um so wilder und unversöhnlicher ist, als er sich als Tun-lassen verkleidet und dissimuliert. Durch besagte «akademische Freiheit» hindurch kontrolliert alles der Staat. Der Staat ist in diesem Prozeß der große Angeklagte und Hegel, der Denker des Staats, ein großer Eigenname dieses Schuldigen. In der Tat ist die Autonomie der Universität und ihrer Bewohner, der Studenten und Professoren, eine List des Staats, des «absolut vollendeten ethischen Organismus» (Hegel, von Nietzsche zitiert). Der Staat möchte gelehrige und bedingungslose Beamte an sich ziehen. Er tut das durch strikte Kontrollen und rigorose Zwänge, die sie sich in Auto-nomie selbst aufzuerlegen glauben. Von daher kann man jene Vorträge lesen als eine moderne Kritik an den Kulturapparaten des Staats und an jenem grundlegenden Staatsapparat, der noch gestern in der Industriegesellschaft der Schulapparat war. Daß er heute im Begriff ist, teils durch die Medien ersetzt und teils mit ihnen gekoppelt zu werden, macht die Kritik des Journalismus, die Nietzsche nie davon trennt, nur noch schneidender. Sicher übt er diese Kritik aus einem Gesichtspunkt, der die marxistische Analyse besagter Apparate und sogar ihr Organisationskonzept «Ideologie» als ein Entartungssymptom mehr, eine neue Unterwerfungsart unter den hegelschen Staat erscheinen lassen würde. Aber man müßte sich die Dinge näher ansehen – in Hinblick auf *die* marxistischen Begriffe von Staat, die Opposition Nietzsches zu Sozialismus und Demokratie («*la science* gehört zur Demokratie» sagt die *Götzen-Dämmerung* (II 991)), die Opposition Wissenschaft/Ideologie usw. Auf beiden Seiten näher ansehen. Wir werden die Entwicklung dieser Staatskritik bis zu den Nachlaßfragmenten und zum *Zarathustra* anderswo verfolgen.

(*Vom neuen Götzen:* «Staat? Was ist das? Wohlan! Jetzt tut mir die Ohren auf, denn jetzt sage ich euch mein Wort vom Tode der Völker.
Staat heißt das kälteste aller kalten Ungeheuer. Kalt lügt es auch; und diese Lüge kriecht aus seinem Munde: ‹Ich, der Staat, bin das Volk.›
Lüge ist's. [...]
Sprachverwirrung des Guten und Bösen: dieses Zeichen gebe ich euch als Zeichen des Predigern des Todes! [...] ‹Auf der Erde ist nichts Größeres als ich: der ordnende Finger bin ich Gottes› – also brüllt das Untier. Und nicht nur Langgeohrte und Kurzgeäugte sinken auf die Knie! [...]
Staat nenne ich's, wo alle Gifttrinker sind, Gute und Schlimme: Staat, wo alle sich selber verlieren, Gute und Schlimme; Staat, wo der langsame Selbstmord aller – ‹das Leben› heißt.» (II 313f.))

Der Staat hat nicht nur das Zeichen und väterliche Antlitz des Toten, er will auch als die Mutter gelten, anders gesagt als das Leben, das Volk, die Eingeweide selber der Dinge. In *Von großen Ereignissen* ist er ein Heuchelhund wie die Kirche, er will glauben machen, seine Stimme redete «aus dem Bauch der Dinge» (II 387). Der Heuchelhund spricht Ihnen ins Ohr durch seine Schulapparate, die akustische oder akroamatische Maschinen sind. Ihre Ohren wachsen, Sie werden Langohren, wenn Sie, statt mit kleinem Ohr dem besten Lehrer und besten Führer zuzuhören und zu gehorchen, sich frei und autonom dem Staat gemäß glauben, wenn Sie ihm die Ohrmuscheln auftun, ohne zu wissen, daß er schon von den reaktiven und entarteten Kräften kontrolliert und zur Vernunft gebracht wird (*arraisonné*). Sie werden ganz Ohr für diesen Hund von Phonographen und verwandeln sich in einen Highfidelity-Empfänger; Ihr Ohr, das das des anderen ist, nimmt an Ihrem Körper den unverhältnismäßigen Platz eines «umgekehrten Krüppels» ein.

Ist das unsere Szene? Geht es um dasselbe Ohr, das Sie mir leihen oder das ich selber sprechend leihe, ein Leihohr? Oder aber hören/verstehen wir uns schon mit einem anderen Ohr?

Das Ohr antwortet nicht.

Wer hört hier, wer? Wer hörte Nietzsche, als er im fünften Vortrag dem Philosophen seiner Fiktion eine Stimme lieh, um zum Beispiel diese Szene zu beschreiben?

«Erlaubt mir aber, diese eure Selbständigkeit einmal an dem Maßstabe eben dieser Bildung zu messen und eure Universität nur als Bildungsanstalt in Betracht zu ziehn. Wenn ein Ausländer unser Universitätswesen kennenlernen will, so fragt er zuerst mit Nachdruck: ‹Wie hängt bei euch der Student mit der Universität zusammen?› Wir antworten: ‹Durch das Ohr, als Hörer.› Der Ausländer erstaunt: ‹Nur durch das Ohr?› fragt er nochmals. ‹Nur durch das Ohr›, antworten wir nochmals. Der Student hört. Wenn er spricht, wenn er sieht, wenn er gesellig ist, wenn er Künste treibt, kurz, wenn er lebt, ist er selbständig, das heißt unabhängig von der Bildungsanstalt. Dies sind die Momente, in denen er an der Nabelschnur der Universität hängt.» (III 252)

Träumen Sie diesen Nabel, er hält Sie am Ohr, an einem Ohr aber, das Ihnen diktiert, was sie gerade gegenwärtig schreiben, wenn Sie das in der Weise tun, die da «Mitschreiben» heißt. Wirklich diktiert die Mutter, die böse oder falsche, diejenige, die der Lehrer als Staatsbeamter zu simulieren nicht umhinkann, eben das, was durch Ihre Ohren geht und der Nabelschnur bis in Ihre Stenographie hinein folgt. Sie verbindet Sie als Gängelband in Nabelform mit dem väterlichen Bauch des Staates. Ihre Feder ist die ihre, Sie haben ihren Fernschreiber in Händen wie jene *Bic*-Kugelschreiber, die in den Postämtern an Ketten hängen, und alle Bewegungen werden induziert vom Körper des Vaters her, der die *Alma mater* figuriert. Wie eine Nabelschnur mit jenem kalten Ungeheuer verbinden kann, das ein toter Vater oder der Staat ist – da liegt das «Unheimliche».

Auf folgendes muß man aufmerken: Der Omphalos, von dem Nietzsche Sie zu träumen zwingt, gleicht zumal einem Ohr und einem Mund, von ihnen hat er die invaginierten Falten und die eingerollte Art einer Köperöffnung; und seine Mitte birgt sich auf dem Grund einer unsichtbaren Höhlung, die bewegt und für alle Wellen empfänglich ist, ob sie von draußen kommen oder nicht, gesendet oder empfangen werden und immer auf der Bahn dunkler Windungen übermittelt. Der den Diskurs sendet, den Sie in dieser Situation fernschreiben, er produziert ihn nicht, er sendet ihn kaum, er liest ihn. Gleichwie Sie transkribierende Ohren sind, so ist der Lehrer ein lesender Mund und was Sie transkribieren ist im Grund das, was er entziffert an einem Text, der ihm vorausgeht und an dem er durch eine selbe Nabelschnur hängt. Das ist es, was passiert. Ich lese:

«Dies sind die Momente, in denen er an der Nabelschnur der Universität hängt. Er kann sich wählen, was er hören will, er braucht nicht zu glauben, was er hört, er kann das Ohr schließen, wenn er nicht hören mag. Dies ist die ‹akroamatische› Lehrmethode.» (III 252) Also die Abstraktion selber: das Ohr kann sich schließen, den Kontakt unterbrechen, weil der *Omphalos* eines abgetrennten Körpers mit einem dissoziierten Stück Vater verbindet. Und der Professor – was ist er, was tut er, was macht er? Sehen Sie, hören Sie:

«Der Lehrer aber spricht zu diesen hörenden Studenten. Was er sonst denkt und tut, ist durch eine ungeheure Kluft von der Wahrnehmung der Studenten geschieden. Häufig liest der Professor, während er spricht. Im allgemeinen will er möglichst viele solche Hörer haben, in der Not begnügt er sich mit wenigen, fast nie mit einem. Ein redender Mund und sehr viele Ohren, mit halbsoviel schreibenden Händen – das ist der äußerliche akademische Apparat, das ist die in Tätigkeit gesetzte Bildungsmaschine der Universität. Im übrigen ist der Inhaber dieses Mundes von den Besitzern der vielen Ohren getrennt und unabhängig: und diese doppelte Selbständigkeit preist man mit Hochgefühl als ‹akademische Freiheit›. Übrigens kann der eine – um diese Freiheit noch zu erhöhen – ungefähr reden, was er will, der andre ungefähr hören, was er will: nur daß hinter beiden Gruppen in bescheidener Entfernung der Staat mit einer gewissen gespannten Aufsehermiene steht, um von Zeit zu Zeit daran zu erinnern, daß er Zweck, Ziel und Inbegriff der sonderbaren Sprech- und Hörprozedur sei» (III 252f.).

Ende des Zitats. Ich las und Sie hörten eben ein Redefragment, das Nietzsche einem ironischen Philosophen leiht oder zitiert oder in den Mund legt («Der Philosoph lachte hierauf, doch nicht gerade gutmütig», bevor er die eben angeführte Rede hält). Dieser Philosoph ist alt, hat die Universität verlassen, ernst und enttäuscht. Er spricht nicht am Mittag, sondern Nach-Mittag, um Mitternacht. Und er hat gerade gegen die unvermutete Ankunft einer Bande oder eines «Schwarms» von Studenten protestiert. «Was haben Sie gegen die Studenten?» fragt man ihn. Erst antwortet er nicht und dann:

«Also selbst um Mitternacht, mein Freund, selbst auf dem einsamen Berge werden wir nicht allein sein, und du selbst bringst eine Schar studentischer Störenfriede zu mir herauf, der du doch weißt, daß ich diesem *genus omne* gern und behutsam aus dem Wege gehe. Ich verstehe dich darin nicht, mein ferner Freund: [...] hier, wo ich dich einst, in denkwürdiger Stunde, feierlich vereinsamt, antraf, wollten wir miteinander, gleichsam als Ritter einer neuen Feme, des ernstesten Rates pflegen. Mag uns dabei hören, wer uns versteht, aber warum bringst du einen Schwarm mit, der uns gewiß nicht versteht! Ich erkenne dich darin nicht, mein ferner Freund!» (III 249)

3. Omphalos

Die Versuchung ist groß, im Programm dieser Szene oder in den Partituren dieses Stücks jeden von uns wiederzuerkennen. Ich würde das noch besser zeigen, wenn es die akademische Zeit eines Vortrags mir nicht verböte. Ja, *jeden von uns* wiederzuerkennen in diesen Räumen und zwischen den Mauern einer Institution, deren baldigen Einsturz der alte Philosoph der Mitternacht verkündet («Aufgebaut auf dem tönernen Grunde der jetzigen Gymnasialkultur, auf zerbröckelndem Fundamente, steht ihr Fundament schief gerichtet und unsicher bei jedem Anhauche der Wirbelwinde» (III 254)).

Aber selbst wenn wir der Versuchung nachgäben, *jeden von uns* wiederzuerkennen, und so weit wir den Beweis auch vorantrieben, immer noch, auch nach einem Jahrhundert, wäre es *jeder von uns*, den wir wiedererkennten. Ich habe nicht *jede* gesagt. Denn so ist die tiefe Komplizenschaft, die die Protagonisten dieser Szene miteinander verbindet, so der Vertrag, der alles regelt bis hin zu ihren Konflikten: die Frau, wenn ich recht gelesen habe, erscheint nie. Weder um zu studieren noch um zu lehren, an keiner Stelle der Nabelschnur. Vielleicht die große «Verkrüppelte». Keine Frau – und ich möchte aus dieser Bemerkung nicht jenen Verführungsersatz machen, der heute zu jeder Vorlesung gehört; dieses vulgäre Vorgehen zählt zu dem, was ich «Gynemagogie» zu nennen vorschlage.

Keine Frau also, wenn ich recht gelesen habe. Außer der Mutter, versteht sich. Aber das gehört ins System, die Mutter ist die Figur ohne

Figur und Antlitz einer *Figurantin*. Sie gibt allen Figuren Raum, indem sie sich wie eine anonyme Gestalt im Hintergrund der Szene verliert. Alles – und das Leben zuerst – kommt zu ihr zurück, alles ist an sie gerichtet und für sie bestimmt. Sie überlebt unter der Bedingung, im Grund zu bleiben.

Übersetzung aus dem Französischen: Friedrich A. Kittler

ANMERKUNGEN

[1] Ein Spiel mit der französischen Homophonie der Präfixe *auto-* und *oto-* (das Ohr betreffend). Anm. d. Ü.

[2] Text eines 1976 an der Universität von Virginia gehaltenen Vortrags. Von der Präambel über die amerikanische Unabhängigkeitserklärung abgesehen, entspricht er wörtlich der zweiten Sitzung eines Seminars, das im Jahr zuvor unterm Titel *La vie la mort* an der Ecole normale supérieure stattfand.

[3] Nietzsche wird, so nicht anders angegeben, zitiert nach den *Werken in drei Bänden*, Hrsg. Karl Schlechta, München ¹1954–1956. Römische Ziffern bezeichnen den Band, arabische die Seite. Anm. d. Ü.

[4] François Jacob, *Die Logik des Lebenden. Zwischen Urzeugung und genetischem Code*, Frankfurt/M. 1972. Anm. d. Ü.

[5] *Legs* (Hinterlassenschaft) und *lait* (Milch) sind für französische Ohren homophon. Anm. d. Ü.

[6] Frz. *exergue*, «der meist am Unterrand einer Münze reservierte Platz für eine Inschrift oder ein Datum» (v. Wartburg, FEW, s. v. *érgon*) hat keine wörtliche Entsprechung im Deutschen und wird durch das Etymon als Kunstwort übersetzt. Anm. d. Ü.

[7] Im Französischen ein Spiel mit dem Wortsinn von *anni-versaire*. Anm. d. Ü.

[8] Eine Anspielung auf Antonin Artauds *Ci-gît*. Anm. d. Ü.

[9] Tod des Vaters, Erblindung, Fuß – man wird mich fragen, weshalb ich hier weder von Ödipus noch von Oidipous spreche. Es geschieht mit Absicht, es wurde für eine andere Lektüre in der folgenden Sitzung aufgespart. Sie befaßte sich geradewegs mit der Nietzscheschen *Thematik* des Ödipus und des Namens von Oidipous.

[10] Ein Beispiel unter so vielen anderen: «Wir wissen alle, einige wissen es sogar aus Erfahrung, was ein Langohr ist. Wohlan, ich wage zu behaupten, daß ich die kleinsten Ohren habe. Dies interessiert gar nicht wenig die Weiblein – es scheint mir, sie fühlen sich besser von mir verstanden? ... Ich bin der *Antiesel par excellence* und damit ein welthistorisches Ungeheuer – ich bin, auf griechisch und nicht nur auf griechisch, der *Antichrist* ... (II 1102)

[11] «Kotzen» sage ich mit Absicht. Kotzen lernen und so einen Geschmack und Abscheu ausbilden, seinen Mund und Gaumen zu gebrauchen wissen, die Zunge und die Lippen bewegen, gute Zähne oder einen harten Zahn haben, zu sprechen und (aber nicht

irgendwas) zu essen verstehen – dazu ruft Nietzsche immer wieder auf, um die Szene der Umwertung zu organisieren. Als Stilfrage müßte die Analyse des Wortes «Ekel» und all dessen, was sich in sie hineinstürzt, jetzt jenes Mann-gegen-Mann zwischen Nietzsche und Hegel wiederfinden in jenem Raum, den Werner Hamacher so bewundernswürdig zwischen Ekel und Hegel aufgetan hat (Pleroma, in G.W.F.Hegel, *Der Geist des Christentums*. Schriften 1796-1800, Hrsg. Werner Hamacher, Berlin 1978). In den Vorträgen über *Die Zukunft unserer Bildungsanstalten* regelt alles der Abscheu und vorab der vor der Demokratie, dem Journalismus, dem Staat und seiner Universität. Zum Beispiel, um beim lexikalischen Vorkommen von «Ekel» zu bleiben: «Erst durch eine solche Zucht bekommt der junge Mensch jenen physischen Ekel vor der so beliebten und so gepriesenen ‹Eleganz› des Stils unsrer Zeitungsfabrik-Arbeiter und Romanschreiber, vor der ‹gewählten Diktion› unserer Literaten, und ist mit einem Schlage und endgültig über eine ganze Reihe von recht komischen Fragen und Skrupeln hinausgehoben, zum Beispiel ob Auerbach oder Gutzkow wirklich Dichter sind: man kann sie einfach vor Ekel nicht mehr lesen, damit ist die Frage entschieden. Glaube niemand, daß es leicht ist, sein Gefühl bis zu jenem physischen Ekel auszubilden: aber hoffe auch niemand auf einem andern Wege zu einem ästhetischen Urteile zu kommen als auf dem dornigen Pfade der Sprache, und zwar nicht der sprachlichen Forschung, sondern der sprachlichen Selbstzucht.» (III 206)

Ohne das deutsche Wort «Signatur» hier zu mißbrauchen, würde man sagen, daß Nietzsches Ekel vor allem gegen die Signatur seiner Epoche geht, gegen das, wodurch sie sich signalisiert, bedeutet, charakterisiert, identifiziert, gegen die demokratische Signatur. Ihr setzt er eine andere, unzeitgemäße, noch achronische Signatur entgegen. Aus diesem Gesichtspunkt wird man den ersten Vortrag lesen, zum Beispiel den Abschnitt: «Das aber gehört zu der nichtswürdigen Signatur unserer gebildeten Gegenwart, man demokratisiert die Rechte des Genius, um der eignen Bildungsarbeit und Bildungsnot enthoben zu sein» (III 190).

[12] *Nietzsches Briefwechsel*, Kritische Gesamtausgabe, Hrsg. Giorgio Colli und Mazzino Montinari, Berlin-New York 1977ff., Bd. II/3, S. 39. Anm. d. Ü.
[13] A.a.O., S. 104.
[14] A.a.O., S. 127.

FRIEDRICH A. KITTLER
Fleurs de Lys

Für Gerhard Kaiser

Das Geschlechtsleben des erwachsenen Weibes sei ein *dark continent* für die Psychologie, schrieb einer, der es wissen wollte.[1] Aber womöglich verbaut die Psychologie selber die dunklen Erdteile, die sie heraufbeschwört. Seitdem zum Beispiel die deutschen Romane mit ihrer Bildung und Erziehung das Geschäft der Psychologen betreiben, ist statt von erwachsenen Frauen nur noch von Mutterfreuden und statt von erwachsenen Männern nur noch von Kinderleiden die Rede. Gottfried Kellers *Grüner Heinrich* verrät es: das eine am Schluß, das andere im Titel. Wer dunkle Erdteile liebt, muß beim Lesen Schritte beiseit machen und dort herumstöbern, wo der Roman nicht recht bei sich oder Heinrich ist. Und wer der Psychologie mißtraut, muß aufs schlichte Zählen und Erzählen zurückkommen. Was folgt, ist also weder Psychologie noch Psychoanalyse, sondern ein Abzählspiel an den Fingern einer Hand.
Beim Grünen Heinrich sind die Würfel gefallen. Die Frauen, die er liebt, der Heimkehrtraum, den er hat, die Landschaftsbilder, die er malt – alles sagt es: Von der Seite des Mannes her fungiert die Frau im Geschlechterbezug nur *quoad matrem,* nur als Mutter.[2]
Aber es gibt Spuren einer anderen Lust und d.h. einer Lust, die Bezug hätte auf das oder die Andere. Wie anders sie ist als Heinrichs Kinderträume, sagt schon die Kapitelüberschrift. Auf «fremde Liebeshändel» kommt die Autobiographie des Grünen Heinrich genau dann zu sprechen, wenn der Held in «Übergangsschatten» (V 150)[3] verloren ist, seine zaghaften Wünsche nach Frauen wieder «vergessen» hat (V 188) und malend nur noch auf den «Grillenfang» (seine versponnene Zeichnung der Großen Spinne Mutter) zutreibt. In diesem Augenblick der Romanhandlung, diesem Interregnum, wo das Szepter des Matriarchats für einige fünfzig Seiten sinkt, tritt an die Stelle von Heinrich Lee

ein Anderer, sein Anderer. Erzählt wird von Lys, einem «mysteriösen Niederländer» (V 157), dessen Name in holländischer Aussprache einfach die Mehrzahl von ‹Lee› ist.
Auch Lys malt. Sein verschlüsseltes Oeuvre, das er nur Freunden zeigt, umfaßt Gemälde und Zeichnungen. Die einen sind an den «großen Italienern» geschult (V 167), die anderen am «solidesten deutschen Stil» (V 168). Während Heinrich beim Malen in einem Farbenrausch schwelgt, den er – statt einfach Turner oder Delacroix zu werden – vor lauter Traditionalismus tief verachtet, und beim Zeichnen keine Linie zustandebringt, die ihm wahr wie die angebetete «Natur» hieße, ist Lys in beiden Parametern seiner Kunst ein Meister. Und wenn das Kind Heinrich seinem Farben- und Farbenmischrausch im Zimmer der Mutter verfallen ist (III 168f.) und seine zeichnerische Impotenz selbstanalytisch auf den Fehl eines erziehenden Vaters zurückgeführt hat (VI 3f.), liegt der Unterschied zwischen den zwei Malern auf der Hand: Anders als Lys, von dessen Eltern und Elternimagines nirgends die Rede ist, steuert den Helden auch im künstlerischen Wollen und Scheitern sein Ödipuskomplex. Was als Surrogat an die Stelle des Geschlechterbezugs tritt, ist ja immer die Liebe – zu Mutter und Vater zum Beispiel.
«An sie zu denken, das ist es nicht, was die sogenannten menschlichen Beziehungen lebbar macht».[4] Das beherzigt der Grüne Heinrich. Ihm wird, irgendwo zwischen Mutterliebe und Vater(lands)treue, eine Art sozialer Bindung zuteil. Nicht so dem Spötter Lys. Während Heinrich nichts glaubt und malt als die «Natur», zeichnet und malt Lys die sogenannten menschlichen Beziehungen selber. Was sie eben nicht lebbarer macht.
Die gesammelten Zeichnungen von Lys sind schlichtweg das «Schmetterlingsbuch» seiner verflossenen Liebschaften. Wie ein«Dekameron» (V 168f.) aus zehnmal zehn Geschichten verzeichnet das Album des Niederländers all seine Abenteuer «in Frascati, in Florenz, in Venedig», jede «Theresa» und jede «Marietta». Ganz im Gegensatz zu Heinrich, der bei Judith wie bei Anna immer nur das Eins universaler Verschmelzung sucht, zählt Lys; er zählt *mille e tre* wie Leporello oder *une par une* wie Lacan.[5] Das setzt voraus, daß es Das Eine und Die Frau nicht gibt, sondern nur schöne Namen in schönen Städten, also Erzählungen. Lys' Album archiviert «Geschichten» der Liebe vom ersten Blick über den Triumph bis zum bitteren Ende, das mit«Gezänkszenen, Abenteuern der einseitigen oder gegenseitigen Untreue», «jäher Verstoßung» oder

«komischer Gleichgültigkeit beider Teile» kommt. So sind die Zeichnungen Analysen des Geschlechterbezugs und Selbstbildnisse zugleich: sie alle zeigen Frauen «im Verhältnis zum Helden, immer Lys selbst» (V 168f.).

Ein solches Skizzenbuch, als ironisches und bitteres Archiv unwiederbringlicher Glücke, ist das genaue Gegenstück zum entwicklungspsychologischen Archiv, das auf dem Grafenschloß die Fortschritte des Landschaftsmalers Heinrich dokumentiert (VI 178). Ein Begehren, im Unterschied zu einem Individuum, wird nicht reifer oder genitaler oder humaner; sein Archiv und seine ewige Wiederkehr sind eins.

Der Zeichner Lys liebt «Geschichten», der Maler Lys die Geschichte. Neben seinem Schmetterlingsbuch verwahrt und verschließt seine Wohnung drei Gemälde, die alle die Frage nach dem Geschlechterbezug in historische Kostüme kleiden. Das erste Bild, vor das Lys den Grünen Heinrich führt, zeigt den weisen König Salomo und die Königin von Saba, wie sie «allein und einsam sich gegenüber sitzen und, die glühenden Augen eins auf das andere geheftet, in heißem, fast feindlichem Wortspiele sich das Rätsel ihres Wesens, der Weisheit und des Glückes herauslocken zu wollen scheinen» (V 161f.). Das zweite ist «als das von einem guten Künstler gemalte Bildnis gedacht», das den Prinzen Hamlet außerhalb des Trauerspiels, aber doch vom «Schicksal der Zukunft» schon «verschleiert» zeigt (V 162) – jenem Schleier, den bei Shakespeare auch eine Ophelia nicht heben kann. Denn anders als im Morgenland, das Männer und Frauen, Könige und Königinnen konjugiert, wird der Geschlechterbezug von unserer Kultur im Singular eines Individuums dekliniert.

Und doch haben historisches Thema Bibel im ersten Bild, historische Maltechnik Fürstenportrait im zweiten eine selbe Bewandtnis: Sie verschleiern *und* enthüllen den Maler. Lys, der auf seinen Zeichnungen ganz umstandslos «selbst» als «Held» figuriert, erscheint auf seinen Gemälden nurmehr drapiert: «Der schöne König Salomo» ist «in seinen Gesichtszügen ein verschönter und idealisierter Lys»; das Hamlet-Portrait «erinnert ebenfalls an den Maler selbst, aber mit so großer Kunst verhüllt, daß man nicht wußte, woran es lag» (ebd.). Die Historie, um nicht zu sagen: der Historismus, ist also Taktik. Um einer Frau die Frage nach dem Rätsel ihres Wesens und des Glückes zu stellen, scheint es ratsam und weise, maskiert ins Treffen zu gehen. Wenn ihre Antwort Liebe heißt, kann man seine Maske vielleicht vergessen und/oder fallenlassen; wenn nicht, schützt die Maske vor anderen Antworten. Der von den Schatten des Todes verschleierte Hamlet, der seinerseits nur ein verschleiertes Selbstbildnis des Malers ist, erinnert jedenfalls daran, daß das Orakel um so letaler trifft, je inständiger einer es fragt.

Auch das Gemälde der Spötterbank, das dritte und letzte in Lys' Privatgalerie, wirft der Frage nach Männern und Frauen ein historisches Gewand über: «die Tracht des achtzehnten Jahrhunderts» (V 163). Was es von den anderen unterscheidet, ist etwas anderes: Das Subjekt der Frage, statt direkt oder verhüllt ins Bild zu treten, wird zur Frage. Lys' letztes Bild ist das einzige ohne Lys.

Auf dem Bild zu sehen sind stattdessen «vier oder fünf Männer», die den Bildbetrachter ansehen, und eine Frau, die ihm den Rücken kehrt. Die Männer – ein Neunzehnjähriger mit den Erfahrungen eines Greisen; ein Greis mit dem Mutwillen eines Neunzehnjährigen; ein Taugenichts und Hanswurst; ein Uniformierter; ein Abbé – sitzen (in dieser Reihenfolge) auf einer Steinbank in einem Halbkreis, dessen Mitte das junge Mädchen ist.

Vier von den fünf Männern gehen in Zweierpaare ein: Jüngling und Greis bilden eine binäre Opposition auf der Achse der Lebensalter, die von psychologischen Unterschieden noch einmal spiegelverkehrt wird; Uniformierter und Abbé bilden eine binäre Opposition auf der Achse der Stände, wie sie bis zum achtzehnten Jahrhundert weltliche und geistliche Berufe in bezug auf Macht trennte. So steht auf dem Bild je eine Dichotomie für die naturalen und für die kulturellen Determinanten von Männlichkeit.

Nur der Fünfte fällt heraus aus dem geordneten System, obwohl und weil er im Halbkreis der Männer die «Mitte» einnimmt (V 163). Das hat gute Gründe: Der «Taugenichts und Hanswurst» ist (als Taugenichts) Niemand und (als Hanswurst) Alle; er hat keinen Wert, weil er in seinen Maskeraden und Metamorphosen jeden beliebigen Wert annehmen kann. So steht der Fünfte in Opposition zu den binären Oppisitionen selber; seine Gegenwart führt die Attribute bestimmter Männlichkeiten auf das zurück, was sie sind: Masken, Embleme, Zeichen. Der Fünfte überspielt die signifikanten Unterscheidungen, denen die anderen Vier schlicht unterstehen, im Maß sie ihre Bedeutung und Macht zu Lehen der Zeichen haben. Hanswurst – seine in so vielen Sprachen obszönen Etymologien sagen es – fungiert als der Phallus: als jener einzige Signifikant, der kein Signifikat, keine Bedeutung hat, aber ohne den alle anderen nichts bedeuten würden.[6] Kein

Zeichensystem kommt ohne ihn aus, wenn anders «das Zeichen eines Zeichens darin zu sehen ist, daß ein beliebiges Zeichen ebensogut die Funktion eines jeden anderen übernehmen kann, und zwar genaugenommen deshalb, weil es ihm substituiert werden kann.»[7] Genau dieses Zeichen des Zeichens ist beim Kartenspiel der Joker, der nach Herzenslust als König, als Dame, als Sieben sticht und die Könige und Damen dieser Erde daran gemahnt, daß sie alle aus Karton sind. Deshalb fällt Hanswurst heraus nicht nur aus dem beschriebenen Bild, sondern auch aus der Bildbeschreibung selber. Die Sprecherinstanz des Romans kommt ins Schleudern. «Vier bis fünf Männer» auf dem Bild zählt der Grüne Heinrich, unsere einzige Quelle für das imaginäre Museum seines Freundes, als mache Hanswurst den Betrachter unsicher, ob er mitgezählt werden soll oder nicht.[8] Es sind natürlich fünf; aber das Rätsel seiner Mitzählbarkeit ist (allen Philosophen zum Trotz) die einzig mögliche Definition des Subjekts. Wenn auf Lys' anderen Bildern und Zeichnungen der Maler selbst, direkt oder verhüllt, im Gemalten erscheint, so macht es die Einzigartigkeit seines letzten Gemäldes aus, an die Stelle des (empirischen oder psychologischen) Individuums das (spieltheoretische) Subjekt zu setzen. Das Subjekt in seinem Bezug zum Begehren und das heißt zum unmöglichen Bezug der Geschlechter.

Wie um es zu unterstreichen, ist schon die Erstfassung des *Grünen Heinrich* über das Zählproblem Subjekt oder Geschlecht gestolpert. Der Unsicherheit der Zweitfassung, ob auf einem Lys-Gemälde «vier oder fünf Männer» zu sehen sind, entspricht dort die Unsicherheit, ob Lys überhaupt «drei oder vier Gemälde» (XVIII 126) in seinen Räumen verwahrt. Es sind, im Unterschied zur Zweitfassung, vier: außer den Gemälden von Salomo und der Königin, von Hamlet, von der Spötterbank noch das Gemälde einer nackten Königin. Ersichtlich aber weiß der zählende Erzähler Heinrich nicht, ob jene badende nackte Königin (XVIII 127), dasjenige Bild also, das später zugleich mit der badenden nackten Judith der Zensur verfiel, mit dem Königssohn Hamlet zusammengehört oder nicht. Man kann den Grünen Heinrich seinen Abzählproblemen überlassen und nur festhalten, daß die Erstfassung mit ihren vier statt drei Gemälden dem einzigen Bild der Zweitfassung, das ohne Geschlechterbezug scheint, ein Komplement zugestellt hat: Zwischen dem mann-weiblichen Paar Salomo/Königin von Saba und der Konstellation n + 1 Männer/1 Frau stehen die Portraits eines Mannes und einer Frau, deren Bezug unmöglich und rätselhaft bleibt.

Wie zu erwarten, werden solche Räsel in Kindermündern laut. Die Mitzählbarkeit des Subjekts ist unlösbar schon für die Finger einer Hand. Nach der Zahl seiner Geschwister gefragt, antwortete ein kleiner Junge: «J'ai trois frères, Jacques, Marc-François et moi».[9] Ein solcher Satz ist beste doppelte Buchführung: Im Unterschied zu den namhaften Geschwistern wird ‹ich› zweimal eingetragen, einmal aufseiten des Gezählten («moi») und das anderemal aufseiten des Zählens («je»). Seien mithin die vier männlichen Figuren, die das Bild von der Spötterbank mit ihren Signifikanten paradieren läßt, in ihrem Halbkreis eine «signifikante Batterie», so gilt allgemein:

«Soll die Quadratur dieses Kreises möglich werden, ist nur die Vollständigkeit der in A installierten signifikanten Batterie erforderlich, die von da an den Ort des Anderen symbolisiert. Daran sieht man, daß dieser Andere nichts anderes ist als das reine Subjekt der modernen Spieltheorie und als solches voll und ganz vom Konjekturkalkül erfaßbar, vorausgesetzt daß das reale Subjekt, um seine Angelegenheiten zu regeln, keiner wie man gewöhnlich sagt: subjektiven, d.h. psychologischen Abirrung Rechnung tragen muß und dafür allein einer Kombinatorik folgt, deren Ausschöpfung möglich ist.
Gleichwohl ist diese Quadratur unmöglich, jedoch allein aus dem Grund, daß das Subjekt, um sich konstituieren zu können, sich von ihr abziehen und an ihre Vollständigkeit entscheidend rühren muß, muß es doch gleichzeitig sich einerseits dazu rechnen und andererseits als Mangel fungieren.»[10]

Die Batterie der Signifikanten kann exhauriert werden oder (zu deutsch) der Ausgang des Kartenspiels um Liebe und Tod ist errechenbar – nur nicht von dem Ort aus, den ein reales Subjekt einnimmt im System, das es dekomplettiert. Das Subjekt ist Abfall. Statt alle seine möglichen Spielzüge und Kampftaktiken übersehen zu können, die die Signifikanten der Anderen doch so nahelegen, hat es keine Wahl als: spielen und kämpfen. Daß sie das nicht humanistisch verschleiern, ist die «Ruchlosigkeit» dieser Bilder und ihres Malers. Dem Grünen Heinrich geht sie beim Blick auf Lys' Zeichnungen auf: «Es war etwas von jenem schrecklichen Prinzipe, das die beiden Geschlechter als zwei sich feindlich entgegenstehende Naturgewalten betrachtet, wo es heißt, Hammer oder Amboß sein, vernichten oder vernichtet werden, oder, einfacher gesagt, wer sich nicht wehrt, den fressen die Wölfe.» (V 170).
Jenes «schreckliche Prinzip», das Heinrich vor lauter Mutterliebe am liebsten im Orkus der Geistesgeschichte und Weltanschauungen versenkt sähe, setzt Lys in Szene. Dem Hanswurst, der einzigen Männerfigur ohne Korrelat auf der Steinbank, korreliert etwas anderes: ihm gegenüber auf dem Bild erscheint oder vielmehr erscheint nicht – das

andere Geschlecht. Im Hintergrund Hanswurst, die Figur mit allen Gesichtern, im Vordergrund das junge Mädchen, «üppig gewachsen» (V 165) und in den Farben von Begehren und Tod, aber für den Bildbetrachter eine Rückenansicht ohne Gesicht. Dort Hanswurst, der, um seinen Hohn zu«verhehlen» oder umgekehrt «noch beleidigender zu machen», eine Rose vor seinen Spöttermund hält – und vielleicht maskiert eine Rose schöner als Salomos und Hamlets Fürstenkostüme den Maler –, hier der unsichtbare Mädchenmund, Sekt trinkend aus einem hingehaltenen Glas. So führt eine Linie, die senkrecht zur Bildfläche steht, von einem Mund zum anderen, von einer Quelle zu einem Ziel, von einer Öffnung, die sich schließt, zu einer Verschlossenheit, die sich öffnet. Das Bild ist ausgespannt zwischen nichtigem Subjekt und dunklem Objekt des Begehrens.
Das Begehren ist die Tiefe – technisch geredet: die Perspektive – des Bildes.
Die Linie Hanswurst-Mädchen durchkreuzt damit die binären Oppositionen, die das Bild in seiner Breite gliedern. Das macht: der Geschlechterunterschied ist weder von Natur wie die Lebensalter-Achse noch auch von Kultur wie die Achse der Stände. Das «schreckliche Prinzip», das nur die Alternative «Hammer oder Amboß» läßt, geht dem Grünen Heinrich zum Trotz nicht eineindeutig auf Biologisches zurück und führt zu keiner eindeutigen Normierung. Und das nicht etwa, weil Psychologie ins Spiel käme. Psychologisch bleibt es, wenn der Neunzehnjährige die Erfahrungen eines Greisen und der Greis den Mutwillen eines Neunzehnjährigen haben. Der Geschlechterbezug aber spielt nicht zwischen Seeleninnerem und Gesichtsausdruck; er spielt zwischen einem Gesicht, das alle Gesichter spielen kann, und einem unsichtbaren Gesicht.
Das Bild gibt zu sehen, daß es den Geschlechterbezug nicht zu sehen gibt. Der Betrachter sieht, daß Hanswurst nicht das Mädchen ansieht, sondern ihn, den Betrachter; ob das Mädchen Hanswurst ansieht, sieht er nicht – ein Grund, über es zu schreiben. Das einzige, was der Bildbetrachter wirklich sieht, ist, daß es «einige geben kann, die» wie Lys «von der Ausbeutung ihres Begehrens leben» – Lacans Definition des Künstlers.[11] Deshalb ist das Gemälde von der Spötterbank, zu Geld gemacht oder nicht, ein idealer «Ausschuß von Sachverständigen» (V 165), der über den Wert von Malern und Bildern befindet. Geld, «der annihilierendste Signifikant, den es gibt»[12], ist genauso geeignet wie die Liebe, den Geschlechterbezug zu ersetzen.

Wer aber Sachverstand Sachverstand sein läßt und d.h. die Unsichtbarkeit des Mädchengesichts nicht den sachverständigen Männern zuliebe übersieht, dem antwortet das Bild in einer Umkehrung seines Titels mit der Drohung «Weh dem, der vor der Bank der Spötter steht!» (V 164) In den vier Typen sind ja die erotischen Wahlmöglichkeiten oder Alternativen eines zufälligerweise männlichen Subjekts schon eingeschrieben und im Nicht-Typ Hanswurst ist es sogar ihrer aller Suspension: die reine schwebende Möglichkeit. Die signifikante Batterie bildet nicht (wie im Theorem) einen Kreis, sondern nur einen Halbkreis, dessen Ergänzung die erwarteten oder supponierten Bildbetrachter abgeben. So wird das Bild zur Augenfalle; es fasziniert und droht mit der Möglichkeit, daß eine Exhaustion der subjektiven Möglichkeiten auch des Betrachters stattfinden kann. Wenn die Spötter auf der Steinbank – wie der im Bildtitel zitierte erste Psalm weiß – die Gottlosen sind, wenn also kein Schöpfer in seiner Einzigartigkeit die Einzigartigkeit auch der Individuen verbürgt, kommen die Malerei um ihre Harmlosigkeit und der Betrachter um sein interesseloses Wohlgefallen. Die Identifikationsmöglichkeiten von Männern, wie Lys das ihnen und sich antut, zum Katalog zusammenstellen heißt die Möglichkeit selber von Ich-Identität tilgen. Die Betrachter müssen sich vom Bild erblickt und von den Blicken annihiliert glauben. Sie werden in dieser Iteration des Rätsels Subjekte im Wortsinn: dem Bild unterworfen. Den Beweis dafür liefert die Erstfassung des Romans, wo Heinrich rätselt, ob er weiter die Blicke der Spötter ertragen, also sich vom Bild subtrahieren soll oder ob er durch Identifikation mit einem der gemalten Typen, um nur diesem Spott zu entkommen, selber ins Gemalte eingehen, also sich zum Bild addieren soll: «Der Beschauer, der nicht ganz seiner bewußt war, befand sich so übel unter diesen Blicken, daß man eher versucht war auszurufen: Weh dem, der dasteht vor der Bank der Spötter! und sich gern in das Bild hinein geflüchtet hätte» (XVIII 129f.). Vom Ort des Anderen her ist die Exhaustion einer Signifikantenbatterie so leicht und so bedrohlich, wie sie an der Stelle des Subjekts unmöglich bleibt.

Lys' letztes Bild überbietet in einem den Biographismus seiner Zeichnungen und den Historismus der anderen Gemälde. Lebensgeschichte und Weltgeschichte, diese zwei Phantasmen, effektuiert ja eben der Signifikant, den die Psalmen angerufen haben und den das Bild der Gottlosen tilgt. Nicht daß Lys als Person dem Grünen Heinrich mit atheistischen Argumenten zusetzt (V 276), die dieser ein paar Jahre später genausogut wird hersagen können, macht seinen Auftritt im Roman zur Zäsur, sondern daß in Lys aller Historismus der «zu Gott unmittelbaren Epochen» oder Autobiographien explodiert. Lys, im Roman so ortlos wie Hanswurst im Gemälde, sprengt die Ordnung von Bildung und Liebe, die seit der klassisch-romantischen Literatur die Abenteuer der Reden und Körper einschloß. Seine Figur ist der historische Index, daß hinterm Rücken des Romanhelden andere Zeiten begonnen haben. Deshalb schlägt der Malerweg von Salomo und Hamlet, diesen monumentalischen Beschwörungen vergangener Fürstengröße, zum Karneval des Begehrens auf der Spötterbank genau die Bahnen ein, die den Keller-Bewunderer Nietzsche über seine zweite *Unzeitgemäße Betrachtung* hinausführen werden:

«Dem Europäer, der ein anonymer Mischmensch ist und der nicht weiß, wer er ist und welchen Namen er zu tragen hat, bietet der Historiker Ersatzidentitäten an, welche anscheinend individueller und wirklicher sind als seine eigene. Aber [...] der gute Historiker, der Genealoge, weiß, was er von dieser Maskerade zu halten hat. Nicht, daß er sie zurückweist, weil sie ihm zu wenig ernst ist; vielmehr möchte er sie bis zum Äußersten treiben: er möchte einen großen Karneval der Zeit veranstalten, in dem die Masken unaufhörlich wiederkehren. Anstatt unsere blasse Identität mit den starken Identitäten der Vergangenheit zu identifizieren, geht es darum, uns in so vielen wiedererstandenen Individualitäten zu entwirklichen. Indem wir diese Masken aufgreifen – etwa die von Friedrich von Hohenstaufen, Cäsar, Jesus, Dionysos, Zarathustra –, indem wir das Possenspiel der Geschichte von neuem beginnen, nehmen wir in unsere Unwirklichkeit die noch unwirklichere Identität Gottes hinein. ‹Vielleicht, daß wir hier gerade das Reich unserer *Erfindung* noch entdecken, jenes Reich, wo auch wir noch original sein können, etwa als Parodisten der Weltgeschichte oder Hanswürste Gottes› (*Jenseits von Gut und Böse*, § 223). Darin erkennt man die Parodie dessen, was die zweite *Unzeitgemäße Betrachtung* die ‹monumentalische Historie› genannt hat: die Historie, deren Aufgabe es war, die großen Gipfel des Werdens in einer immerwährenden Gegenwart festzuhalten, die Werke und die Taten in ihrer intimen Handschrift zu bewahren. Während Nietzsche 1874 dieser ganz der Verehrung gewidmeten Historie vorwarf, den Energien des gegenwärtigen Lebens den Weg zu versperren, geht es ihm später darum, sie zu parodieren, um zu enthüllen, daß sie nur Parodie ist.»[13]

Der Historismus als Exzeß seiner selbst ... Nietzsche schreibt noch schnell an Jakob Burckhardt, sein historisches Idol, daß er, Nietzsche, alle Verbrecher-Berühmtheiten des laufenden Jahres 1889 (Prado, Lesseps, Chambige) und «jeder Name in der Geschichte» ist[14], um tags darauf einen Droschkengaul zu umarmen. Lys behängt seinen Körper mit allen Requisiten, die er zum Malen der Fürstenbilder gebraucht hat, um einen Tag zu spät – der Karneval ist eben vorüber – eine Bierbrauerswitwe zu umwerben. Drapiert mit den Signifikanten des weisen Königs Salomo von Jerusalem, spielt Lys den «König von Babylon oder Ninive» (V 241) – ein Potpourri aller orientalischen Despoten mit der unbestreitbaren Wahrheit, daß gerade die Despoten uns die Exzedierung des Begehrens beschert haben[15], und mit dem unbestreitbaren Nachteil, daß unter deutschen Winterhimmeln eine solche «Kleidung» zumindest den anderen «Torheit» heißt (ebd.). So ist aus der Weisheit eines Königs, wie zum halben Beweis Lichtenbergs, das Begehren eines Narren geworden:

«Ein Narr, der sich einbildet, ein Fürst zu sein, ist von dem Fürsten der es in der Tat ist durch nichts unterschieden, als daß jener ein negativer Fürst und dieser ein negativer Narr ist, ohne Zeichen betrachtet sind sie gleich.»[16]

Der Karnevalsnarr- und fürst Lys[17] müßte es eigentlich genauer wissen als Lichtenberg: Auch die Vorzeichen noch sind, in der Mathematik so gut wie in jener Komödie, die nicht göttlich und nicht menschlich ist, Konventionen. Der «Taugenichts und Hanswurst» auf seinem Spötterbankbild steht dafür ein. Aber alles Wissen zerstiebt, sobald Lys in die Lage seines Hanswurst gerät und d.h. sobald ihm gegenüber eine Frau auftaucht.

Lys hat in den Monaten vor Fasnacht ein Mädchen namens Agnes umworben oder (genauer) die Mutter des Mädchens hat um sein Werben geworben. Die letzte Zeichnung im «Schmetterlingsbuch» zeigt, «mit dem Silberstifte leicht genug angedeutet», Agnes – ein Gesicht, in dem «außer zwei unschuldigen großen Sternenaugen fast kein Inhalt» ist. Nicht also, weil Agnes dunkles Objekt des Begehrens wäre, sondern weil sie von «elementarischer Unschuld» ist, erscheint ihr Gesicht, als erschiene es nicht. Das «Haupt», das «beinahe zu schwanken schien wie ein Nelke auf ihrem Stengel» und Agnes mithin zur «Blume» macht (V 170f.), läßt sich zeichnen, sprich: der Anthologie oder eben Blumenlese des Malers Lys einverleiben.

Beim Karneval figuriert Agnes als Diana, Göttin der Keuschheit und Jagd; Lys, wie um den unmöglichen Geschlechterbezug in eine beherrschbare binäre Opposition zu übersetzen, wählt die Maske Nimrods, des großen Königs und Jägers von Babylon (V 242). Aber beim selben Fest erscheint in Rosalie, der jungen Brauerswitwe und Braut von Lys' Malerfreund Erikson, eine Göttin der Liebe. «Rosalie-Venus» (V 212) opponiert der Agnes-Diana, wie die Farbigkeit und Körperlichkeit eines Gemäldes (vgl. V 211f.) der Flächigkeit jener Agnes-Zeichnung opponiert. Damit wiederholt Rosalie mit dem Namen blühender Exzesse das «üppig gewachsene junge Mädchen» auf dem

Gemälde mit seiner «altrömischen Tracht», seinem Farbenspiel von schwarzen Locken, roter Korallenkette und blaßrotem Seidenschuh (V 165). Eine Identität, die von keiner Kenntnis Rosalies zur Arbeitszeit am Spötterbankbild getragen wurde, sondern ganz einfach in den Signifikanten spielt: «*Ven*etianisch» heißt das Champagnerglas, das das gemalte Mädchen trinkt (V 163), «*Ven*us» die Maske, die einen «König von Nini*ve*» zum Narren hält.
Auf Venus aber – das ist der ganze Unterschied zu Diana – macht man keine Nimrodsjagden. Wenn die mit dem Silberstift gezeichnete Agnes-Diana über die Listen des Schattens, der Wälder und ihres Schimmerns verfügt – Listen, auf die der Jäger sein Auge trainiert hat –, so kämpft Venus mit den Waffen des hellen Mittags und seines Blendens.[18] Dagegen ist das Jägerauge machtlos.[19]
So gerät Lys, dieser «festschwärmende Nachzügler» eines gerade abgeschlossenen Karnevals (V 233), exakt in die Lage seines gemalten Hanswurst. Das Bild holt endlich seinen Maler ein. Nicht, wie Lys über die gemalte Spötterbank meinte, um «arme Sünder» ihrer Unmoral zu überführen (V 165), sondern im Gegenteil, um sein eigenes Begehren bis ins Absurde zu treiben. Es verschlägt nichts, den Geschlechterbezug malend analysiert zu haben; das Archiv des Begehrens und seine ewige Wiederkehr sind eins.
Alle andere Männer, auch der Grüne Heinrich (wenn sein Vaterrock in Mutterfarbe nicht eine permanente Maskerade heißen soll), haben ihre Masken wieder abgetan und sind längst zurückgekehrt unter die Zeichen, die ihnen wie den vier Männern auf der Steinbank eine sogenannte Ich-Identität gewähren. Lys dagegen paradiert weiter in seiner Narren- und/oder Königstracht mit dem ironischen Erfolg, daß Agnes, das verschmähte Opferlamm seines Begehrens, dem «verführerischen Sinn» der Maskerade verfällt (V 242) und Rosalie, sein dunkles Objekt, «sich unangenehm betroffen findet» (V 253). Darum verschlägt es wenig, daß Lys aus dem Register der Bilder in das der Wörter überwechselt und Rosalie eine lange Rede über Venus und «die unerbittliche Pflicht und das unveräußerliche Recht» hält, sie «zu erringen» (V 252). Solches Beamtendeutsch aus Königs- oder Narrenmund ist nicht dazu angetan, ein Begehren zu normativieren, das Lys selber sein «Irrsal» nennt (ebd.). Rosalie bleibt kühl und vertröstet ihn auf eine spätere «Seelenfreundschaft» unter der Bedingung oder Zeitangabe, erst einmal «genugsam Kinder geboren» zu haben (V 254). Das ist dem Begehren auch eine Antwort. Sie lautet, in eine der Sprachen unseres

Jahrhunderts übersetzt: Frauen können auf die Wunde ihres Begehrens die Pflastersorte kleben, die geliebte Kinder sind.
Und solange es Männer wie den Grünen Heinrich gibt, die Frauen nur *quoad matrem* begehren, sind diesem Spiel die Fortsetzungen genugsam sicher.
Lys aber im Exzeß seines anderen Begehrens erstarrt zum Fragezeichen jener Frage, die später Freud ausdrücklich stellte und «trotz dreißig Jahre langem Forschen in der weiblichen Seele» ausdrücklich offenließ: «Was will das Weib?»[20] Es ist die Frage seines Salomo, wie er der Königin von Saba in die Augen starrt; die Frage seines Hanswurst gegenüber der Präfiguration Rosalies; die Frage in seinem «schrecklichen» Theorem, das sie mit «Vernichten» beantwortet; die Frage schließlich, mit der auch Nietzsche in jedem Wortsinn schließt. So gleichzeitig schlagen der Psychologie-Literatur die Stundengläser, so weit reicht die Parallele zu Lys. Denn *Ecce Homo,* dieses Buch zur Beendigung aller Bücher, nennt seinen Schreiber einfach einen «Hanswurst» und die Frauen «liebenswürdige Mänaden», die zerreißen, wenn sie lieben.[21]
«Was will das Weib?» – Niemand beantwortet Lys' Frage nach dem anderen Begehren der Anderen, es sei denn der nun wahrlich Grüne Heinrich, wenn er tags darauf vor Lys als Deputierter der Frauenehre auftritt. Die milde Beirrung dieses «Tugendhelden» (V 274), nachdem der untreue Lys ihm die psychologisch-erotische Behandlung der Rosalie zuliebe verlassenen Agnes anvertraute und dieses Opferlamm an Heinrichs Schulter heiße Tränen vergoß, die milde Beirrung ist spätestens dann überstanden, wenn Heinrich die Forderung ausspricht, ein Mann habe «seinen Neigungen einen festen Halt zu geben» (V 273). Woraufhin Lys, als sei er wirklich der Doppelgänger des Helden und könne dessen Schwanken zwischen einer blassen Jungfrau (Anna oder Agnes) und einer jungen Witwe (Judith oder Rosalie) diagnostizieren, dem Grünen Heinrich die Wahrheit seines Begehrens auf den Kopf zusagt. Nichts ist es mit dem festen Halt, beim Doppelgänger sowenig wie beim Helden. «Und doch», fährt Heinrich wie jeder gute Autobiograph fort, «wollte ich mich nicht mit [Lys] vergleichen lassen» (V 275).
Solcher Trotz kann nur zum Duell führen. Duellanten sind ja Männer, darin schlechthin vergleichbar, daß sie nicht vergleichbar sein wollen. Vor dem Bild der Spötterbank wird «das Narrengefecht», wie die Kapitelüberschrift lautet, eines grauen Morgens ausgetragen: Karne-

valsende ... Der eine Narr träumt hinterher, «er hätte den Freund totgestochen, blutete aber statt seiner selber und werde von seiner weinenden Mutter verbunden» (V 283). An diesem Traum und spätestens bei dieser Mutter, die ihre narzißtische Wunde pflastert, erkennt man den Romanhelden wieder: Wie um das Theorem vom Spiegelstadium zu beweisen, träumt Heinrich eine transitivistische Rivalität – der eine Bruder, der den anderen ermordet, blutet an dessen Statt[22] – im Schatten einer Allmacht, deren Tränen und Begierden die Identifikation des Ich mit seinem Spiegelbild gesteuert haben. Die fünfzig Seiten ohne matriarchales Szepter sind also vorbei.

Der andere Narr aber nimmt beim Anblick des Narren, der von der Leinwand her spöttisch und eine Rose vorm Mund auf die Duellanten blickt, seine «Herausforderung zurück». Er ist «der Nichtigkeit unseres Tuns durch den Anblick zuerst inne geworden» (V 282) und kehrt nun aus seinem Identifiziertsein mit der Identifikation des Grünen Heinrich zurück in jene «Nichtigkeit», die der Platz des Subjekts ist. Der Spiegel zerspringt, das Doppelgängermotiv ist ein Phantasma des Helden gewesen. «Lys war fort und verloren, wahrscheinlich auch für die Kunst» (V 298).

Wenn Künstlersein, wie der Grüne Heinrich das träumt, einfach hieße, Vater und Mutter, Zeichnen und Malen, Lineament der Sozialordnung und Kolorit der Gefühle zu versöhnen, könnte er werden, worauf er mit einiger Einsicht verzichtet: ein großer Maler. Aber die Figura homonymica des versöhnenden Sohns ist ein Phantasma; Lys, Heinrich Lees nachgerade homonymer Bruder, macht das klar. Er allein ist der große Maler im Roman, nicht weil er seine Elternimagines versöhnen müßte und könnte, sondern weil er malt, was «nicht aufhört, sich nicht zu schreiben: den Bezug der Geschlechter».[23] Und er ist der letzte Maler im Roman, weil er aufhört, nachdem ihm die Augen über seine Augen aufgegangen sind. Dem Freund Erikson, Rosalies künftigem Mann, läßt Lys ausrichten, «er werde nie mehr malen, weil man die Augen dazu brauche» (V 305). Er hört also auf, nicht weil er wie Heinrich nicht malen kann, sondern weil er es leid ist, von der Ausbeutung seines Begehrens auch noch leben zu können. Eine Venus hat der Frauen-Blütenlese, in der sie nicht erscheint, ein Ende gemacht. Lys «will» stattdessen «als Kandidat für die Deputiertenkammer seines Landes auftreten». Das ist natürlich, Erikson sagt es und Derrida wird es beweisen[24], nur «eine andere Torheit» (V 305f.). Aber Deputierte, das sagt ihr Titel, wissen wenigstens, in wessen Namen sie zu reden haben. Sie treten ja genau an den Plätz, den in den alteuropäischen Parlamenten oder eben Sprechmaschinen der erste und der zweite Stand, die Uniformierten und die Abbés einnahmen. Wenn der Maler Lys verschwindet, sind auf dem Bild der «vier oder fünf Männer» nur noch vier. Und eines garantiert die Macht, der Deputierte dienen und nachsprechen, mit Sicherheit: Nie mehr brauchen sie die Frage auszuhalten, «was das Weib will».

ANMERKUNGEN

[1] Sigmund Freud, Zur Frage der Laienanalyse. *GW*, Bd. XIV, S. 241.
[2] Vgl. Jacques Lacan, *Le séminaire XX: Encore*, Paris 1975, S. 36.
[3] Keller wird zitiert nach Band und Seite der *Sämtlichen Werke*, Hrsg. Jonas Fränkel, Zürich-München 1926-1948.
[4] Lacan, *Encore*, S. 96.
[5] Lacan. a.a.O., S. 15:«Des femmes à partir du moment où il y a les noms, on peut en faire une liste, et les compter. S'il y en a *mille e tre* c'est bien qu'on peut les prendre une par une, ce qui est l'essentiel. Et c'est tout autre chose que l'Un de la fusion universelle. Si la femme n'était pas pas-toute, si dans son corps, elle n'était pas pas-toute comme être sexué, de tout cela rien ne tiendrait.»
[6] Vgl. etwa Lacan, Subversion des Subjekts und Dialektik des Begehrens im freudschen Unbewußten. *Schriften*, Hrsg. N. Haas, Olten-Freiburg/Br. 1973ff., Bd. II, S. 195.
[7] Lacan, Vorwort zur deutschen Ausgabe meiner ausgewählten Schriften. *Schriften*, Bd. II, S. 7.
[8] Erich Brinkmann verweist mich auf den Raoul Ruiz-Film *L'hypothèse du tableau volé*, wo – im Zeitalter Klossowskis – die Unabzählbarkeit der Bilder einer Gemäldegalerie zum Thema selber wird.
[9] Lacan, *Seminare Band XI: Die vier Grundbegriffe der Psychoanalyse*, Olten 1978, S. 26 (Die Namen sind, zum Privatvergnügen von Lacan-Philologen, geändert.)
[10] Lacan, Subversion des Subjekts, a.a.O. S. 181.
[11] *Seminare Bd. XI*, S. 118.
[12] Lacan, Das Seminar über E.T.A. Poes *Der entwendete Brief*, *Schriften*, Bd. I, S 37.
[13] Michel Foucault, Nietzsche, die Genealogie, die Historie. In: M.F., *Von der Subversion des Wissens*, München 1974, S. 104-106.
[14] Friedrich Nietzsche, *Werke in drei Bänden*, Hrsg. K. Schlechta, München 1954-56, Bd. III, S. 1351.
[15] Vgl. etwa Karl Wittfogel, *Die Orientalische Despotie*. Eine vergleichende Untersuchung totaler Macht, Köln-Berlin 1962.
[16] Georg Christoph Lichtenberg, *Aphorismen, Schriften, Briefe*, Hrsg. W. Promies, München 1974, S. 21.
[17] Auch in dieser Doppeldeutigkeit figuriert Lys als Doppelgänger des Helden, der in

seiner Karnevalsmaske das Narr-Fürst-Spiel mit dem König von Bayern selber spielt (V 215).

[18] Zu Schatten- und Lichttrug in ihren Unterschieden vgl. Lacan, Das Seminar, *Schriften*, Bd. I, S. 30.

[19] Um die Konstellation Subjekt/Diana/Venus zu analysieren, wäre ein Vergleich Kellers mit C. F. Meyers Novelle *Die Hochzeit des Mönchs* geboten, wo mit vertauschten Vorzeichen genau dieselbe Konstellation auftritt.

[20] Ernest Jones, *Sigmund Freud, Leben und Werk*, Hrsg. L. Trilling und S. Marcus, Frankfurt/M. 1969, S. 491. – Für einen Nachmittag bibliophiler Suche habe ich hier Frederick Wyatt zu danken.

[21] Ecce homo, *WW*, Bd. II, S. 1152 und S. 1195. – Einige Sätze mehr über diese Sätze in meinem Aufsatz *Wie man abschafft, wovon man spricht: Der Autor von Ecce homo* (erscheint in Literaturmagazin 12, Reinbek 1980).

[22] Vgl. Lacan, Die Familie, *Schriften*, Bd. III (erscheint Olten-Freiburg/Br. 1980).

[23] Lacan, *Le séminaire XX: Encore*, passim.

[24] Vgl. *Nietzsches Otobiographie* (in diesem Band).

MANFRED SCHNEIDER
Lichtenbergs ungeschriebene Autobiographie
Eine Interpretation.

Gewiß war auch die Seele des Georg Christoph Lichtenberg krank und schön zugleich.[1] Vermutlich war sie zu schön und zu anfällig, als daß aus den Vexierbildern, welche die beobachtenden und kreativen Instanzen dieser passionierten Psyche über sich selbst verfertigt haben, auch noch die Figur des Revolutionärs hervorschillern könnte. Einige der Überlegungen und der allergischen Reflexe, die den Liberalen Lichtenberg daran hinderten, sich nach 1789 in die Schar der deutschen Publizisten mit dem schlechten Ruf der Jakobiner einzureihen, finden sich skizziert in einer kritischen Notiz aus dem Jahre 1793. Sie gilt der politischen Schrift *Die Franzosen am Rhein* des Göttinger Revolutionsanhängers und Mediziners Georg Girtanner. Die Bemerkung vermittelt zugleich eine erste Impression, welchen literarischen Status die Autobiographie in Lichtenbergs Denken einnahm:

Am 12ten Januar 1793 las ich in einem politischen Journal einige Unterhandlungen zwischen einer Republik und einem Französischen Residenten, hierauf ein paar Reports von dem Minister für das Innere in Frankreich usw. Ich ward des Geschwätzes müde. Hierauf brachte mir jemand folgendes Buch: Benjamin Franklins Jugend-Jahre von ihm selbst für seinen Sohn beschrieben und übersetzt von Gottfried August Bürger. Mein Gott, was für ein Unterschied zwischen der Lektüre eines wahrhaft großen Mannes und dem unnützen Ministerial-Gezänk zweier Staaten von denen mich keiner etwas angeht. Was für Zeit wird mit solchem politischen Geschwätz verdorben. Was nützt 9 Menschen unter 10, ja 99 unter 100 davon auch nur eine Zeile zu wissen? ... Es wird gewiß von unsrer Jugend jetzt viel zu viel gelesen, und man sollte gegen das Lesen schreiben, wie gegen Selbstbefleckung ... (J 1150)[2]

Diese Sätze aus dem Sudelbuch J berühren bereits das Zentrum jener komplexen idiosynkratischen Selbst- und Weltwahrnehmung, die vielleicht den Revolutionär, gewiß jedoch den Autor Lichtenberg lähmte. Aus den Bausätzen verschiedener Optiken, Theorien, Moralen und Philosophien konstruierte er einen hochdifferenzierten Apparat der Verhinderung, der seinen lebenslang verfolgten Plan, die Autobiographie zu schreiben, zum Scheitern brachte. Dabei hatte Lichtenberg 1778 festgehalten, daß er «...schon lange an einer Geschichte meines

Geistes so wohl als elenden Körpers» (F 811) schrieb. Und in die Notizbücher der vorhergehenden und der folgenden Jahre finden sich zahlreiche Bruchstücke, Gedankensplitter und Problematisierungen des Unternehmens eingetragen. Diese Textspuren lassen sich jedoch nicht zu «Mosaiksteinen» metaphorisieren, um dann durch konjekturale Auslegungskünste zu einem Gesamtbild vervollständigt zu werden. Ralph-Rainer Wuthenow,[3] der einzige unter den neueren Theoretikern und Exegeten der Autobiographie, der Lichtenberg behandelt, hat diesen Versuch unternommen und unfreiwillig dokumentiert, daß die vermeintlichen «Mosaiksteine» festinstallierte Observatorien der Selbstwahrnehmung bildeten: Die autobiographischen Bemerkungen durchziehen die *Sudelbücher* als Bauelemente und Perspektivierungen eines unschreibbaren Diskurses, der an einer vierfachen Komplikation scheiterte.

Ehe diese Bedingungen der Wahrheit und der Verhinderung im einzelnen analysiert werden, blicken wir noch einmal genauer auf Lichtenbergs indignierte Bemerkung über die politischen Journale. Sie steht pointiert innerhalb einer ganzen Serie von polemischen Ausfällen gegen die rasant zunehmende Buchproduktion im 18. Jahrhundert. Doch zugleich spricht sie etwas von Lichtenbergs Bewußtsein aus, in welcher fatalen Dialektik das aufklärerische Schreiben sich von seinen Zielen entfernte: Hatte sich der Büchergelehrte – ein Prototyp bürgerlichen Emanzipationsstrebens – von den überlieferten Glaubens- und Wissensformen freigemacht, so verfiel er im Gegenzug der anonymen, von ihm selbst mitgetragenen und animierten Macht der sich in einer zweiten Wirklichkeit verselbständigenden Wörter- und Bücher-Welten. Die von Leibniz noch frohgemut prophezeite science-fiction-Zukunft, in der die Bibliotheken zu Städten anwachsen würden,[4] nahm für Lichtenberg die Züge des Angsttraumes an, wo die Lebensfunktionen des Lesens und Schreibens erstarrten.

Daß jede Freiheit zugleich die Bedingung der Unfreiheit sei – die Schwungkraft dieser Paradoxie steuert auch den Gedanken in der überraschenden Parallele, die der eben zitierte Girtanner- und Franklin-Leser in seiner abschließenden Forderung zog: «Man sollte gegen das Lesen schreiben, wie gegen Selbstbefleckung». Lichtenberg spielte damit auf die Unzahl von Texten, Anweisungen und Broschüren an, welche die aufklärerischen Pädagogen wie Salzmann, Basedow, Campe oder Fröbel gegen das jugendliche Laster der Onanie aufgeboten haben, und die ihrerseits ein monströses schriftstellerisches Bollwerk darstellen. Sie gehören unterdessen als diskursive Repräsentanten eines paradoxen Systemelements zur bürgerlichen Erziehung im 18. Jh. Denn im Verbot der Selbstbefleckung legt die pädagogische Vernunft ihren Zöglingen und sich selbst eine Schlinge: Innerhalb einer Strategie, die jede Form der Selbständigkeit zu fördern sucht, kann die Selbstbefriedigung nur darum verwerflich erscheinen, weil sie ein gesellschaftliches Risiko darstellt. Sollte sich dem Ideal des Selbstdenkers auch ein unabhängig gewordener «Selbstbefriediger» beigesellen, so hätte sich die bürgerliche Gesellschaft in ihren autonomen Prototypen das Bild der Vollkommenheit und die Garantie des Aussterbens beschert.

In offenbar realistischer Einschätzung dieses Problems hat Lichtenberg nie gegen Selbstbefleckung geschrieben; allerdings hat er sich entschieden gegen deren negative Spiegelung gewandt, nämlich gegen das Lesen. Die hastigen Wörter- und Bilderschmiede des Sturm- und Drang schienen ihm infolge exzessiver Lektüre an Geist und Seele geschädigt. Was aber unternimmt ein aufgeklärter Schriftsteller gegen die Subversion der jungen Menschen durch das Lesen? Er schreibt gegen das Lesen. Im Labyrinth dieser Paradoxie verbirgt sich der gedankliche Grundriß der ersten Komplikationen, die von Lichtenbergs Autobiographie nur weiße Blätter überlieferte. So schrieb er in einer Bemerkung des *Sudelbuches* aus der Zeit um 1770:

Bei unsrem frühzeitigen und oft gar zu häufigen Lesen, wodurch wir so viele Materialien erhalten ohne sie zu verbauen, wodurch unser Gedächtnis gewöhnt wird die Haushaltung für Empfindung und Geschmack zu führen, da bedarf es oft einer tiefen Philosophie unserm Gefühl den ersten Stand der Unschuld wiederzugeben, *sich aus dem Schutt fremder Dinge herauszufinden, selbst* anfangen zu fühlen, und *selbst* zu sprechen und ich mögte fast sagen auch einmal selbst zu existieren. (B 264)

Hinter dieser Überlegung steckt ein utopischer Wunsch: Der eigenen Seele erneut zu jener entelechetischen Reinheit zu verhelfen, mit der sie einst auf der Hand des Schöpfers empfangen worden ist. Eine solche Sehnsucht wird von der Einsicht hervorgetrieben, daß das eben nur hypothetisch freigesetzte Individuum eine synthetische Anordnung von fremden Codes, Reden und Texten darstellt. Auf der Suche nach seiner paradiesischen Ursprünglichkeit und nach dem Ideal seiner Freiheit hätte dieses von Lichtenberg so emphatisch bedachte Selbst eine gleichermaßen philosophische wie psychoanalytische Arbeit zu vollbringen: die Archäologie seiner sprachlich und literarisch verschütteten Lebensgeschichte, um an den Kernbereich unverfälschter Individualität heranzureichen.

Eng verknüpft mit dieser *archäologischen* Komplikation des autobiographischen Projektes zeigt sich die zweite; sie ließe sich als die *dokumentarische* bezeichnen. Zur Erinnerung: Lichtenbergs pädagogische Absicht, gegen das Lesen zu schreiben, schloß sich an die Reflexion an, wie sehr viel mehr doch die Biographie des großen Benjamin Franklin den Menschen zu sagen hätte als jene diplomatischen Schriftstücke in dem Journal Girtanners. Franklins Erzählung seiner Jugendjahre, die übrigens von Georg Forster ebenso hochgeschätzt wurde wie von Goethe, war vornehmlich in erzieherischer Absicht verfaßt. Diese, wie dann auch Herder rühmte, «Schule des Fleißes, der Klugheit und Sittsamkeit» sollte nicht nur dem eigenen Sohn, sondern allen bürgerlichen Zöglingen den seelischen Habitus des unbeirrbaren, seiner selbst gewissen universalen Erfolgsmenschen vermitteln. Lichtenbergs pädagogische Kreuzzüge gegen das Lesen zielten hingegen auf eine völlig andere Fähigkeit. Er wollte den jugendlichen Gebildeten in den Stand gesetzt sehen, die Karriere des eigenen Lebens zu *schreiben*, oder genauer: sich selbst zu schreiben, sich den Text seiner Identität zu verfassen. Dies ist ein alter Gedanke, der bereits bei Montaigne auftaucht und ohne merklichen Gestaltwandel in der neuesten Tagebuchliteratur wiederkehrt. Bei Lichtenberg findet sich dieses Aperçu in stets neuer Position zwischen den Koordinaten von Emanzipation und Erkenntnislust. Eine Eintragung, die viele ähnliche Gedanken zuspitzt, lautet so:

Man soll alle Menschen gewöhnen von Kindheit an in *große* Bücher zu schreiben, alle ihre Exercitia, in hartes Schweinsleder gebunden. Da sich kein Gesetz daraus machen läßt, so muß man Eltern darum bitten, wenigstens mit Kindern, die zum Studieren bestimmt sind. Wenn man jetzt Newtons Schreibbücher hätte! Wenn ich einen Sohn hätte, so müßte er gar kein Papier unter Händen bekommen, als eingebundenes, zerrisse er es, oder besudelte er es, so würde ich mit väterlicher Dinte dabei schreiben: dieses hat mein Sohn anno * den *ten besudelt. Man läßt den Körper und Seele, das Punctum saliens der Maschine fortwachsen und verschweigt und vergißt es. Die Schönheit wandelt auf den Straßen, warum sollten nicht in dem Familien-Archiv die Produkte, oder vielmehr die Signaturen der Fortschritte des Geistes hinterlegt bleiben, und der Wachstum dort *eben so sichtbar* aufbewahrt liegen können? Der Rand müßte gebrochen werden, und auf einer Seite immer die Umstände und zwar sehr unparteiisch geschrieben werden. Was für ein Vergnügen würde es mir sein, jetzt meine Schreibbücher alle zu übersehen! Seine eigne Naturgeschichte! Man sieht jetzt immer was man ist und sehr schwach was man war. (J 26)

So formuliert Lichtenberg selbst die dokumentarische Komplikation der Autobiographie. In der Naturgeschichte des Individuums summieren sich nicht nur, wie er selbst sagt, eine «Menge Menschen», eine «Generation von *Ichs*» (K 162); vielmehr machen erst die Emanationen dieser vielen Lebewesen in den Zeichen von infantiler und später von geschickter Hand die Abfolge der Ich-Generationen zu einer lesbaren Geschichte. Aber, wie sich noch zeigen wird: Zur vollständigen Dokumentation dieser Genealogie der Autoren des Selbst müßten die Signaturen des Geistes noch durchzogen werden von den Kardiogrammen des empfindsamen Herzens und von den seismographischen Linien der Körperkonvulsionen.

Nun darf über dem Interesse des Archivars und über seinem dokumentaristischen Wahn der in die Überlegung eingegangene pädagogische Impuls nicht übersehen werden: Zunächst bezeugt die liebevolle väterliche Hand, welche die Sudelflecken des Zöglings mit einem Datum versieht und zu Signaturen seiner Geistesentwicklung erhebt, eine größere hygienische Toleranz als der Geist jener Metapher, welche ausgerechnet die «Selbstbefleckung» zur diskriminierenden Anschauung für die Verwerflichkeit der jugendlichen Onanie erhebt. Doch das Schreiben ist die Schule der Individualität und das Exerzitium ihrer Selbsterhaltung. Im Lesen droht sie verloren zu gehen, so wie die Selbstbefriedigung die Kontinuität des vernünftigen Lebens in Frage stellt. Lichtenberg hat durch sein lebenslanges Schreiben, mit den Sudelbüchern, seinen Journalheften und Briefen, offensichtlich für sich selbst einen Teil dieser dokumentarischen und archivalischen Arbeit geleistet. Das Fehlen der Dokumente zu seiner kindlichen Naturgeschichte war ihm aber als ein Stück Selbstverlust schmerzlich bewußt.

Die dritte Komplikation läßt sich als Durchdringung und Reduktion des Individuums durch den Perspektivismus seiner Beziehungen charakterisieren. Eine für dieses Dilemma exemplarische Eintragung aus den Lebensbüchern der siebziger Jahre lautet wie folgt:

Ich wünschte die Geschichte von mir so zu sehen, wie sie in verschiedenen Köpfen existiert, *meine Brüder* wissen die *meisten* Kleinigkeiten von mir, Herr *Ljungberg* weiß vieles von meiner besten Seite, *Eßwein* kennt meinen Charakter von der guten und der schlimmen Seite unter allen Menschen am besten. *Eymes* weiß die meisten Torheiten von mir und die meisten Heimlichkeiten, weil ich immer aus meinen Torheiten Heimlichkeiten gemacht habe. Am einfältigsten würde meine Geschichte aussehen wenn sie *Wachter* beschreiben sollte ... (B 257)

Dies klingt wie ein unverbindliches Gedankenexperiment, und nur psychoanalytischer Komplikationszwang vermöchte diesem leichten Text zur seelenkundlichen Bedeutsamkeit zu verhelfen. Aber den Bauplan einer kombinierten Biographie von verschiedenen Autoren nahm sich Lichtenberg immer wieder vor. Noch im Alter hielt er eine dreifach verfaßte Geschichte des Lebens für lohnend: «...einmal wie (es) ein allzu warmer Freund, dann wie es [ein] Feind, und dann wie es die Wahrheit selbst schreiben würde» (L 219). Solche Konzepte entspringen einem geschärften Bewußtsein für die Konsistenzen der Menschenseele. Sie ist gemischt aus fremden Meinungen, Üblichkeiten und Vorurteilen. Lichtenberg formuliert das Problem so:

... ist es nicht Whim (Laune. M.S.) in dieser Welt einmal sein wollen was wir sein wollen, was wir sein sollen. Wir sind immer etwas anderes das von Gebräuchen der Vor- und Mitwelt abhängt, ein leidiges accidens eines Dings das keine Substanz ist... (B 343)

Die Erkenntnis, daß sich Individualität nicht zuletzt auch als Variable denken lassen muß, die sich im perspektivischen Kreuzpunkt ihrer verschiedenen Beziehungen bewegt, diese Erkenntnis prägt auch die vielen autobiographischen Experimentiertexte Lichtenbergs. Solche Fragmente und Aphorismen sprechen die Gestalt, die sie umkreisen, in stets abgewandelten Pronomina, Periphrasen und Mystifikationen an: Sie heißt «er», «man», «jemand», «eine mir bekannte Person», «mein Freund»; sie erscheint in Latinisierungen, Gräzisierungen des Namens Lichtenberg und sogar in völlig unauflösbaren Verschlüsselungen, aber nur sehr selten spricht sie als «Ich». So korrespondiert dem Gefühl und der Erfahrung, als «accidens» substanzloser Dinge, des Wetters, der eigenen Stube, ja, der eigenen Körperstellung, zu existieren und in einer «Menge von ... Ketten von Verbindungen» (J 948), bedrängt von fremden Ansichten, in immer neuen Modi zu leben, auch einen Polyperspektivismus der Selbstbetrachtung. Nur in *einer* Position der Wahrnehmung steht Lichtenberg auf dem festen grammatischen Boden des «Ich»: Dort wo er aus der von ihm sogenannten «sarkozentrischen» Perspektive spricht, aus der Erfahrung der Körperlichkeit. Diese von Lichtenberg zur «entsetzlichen Parallaxe» (D 202) stilisierte Differenz von Körper und Geist bildet die vierte und gewiß elementarste Komplikation seiner Autobiographie. Innerhalb dieser optischen Verzerrung des Selbst durch den Winkel der Parallaxe steht die Instanz, die mit einem Gefühl der Sicherheit «Ich» zu sagen vermöchte, auf einer Linie, die durch die Punkte der Lust und des Schmerzes am Körper geht. Selbstgewißheit gewinnt Lichtenberg nur in den Reflexen des Fleisches und aus den Spuren seiner Autorschaft. So wird das «Subjekt» an der Biegung des leidenden Körpers dekliniert, um als dessen Objekt zu leben und zu sterben. Schmerz und Lust allein geben ihm unbezweifelbare Realität.

Nicht zuletzt aus der Einsicht, daß das Ich an die Kybernetik des Körpers verloren ging, steigt das Pathos der autobiographischen Aktivität empor, die Absicht, die «Geschichte meines Geistes so wohl als elenden Körpers ...mit größter Aufrichtigkeit» zu erzählen. Lichtenbergs in vielen *Sudelbuch*-Anmerkungen beinahe zur zentralen Apparatur der Selbstwahrnehmung auswachsende «sarkozentrische» Perspektive läßt sich nun nicht als der intelligible Rest einer traumatisierten und hypochondrischen Körperlichkeit abtun. Sie bildet vielmehr die festgeschriebene Linie der Erfahrung, daß das sprechende Ich nur ein unsicheres Akzidens der komplexen seelischen und körperlichen Vorgänge ist, die es selbst nicht steuert. So heißt es im *Sudelbuch* K:

Wir werden uns gewisser Vorstellungen bewußt, die nicht von uns abhängen; andere glauben, wir wenigstens hingen von uns ab; wo ist die Grenze? Wir kennen nur allein die Existenz unserer Empfindungen, Vorstellungen und Gedanken. *Es denkt*, sollte man sagen, so wie man sagt: *es blitzt*. Zu sagen *cogito*, ist schon zu viel, so bald man es durch *Ich denke* übersetzt. Das *Ich* anzunehmen, zu postulieren, ist praktisches Bedürfnis. (K 76)

Das praktische Bedürfnis, ein Ich anzunehmen, bildet allerdings eine Errungenschaft der von der Aufklärung postulierten und freigesetzten praktischen Vernunft, die auch Lichtenberg anerkannte. Allerdings forderte er in aller Radikalität, daß die alltäglichen Komplikationen dieser – wie es scheint – regulativen Idee des Ich darzustellen sind. Eine Biographie, die dies vermöchte, würde nach der Formulierung der *Sudelbücher* «... dem Etikettenmanne aussehen, als käme sie aus dem Monde» (G 83). Solange aber der Mann im Monde nicht die Feder zur Hand nimmt, bleibt diese Lebensgeschichte in der Tat unschreibbar. Auch Lichtenberg vermochte nur die Perspektiven und den geometrischen Ort jener Instanzen zu bezeichnen, die für diesen Diskurs zu koordinieren wären. In einer späten Notiz hat er das Projekt seiner Lebensgeschichte *Heautobiographia* (L 683) betitelt. Durch diese reflexive Nuance finden sich die semantischen Elemente des Wortes noch deutlicher voneinander geschieden. Denn das Leben ist ebenso der Reflex des anonymen Selbst wie das Organ, das angeblich schreibt. Die Frage des Aphoristikers und verhinderten Autobiographen: «bin ich und der Schreiber nicht einerlei?» (K 38), enthält nur eine vage Hoffnung, daß die Parallaxe von Ich und Schrift in irgendeinem Winkel der Unendlichkeit ein Stück der Wahrheit einzuschließen vermöchte.

Die imaginären autobiographischen Beobachtungsapparaturen Lichtenbergs geben, bedient von diesem Ethiker der Aufrichtigkeit und Wahrheit, authentische, aber für das ästhetische Gefühl des 18. Jh. unerträgliche Wahrnehmungen frei. Erst die moderne Kunst vermöchte sie zu rekonstruieren: Denn das Bild der eigenen Person erscheint als Montage fremder Perspektiven, die sich simultan, aber in gegenläufiger Logik verändern. Oder das biographische Konstrukt wird verschlungen von den Akzidenzien, dem vervielfachten Ambiente seiner Alltagswelten. Vollends ins Abstrakte verliert sich das gesuchte Ich oder Er in den durcheinanderlaufenden Zeichen, Kurven und Tabellen seiner sarkozentrischen Naturgeschichte. – Doch selbst vor den aus den Archiven quellenden Dokumenten, angesichts der «Schutthaufen» von Fakten läßt der autobiographische Projektmacher nicht von seiner Hoffnung, aus diesen heterogenen Materialien doch noch den «moralischen Äther» (B 128) der Menschenkenntnis und -Liebe zu destillieren. Und dabei färbt sich Lichtenbergs Aphoristik sogar ein wenig mit der sonst so verachteten revolutionären Terminologie ein: «Solange wir nicht unser Leben so beschreiben, alle Schwachheiten aufzeichnen, von denen des Ehrgeizes bis zum gemeinsten Laster, so werden wir nie einander lieben lernen. Hiervon hoffe ich eine gänzliche Gleichheit» (G 83).

Es scheint, als habe der ferne Beobachter und der literarisch degoutierte Leser der nachrevolutionären Ereignisse in Europa das Recht seiner Kritik dadurch erworben, daß er für sich selbst bereits im Jahre 1789 beschlossen hatte, seinen eigenen Beitrag für eine durch restlose Wahrheit zu erringende utopische Zukunft der Menschenliebe und Gleichheit zu leisten. In jenem Jahr nämlich begann Lichtenberg sein Tagebuch, das gemeinsam mit den weitergeführten *Sudelbüchern* J bis L als Dokumentation der ausgehenden Naturgeschichte seines «Geistes so wohl als elenden Körpers» betrachtet werden kann. Eben das Tagebuch ist ein unvergleichliches Zeugnis der «größten Aufrichtigkeit» und des dokumentarischen Wahrheitswahnes: Es enthält beinahe tägliche metereologische Aufzeichnungen über den Barometerstand der Außenwelt und der Autorseele; der Status des Urins und des Lebensmutes finden sich stets in mystischer Abhängigkeit nebeneinander; sorgfältig numeriert und qualifiziert das Observatorium des Alltags die Augenblicke des ehelichen und außerehelichen Beischlafs; und die nächste Zahl registriert bereits die Zuhörer im Kolleg; Chiffren der Ehezwistigkeiten und der Versöhnungen, des heimlichen Alkoholkonsums und der unheimlichen Körperzustände laufen mit anderen

Tages-, Wochen- und Monatsereignissen zusammen zum Text, zur Charade von zehn Jahren intellektueller, körperlicher, seelischer und familiärer «Naturgeschichte». Doch die Semiotik des Alltags ist hingetupft auf die weißen Blätter eines Schweigens, dessen Stimme uns sagt, daß das Tagebuch lediglich das Register der unschreibbaren Biographie enthält.

Der hypochondrische *Beobachter seiner selbst*, wie er aus Lichtenbergs Sudel- und Tagebüchern plastisch hervortritt, um sich in Reflexionen und Zeichen gleich wieder zu verrätseln, ist allerdings ein völlig anderer als jener *Beobachter seiner Selbst*, der als der Tagebuchautor Johann Kaspar Lavater bekannt geworden ist. Lavater registrierte in seinem Journal mit selbstquälerischer Genauigkeit alle Abweichungen seines Fühlens, Denkens und Handelns von seinem moralischen Ich-Ideal. Die skrupulöse Wahrnehmung galt lediglich den überstehenden Rändern des Selbstbildes auf der Folie einer vollkommenen Imago, die Jesus Christus heißt. Eine charakteristische Eintragung bildet Lavaters monatliches Resümee zum Januar 1773:

> ... noch immer zu sinnlich, zu träge, zu eigensinnig, zu bequem bin ich. Ich überlasse mich noch zu leicht meinen Launen und Einfällen; aus Gefälligkeit gegen andre, aus Schwachheit, aus Eitelkeit, aus Bequemlichkeit behaupte ich meinen Charakter, meine Grundsätze noch zu wenig, zu zweydeutig. Ich bin bey weitem noch nicht das, was ich ... doch wirklich seyn könnte. Mein eignes Ich ist noch viel zu lebendig in mir, oder mit andern Worten: meine Liebe ist noch nicht rein, nicht herzlich, nicht thätig, nicht leidend, nicht allgemein genug; – ich dürfte weder alle meine Worte hören, noch alle Gedanken und Empfindungen meines Herzens sehen lassen; fast alle Nächte erzittere ich noch vor mir und meinem eignen Herzen, wenn ich ... mich bloß vor dem Allwissenden richte ...[5]

Das Ich – bei Lichtenberg eine unfaßbare Größe – stellt sich bei Lavater als Inbegriff der Schwierigkeit dar, das Ideal der Vollkommenheit zu erreichen. Das Ich muß sich verflüchtigen. – Bekanntlich bildet die Vollkommenheitsvorstellung moralischer und physischer Schönheit, wie sie Lavater der hypostasierten Gestalt des Heilandes zuschrieb, auch die allgemeine und intuitiv gehandhabte Norm seiner physiognomischen Theorie. Der mit Lavaters Namen verbundene Anfang der psychologischen Menschenkunde und der genaueren interpersonellen Wahrnehmung, erstarrte in der Lehre dieser Physiognomik sogleich zu einer patrilinear gestanzten Form abstrakter Moral und Ästhetik. – Lichtenberg ist in seiner Polemik gegen Lavater zum Satiriker geworden. Der kleinwüchsige, bucklige Professor hatte aber nicht nur ein sarkozentrisches Menschenrecht, die abstrakten Normen der Kaloka-

gathia aus einer philanthropischen Wissenschaft von der Menschenseele eliminiert zu wünschen. Seine körperbezogene und insofern auch komplexe Psychologie versteht sich als Ergebnis einer matrilinear geprägten erheblich differenzierten Wahrnehmungsfähigkeit. Die Imago der Mutter wird im neuen bürgerlichen psychischen Aufbau nicht zu einer sittlichen Ich-Instanz, sondern sie geht auf in einer Struktur der Person. Lichtenberg will jede Nacht von ihr geträumt haben: Die Mutter, die von ihm auch noch angesichts des Todes als tröstende Figur halluziniert wurde, fungierte als stabilisierendes Element seiner aufgelockerten Psyche. Das intellektuelle Derivat dieser Lockerung bildeten die Offenheit, Skepsis und Differenziertheit von Lichtenbergs Wahrnehmung und wissenschaftlichem Ethos.
Die unterschiedliche Leistungsfähigkeit der Lavaterschen und der Lichterbergschen Psychologien läßt sich aphoristisch einfassen an der Art und Methode, wie beide den großartigen Stich von William Hogarth *A Midnight modern Conversation* ihrem Denken und Glauben einverleibt haben. Lavater schnitt im ersten Band seiner *Physiognomischen Fragmente zur Beförderung der Menschenkenntnis und Menschenliebe* nur eine Galerie der betrunkenen und verzerrten Physiognomien aus dem Original heraus;[6] an der Blickbahn seines erhobenen Zeigefingers wurden dem Leser und Betrachter die Deformationen der Laster dann augenblicklich evident. Lichtenberg hingegen verfaßte einen witzigen und psychologisch einfühlenden Kommentar des Bildes.[7] Aus einer genauen Beobachtung der Interaktion gewann er auch eine differenzierte Erkenntnis zur Besonderheit der einzelnen Figuren. Die Kritik hat Lichtenbergs Hogarth-Kommentare als den einzigen, beinahe parasitären Betätigungsbereich gekennzeichnet, wo sein aphoristisches Talent einmal zu einem konsistenten Text gelangen konnte. Die Analyse der Komplikationen, welche das Ethos der Genauigkeit und Wahrheit über den autobiographischen Diskurs verhängt, läßt auch hier eine genauere Feststellung zu: Nur die zur augenblicklichen Anschauung gebrachten Beziehungen, nur die zum Moment geronnenen Biographien in den Kupferstichen und Bilderreihen von Hogarth und Chodowiecki ermöglichten Lichtenberg und seinen hohen Ansprüchen auch eine diskursive Annäherung an die komplexen Sachverhalte. – In der Lebensgeschichte der Menschenkörper, deren Akzidentien, der Geist und die Seele, einer Schrift bedürfen, um an den Spuren ihrer Emanationen auf dem Papier auch die Signaturen ihrer unfaßbaren Existenz zu betrachten, gibt es nur experimentelle Anord-

nungen der Wahrheit – nicht aber den kurzen Text, die Formel des individuellen Lebens. Lichtenbergs ungeschriebene Heautobiographia bildet insofern das Leerzeichen einer überwältigenden Treue zur Wahrheit.

ANMERKUNGEN

[1] Der vorliegende Text entspricht im Wortlaut dem Probevortrag, den ich am 26.6.1979 im Rahmen meiner Habilitation an der Universität Freiburg gehalten habe. Der Eingangssatz spielt auf den Titel meiner Habilitationsschrift an: *Die kranke schöne Seele der Revolution*. Heine, Börne, das »Junge Deutschland«, Marx und Engels. Als Buch wird die Schrift im Frühjahr 1980 in der Autoren- und Verlagsgesellschaft Syndikat, Frankfurt/M erscheinen.

[2] Alle Lichtenberg-Zitate folgen im Wortlaut und in der Zählung: Georg Christoph Lichtenberg, *Schriften und Briefe*, hrsg. von Wolfgang Promies, München 1968.

[3] Ralph-Rainer Wuthenow, *Das erinnerte Ich*. Europäische Autobiographie und Selbstdarstellung im 18. Jahrhundert, München 1968, S. 193 ff.

[4] Dieses Leibniz-Wort, dem ein hoher Zug von Authentizität anhaftet, konnte von mir – auch in Zusammenarbeit mit Leibniz-Philologen – noch nicht belegt werden. Indessen ist auch eine mündliche Überlieferung denkbar. Lichtenberg zitiert das Wort in seinen Schriften viermal: C 212, D 224, J 861 sowie in dem Hogarth-Kommentar »Die Biergasse«, in: *Vermischte Schriften*, Göttingen 1853, Bd. 13, S. 85.

[5] Johann Kaspar Lavater, *Unveränderte Fragmente aus dem Tagebuch eines Beobachters seiner Selbst*; oder des Tagebuches Zweyter Theil, nebst einem Schreiben an den Herausgeber desselben, Leipzig 1773. Reprint der Erstausgabe, bearbeitet von Christoph Siegrist, Bern/Stuttgart 1978, S. 176.

[6] Johann Kaspar Lavater, *Physiognomische Fragmente*, zur Beförderung der Menschenkenntniß und Menschenliebe, Versuch 1–4, Bd. 1–2, Leipzig/Winterthur 1775–78, Bd. 1, S. 96 ff.

[7] Lichtenberg, *Schriften und Briefe*, Bd. 3, S. 689 ff.

RAIMAR STEFAN ZONS
Ein Familienzentrum: Goethes ‹Erlkönig›

Dem Mädchen Julia

Der Vater reitet mit seinem Kind durch Wald und Wind und Nacht. Das Kind ist im Fieber und halluziniert ‹Erlkönig› in den Schemen der vorbeiziehenden Landschaft, die so der Raum eines Trialogs wird. Der Vater hört ‹Erlkönig› durch den Mund des Knaben und verwirft ihn, indem er ihn entzaubert. Die Entzauberungskünste des Vaters bringen ‹Erlkönig› jedoch nicht zum Verstummen, die ‹Kraft des Verstandes› verwandelt den Hain nicht in Hölzer[1], ‹Erlkönigs› Versprechungen nicht in das Windspiel dürrer Blätter. So gebietet der Vater, wo er beruhigend nicht belehren kann: «Sei ruhig, bleibe ruhig mein Kind». Aber auch das väterliche Gebot bleibt ohnmächtig gegen ‹Erlkönigs› Verlockungen, die den Knaben ängstigen.
Die Verheißungen beziehen sich auf Frauen, in deren Mitte ‹Erlkönig› ist: Mutter und Töchter. Steigern sich die Verlockung und die Furcht, so hebt sich die Mutter in den Töchtern auf. Zwischen Mutter und Töchtern ist keine Frau sondern Erlkönig, der auch keine Frau begehrt, sondern den Knaben, in dessen Begehren und Ängsten er spricht. ‹Erlkönig›, sagt der Vater, ist nicht, sondern er ist *nur* ‹Natur›: Nebel, Zweige. Wo Nebel nicht Nebel und Zweig nicht Zweig ist, da beginnen die Fieberphantasien und Halluzinationen des Knaben, die kein väterlicher Signifikant zu steuern vermag; nie aber springen die halluzinatorischen Reden und Appelle auf jenen Signifikanten selbst über, nie verwechselt der Knabe den Vater mit Erlkönig. Der ‹sichere›, ‹warme› Griff des Vaters ist nicht Erlkönigs Griff, und dennoch greift Erlkönig nach dem Knaben und ‹braucht Gewalt›.
Der Vater ‹erreicht den Hof› nicht zu spät, sondern ‹mit Müh und Not›. Dennoch ist das Kind ‹in seinen Armen› tot; mit wessen Müh und Not also? Bedrohen die halluzinatorischen Reden des Knaben auch den Vater?

Noch einmal: Nicht *ein* Vater reitet nächtens mit seinem Kind durch Wald und Wind, sondern *der* Vater. Nicht das Kind spricht ‹Erlkönig›, sondern Erlkönig spricht wo nicht im Dialog, so in Wechselrede mit dem Vater. Der Rhythmus des Ritts wird nicht durch Erlkönigs verlockende Rede durch- oder unterbrochen. Der Ort des Trialogs aber ist das Kind, das der Vater erst lebend dann tot sicher und warm im Arm hält. Aber er erreicht – wie gesagt – den Hof mit Müh und Not.

Eine andere Geschichte:

«Die alte, winkelhafte, an vielen Stellen düstere Beschaffenheit des Hauses war übrigens geeignet, Schauer und Furcht in kindlichen Gemütern zu erwecken. Unglücklicherweise hatte man noch die Erziehungsmaxime, den Kindern frühzeitig alle Furcht vor dem Ahnungsvollen und Unsichtbaren zu benehmen und sie an das Schauerhafte zu gewöhnen. Wir Kinder sollten daher allein schlafen, und wenn uns dieses unmöglich fiel, und wir uns sacht aus den Betten hervormachten und die Gesellschaft der Bedienten und Mägde suchten, so stellte sich, in umgewandten Schlafrock und also für uns verkleidet genug, der Vater in den Weg und schreckte uns in unsere Ruhestätte zurück. Die daraus entspringende üble Wirkung denkt sich jedermann. Wie soll derjenige die Furcht los werden, den man zwischen ein doppeltes Furchtbare einklemmt? Meine Mutter, stets heiter und froh, und anderen das gleiche gönnend, erfand eine bessere pädagogische Auskunft. Sie wußte ihren Zweck durch Belohnungen zu erreichen. Es war die Zeit der Pfirschen, deren reichlichen Genuß sie uns jeden Morgen versprach, wenn wir nachts die Furcht überwunden hätten. Es gelang, und beide Teile waren zufrieden.»[2]

Nacht ist der Ort des Schreckens und der Verheißungen, aber die Versprechungen über-reden nur die väterliche Furcht. Das Reale ist Effekt jenes Gespenstes, das trotz aller Verkleidungen und Maskeraden ‹Vater› heißt, aber aus den Halluzinationen kehrt der Vor-Vater zurück: das warme, disperse, promiske und erotische Leben zwischen den Bediensteten und Hausgenossen[3]. Der gespenstische Vater macht den Wunschraum wortwörtlich zur U-topie und zum Ort der Schrecken, der – für Goethe – nur durch Mutter und Schwester dispensiert wird: aber sind sie nicht auch Mutter und Tochter des Vaters, der da im umgewandten Schlafrock für territoriale Ordnung sorgt: jedes an seinen Platz: das Reale und das Imaginäre – der aber, wo er das tut, als Gespenst erscheint? Und warum erscheinen die Wünsche dem Knaben einzig als disperse Ängste, die aus der vorbeiziehenden Landschaft zurückgeworfen, reflektiert werden? Ein Spiel der Ersetzungen: Die Mutter verheißt, wo der Vater befiehlt und ersetzt so Bestrafung durch Belohnung; die vom Vater geforderte familiale Allianz, die die Bediensteten und Hausgenossen ausschließt, richtet den Wunsch des

Kindes auf Mutter und Schwester, richtet vor den familiensubversiven Inzest aber Mauern auf, die nächtens mit denen in der Topographie des bürgerlichen Hauses kongruent sind. Das Triangel: Mutter, Tochter, Sohn, das sich so im Wunsch nach dem Wunsch bildet und der Grammatik des ‹Vaters› gehorcht, wird zur Figuration SEINES Gesetzes, das ihn aber, indem er es aufstellt, zugleich ausschließt. Als Ausgeschlossener Souverän ist der väterliche Gesetzgeber in der idealen familialen Kommunikationsgemeinschaft nur als Gespenst zugegen, Widersacher seiner selbst. Im Blick oder ganz Ohr sein, das ist das Gespenst dieses Vaters «Siehst, Vater, du den Erlkönig nicht? (. . .) und höret du nicht»?

Da ist die Geschichte vom aufgeklärten Vater, der statt ‹Erlkönig› Bäume sieht, und vom antirationalistischen Kind, das statt Bäumen ‹Erlkönig› sieht. Der eine erreicht den Hof mit Müh und Not, der andere stirbt, geht zugrunde, zurecht, sagt uns Freund[4]. Wer stürzt, den soll man stoßen, und ist doch, worein er zu-grunde geht, vielleicht der Grund?

Kein ‹Urschauer vor dem Elementaren› freilich und dem ‹Greifenden› in der Natur[5] ist das Gesicht des Knaben, er sieht ja nur ‹Erlkönig› und hört seine Versprechungen: Spiele, Blumen, manch gülden Gewand, dann wiegen, tanzen und singen – reichlichen Genuß der ‹Pfirschen› also. Wenn's das ist, was die Natur verheißt?

‹Erlkönig› verweist das Begehren des Knaben auf Mutter und Töchter, nicht auf sich selbst, der ihn doch liebt und den seine schöne Gestalt reizt. Die Gestalt des Knaben also hat er im Blick, aber dessen Begehren kreuzt sich erst mit dem des Knaben, wenn es unmittelbar Gewalt und also Tod verspricht. In ‹Erlkönigs› Blick nistet sich eine Differenz ein, die das Gesehene und den Sehenden trennt und die erst im Tod versöhnt wird: Ich sehe mich sehen, ist der Fokus dieser Differenz: der Sehende tritt aus sich heraus in die Augen des anderen, kleine Puppe, die sich spiegelt: pupilla. Der gefühlte Blick des anderen ist die Scham, deren Ursprung das Gespenst des Vaters war, die aber zugleich den Wunsch nährt, sich mit diesem Anderen zu vereinigen: sich selbst sehen zu sehen. Er führt über jene Ersetzungen, die die familiale Kommunikationsgemeinschaft dem Knaben als Objekte des Begehrens zuweist: Mutter und Schwester/Tochter, und in denen sich doch nur das väterliche Gesetz spiegelt, das heißt: Du sollst sein wie der Vater, du darfst nicht sein wie der Vater.

Das Reale ist die Erfahrung des Widerstandes der Imagination, die – für den jungen Goethe – durch das Gespenst des Vaters gesetzt ist. Ebenso entsteht aber das Imaginäre selbst aus der Scham dieses Widerstandes, der Vergangenheit, die uns Sprache heißt, die Schuld heißt sehen und hören. Was der ‹Vater› dem Begehrtwerden des Knaben durch den anderen Vater entgegensetzt, ist diese Scham: ‹Sei ruhig, bleib ruhig›, Scham als Absenz des anderen, das durch den Knaben spricht und das der Vater zurückwirft als: Realität. Im Blick des abwesenden anderen ist auch *der* Vater, der den Knaben zu schweigen veranlaßt, indem er ihn auf die Realität als Grenze des Begehrens und des Begehrtwerdens verweist. Realität erscheint also doppelt als Effekt eines signifikanten Vaters, einmal, indem er dem Phantasma Einhalt gebietet, dann, indem er eben jenes Phantasma immer schon erzeugt hat, dessen verletzliche Grenzziehung diese Realität ist.

Je weniger die Deixis des deutenden Vaters der vorbeihuschenden Landschaft Einhalt gebietet, umso gewalttätiger der andere Vater, dessen Begehren sich mit der Furcht des Sohnes kreuzt. Es zielt auf den Körper des Kindes, den der Vater schamhaft umschließt vor den Augen des andern. Die Väterliche Scham?, ein wahrhaft doppeldeutiges Wort. Was verbirgt der Vater da sicher und warm vor der Schaulust der Wälder und Nebelstreifen? Vor der phantastischen Stimme des anderen? Was stirbt da, als er mit Müh und Not den Hof erreicht? Eine reziproke Urszene in der tödlichen Phantasie des Kindes: Er sieht sich sehen, dieser andere Vater, dieses Gespenst des Vaters: sein eignes Gesetz, das die von ihm Beherrschten von ihrem Begehren abschneidet, dieses eine, dieser Phallus! Schaulust, als die Lust am Angeschautwerden durch ein Selbst; wo ist da der Blickpunkt? Was ist ihm unter-legt? Das Sub-jektum entsteht in einem Filmriß, einem Augenblick, den nur der Tod eröffnet. Das ‹Wissen› des Vaters ist das Phantasma des Kindes; Landschaft wird polymorph und spricht das Begehren als ein Begehrtwerden mit Haut und Haaren. Aber der Sprechpunkt ‹Erlkönig› bleibt genealogisch offen: Mutter und Töchter, dazwischen, wer wohl: der Vater? Aber diese obskuren Objekte des Begehrens sind ‹Mutter› und ‹Töchter› ja nur durch den signifikanten Akt des Vaters, der den Knaben sprechen läßt und seiner fiktiven ‹Unwilligkeit› Gewalt verspricht. Alles zieht sich in diesen Signifikanten ‹Erlkönig› wieder zurück: Mutter und Strand, Spiel und Töchter. Nicht Meer ist Mutter, kein Ozean tut sich hier auf, auf den sich Freuds ‹ozeanisches Gefühl› beziehen ließe, sondern dessen Grenze, der Strand, eine Linie und Gravur, die das Flüssige vom Festen trennt. Der andere Vater ‹Erlkönig› ist König nicht nur der Elfen, die sprechen wie die junge Parze, er formt vielmehr die tödliche Struktur des Gesetzes, das heißt, daß es nur gilt, weil es für ihn nicht gilt. Wo es verspricht, bindet es den Wunsch nach dem Wunsch, der einer der Übertretung ist, an sein Gesetz, das eines des Todes ist. Keine Verborgenheit; in der Waldlichtung zwischen Versprechen und Wunsch heißt es Gewalt. Keine Ohren hat der ‹Vater› für den Ruf des Knaben ‹siehst du nicht›, ‹hörst du nicht›, nur eine Antwort. Der Vater kommt über die Differenz zwischen ‹Vater› und ‹Erlkönig› nicht hinaus. Sein Kind ist nicht lebensfähig, er selbst bleibt Gespenst. Erst der Tod des *gespenstischen* Vaters würde vielleicht die Realität so verzaubern, daß die Scham sich vollends in die Natur einschreibt: eine neue Allegorie, eine Schrift. Opfer bleibt aber, so oder so, der Knabe, dessen Tod eine dritte Geschichte beginnen lassen könnte. Sie würde sich vielleicht so anhören:

«Ein Vater hat tage- und nächtelang am Krankenbett seines Kindes gewacht. Nachdem das Kind gestorben, begibt er sich in einem Nebenzimmer zur Ruhe, läßt aber die Tür geöffnet, um aus seinem Schlafraum in jenen zu blicken, worin die Leiche des Kindes aufgebahrt liegt, von großen Kerzen umstellt. Ein alter Mann ist zur Wache bestellt worden und sitzt neben der Leiche, Gebete murmelnd. Nach einigen Stunden Schlafs träumt der Vater, *daß das Kind an seinem Bette steht, ihn am Arme faßt und ihm vorwurfsvoll zuraunt: Vater, siehst du denn nicht, daß ich verbrenne?* Er erwacht, merkt einen hellen Lichtschein, der aus dem Leichenzimmer kommt, eilt hin, findet den greisen Wächter eingeschlummert, die Hüllen und einen Arm der teuren Leiche verbrannt durch eine Kerze, die brennend auf sie gefallen war.»[6]

Wenn Freud auch in diesem Traum, der den Schrecken und die Sorge doch so *offen*-kundig vereinigt, dennoch seine Traumtheorie des Begehrens bestätigt findet, so sind wir zunächst erstaunt: eröffnet er sich doch *wirklich* in die schlimme Toten- und Verbrennungsszene. Auch behauptet der Traum ja durchaus nicht, daß der Sohn, der da spricht, noch lebe. Aber er verweist wohl auch nicht nur auf den hellen Lichtschein, der aus dem Totenzimmer dringt. «Vielmehr weist das tote Kind, das seinen Vater am Arm packt, ein entsetzliches Bild, auf ein Jenseits hin, das sich im Traum vernehmen läßt. Das Begehren wird Gegenwart aus dem Bild gewordenen Verlust des Objekts heraus, der auf das Grausamste gesteigert erscheint. Diese wahrhaft einmalige Begegnung wird so allein im Traum zur Möglichkeit. Nur ein Ritual, ein laufend wiederholter Akt vermag des undenklichen Treffens zu gedenken – und niemand vermöchte zu sagen, was das ist:

der Tod eines Kindes – es sei denn der Vater als Vater – kein bewußtes Wesen also.»[7]

«Vater, siehst du denn nicht, daß ich verbrenne» – dieser Satz ist eine Fackel: er wirft Licht auf das, was da ist zwischen Vater und Sohn, der nicht dieser Vater und dieser Sohn ist. Den von Fieberphantasien brennenden Knaben kann der Vater nicht retten, nicht einmal beruhigen; der andere Vater aber ist der Tod des Knaben. Erst der träumende Vater, den sein totes Kind am Arm packt, findet für dieses ‹siehst du nicht›, ‹hörst du nicht› wohl keine Antwort aber ein Gehör, wie ja das Ohr das einzige Organ des Unbewußten ist, das sich nicht verschließen kann. Wo im Umkreis der Fackel alles zu Schemen und zu Schatten wird, da hört der Vater doch seine Wahrheit aus dem Munde des toten Kindes, eine Stimme, die sich nur in der schlummernden Welt vernehmen läßt und die das Reale unter-legt: Das Reale – Effekt des väterlichen Signifikanten ohnegleichen – ist die Absenz; es ratifiziert nur in unendlicher Wiederholung den Satz, der sich im Traum aus dem Munde des toten Kindes spricht.

ANMERKUNGEN

[1] S. dazu Hegels Theorie der durch das Christentum in Gang gesetzten Scheidung von Innerlichkeit und Äußerlichkeit, die ihn zu der soziologisch-theologischen These führt: christlich wird die Religion zunehmend innerlich, zugleich wird die äußere Welt zunehmend ‹entgöttert› (Max Weber würde sagen: ‹entzaubert›), und beide Tendenzen steigern einander wechselseitig: «Die Religion baut im Herzen des Individuums ihre Tempel und Altäre, und Seufzer und Gebete suchen den Gott, dessen Anschauung sich versagt, weil die Gefahr des Verstandes vorhanden ist, welcher das Angeschaute nur als Ding, den Hain als Hölzer erkennen würde.» Aber: «Das Universum (...) soll gottverlassen sein, so daß nach diesem Atheismus der sittlichen Welt das Wahre sich außer ihr befinde.» S. dazu: O. Marquard, Zur Bedeutung der Theorie des Unbewußten für eine Theorie der nicht mehr schönen Kunst, in: H. R. Jauß (Hrsg.), Die nicht mehr schönen Künste, Grenzphänomene des Ästhetischen, München 1968, S. 375 – 392; sowie R. S. Zons, Messias im Text, in: F. A. Kittler/H. Turk (Hrsg.), Urszenen, Literaturwissenschaft als Diskursanalyse und Diskurskritik, Frankfurt 1977, S. 223 – 262.

[2] J. W. Goethe, Aus meinem Leben. Dichtung und Wahrheit, I 1, in: Goethes Werke, Hamburger Ausgabe, hrsg. von E. Trunz, Bd. IX, Hamburg 1955, S. 13 f.

[3] S. dazu P. Ariès, Geschichte der Kindheit, München 1975; I. Weber-Kellermann, Die deutsche Familie, Frankfurt 1974; F. A. Kittler, «Erziehung ist Offenbarung», in:

Jahrbuch der Schillergesellschaft, Bd. XXI, Stuttgart 1977, S. 111 – 137; R. Meyer-Kalkus, Werthers Krankheit zum Tode, Pathologie und Familie in der Empfindsamkeit, in: Urszenen, a. a. O. (Anm. 1), S. 76 – 139.

[4] W. Freund, Die Deutsche Ballade, Paderborn 1978, S. 28 – 35.

[5] S. E. Trunz in: Goethes Werke, Hamburger Ausgabe, a. a. O. (Anm. 2), Bd. I, S. 481; vgl. auch J. Boyd, Notes to Goethe's Poems. Vol. I: 1749 – 1786, Oxford 1944; E. Staiger, Goethe Bd. 1, Zürich 1952, S. 343 – 345; M. Kommerell, Gedanken über Gedichte, Frankfurt 1943.

[6] S. Freud, Die Traumdeutung, GW II/III, S. 513 f.

[7] J. Lacan, Das Seminar. Die vier Grundbegriffe der Psychoanalyse, hrsg. und übers. von N. Haas, Olten und Freiburg 1978, S. 65.

RÜDIGER CAMPE
Schreibstunden in Jean Pauls Idyllen

In der Vorrede zu *Jean Pauls Briefen und bevorstehender Lebenslauf*[1] führt der Autor, als Kommentar zum folgenden Werk, ein Selbstzitat aus einem Brief an, in dem er die moralische Revolution des Ich statt der politischen empfohlen habe. Allerdings schreibe er es «aus dem Kopf», «weil ichs nicht kopiert habe» (4,930/928 f.). Darum sei nun der Briefempfänger aufgefordert, «in den florierenden Anzeigern zu sagen, ob ich wirklich folgendes an ihn erlassen habe». Was folgt, ist der ausgearbeitete Text über die Revolution, der bereits der erste der so eingeleiteten philosophischen Briefe ist. Weil dem Autor der Kopist nicht zur Verfügung steht, bleibt es dem angeblichen Empfänger überlassen, das Ich zu verifizieren, das in dem nun gar nicht mehr an ihn gerichteten Brief über die Revolution des Ich spricht. Wer gibt also den wohlmeinenden Rat der moralischen Revolution im zum Werk gewordenen Brief?
Den «Briefen» folgt im «bevorstehenden Lebenslauf» die vermutete Autobiographie des Autors. Deren Gegenstück wäre die fragmentarisch gebliebene *Selberlebensbeschreibung*[2], in deren Mittelpunkt die Erinnerungen an die Schreibexerzizien des Kindes stehen. Welches Ich ist also die personale Mitte von Konjektur und Erinnerung? Weil es sich um eine Rolle – den Autor – und das unmündige Kind, zwei defiziente Ichs handelt, fallen beide Selbstdarstellungen Jean Pauls in seine humoristische Gattung der Idylle. Umgekehrt sind Autor, Schreiber, Kopist die Helden der Idyllen überhaupt. Daher der Lesevorschlag, daß hier von denen erzählt werde, die den – ernsten – Roman zu erzählen haben; daß in der Idylle die Auseinandersetzung mit der traditionellen Gattungspoetik agiert werde, in deren Denunziation der Roman die Selbstevidenz der modernen Produktionslogik formuliert.[3] Die humoristische Rubrizierung der Idylle würde sich über die beiden selbstdarstellenden Texte hinaus auf die mangelnde Mitte des redenden Ich, seine Aufspaltung in Rolle und Unmündigkeit beziehen, von denen der Humor ebenso beredt erzählte, wie er unab-

lässig auf das Ideal des Ich im ernsten Roman verwiese. Das Verhältnis des komisch Endlichen zur unendlichen Idee ließe sich als das der fragmentarischen Geschichtlichkeit des Sprechakts zum endlosen Produzieren der Rede verstehen.
Darum folgt der Kommentar der Spur von Humor und Witz: in der Zurichtung der Erfahrung (der die Autobiographie aussparenden Erinnerung und Konjektur); als Zurichtung der Analyse ihrer – komischen – Verschiebung: in den Idyllen; als Handhabung der fixierten Vermögen zum Zweck der Romanproduktion.
Als Regularität in der Autoridylle des konjizierten Lebens funktioniert deren grammatische Form: das futurum exactum. Der Leser ist vor die in einem biographischen Bericht vollendeten Tatsachen der optativischen Verdoppelung des Verfassers gestellt; zugleich damit wird die Weise, in der er angesprochen ist, doppeldeutig. So die Einkleidung: Jean Paul adressiert Briefe an den Freund, mit einer durchlaufenden Datierung, aber auch der Ankündigung versehen, der Adressat werde sie erst, ins Buch gesammelt, zur nächsten Ostermesse lesen können[4]. So auch im Bericht aus der Zukunft selbst: Jean Paul und die Verlobte stehen nebeneinander bei der Lektüre ihrer zukünftigen Ehe (4, 1083). Scheinbar gemeinsam; aber ausgehend von der Metapher der Lektüre scheiden sie sich in den Verfasser und die Leserin. Zuerst von *Jean Pauls Briefen* (4, 1052); dann einer früheren – prophezeienden – Eintragung Jean Pauls ins Mädchenstammbuch: was immer die Zukunft ihrer «stillen Seele» sei – «sie hat mehr verdient!» (4, 1054). Wird dieses vom Autor mit Datum und Unterschrift kodifizierte Übertreffen mit dem Präsens erklärt, das dem Bedeuten des auktorialen ‹Ich werde dich stets geliebt haben› in der Replik: «Ach die Liebe leidet bei jeder Hoffnung, sie will keine, sondern nur Gegenwart» (4, 1055) seine Bedeutung attestiert, so erweist sich die Ehefrau als die ideale Leserin des Autors.[5]

Er legt die Feder über das Dintenfaß und gibt ihr die Hand und zieht sie an sich, und sie bückt sich lesend gegen das, was er hingesetzt. (4, 1057)

Die ökonomische Verdopplung[6] und ihre erotische Auslegung – wenn der Briefeschreiber sich in den Autor der nächsten Leipziger Messe verdoppelt; wenn er der, die er an sich zieht, sein Geschriebenes unterschiebt – mündet in die Rhetorik des Protestes:

«Ihr Menschen, die ihr mich so oft mißverstandet» – «Ich (kann) meine Hand aufheben und schwören, daß ich vor meinem Schreibtisch nie etwas anderes suchte als das Gute und Schöne» – «Ich habe vielleicht oft geirrt, aber selten gesündigt» (4, 1071)

Die Auflösung der Verdopplung – indem Jean Paul hier den *Confessions* das Wort läßt[7] – leitet aus ihr die Qualitäten der Textpragmatik ab: eine den Text einhegende Pathologie, die appellative Struktur und nicht appellierbare Intention verbindet.[8]

Der Autor, der über die Strukturierung seines erotischen Begehrens die ökonomische Logik des Werkes auf sich überleitet, gibt sie dem Text in der Weise seiner pathologischen confessions wieder.

Der anderen selbstdarstellenden Idylle geht es, im Kindheitsbericht der *Selberlebensbeschreibung*, nicht um die Konstitution des Textes, sondern um ein Anordnen der Wörter einerseits, von Bildern andererseits. Den ersten Unterricht des Kindes bestimmt das «bloße Auswendiglernen» des Katechismus (6, 1054) und belehrender Sprüche. Latein lernt man im Memorieren der Paradigmen und von Regeln, deren Beispielsätze nicht übersetzbar sind. Dem bloßen Sprechlernen entspricht das bloße Schreiben: zuerst lernt das Kind Paul das griechische Alphabet, ohne die Sprache zu erlernen; später Hebräisch so:[9]

Der jetzige Romanschreiber verliebte sich ordentlich in das hebräische Sprach- und Analysiergerümpel und -Kleinwesen. (6, 1090 f.)

Unermüdlich reiht der Text auf, wogegen die bürgerlichen Reformer polemisierten. Über die Vorstellung einer verfehlten Erziehung rückt gerade der kleinbürgerlichen Intelligenz gegen Ende des 18. Jahrhunderts ihre Kindheit in die Ferne eines Anachronismus.[10] Indem Jean Pauls Satire auf eine «ordentliche Verliebtheit» des bloßen Schreibens trifft, wird auch die Angst vor dem Anachronismus sichtbar: das «geistige Selberstillen der Kinder» (6, 1055). Das Kind Paul erfindet nämlich neue Alphabete, kann «ein paar Seiten voll abgeschriebener Materie» «in seinem alphabetischen Solitär» bezeichnen.

So war er ...sein eigner Geheimschreiber und Versteckensspieler mit sich selber. (6, 1059)

Unter den Vorstellungen des Konspirativen und der Spiele ist eine Agitation gegen die zu erarbeitenden Identitäten (der Worte und der Person) evoziert. Es begegnen sich die gestaltlose Reihe der buchstäblichen Reproduktion und die solitäre, unsozialisierte Produktion.

Daneben steht die Reihe der Erinnerungsbilder. Die Qualität eines ersten und besonderen Eindrucks besitzt nur die initiale Erinnerung «aus meinem zwölf- wenigstens vierzehnmonatlichen Alter» (6, 1048). Sie eröffnet die Reihe jener ersten Eindrücke, die – nicht in der Weise von Initiation noch der Sozialisationsmarken – im Zyklus des *Idyllenjahrs*[11] angeordnet sind. Auch hier ein – nun empfindsamer statt satiri-

scher – Anachronismus: denn diese Zyklik, in der Rousseau bereits die Struktur der narzißtisch erstrebten Erinnerung wahrgenommen hatte[12], ist bei Jean Paul wieder ihrer ikonographischen Vergangenheit genähert: der emblematischen Darstellung der Jahreszeiten und Monate im Familienleben und den Lebensaltern[13]. Damit ist die Gegenfigur zur auktoralen Konjektur im Erinnern der anachronistischen Kindheit skizziert: die Reproduktion bloßer Zeichen, aus der die solitäre Produktion ausbricht, und ein getrennt daneben gesetzter Zyklus von Bildern – geprägt von der Distanzierung, die dies als anachronistisch Totes am eigenen Körper begreift.
Die Idyllen Jean Paul erzählen von der Strukturierung des auktorialen Konjizierens der natürlichen Identität und des schreibenden Erinnerns der Identitäten des Natürlichen; damit auch von der Spaltung beider Vermögen, beider Naturen, beider Identitäten.

Ein Retter in der Not: der Autor

Zwei Idyllen, die die Unmöglichkeit der Gattung bestimmt[14] und die sich in deren satirische Kritik und heroische Affirmation ausbilden, sind deutlich Vorbilder der scheinbar heterogenen und doch ungewöhnlich traditionellen Idylle Jean Pauls, *Der Jubelsenior. Ein Appendix*.[15] Der in seiner Idylle selbst auftretende Autor hat sich mit diesen beiden Extremen der Gattung, mit den an ihnen haftenden ständischen Ideologemen, als Autor und als citoyen, der die Gattung und die Stände überschreiten will, auseinanderzusetzen.
Die Form der satirische Idylle ist exponiert in der, von Jean Paul öfter zitierten, *Wilhelmine* von Thümmel[16]. Ein Hofmarschall, der ein Bauernmädchen zu seiner Geliebten macht und zum Hofdienst abgeworben hat, erstattet sie dem verliebten Dorfpastor zurück, um in dessen Landpastorat ein idyllisches Hochzeitsfest arrangieren zu können, das er für eine Schäferstunde mit der adligen Geliebten zu nützen gedenkt. Das höfische Schäferspiel im bürgerlichen Heim parodiert in der höfischen Intimität des Rendezvous die private Intimität, im höfischen Fest das Familienfest. Der Hofmann übt also seine Macht aus, indem er sich in seinem Intrigenspiel zum Herrn über die Beziehungs- und Situationsdefinitionen macht. Damit ist aber zugleich Thümmels ideologiekritischer Witz charakterisiert, der, wie die kritisierte Macht selbst, einen Sinn beiseiteschiebt und die nackte Konstellation unter

dem Sinn buchstäblich nimmt[17]. In dieser Mimesis der Kritik ans Kritisierte verschiebt sich im Thümmelschen Verfahren allerdings der Angriffspunkt: während die Intrige um das Machtinteresse kreist, besetzt der es enthüllende Witz das erotische Interesse am beherrschbaren Körper, den die Intrige als schon enthüllten kalkuliert.
Jean Paul greift das im *Jubelsenior* zuerst in der Gestalt des Hofmanns Esenbeck auf, der eine verstoßene Geliebte ins idyllische Exil verbannt hat und der andererseits in die Geschehnisse der Pfarridylle eingreifen soll. Was aber in seiner Gestalt der Autor tun wird, in dessen

für edlere Gegenstände pulsierenden Adernsystem (Esenbeck) nichts wert hält als meine satirische Hohlader. (4, 461)

Bereits bei seinem ersten Auftritt in der Idylle imitiert der Autor den Höfling – freilich nur im voyeuristischen Blick. Denn wenn er die Idyllenheldin in der Dorfkirche als leibhaftigen «Engel» erblickt, so taxiert er – mit Berufung auf Esenbeck – Busen und Taille des ‹Engels› (4, 459) – die bürgerliche Kritik konstruiert den höfischen Verhaltenscode in der Figur der Äquivokation nach[18], die die Lust und die Aggressivität des erotischen Witzes freigibt. Bevor die Geschichte dieser Imitation weiter verfolgt wird, ist eine andere Blickweise zu beschreiben, an der – in der Weise seiner Verdopplung – der Autor auch teilhat; eine zweite literarische Vorlage, auf die Jean Paul im *Jubelsenior* anspielt, indem er sie in die Verhaltensmuster seiner Figuren auflöst.
Die *Insel* des Grafen Stolberg enthält eine hexametrische, also heroische, *Hochzeitsfeier*.[19] Dem alten Paar wird das Lager in einer doppelt bedeutsamen Höhle gebettet; indem es an die Hochzeitsnacht der absolut Treuen, Philemon und Baucis, erinnern soll, erinnert es an das illegitime, den Ursprung des neuen Geschlechts bezeichnende Heroenbeilager der Dido und des Aeneas. Die Schar von Kindern, Enkeln, Urenkeln, die zu Ehren der Eltern Spiele aufführen, ist gleichfalls doppeldeutig: denn indem sie die unverbrüchliche Geschlechterfolge demonstriert (der alte Vater reicht den Speer weiter), erinnern ihre Wettkämpfe – innerhalb der von Stolberg simulierten antik-epischen Tradition – gerade an Leichenspiele (etwa an die Spiele zu Ehren des toten Anchises, auf italischem Boden). Am Ende wird denn auch das liebende Elternpaar in einer Apotheose entrückt: ihr Auftritt als Imagines im Heroengewande fügt die Nachkommen zur Genealogie zusammen – im schon antizipierten Tod der Erzeuger und im Einsetzungsakt

des Nachfolgers. Die Affirmation des Idyllenmythos, der einer naturhaften Beständigkeit der Gatten- und Götterliebe galt, durch die Epik der Geschlechterordnung enthält in poetologischer Verkleidung die sich durchkreuzende Vielfalt der Bedeutungsebenen im gemeinten bürgerlichen Ereignis (familialer Innenraum; familiale Geschlossenheit; quasi juristische Einsetzung[20]). Jean Paul setzt das im *Jubelsenior* ins Ehe- und Amtsjubiläum des dem Tod nahen Pfarrers um, den der als Nachfolger designierte Sohn vor der versammelten Familie wieder einsegnet. Die Hauptpersonen: Er, «der Altvater, der glänzende Nestor» (4, 532); «sie, die fortliebende Allmutter» (4, 553); «die Nachschöpfer des verhüllten Ur-schöpfers» (4, 497). Die Vielfalt der beteiligten Ebenen ist hier zur Beziehungsanalyse geworden, die wiederum als ein Blickarrangement formuliert ist:

(die) Eltern, die jetzt unter der nachsprossenden jungen Welt um sich, noch allein um ihre vorige Ähnlichkeit mit dieser und um ihre von der Zeit verwischten Schönheitslinien wußten, die aber ihre ausgelöschten Züge und Wünsche mit elterlichem Entzükken auf den Angesichtern ihrer lieben Kinder wiederfanden und die nun auf der einbrechenden Erde nichts mehr brauchten als jeder Gatte die treue Brust des andern (...) und die nun gar die Schlange der Ewigkeit vereint umwinden soll. (4, 533)

Die Einfassung dieses Blicks: die Eltern stehen, vor dem Altar, den Kindern gegenüber, deren familiale Ganzheit hier durch ihre Erscheinung als Gemeinde bezeichnet ist; am Altar der Sohn, dessen Amtsnachfolge wieder mit bevorstehender Ehe verbunden ist; er ist so in zweifacher Weise der Garant. Die ‹wiedererkannten› ‹Züge und Wünsche› auf den Gesichtern der Kinder, in die die Eltern hineinblicken, sind nicht die, die auf die Eltern ausgerichtet sind. Für das ‹elterliche Entzücken› ist gerade die Egozentrik der an ihnen vorbeigehenden Blicke das, woran das Erinnern (als Bedeutungsgebung) in den Wünschen der Nachkommen identifiziert. Das Gegenüberstehen meint also einen Spiegel, wobei die sich spiegelnden Eltern aus den Augen der Kinder, in denen sie sich spiegeln, mit dem Kinderblick, der nicht auf sie gerichtet ist, blicken. Die Treue, in der die Eltern – ohne sich anzublicken – sich vor ihrem Spiegel, einander stützend, aufrecht erhalten, gewährleistet den totalisierenden Mechanismus, in dem die Kinder die Jugend der Eltern und die Eltern die personifizierte Pflicht der Kinder darstellen[21]. Darum aber sind die identifizierenden Blicke der Eltern wieder die von Sterbenden. Die Affirmation der Idylle, die auf genealogische Totalität und Ursprungsversicherung im Tod setzt, ist aus Stolbergs Antikezitat zu einer dessen Pathosformel zitierenden

Phänomenologie der Familie umgesetzt, die das genrehafte Dasein der Familie[22] mit einem Netz (narzißtischer) Äquivokationen überzieht. Beide äquivoke Muster bilden die beiden Ansichten des Zeichens innerhalb der Signifikate noch einmal nach: die erotische Bedeutung erscheint als eine der spirituellen fremde, während die Bedeutung der Kinderblicke sich als Zeichen uneinholbar mit dem Sinn der sie deutenden, erinnernd sie zuordnenden elterlichen Kinderblicke zusammenschließt.[23] Aus den Blickordnungen, die die idyllische Natur kritisieren und pathetisieren, formuliert sich der Fundus einer Bedeutungssprache des Autors.

Denn der Auftritt des Bürgers und Autors Jean Paul, der zwischen Residenz und Dorf in seiner Kutsche hin- und herfährt, verbindet die dem satirischen und dem affirmierenden Idyllenmodell zugeordneten Blickweisen, die zunächst als reine Funktionen bei den Herrschenden und den Beherrschten der ständischen Ordnung gravitieren.

Im Dorf erfährt Jean Paul, daß die Vokation des Pfarrsohns zum Amtsnachfolger des Vaters gefälscht war; er macht sich auf, um sie bei Hofe bestätigen zu lassen.

Audienz beim Fürsten. Jean Paul beginnt ausführlich «in der Prospektmalerei des Jubelfestes und der Familien-Wonne» (4, 463); erblickt dabei «glücklicherweise» – als rhetorisches Argument einsetzbar – ein wirkliches Bild im illuminierten Boudoir:

den Kupferstich der schönen, über die vergeltende Zurückkunft eines milden Geschicks entzückten Familie des Jean Calas. (...) «Nein,» (sagt' ich), «die Gruppierung eines solchen Entzückens über eine dreifache Jubelfeier wäre noch gar nicht gemacht; aber – wohl» (ich wies auf den Stich) «hier in Kupfer gestochen.» Ich finde in dieser Prozedur nichts, als was mir gefällt: nichts greifet stärker und schöner in einen Eigentümer ein, als wenn er dem harten trockenen Aaronsstecken der alltäglichen Nachbarschaft um sich durch eine geistreiche Wendung plötzlich eine transzendente Blüte gegeben sieht. (4, 463)

Der satirische Autor imitiert, kalkuliert und lenkt, in seiner Rhetorik, den Blick des Fürsten[24]. Nicht um kontemplative Versenkung und den Appell eines moralischen Gehaltes im Bild geht es, sondern um eine abgebildete Konstellation und eine Relation von Verfügungsgewalten. Während die Transzendenz des Besitzes für das, von Chodowiecki ja anvisierte, bürgerliche Publikum die Moralität wäre, ist sie für den Fürsten, der den Kupferstich wie einen repräsentativen Dekor einsetzt, die Realität des absolutistischen Willküraktes (und nichts anderes erwirkt hier Jean Paul).

«Der Sohn soll die Pfarrei bekommen,» (sagte der Fürst) «und ich goutiere die Idee so sehr, daß ich am Jubelsonntage selber kommen und den Effekt bemerken will!» (ibid)
Der Autor verrät in diesem Moment, daß er einen andern ersten Augenblick auf den Kupferstich gerichtet hatte:

Das setzte mich nicht sonderlich in Freude: denn ich selber wollte allein die Vokation einhändigen, um ins zitternde Herz, wenn es sich weit und gewaltsam zur Aufnahme der großen Wonne öffnen muß, tief hineinzusehen. (ibid)

Er hat also auch die identifizierenden Blicke imaginiert; dieser Seelenvoyeurismus entspricht seinem politischen Intrigantentum. Die Verschränkung der enthüllenden und der pathetisierenden Blicke ist schon in der Geschichte des Kupferstichs selbst versammelt. Der Fall des Jean Calas[25], angeklagt, den Sohn aus religiösen Motiven ermordet zu haben, wird durch Voltaires Memorandum (*Traité sur la Tolérance*, 1763) zur affaire, dem es aber nicht um eine juristische Auseinandersetzung geht; vielmehr kombiniert Voltaire eine Satire und ein Bekenntnis. Die Satire enthüllt die ideologischen Voraussetzungen des Urteils, in historischer Revue tolérance und intolérance als Verhüllungen von Machtinteressen. An der Schwelle zur gegenwärtigen affaire setzt aber das Pathos des Bekenntnisses ein. Nicht weil Calas' Unschuld erweisbar wäre, liegt ein Justizskandal vor, sondern weil es wider die Natur des Menschen ist, wollte ein père de famille seinen Sohn töten. Aus dieser Wendung des Protestes speist sich auch die Ikonographie der affaire Calas, die so eine der Familie Calas wird – für die deutsche Kunst, im Werk Chodowieckis, der Kristallisationspunkt überhaupt für die mit dem Namen Greuze verbundene Einführung der Pathosformel in ehemals dem Genre vorbehaltene Sujets.[26]

Wenn dieser Kupferstich, für das deutsche Kleinbürgertum und die neu auftretenden bürgerlichen Kunstsammler bestimmt, im illuminierten Fürstenboudoir placiert wird und dort sich dem doppelten Blick des politischen Autors dabietet, öffnet sich in dessen Verdopplung wieder die heterogene Kombination der affaire. Die Wiederherstellung der Familienidylle erweist sich so als das genaue Gegenstück zur affaire, angezettelt vom homme de lettres.

Die Möglichkeit der verschränkten Anordnung impliziert aber auch das zerstreute Schweifen der Blicke, das auf der Indifferenz des Autors[27] beruht, der als recherchierender «Länder-Biograph» «müßig um die Fenster des Orts» geht (4, 459). Zugleich aber rollt seine Kutsche, aus deren Fenster die besichtigenden Blicke fallen, ‹vermittelnd› zwischen den Stationen der Handlung, die vom «Mitleiden mit der getäuschten

Familie» moralisch begründet ist (4, 461): 1) Im Dorf «Neulandpreis»; der Impuls des Mitleids, in dem ein Blick in der Manier des Höflings auf den «Engel» nebenher geht – 2) in der Residenz; die politische Vermittlung des Impulses, wobei die imitierende Kalkulation des fürstlichen Blicks auf den Kupferstich den locus zum entscheidenden Argument weist, aber der vorausgehende andere, den identifizierenden Seelenblick imaginierende Blick die politische Kalkulation an den Rand ihres Mißlingens treibt – 3) die Rückkehr nach «Neulandpreis», um die Idylle wiederherzustellen; dies wird nun vom Autor unter der Maske des Hofministers ausgeführt und so die Blickverdopplung endlich stabil organisiert.

Das Anlegen der Maske des (in der bürgerlichen Polemik) schlechthin Maskenhaften, des Höflings, heißt nicht, daß die Zahl der Masken sich vervielfachte – es geht um eine Kombinatorik, noch nicht um Schoppes Problem einer Vermittlung von Innen/Außen, Schein/Wesen. Vielmehr handelt es sich um eine Ausrüstung, unter der der Autor das Angesicht des Mächtigen trägt und vor den Idylleninsassen repräsentiert, gleichzeitig durch die Augenschlitze den ersten Blick der Identifikation und der kompakten Bedeutung sich gestatten kann.

Durch die leuchtende Ladenfuge konnt' ich die ganze um einen Tisch gehaltene Singschule von Eltern und Kindern und Enkeln besehen und prüfen. (4, 496)

Der besichtigende Blick braucht den engen Spalt als Durchlaß, wenn er, vom intimen Licht angezogen (‹leuchtende Ladenfuge›), die familiäre Runde wahrnimmt; und zugleich als Sperre, um den engen Ausschnitt als die Fülle der Bedeutung und Ganzheit des familialen Bedeutungskreises zu imaginieren (die ‹ganze› Singschule von ‹Eltern und Kindern und Enkeln›). Der Blick der Identifikationen gleitet aber in den eines neuen, anderen Voyeurismus über:

Mein Blick reichte sogar bis in die offengelassene Gesindestube hinein, worin die leis' nachsingende Alithea (...) einsam die Falltüre eines Bettisches aufhob. (ibid)

Dieser Blick taxiert nicht mehr den verführbaren Körper des Engels, sondern richtet sich auf einen imaginären erotischen Körper, der mit den Attributen der Familie (leis' ‹nach›singend) ebenso wie denen des Spähenden selbst (‹einsam›) ausgestattet ist.

Beim literarischen Bürger sind so Interessen und Identifikation, Analytik und Bedeutungsgebung ineinander verschränkt, organisiert im «optischen Betrug» (4, 497) der Maskerade bzw. des Blicks durch die ‹leuchtende Ladenfuge›. Ein Voyeurismus, der das erotische zugleich als das bedeutungsvolle Objekt fixiert, hat damit seine Organisation gefunden.

Darum gibt es auch nach vollbrachter Tat – und die Struktur des Handelns erhält die Überlagerung der Blicke noch funktional – die Versuchung, vor der schönen Tochter die Maske abzulegen; im Augenblick einer Wollust des bedeutungsvollen Objekts, was mit Werther-Anspielungen schon längst sich markierte.

Als Artist lös' ich mich wieder von der Familie ab, als Mensch und Gast verquick' ich mich erst recht mit ihr. (4, 541)

Und der Tochter Alithea ist er

viel näher, seitdem sie weiß, daß ich in der Welt gerade so viel Figur *mache,* als ich *habe.* (ibid)

Das gesperrt Gedruckte ist wieder Wortspiel, Äquivokation: denn es geht hier nur ideologisch um das Hervorholen des wahren Wesens und Habens des Bürgers unter dem Scheinen des Hofmannes. Vielmehr präsentiert Jean Paul in der Figur, die er mache, seinen Körper, in der prekären Erotik der imaginär vollen Bedeutungen. In dieser Wahrheit aber ist die Verschränkung der Blickweisen aus der Organisation des Handelns herausgetreten, in eine Synthese der wahren Figur übergegangen. Darum kann es nur noch einen realen Blick in der Legitimation des Bürgers und Autors als wahrer Figur geben, den, der ihn – als seinen Text – liest.

Wie? ich hätt' es nicht merken sollen, daß eine schwer atmende Brust hinter mir poche, die meine fliegenden Zeilen im Entstehen erhasche? – – Nein, nein, geliebte erste Leserin, nur sanft zusammenfahren sollst du jetzt vor so vielen Lesern, du beste, mit dem Monde hinter mir stehende und glänzende – Alithea!...(ENDE) (4, 543 f.)

Dieser Blick gehört also der ersten, der idealen Leserin; ihr Name (alétheia) ist die unmittelbare Wahrheit des parodierten gelehrten Autors, des Pfarrsohns, in dem Jean Paul eine autobiographische Anspielung gibt, und die ‹vermittelte› Wahrheit des Autors Jean Paul. Die Ordnung des Textes ist also nicht eigentlich aus den Blicken und ihrer Dreiständetheorie zu formulieren; denn deren Mittelterm machen die imitierten, kalkulierten, heimlichen und gleitenden Blicke des Bürgers aus, d.h. sie sind schon gar nicht mehr eindeutig innerhalb dieser Ordnung zu beschreiben. Wenn man nach der Ebene sucht, auf der der Text sich organisiert, auf der er das Erzählte durchgängig rekonstruierbar macht, so stößt man nicht auf die politische Kritik Thümmels, nicht auf Stolbergs drapierte Familienpsychologie, aber auch nicht auf den Realismus des *Werther,* sondern die Phänomenologie des subjetiven Bewußtseins des Bürgers, in der Politik, Psychologie und soziale Realität in der Verschränkung der Bedeutungsweisen listig organisiert sind, bis er der zur Synthese geronnenen Verdopplung selbst unterliegt, die Konstitution des Ich im konstituierten Text ihr Ende findet. Denn an diesem Punkt tritt die politisch-psychologische Maskerade des citoyen aus der Mittelstellung zwischen den analytischen Blicken der Herrschenden und den identifizierenden der Beherrschten heraus und gibt sich als die Logik einer neuen Ordnungsebene zu erkennen: des gleichsam textuellen Wesens des Bourgeois, das nach der Logik des eigenen Erzeugnisses gemodelt ist, in dessen Enthüllung er sich aber nicht als das Wesen, sondern als das geronnene Organisationsprinzip der Konstitution der Einheit der Bedeutungen erweist.

Daß zwei Zitate aus der Gattungstradition den Text in Kritik und Affirmation prägen, heißt, daß an diesen Polen sich die Weisen seiner Bedeutungen ausbilden. Der Text ist mehr, wie der, mit den berühmten wenn-Perioden geschmückte, Schlußabschnitt zeigt, wo die Erzählzeit die erzählte Zeit einholt. Der Text integriert die gegensätzlichen Bedeutungsweisen in dem Maße zur Synthese, wie er sich als Figur der Verdopplung erweist. Das ist endgültig geschehen, wenn der Autor sich an die ‹geliebte erste Leserin› wendet: ‹*vor* so vielen Lesern› – ‹eine schwer atmende Brust *hinter* mir›. Unter diesem Aspekt ist der *Jubelsenior* auch als Reihung schriftlicher Dokumente zu lesen, deren erstes die gefälschte Vokationsurkunde Ingenuins ist.

Lederer ist der Spitzbube. Dieser Mensch griff nämlich zu einer Schiefertafel und stach in gravierter Arbeit auf dem Stein das Konsistorial- und Regierungssiegel nach, und die Hände dieser Kollegien malte er nach. (4, 442)

Der Fälscher ist, wie später der Autor: packt ihn das Mitleid,

so fuhr ein guter Geist in ihn, und er sperrte sich ein und fertigte eine überraschende Vokation für das darbende Subjekt. (ibid)

Die Arbeit, einen solchen Text zu verfassen, setzt Jean Paul fort, indem er die Gunst erbittet, «über seinen (=Esenbecks) Namen zu disponieren», um nicht «für einen Nachflor, Postlapsarier und Adjunktus des Spitzbuben Lederer genommen zu werden» (4, 464). Ingenuins Bruder, «seines Handwerks ein Pitschierstecher» (4, 479), erkennt Esenbecks Petschaft in den Händen Jean Pauls: «Auch meine Arbeit!» (ibid)[28].

In der eingelegten Arbeit des Metalls, auf der erhabenen des Siegellacks sitzt ein Ich sicher und ohne Gefahr wie auf einer Zirbeldrüse. (4, 481)

Dokument und Petschaft trennen das subjektive Amalgam der Bedeutungen wieder auf und verweisen Interesse und Identifikation an die juristisch-administrativen Urkunden. Das Vokationsdokument ist aber nicht nur die Verwaltungsurkunde; sie bekommt in der Familienfeier, die mit einer Amtsfeier programmatisch zusammenfällt, zugleich den Wert einer quasi testamentarischen Einsetzungsurkunde des Vaters. Der auktoriale Text synthetisiert diese Dokumente, durch die das Ich sich konstituieren und legitimieren soll.
Die Synthese aber erweist sich als die dem Autor sich entziehende perfektionierte Organisation der Bedeutungen; wenn der Autor endlich vorm konstituierten Text als einem Spiegel sitzt, so nicht in der Aufmerksamkeit der Reflexion und nicht ein Ich erscheint, das Bild strukturierend, sondern er fühlt überrascht den lesenden Blick im Rücken und der Spiegel wirft sein Bild, nach der Placierung der ersten Leserin.

Pedanterie und Herkunft aus dem Orbis pictus

Wenn die unterschiedenen Bedeutungsweisen in der auktorialen Verdopplung des konstituierten Textes ausgelöscht sind, ist dennoch das Spiel von Kritik und Affirmation nicht beendet. In anderer Weise sind sie enthalten in den Wortanordnungen des Schreibers.[29] Daß es dort aber um die Weise einer Erinnerung, ein fragmentarisches Stück Geschichte geht, davon berichtet z. B. das *Kampaner Tal* – ein savoyardisches Glaubensbekenntnis Jean Pauls –, dem der «Kommentar» zu (fingierten) Katechismusillustrationen eines Lorenz Krönlein folgt (4, 561). Wenn der blasphemisch kommentierende Autor – den am Ende ein Traum belehrt, daß dieser Krönlein sein Urahn sei – im Weitermalen der populären Bilderbibeln etwas ganz Anderes zu entdecken vorgibt: nämlich den ästhetisch aufgehobenen Ausdruck von des Krönlein eigener Lebensgeschichte (und noch: daß Krönlein nichts davon ahnte) sieht man einerseits wieder die Figur der *Selberlebensbeschreibung* (Reproduktion, unvermittelte Produktion, abgesetzter Zyklus der Lebensbilder), andererseits sind die Pseudoautoren und Schulmänner Wutz und Fixlein in ihrer Eigenschaft der Pedanterie zu erkennen: Wissenstradierung im Transport der Zeichen, parodierte Autorschaft, unbeherrschte Autobiographik. Was der Anachronismus der Kindheit an witziger Verschiebung leistet, ist also in der Argumentationsfigur der Pedanterie nachzuvollziehen. Hier verkörpert vom Urahn des Autors: dem Kopisten und Registrator Krönlein aus dem Sachsen des 17. Jahrhunderts.

Was ist Pedanterie?[30] In einem der ersten Belege des Worts[31], Montaignes Essay «Du pédantisme», wird eine Abfolge polemischer Differenzen vorgeführt: der große Gelehrte – der unbedeutende; der in der Welt steht – der im Studierzimmer eingeschlossen ist. Aber nicht diese Differenzen der Quantität und Anwendung treffen die späthumanistische Erfahrung vom Wissen, sondern eine Differenz des Wissens im Wissenden: Bewußtsein, Gegenwärtigkeit, natürlicher Besitz des Wissens stehen gegen Gedächtnis, Abgestorbensein und bloß erlernte Teilhabe am Zitat und an der Sentenz.[32] Der einsame Gelehrte unterm Zeichen der melancholia[33] und der Präzeptor unterm Zeichen eines totenstarren Umklammerns des Narzißmus: die Liebe der fliehenden Dinge, die Liebe der ewig wiederkehrenden Worte. Im Frage-Antwort-Drill zwischen Lehrer und Schüler finde bloße Zirkulation statt; die ausgetauschten Zitate des Wissens seien nur «une monnaye inutile à toute autre usage et emploite qu'à compter et jetter».[34]

Ein Thema der Rhetorik (res et verba – Wissen und bezahlter Unterricht der Rhetoren), der Theologie und Jurisprudenz (Geist und Buchstaben der Schrift, des Gesetzes) zeichnet sich so in der Geschichte des Pedanten für das Wissen ab. Noch unentschieden ist bei Montaigne, ob die Differenz zwischen dem Wissen und seiner Reproduktion im Lernen oder ob eine Differenz von totem und lebendigem Wissen beides durchzieht. Indem Montaigne das eine am andern zeigt, identifiziert er den Abstand zwischen res und verba mit dem zwischen naturrechtlichem Besitz und Besessensein vom Tauschmittel, doch so daß beides in der Ironie des Zitats – Bedeutung und bloßes Zeichen zugleich – oszilliert. Die Differenz der Pedantenpolemik steht selbst ironisch in der Wiederholbarkeit der Sentenz, so daß Montaignes Essay sich nicht einfach als eine Reihe, sondern eine Spirale von Differenzen erweist. Zwei gegensätzliche Kontexte der Verwendung isolieren die Pole der res und der verba zu deren wörtlicher Bedeutung. Die aristokratische Erziehung sucht sich, was die Einübung des Verhaltenskodex und der Tüchtigkeiten angeht, weiter an dem traditionellen Lehrdienst zu orientieren und beschränkt die schulische Reproduktion des Wissens auf das notwenige Übel, das sie Pedanterie nennt.[35] Davon zeugt zuletzt noch der Lehrplan der Ritterakademien seit dem 17. Jahrhundert[36], aber noch gegen Ende des 18. Jahrhunderts erscheint der (klein)bürgerliche Hauslehrer der adligen oder patrizischen Familie als Pedant.[37] Dessen Typus bleibt also der praeceptor der Deutschen Schulen und der – inzwischen abgesunkenen – Lateinschulen und Gymnasien. Freilich setzt spätestens Mitte des 17. Jahrhunderts eine gegenläufige – die Differenz aber trotzdem gerade verhärtende – Konnotation ein, indem die Pedantenpolemik nun die schulische Reproduktion selbst als regellose angreift und die Wiederholbarkeit, indem sie sie ordnet, selbst ‹kreativ› zu machen sucht – jede Aneignung des Wissens selbst als einen produktiven Akt einsetzen will. Dies besonders ausdrücklich im deutschen Sprachbereich: die pädagogische Schrift, die – was die zahlreichen Neuauflagen und Adaptionen (z. B. als viersprachige Fibeln) bis weit ins 18. Jahrhundert hinein angeht – J. B. de la Salles *Civilité* in Deutschland entspricht, ist der *Orbis pictus* des Comenius und sein Realienprogramm. Dabei entspricht das Motiv eines dem Kind gemäßen Lernens einer ‹realen›, d. h. selbstevidenten Ordnung in zu erlernenden Wissen.[38] Das als tot verworfene verbum gleitet hier nicht mehr ab in die Ironie von Zitat und Rhetorik, die Energie der Polemik konzentriert sich auf das verbum als Wort im linguistischen Sinne eines Zeichens.

Dem barocken Rationalismus des Comenius gehört auch der Kopist und Katechet Krönlein zu.[39] So zitiert Jean Paul ihn unterm Zeichen des *Orbis pictus* (4, 703). Wenn im Vorwort des *Orbis pictus* der sensualistische Grundsatz:

es ist aber nichts in dem Verstand/ wo es nicht zuvor im Sinn gewesen[40]

angeführt ist, wird damit an entscheidender Stelle die pädagogische Polemik der res et verba dort gegen den humanistischen Sprachenunterricht eröffnet, wo dieser die scholastische Organisation des Wissens attackiert hatte. Das Terrain der res liegt nämlich nicht länger in einer gelehrten ‹Realien›kunde (den fontes der Humanisten), sondern in einem enzyklopädischen Vokabelbuch, dessen Aufbau in der Kongruenz von Vokabelschatz und dem Kreis der «sichtbaren Welt (Das ist: Aller vornehmsten Welt-Dinge/ und Lebensverrichtungen)»[41] sich definiert, so daß es, nach Comenius' Intention, zugleich als muttersprachliche Fibel, «encyclopaediola»[42] und Lateinlehrbuch dienen kann.[43] Der starren Differenz des Pedantischen im aristokratischen Gebrauch folgend, wird die Differenz nun einer linearen Dynamik fähig[44], die, im Zusammenspiel mit der Entwicklung des Enzyklopädismus[45], die Position des toten verbum immer tiefer auf die Gestalt des Signifikanten zutreibt.⁴⁶ Diese Fortschrittsdynamik hat die spiralenartig gleitende Ironie Montaignes überdehnt.

Daß Jean Paul im Urahn des Autors diese Pedantenfigur zitiert, daß er sie im Witz des ‹Ästhetischen Kommentars› eben in der Positionsbesetzung des Comenius einstellt, zeigen folgende Sätze:

> Einer der größten pädagogischen Irrwege ist der, daß Erzieher bei Kindern zwei, drei Ziele auf einmal zu erreichen gedenken. Die Kleinen sollen aus dem Speccius von Esmarch zugleich Latein und Realien schöpfen ... Ein zu einer doppelten Aufmerksamkeit verdammtes Kind wird am Ende bloß mit den Termen und mit verworrenen Umrissen ihres Inhalts vertraut; aber diese leere Vertraulichkeit raubt gerade einer künftigen dazu bestimmten Lehrstunde das Interesse der Neuheit. Also können die Katechumenen nicht das religiöse Memorienwerk und die artistische Kallipädie in einer Minute verschmelzen, so wie man mit gleichem Schaden Religionsbücher zu Lesemaschinen macht. (4, 649)⁴⁷

Weil Jean Paul aber seine idyllischen Pedanten nicht nur mit der Polemik bedenkt, sondern im Witz über sie weiterredet – im Allegorese-Verhältnis des Glaubensbekenntnisses und des blasphemischen Kommentars zum Katechismus, des Autors und seines Urahns – ist zu skizzieren, 1) worin und 2) aus welcher Perspektive die Differenz von Lebendigem und pedantisch Totem Jean Pauls Witz von Sinn und Buchstabe (d. h. jenes humoristisch Umgekehrte der erhabenen Metapher) wird.

1) Der *Orbis pictus* placiert im Zentrum die typologischen ‹Lebensverrichtungen› zwischen den «membra hominis» – die den eigentlich naturgeschichtlichen Teil abschließen – und einem verbundenen artes- und ethica-Katalog, der in die prudentia mündet. Die bürgerlichen Berufe bilden so das Medium, durch das die membra sich nach ihrem physiologischen Schematismus und zu Ehren der rationalen Ordnungsethik abrichten. Die angezielte Klugheit

> siehet zu rücke / als in einen Spiegel / auf das Vergangene; und sihet vor sich / als durch ein Perspektiv / auf das Künftige / oder auf das Ende.

und sie kalkuliert die Mittel zu den

> ehrlichen ... nutzbaren / und zugleich / so es seyn kan / belustbaren Zwecke(n).⁴⁸

Sie meint also gleichzeitig Zweckrationalität, Stifterin eines poetischen utile et dulce der Freizeitgestaltung, Einsicht ins Spiel der Fortuna und religiöse Ergebung in den Tod. Dem strengen Dualismus der barocken Metaphysik heftet sich so eine rationalistische Einheit an, ohne freilich die Einheit ihrer Anordnung ordnend zu beherrschen.⁴⁹ Ein Sammeln und Anhäufen unter den Stichwörtern ihres enzyklopädischen Wissens taucht auf. Die Gleichzeitigkeit zur Metaphysik des Barock durch die Transposition dualistischer Formeln in lexikalisch-enzyklopädische Figuren belegt schon der Aufbau. Auf jeder Seite erscheint: die «Picturae, sunt omnium visibilium ...totius mundi Icones»; die «Nomenclaturae, ...seu Tituli»; die die Vokabeln als Erläuterungen enthaltenden «Descriptiones, sunt partium Picturae explicationes»:[50] eine pädagogische Anverwandlung des barocken Emblems. Der Titulus wird dabei zum Oberbegriff, d. h. auch zum Stichwort des zu erlernenden Wortfeldes; der Detaillismus von Pictura und Descriptiones zu einer – von hinweisender Bezifferung unterstützten – analytischen Demonstration. Die metaphysischen Formeln der Tituli, die vom Detaillismus sich scharf scheiden, sind in die räumliche Assoziativik der Pictura und die semantischen Kontiguitäten der Wortfelder in den Descriptiones hinabgestürzt. Nur noch die evidente Parallelität zwischen den räumlichen und semantischen Familienähnlichkeiten legitimiert die Anordnung im Ganzen des orbis – genau daran entzündet sich das quasi ästhetische Vergnügen Jean Pauls am ehemaligen Lernbuch, genau in dieser Ablösung vom metaphysischen Titulus kommen die Lust des Blasphemischen, im Anhang zum Glaubensbekenntnis, und der Witz vom ‹ästhetischen› Kommentar überein. Es geht natürlich nicht um eine geschichtliche Einordnung dessen, der die Wörter des Glaubensbekenntnisses schrieb, sondern um ein konstruiertes Geschichtsstück – in der Art einer Bedeutungsgeschichte des Pedanten –, in dem der Witz funktionieren kann, durch den die immanente Bedeutungssprache des Textes von ihrem Geschriebensein Kenntnis nehmen kann – und darin ist der Bezug auf den barocken Rationalismus auch historisch exakt als Entfernungsmesser zwischen der Ordnung des Textes und einem als Modell der sprachlichen Zeichen erscheinenden, obsoleten Modell des Wissens. Denn die Figuren der rationalistischen Emblematik deuten von selbst auf das, worin die Philosophie der Zeit ihren tiefen Ausdruck fand: auf das didaktische enzyklopädische Wörterbuch.[51] Die Einheit von Wissensvermittlung, Wissensrepräsentanz und Wissensordnung in jener unbeherrschten Parallelität der Assoziativik und der Semantik, beherrscht aber im Drill der membra hominis und im rigorosen Lerndialog, verkörpert Comenius mit seiner *Janua Linguarum* (seinem lateinischen Wörterbuch), dem *Orbis pictus* und dem *Pansophiae Prodromus* (seinem Entwurf einer enzyklopädischen Methodik) noch bis hin zu Leibniz. Dessen Reformvorschläge für die Enzyklopädie Alstedts[52] zeigen freilich schon an, daß die unbeherrschten

Verwandtschaften des pädagogischen ‹Emblems› nicht mehr genügen werden. Stattdessen erscheint eine abstraktere Zuordnung zwischen den allgemein methodischen Präliminarien, den danach konzipierten Einzelartikeln und einem angehängten Glossar, das, die Stichwörter der Enzyklopädie enthaltend, selbst wieder etymologisch geordnet sein soll.

2) Die pädagogische Propaganda, an der Jean Pauls Witz über den rationalistischen Pedanten sein kritisches Maß hat, hat auf neuen Wegen diese abstrakten Relationen zu ordnen, zu lehren versucht. Wenn Jean Paul im *Krönlein* kritisiert, die ‹doppelte Aufmerksamkeit› des rationalistischen Unterrichts mache nur mit den ‹Termen› vertraut, wenn er in der Gelehrsamkeit Fixleins eine Zwangshandlung entdeckt – Fixlein untersucht in seinem Bibelkommentar beispielsweise

welches in ihr das mittelste Wort oder der mittelste Buchstabe sei, welcher Vokal am wenigsten vorkomme, und wie oft jeder? (4, 88) –

wenn er im *Wutz* eine rationalistische Genialität pervertiert, mit der der Schüler Wutz, sofort nachdem er im Lerndialog das Abc richtig aufgesagt hat, es auch fragend unterrichten kann (1, 422), dann zeichnet sich ein Zusammenhang ab zwischen der Wahrnehmung der bloßen Worte, der Anwendung von Regeln und dem Lerndialog. Dieses Syndrom der Kritik läßt sich z. B. folgenden Anweisungen in Basedows *Elementarwerk* zuordnen: Im ersten und zweiten Buch fordert der Reformer eine Art von familialer erster Sozialisation, in der u. a. eingeübt wird, Aussagesätze in einer räumlichen Zeigegestik visuell zu fundieren.[53]

1 «sieh da!» – Abmessen der optischen Linie Auge-Gegenstand
2 Subjekt des Satzes: Hinzeigen auf den gemeinten Gegenstand
3 Prädikat: Hin- und Herfahren des Fingers zwischen zwei Gegenständen mit identischen Eigenschaften
4 Kopula: «Finger bis an die Höhe der Stirn (heben): Das ist das Zeichen der Reflexion.»

und die dialogischen Äußerungen auf eben solche Aussagesätze zu reduzieren:

statt ich/du sollen im pädagogischen Gespräch Sprecher und Hörer nur mit «er» pronominalisiert werden; später soll eine Kombination eingeführt werden, die die dialogischen Indices mit Nomina koppelt: «Ich Papa sehe, du Emilchen hörst.»[54]

Danach folgt eine Propädeutik, die Vernünftigkeit, Wahrhaftigkeit und soziale Angemessenheit jenes ‹Urteils› regelt, das obwohl sprachlich, aus den Bedingungen des Dialogs und der semantischen Verhältnisse herausgehoben ist. Erst später erscheinen die realen Wissenschaften (die Mathematik gehört in Logik und Wahrscheinlichkeitsrechnung zur Propädeutik), in deren Unterricht diese Methodik nun nicht mehr in anordnenden Regeln erscheint, die einzudrillen wären, sondern als zugleich abstrakte, reale und gewaltlos funktionierende Ordnungen – als Kategorien.

Ein zweiter Aspekt, unter dem Fixleins gelehrte Mußestunden als Zwangshandlungen erscheinen, ist der der pedantisch geregelten Zeit seiner Arbeiten – der Pedant in der Aufklärung ist ja auch – einem Komödientitel Hippels zufolge – der «Mann nach der Uhr».
Bei Jean Paul tritt eine eigene Sphäre dessen in den Blick, das solcher pedantischen Regularität unterliegt:

Gibt es einen wahren Mann nach der Uhr, der zugleich die Uhr selber ist, so ist's der Magen. Je dunkler und zeitiger das Wesen, desto mehr Zeit kennt es, wie Leiber, Fieber, Tiere, Kinder und Wahnsinnige beweisen; nur ein Geist kann die Zeit vergessen, weil nur er sie schafft. (4, 959)

Wie der Geist das anstellt, ist noch einmal bei Basedow exemplarisch zu lernen. Im «Kalenderspiel» wird nach und nach das Erzählen der Kalenderblätter transformiert in Spiele zum

Begriff von Heute, Gestern, Ehegestern und Vorehegestern, von Morgen, Übermorgen und Nachübermorgen

und das Jahr läßt man nun jeweils mir dem Geburtstag des Kindes als Tag 1 beginnen.[55] Der Geist, der die Zeit vergißt, weil sie um ihn herum kategorial geordnet wird, verwirft kritisch das, was zeitlicher Anordnung unterliegt, als Reihe Pedantischer Materialitäten. Jean Paul zählt auf: Verdauung, Animalisches, Infantilität, Wahnsinn – tatsächlich gilt ihm die Halluzination als ‹zu Leibern erstarrte Innerlichkeit›, als Überwechseln der Phantasie in eine zweite Äußerlichkeit (5, 47). So erzeugt die Polemik gegen das pedantische die Vorstellung einer zweiten Äußerlichkeit, Materialität, als eine von den Ordnungen des sozialisierten Individuums abgespaltene, verlassene.

Freilich gehört Jean Pauls eigene Stellung in der dynamischen Propaganda gegen den Pedanten schon einer weiteren Stufe an, die die verschiedenen Reformstrebungen gegen Ende des 18. Jahrhunderts integriert. Basedows vorsprachliche Ordnung des Urteils etwa geht im idealistischen Neuhumanismus wieder in die Sprache selbst ein. Niethammer – den Jean Paul später in der *Levana* zitiert und mit dessen pädagogischer Sprachauffassung sich seine eigene weitgehend deckt (5, 523f.)[56] – faßt das so zusammen:

Ist gleich der Gegenstand des Unterrichts, mit dem er (=der idealistische Neuhumanismus) sich beschäftigt, nicht ein roher Stoff, mehr das leibliche Auge im Betasten, als das geistigte Auge im Fixieren zu üben tauglich, so ist er doch nichts weniger ein *Gegenstand,* und, obschon nur in Worten dargestellt, doch nicht ein *bloßes* Wort: das Wort ist nur die *Form,* in der sich die *Ideen,* die hier die *Sachen* sind, dem Bewußtseyn darstellen.[57]

So kann Niethammer sowohl die humanistische Sprachenpädagogik wie den Philanthropismus als pedantisch bezeichnen[58] – anders gesagt: die idealistische Dialektik beendet den Dynamismus in der Differenz der res et verba, was ja immer – am deutlichsten in Montaignes Ironie – eingeschlossen hatte, daß der Reformer auf Seiten der res von einer Vorgängigkeit der verba bedroht, historisch von ihnen auch stets wieder eingeholt wurde.

Damit ist umrissen, welches Geschichtsfragment die Ferne definiert, aus der Jean Pauls Witz über die idyllischen Pedanten ihr Maß an kritischer Verwerfung und lustvoller Identifikation gewinnt, indem nun, am Ende der Bedeutungsgeschichte der Pedantenpropaganda, eine Materialität des bloßen Zeichens erscheint, die einen Bericht der Äußerlichkeit der Innerlichkeit begründet. Diese Totalisierung des Pedanten soll ein letztes Zitat anzeigen, das auch ein drittes Element des Witzes vom Pedanten sehen läßt: die latente Rebellion dieser zweiten Materialität gegen den Geist der Bedeutungen.

Zum Quintus Fixlein heißt es:

Nicht die eingeschränkte *Lage,* sondern der eingeschränkte *Blick,* nicht eine Lieblingswissenschaft, sondern eine enge bürgerliche Seele macht pedantisch, die die *konzentrischen* Zirkel des menschlichen Wissens und Tuns nicht *messen* und *trennen* kann, die den Fokus des ganzen Menschenlebens wegen des Fokalabstandes mit jedem Paar konvergierender Strahlen vermengt, und der nicht allein alles sieht und alles duldet (...), kurz, der wahre Pedant ist der Intolerante. (4, 125f.)

Diese «freie Note» über Fixleins «pedantischen Ton» (ibid) fügt Jean Paul folgender Episode an: Fixlein hat sich eines Hundes angenommen, »der wegen der französischen Unruhen mit anderen Emigranten aus Nantes fortgelaufen war» (4, 70). Er ruft ihn, im Beisein des Feudalherrn, der auch sein Namenspatron ist (‹Egidius›): «Kusch, Schill (couche Gilles)» (ibid), wobei Gilles = Egidius. Folgende Verkettung macht den Pedanten zum «bürgerlichen Provokanten und Ehrendieb» (4, 71): die französische Revolution – der aus Nantes entlaufende Hund – den Egidius (selbst mit dem Namen des Herrn versehen) mit dem

Namen ‹Schill› versieht – der zu ‹Gilles› homophon ist, der Entsprechung zu ‹Egidius›. Die Namenlosigkeit des kleinbürgerlichen Klienten unterminiert den Namen des feudalen Patrons, indem ein politischer Hundekörper, auf dem sich einige Mutationen des Zeichenkörpers ereignen, dem Herrn des Namens das bloße Namenszeichen apportiert. Ein durchaus bürgerlicher Spott: das feudale Rechtsverhältnis erscheint in dem Maße – historisch – überlebt, wie die nicht in die Dynamik der kategorialen Integrationen eingerückte Individualität als erstarrt verworfen, in eine Äußerlichkeit der Innerlichkeit verstrickt wird. Die Selbstpeinigung des Bürgers läßt sich durch die Episode der *Confessions* hindurch wiederfinden, auf die Jean Paul anspielt[59], indem er ihren gekränkten Stolz verspielt. Die Buchstäblichkeit und der häßliche Tierkörper, über deren Reales sich das gedemütigte Ich des «pauvre Jean-Jacques!» hinwegspielt, indem es dem Leser seiner Bekenntnisse sein Leiden als eines an der Gesellschaft zu erraten aufgibt, gerät bei Jean Paul ins unentschiedene Wortspiel der politischen und der disziplinarischen Unterdrückung, wobei die bloße Animalität und das bloße Zeichen gegen die erste und von der zweiten zeugen.

So ist jenes Zusammenspiel von Kritik und identifikatorischer Affirmation wieder erreicht, im Verhältnis von Aggressivität und Lust des Witzes über den Pedanten, an deren Nullpunkt nun die Reihungen der bloßen Worte stehen.

Diktieren/Erinnern – Rezitieren/Extemporieren – Exzerpieren/Verfassen

Der Pedant ordnet seine Wörter an, deren Zuordnungen aber keine Sinnordnungen in sich tragen, so daß sein Schreiben unentwegt im ‹alphabetischen Solitär› läuft, gerade weil die kurrenten Zeichen hingeschrieben werden. Die Zeichenanordnungen weisen hin auf einen Sinn, den sie nicht enthalten. In seiner Sammlung der Druckfehler in deutschen Schriften

> verglich (Fixlein) die Errata untereinander, zeigte welche am meisten vorkämen, bemerkte, daß daraus wichtige Resultate zu ziehen wären, und riet dem Leser, sie zu ziehen. (4,81)

In der witzigen Geschichtsmontage ist vom Signifikanten die Rede: einem Zeichen einerseits – als endlich bloßem Zeichen; von parallelen, aber unbeherrschten Relationen der Zeichen und Referenten andererseits – im komisch gewordenen, noch ins Lexikon verschlungenen, Wissen. Davon ist die Rede in dem Maße, in dem dieser Witz zum Integrationsniveau der Idyllen (Wutz und Fixlein) wird. Der Pedant Quintus Fixlein findet auf dem Grund seiner Kindheitserinnerungen Exzerpieren, Auswendiglernen, Prügel; kurz alles

> was (die) Seele lieb hat, Schmetterlinge – oder Wurzeln von Zahlen – oder die von Worten – oder Kräuter – oder ihre Geburtsdörfer. (4,69)

In solchem Witz spinnt sich die Idylle aus der Argumentationsfigur der Pedanterie heraus. Die Kritik am Überständigen produziert die Art von Materialität, die selbst, im Witz, den Text als ihr Spiel zu organisieren beginnt. Die Buchstabenreihen sind die Lust der erinnerten Kindheit – die Lust vergegenwärtigt sich im «Buchstaben-Rauchfutter» (4,67), das zu verspeisen wäre; mit der Fortsetzung des Komischen im Witz ist es aber nicht vor der Kritik, aus der dessen Buchstäblichkeit stammt, sicher. Sie setzt neu an:

> (Fixlein) hatte von jener Philosophie, die das Essen verachtet, und von jener großen Welt, die es verschleudert, nicht so viel bei sich, als zur Undankbarkeit der Weltweisen und Weltleute gehört. (4,69)

Das Weiterreden der Pedantensatire ergibt so das Herstellungsmuster des Textes. Die einmal in der Kritik erzeugten bloßen Zeichen organisieren den «unverbindlichen» Witz (etwa den Wortwitz), bieten die hierbei hinzutretenden Zeichen aber wieder als bloße der Kritik des Komischen dar: die Oralität der bloßen Zeichen evoziert den Stoizismus als bloße Ideologie, die dem Druck der Herrschenden nachredet (in ‹metaphorischen›, bildlichen Witz).

Tritt dieses Muster an die Oberfläche der Erzählhandlung, so in der Verkettung bloßer Konstellationen (nicht im dramatischen Zufall): als «prächtiger Irrtum» (4, 126). Des Subrektor Fixlein Widersacher bei der Bewerbung ums Pfarramt heißt: der Konrektor Füchslein. Weil die Vokationsurkunde die ‹Verdeutschung› «Schulen-Unterbefehlshaber» gebraucht (satirische Kritik), können in der Adresse die Titel ebensowenig unterschieden werden, wie in der barocken Amtsschrift die beiden Namen (4, 133). Die «Verwechslung» zieht die «Ratifikation derselben» und Fixleins unverhofftes Glück nach sich (4, 136) (Fortsetzung im Wortwitz). Insofern in der Namensverwechslung aber wieder die Parodie auf die Willkür der Ämtervergabe – zwischen höfischer und konsistorialer Kompetenz – ansetzt, wird der in diesem Wechsel um den Pedanten herum sich herstellende Text als Parodie des Autortextes erkennbar. Die auktoriale Aktion des *Jubelsenior* hatte ja auch die Ratifikation eines prächtigen Irrtums zum Gegenstand – mittels der Intrige der gefälschten und der vom Autor gestifteten Urkunde, die wiederum nur einen Willkürakt auslöste. Während der Text des Autors die poetologischen Legitimationen der Idyllentradition – als Bedeutungsmuster – unterminiert, gibt die weitergeredete Pedantenfigur nicht eine andere Textlegitimation, sondern eine Rückbeziehung auf diskursive und litterale Redeweisen – nicht um Poetiktradition und Naturnachahmung geht es, sondern um die Bedeutungsgeschichte der Pedanterie und das Weiterreden eines Schemas der aufklärerischen Rhetorik. Kritik und Affirmation, die Verschiebungsgrößen der poetologischen Legitimation des Idyllischen zum Text des Autors, sind – anders – auch die Verschiebungsrichtungen einer Rückbeziehung des Textes – worin integrieren sie sich zur Idylle?

Hier ist der zweite Name der Idylleninsassen zu lesen: das Kindische.

> Die Mutter mußt' ihm (=Wutz) ...die Landkarte seiner kindlichen Welt unter dem Käuen mappieren und ihm alle Züge erzählen, woraus von ihm auf seine jetzigen Jahre etwas zu schließen war. (4, 83)

Fixlein schreibt auf und ordnet in Zettelkästchen an. Eine Parodie, die etwa auf Moritz' Anregung im *Magazin zur Erfahrungsseelenkunde* verweist, solche Erinnerungsberichte der Kindheit zu sammeln, von Beiträgern vor allem der bürgerlichen Intelligenz befolgt (Verwaltungs- und Justizbeamte; Pfarrer, Lehrer, Ärzte).[60] Moritz spricht dort vom ‹Erwachen› von Vorstellungen «als ob ich nahe dabei wäre, einen Vorhang aufzuziehen» und einer gelehrten Technik («Beschäftigung meiner einsamen Stunden»), diese Einfälle aus ihren mittelbaren Fundorten (der Träume) auf jene «wirklichen Vorstellungen» der Kindheit zurückzuführen. Sicher auch eine Anleitung für die Beiträger: die Invention ist eine Enthüllung, ihre Ausarbeitung eine Technik der Rückführung, in der Art eines Wissens, das man nicht weiß.[61] Hier die buchstäbliche Parodie: die Mutter enthüllt Fixlein Erinnerungen im Diktat; die Technik besteht im Hinschreiben nach Diktat und Anordnen in Zettelkästen; das Wissen dessen, was man nicht weiß, ein Lesen der diktierten und von eigner Hand hingeschriebenen Wörter (die Mutter diktiert unterm Essen, und das Ablesen der Zettel wirkt am Fixlein wie «Digestivpulver» (4, 85); also Zubereiten, Verzehr, Verdauen der Zeichen der Erinnerung).

Das ist ein Stück Kindheit noch einmal: nicht im von Moritz angeleiteten Verfahren der Psychologie, in dem eine wirkliche Szene erinnert werden soll – deren Wirklichkeit der Lehrmeister Moritz sogleich verrätselt.[62] Vielmehr wird in einer wirklichen Szene Kindheit reproduziert. Eine Wiederkehr statt einer Wiedererinnerung (oder Wiederholung)[63] also, denn das mütterliche Diktat fixiert – oral – zur Schreibszene und zum Schriftzeichen, was die psychologische Struktur der Kindheit, die Art der Existenz der Erinnerten am Individuum ist. Darum auch, weil sie die Mutter in der realen Szene an ihrem psychologischen Platz finden, sprechen die Erinnerungen nur beiläufig von Vater-Mutter. Dem Nachschreiben und -lesen des mütterlichen Diktats enspricht der sonntägliche Prediger Wutz, der noch einmal gegen die väterliche Autorität anredet.

Ja er griff seinen eigenen Vater an, ...denn wenn er diesem Cobers Kabinettprediger vorlas, wars seine innige Freude, dann und wann, zwei drei Worte oder gar Zeilen aus eignen Ideen einzuschalten und diese Interpolation mit wegzulesen, als spräche Herr Cober selbst mit seinem Vater. (1, 423)

Die Attacke gegen den Vater im Mimikry an dessen Autoritäten hat kein anderes Substrat als die im Ton unveränderte, nicht stockende Stimme des Vortragenden. Während Fixlein das per difinitionem Eigene der Erinnerung als fremdes hinschreibt, unterlegt Wutz etwas Eignes dem Rezitieren des Fremden. Dort Wiederkehr statt Wiedererinnerung, hier Täuschung statt Aufruhr. An diese Anekdote aus der Kindheit schließt sich übergangslos der

Spaß (an, den) er später auf der Kanzel trieb, als er auch nachmittags den Kirchgängern die Postille an Pfarrers Statt vorlas, aber mit ...hineingespielten eignen Verlagartikeln und Fabrikaten. (1, 423)

Die Täuschung des nun Kindischen – im Mimikry an die Autorität des geistlichen Vorgesetzten – wird der Ehefrau/Mutter (vgl. 1, 457) als idealer Zuhörerin berichtet. Die ohne Absatz aneinandergereihten Täuschungen sind wiederum Szenen der Wiederkehr, eines Narzißmus gewiß, aber ohne Aufbegehren und überwindende Identifikation. Im Fortsprechen der Stimme geht es auch nicht – sowenig wie vor Fixleins Zetteln – um einen Spiegeleffekt. Ihre unterschiedslose Lautartikulation – die unvermittelt identisch auch die des Kindes und des Kindischen ist[64] – bildet einen Resonanzraum, in dem ein Widerhall (statt eines reflektierten Bildes) die regressive Lust stiftet – die eine Identität genießt, die nicht die unifizierte Gestalt, sondern die unitäre Einheit (denn das image acoustique hat keine Bildteile) zurückwirft.
Die Pedantenpädagogik macht das Kind kindisch.

Maria Wutz dozierte unter seinem Vater schon in der Woche das Abs, in der er das Buchstabieren erlernte, das nichts taugt. Der Charakter unsers Wutz hatte, die der Unterricht anderer Schulleute, etwas Spielendes und Kindisches; aber nicht im Kummer, sondern in der Freude. Schon in der Kindheit war er ein wenig kindisch. Denn es gibt zweierlei Kinderspiele, kindische und ernsthafte – die ernsthaften und Nachahmungen der Erwachsenen, das Kaufmann-, Soldaten-, Handwerkerspielen – die kindischen sind Nachäffungen der Tiere. (1, 422 f.)

Und die Erziehungslehre Jean Pauls kommentiert:

Viele Kinderspiele sind zwar Nachahmungen – aber geistige, so wie die der Affen körperliche sind – nämlich nicht etwa aus besonderer Teilnahme an der Sache, sondern bloß weil dem geistigen Lebenstriebe das Nachahmen am bequemsten fällt. Wahrscheinlich tut der Affe, wie jener Nervenkranke des Doktor Monro, alle fremden Bewegungen gezwungen und nur aus Schwäche nach. (5, 603)

Die pedantische Reihe: das Abc, das Tier, der Wahnsinnige skandiert die Differenz der (geistigen) Nachahmung und des Nachäffens (der körperlichen, gezwungenen Nachahmung). Genauer: ein sozialisierendes Spiel, dessen Prinzip die narzißtische Nachahmung der unifizierten Gestalten wäre und ein Spiel, das der gestaltlose Widerhall des fremden Körpers ist. (mimesis im Legitimationsprinzip des Autortextes; Mimikry im Reduktionsprozeß auf diskursive und litterale Verknüpfungen.) Denn der sozialisierende und der pathologische Charakter des Spiels gruppieren sich um die «größere Freiheit des Selbstspiels» (5, 604), d.h. den Narzißmus des Spiels:

1 Spielen mit Spielsachen: «Zuerst spielt der Kindgeist mit Sachen, folglich mit sich.» (ibid)

2 Spielen mit andern Kindern: «In den ersten Jahren sind Kinder einander nur Ergänzungen der Phantasie über ein Spielding.» (5, 608)

Die Differenz von Nachahmung und Nachäffen dient also dazu, dem Selbstbezug des Spiels die «selbstische Gebärde», d.h. den Egoismus auszutreiben. Statt um «Genuß» gehe es im sozialisierenden Spiel um «Heiterkeit» (das ästhetische Spiel also auch).

Aber auch das verworfene Nachäffen ist nicht Egoismus, obwohl es sich in der Wiederkehr des Spiels festsetzt, während des Nachahmen das Spiel transzendiert. Diese Alternative kann Jean Paul nur in einer Psychologisierung des vormoralischen Spiels formulieren, anders als Rousseaus vormoralische dépendance des choses, die im rein pädagogisch definierten Punkt des Übertritts vom Objekt der Erziehung zum Mitglied der sie ausübenden Gesellschaft ihren genauen Sinn hat. Erst der psychologische Status vermittelt das Spiel über die Nachahmung zur Sozialisation, über die nachäffende Wiederkehr zur Pathologie. So ergibt sich: der Kindische ist nicht ein Fall der Sozial-psychologie, er ist genau darum kindisch, weil der Narzißmus der Wiederkehren die psychologische Immanenz (des Spiels) nicht durchbricht; d. h. psychologische nicht in Strukturen der Sozialisation umsetzt. Das Kind, das kindisch ist und bleibt: wer die psychologische Immanenz nicht durchbricht, erscheint – in der Differenz zur sozialisierten Gestalt – als gestaltlose Einheit. Wirklich läßt sich der spezielle Teil übers «Spielsprechen» in der *Levana* als Theorie des diktierten Erinnerns, der fortsprechenden Stimme auffassen. Wiederum entnimmt sie das bloße Wortzeichen einer moralischen Debatte, in die Rousseaus Pädagogismus sie von allem Anfang an verstrickt hatte. «ne substituez jamais le signe à la chose» heißt es im *Emile*[65], weil Rousseau den Resonanzraum der bloßen Zeichen als einen gesellschaftlichen Hohlraum entdeckte, in dem das paradoxe Paar von Unterwerfung (des autonomen Individuums unter die Gesellschaft der préjugés) und der Anarchie (des Individuums der vanité, désir, fantaisie) nistet.[66]

Jean-Paul, nachdem «er isch zuweilen gefragt, ob nicht der Wahrheit-Sinn der Kinder sich an Sprichwörterspielen...verletze» (5, 795), antwortet Rousseau – psychologisch:

Im Sprichwörterspiel lebt das Kind, zugleich Dichter und Spieler, zwar in einem fremden Charakter, aber zugleich mit ungeborgter, von der warmen Minuten eingegebenen Sprache. (5, 796)

‹Zugleich Dichter und Spieler›: schon nimmt die Formulierung Richtung auf das Sozialistionsspiel und den dort eingeübten Antagonismus von Subjekt und Rolle. Die Simultaneität von beidem heißt aber positiv: unterm Charakter des Fremden, der Artikulation die ungeborgte Kraft der Stimme geben – fortsprechen. Um in der Gleichheit dieser beiden Bestimmungen die systematische Ebene des Textes zu erkennen, müssen Wutz' und Fixleins Taten unter dem Aspekt ihres dritten Namens gelesen werden: sie sind Jean Pauls Narren.

Die Regression der Wiederkehren hat ihren Höhepunkt an der narzißtischen Todesszene, und hier markiert sich auch die Narrheit. Um Fixlein vom fatalen Halluzinieren, das die (im doppelten Sinn:) fice Idee eines vorbestimmten Todesjahres auslöst, zu heilen, inszeniert der angereiste Autor am Geburtstag des kritischen Jahres reale Kinderszenen, Illusionstheater:[67]

Die Kur war so närrisch wie die Krankheit. Ich fiel zuerst darauf, ob nicht, wie Boerhave Konvulsionen durch Konvulsionen heilte, bei ihm (= Fixlein) Einbildung durch Einbildung zu kurieren wäre. (4, 181f.)

Im Narren vollendet sich die Differenzreihe des Pedanten: der die Zeit nicht in Basedows Kalenderspiel um seinen Geburtstag kategorial zu ordnen gelernt hat, dessen in der Halluzination ‹zum Leib erstarrte› innere Welt (5, 47) sich auf die Überredungskunst der szenischen Requisiten einläßt. Die ebenso närrische Kur nimmt den Patienten nicht als krankes, sondern als defizientes Individuum wahr. Die Aufklärungskomödie arbeitete schon aus, daß der Pedant nicht mehr Typus unter Typen blieb, sondern die Typenhaftigkeit der figurae dramatis in sich aufsog – er wurde zum Typus unter all den Subjekten.[68] Zieht man beim aufklärerischen Spezialisten Auskünfte über den Narren ein, so sieht man das sich Vollenden in der Konzeption des Groteskekomischen. In der so benannten Abteilung seiner *Geschichte der komischen Litteratur* führt Flögel eine scheinbar willkürliche Parade auf. Zwischen den Typen der commedia dell'arte und der sozialen Institution der Hofnarren und zünftischen Narrenfeste figurieren dort: die «Fratzen und Possen» der «Wilden», die «antiken Larven», Marionettenspiele, aber auch der Kinderschreck; die humanistischen Farcen und mittelalterlichen Mysterienspiele, religiöse Gebräuche und heidnische Riten aller Art.[69] Literaturgeschichte, Kulturgeschichte, ethnologische Beobachtung. Was bedeutet das?
Flögel führt die «Satyre als den ältesten Zweig des Komischen» an, nämlich den «Geschmack an Fratzen, Possen, lustigen Schwänken, Narren und Narrenfesten»; erst in der zivilen Gesellschaft aber seien die «Sitten der Menschen...reif zum Spott und zur Satyre».[70] Die Satire der «Sitten» – als der sozialen und individuellen Unterschiede – meint die moderne Karikatur und Porträtkunst etwa eines Hogarth. Das Groteskekomische der Typen trott dagegen einen Rückgang aus seiner poetologischen Dignität in die kulturgeschichtlichen und quasi ethnologischen Fakten an, und bis hin zum Narren füllt sich seine literarische Erscheinung mit einer ihr immanenten Faktizität dessen, was die ethnologische Beobachtung die kulturellen Daten nennt. Das kann nicht als eine Kulturgeschichte im Ursprung der Literatur gelesen werden. Vielmehr zeigt die Heterogenetität der Auflistung, wie im Inneren des Literarischen die ethnologische Wirklichkeit auftaucht. Eine zweite Natur, die gerade der Schriftlichkeit und Geschichtlichkeit der LIteratur als deren rational nicht in sich zu ordende Komik immanent ist. Während die Karikatur im Wettstreit mit dem Porträt die Legitimationsproblematik der Literatur im Reich der Werte inkarniert, erreicht die Literatur über das Sujet einer ihr immanenten Regression –

des Typus bis zum totalen Typus: Narr – die zweite oder (im strukturellen Sinne) symbolische Materialität.

Jean Pauls Idyllen haben in der Weise mit Natur zu schaffen, wie diese symbolische Materialität als naturgeschichtliches Substrat einer Geschichte der Zivilisation (des «menschlichen Geistes», wie Flögel sagt) begriffen werden kann. Hier ist also auch der Koizidenzpunkt des auf seine Diskursivität und Litteralität sich zurückbeziehenden Idyllischen. Indem die Bestimmungen einer psychologischen Immanenz, einer Wiederkehr der Kindheiten, unter dem aufgeklärten Aspekt auf das Groteske des bloßen Typus: als Regreß auf die quasi ethnologische Strukturiertheit unter der gesellschaftlichen Werteordnung gelesen wird, präfiguriert ihre logische Einheit die psychoanalytische Ebene – gerade weil es sich um keine psychoanalytische Rede handelt und keine derartige Erklärung gefordert ist.[71]

Psychoanalytisch formuliert, erscheint die Koinzidenz – noch in scheinbarer Äquivokation – in den Passagen zum Automatismus in Freuds Witzanalysen. Zum einen kann die Technik des Witzes, die enthüllte Verknüpfungsregel seiner Buchstäblichkeit und Wörtlichkeit so genannt werden. Andererseits aber auch der Gegenstand – genauer der komische Gegenstand, der der Bergsonschen ‹mécanisation de vie› unterworfen ist.[72] Dieselbe Koinzidenz war an Jean Pauls Idyllen im Automatismus von komischer Differenz und (Wort)witz abzulesen: zum einen die psychischen Systeme in actu – zum andern das regelhaft skandierte Individuum, ohne gegliederte Gestalt. Einer psychoanalyischen Logik also ist es möglich, diese Koinzidenz von Typus und Schriftzeichen (Type) beim Wutz und Fixlein auszusprechen.

Wutz schreibt sich, den Titeln und Formaten des jeweils neuen Meßkataloges folgend, eine gelehrte Bibliothek zusammen, die ihm das ganze gelehrte Wissen seiner Zeit vermittelt. Zunächst betitelt er seine Manuskripte als Abschriften von Originalen, die nur mit den Druckexemplaren zu konkurrieren sich vermessen. Später

da er einige Jahre sein Bücherbrett auf diese Art vollgeschrieben und durchstudiert hatte, so nahm er die Meinung an, seine Schreibbücher wären eigentlich die kanonischen Urkunden und die gedruckten wären bloße Nachstiche seiner geschriebenen. (1,426)

Wutz leitet damit aber nicht die fremde Autorschaft auf sich über. Indem er seine Schreibbücher mit dem Autornamen im Titel – und damit wird er dem Titel eingeordnet – als die kanonischen Urkunden der Druckexemplare ausgibt, verschwindet die Instanz des Autororiginals.

(Man hätte schwören können,) das Gedruckte und das Geschriebene hätten doppelte Verfasser. (ibid)

Es gibt aber unendlich viele solcher Verfasser, die nicht Autoren sind, wenn es Verfasser von Exemplaren gibt. Wutz schmuggelt sich nicht in die personenrechtliche Beziehung Autor – Verleger ein, sondern ins sachenrechtliche Verhältnis zwischen Verleger (Drucker) und Druckexemplaren (bzw. deren Käufer). Es geht ihm also nicht um die Rede, die – nach Kant – der Verleger im Namen des Autors, bzw. der Autor durch den Verleger, öffentlich, ans Publikum hält.[73] Wutz besetzt stattdessen genau den Ort der Verwandlung der Rede, die sie zur öffentlichen Autorenrede macht: des «im Namen von», bzw. «durch ...hindurch». Es geht ihm um die Manipulation des Drucksatzes – um den Letternkasten; um die Urkunde der Exemplare. Der narzißtische Wahn des närrischen Typus unterschiebt sein Manuskript als Typoskript. Es ist genau dies bloße Zeichen als Zeichenexemplar (Type), das den Resonanzraum des narzißtischen Widerhalls abgibt: das «was die besondere Rede dem Sprachsystem entlehnt».[74] Es ist der Ort eines kantischen Scheinproblems, in der Verwechslung von Personen- und Sachenrecht, das das Recht des unautorisierten Nachdruckes ist.[75] Die Parodie bekommt ihre genaue Kontur im Vergleich mit zeitgenössischen progressiven Schreibanforderungen. Eine instinktive Parabel von Chr. Garve: Der Vater schenkt seiner Tochter leere Blätter, mit der Anweisung, sie zum Exzerpieren zu benützen, doch so, daß das Gelesene dabei ins eigne Räsonnement transponiert wird: «Werde aus einer Leserin zu einer Schriftstellerin!»[76] Wutz' buchstäbliche Parodie des Imperativs eines kulturellen Progresses vom Exzerpenten zum Räsonneur verweist auf den technischen Weg vom Kopisten zum Setzer.

Die Parodie der räsonnierenden Kategorien in den Typen der Resonanz verbindet endlich die Koinzidenz von Typus und Type der Erscheinung der zweiten als einer symbolischen Materialität. Der

Setzer, der das Ideen-Buch nach einem unbekannten Manuskripte setzt und, wenn Träume, Fieber, Leidenschaften alle Schriftkästen ineinandergeschüttelt haben, alle Buchstaben alphabetisch lege (1, 1103),

ist die Allegorie, in der Jean Paul (in *Viktors Aufsatz über das Verhältnis des Ich zu den Organen*) den Materialisten (d.h. den Materialisten des Idealisten) vorstellt. Was Viktor vom idealistisch wahren Ich dagegen verlangt, ist gerade jener Aufstieg vom Leser (der in den Sinnesorganen repräsentierten Empfindungen) zum Räsonneur (dem «Empfinden des Empfindens», d. h. der Verwandlung der respektiven Besonderheiten in die spontane subjektive Allgemeinheit der Bedeutungen der Empfindungen). Nicht mit sensualistischen Empfindungspartikeln hätte dieses materialistische Ich es darum zu tun, sondern mit Empfindungsrepräsentanzen, d. h. der Schriftlichkeit des Ideen-Buches. Die Allegorik Jean Pauls versetzt hier die Organisationsformen von Ordnung und Anordnung mitten in die klassische Theorie von Subjekt – Objekt, die Erkenntnistheorie.

Indem Jean Paul derart seine niederen Helden in die zweite Natur versenkt, erspart er ihnen das Urteil der Kleinbürgerlichkeit. In ihrer selbst symbolischen Materialität symbolisiert sich ihnen nicht ihre (verfehlte) Konstitution. Jeweils trägt in den realen Szenen ein Dritter diese Last: der Meßkatalog, die diktierende Mutter. Weder erscheint so in Wutz' Schreibbüchern ein geheimer Abdruck, der auf die kapitalistische Organisation des Buchmarkts seit den 80er Jahren deutete, noch in Fixleins Erinnerungen ein innerer Sinn, der auf Vater, Mutter wiese. Darum kann der sich zurückbeziehende Text das in der Erziehung widerfahrene Leiden (Wutz) und das im Amt ertragene Unrecht (Fixlein) in stetigem Neuansetzen aufzählen, anhäufen, reproduzieren. Wenn die Differenz des Pedantischen sich zum (psychoanalytisch gestalteten) Medium (statt zum Milieu, wie es Moritz deutet[77]) totalisiert, dann entfremdet die Entfremdung das Individuum nicht von seiner Natur. Zwar wird die regelhafte Skandierung dem Individuum oktroyiert (Sozialkritik), aber das Individuum wird nicht dazu verdammt, von seiner Typenhaftigkeit (litterale Natur) als von einer Rolle (entäußerte Natur) verschieden zu sein (Affirmation). Dieses Beisichsein der zweiten Natur ist nur im Erzählen (als einem Erzählen vom Verfassen) möglich: dem Weiterreden von Kritik und Affirmation also.

Diese Erzähltexte über Autor und Schreiber geben weder die sozialästhetische Konstruktion eines Rückgründens des Autors im Ursprung der Schrift des Schreibers noch die dialektische Progression der natürlichen Seele zur Phänomenologie des Geistes zu lesen[78], wenn Jean Pauls Skala der Seelenvermögen (von der Einbildungskraft zur Bildungskraft) das auch nahelegen mag.[79] Denn der Autor deckt nicht sein Wesen auf, spiegelt kein Ich = Ich – er zeigt sich als erotisches bedeutungsvolles Objekt vor und verdoppelt sich in der sich entziehenden Zuwendung zur Frau und Leserin. Der Schreiber ist keine Utopie einer noch unvollendeten Natur an sich: auf psychoanalytischer Bahn

der wiederkehrenden Zeichen organisiert, ist er das negative Produkt der dynamischen Sozialisationsdifferenzen. Die Niveaus lassen sich nicht dialektisch integrieren noch reduktiv verknüpfen, denn diese beiden Operationen führen sie selbst, separiert, als Weisen der Textintegrationen des Erzählens durch; sie markieren so die Organisationsniveaus, die keine beweglichen Begriffe sind. Der Text über den Autor benennt die Geschichtlichkeit der (poetologischen) Tradition; die Texte zum Schreiber die eines Geschichtsfragments des Wissens und der Wissensvermittlung – im ersten Fall wird von der Konstitution des Subjekts erzählt, in den Bedeutungsdimensionen des citoyen und des Familienvaters, im zweiten von einer disziplinarischen Zurichtung des Individuums in der Erziehung – das Integrationsniveau wird erreicht, wo die Struktur des kohärenten Bewußtseins und das Untergehen der unterschiedlichen Aspekte der Bedeutungssprache im Text der Verdopplung zusammenfallen – die idyllische Natur ist hier die sich entziehende Identität der Gestalt –, und dort, wo Typus und Type (psychoanalytisch) zusammenfallen – die Idylle der zweiten Natur ist hier die oktroyierte Identität der Resonanz. Diese berührungslosen Nachbarschaften sind keine Ansatzpunkte für reduktionistische oder dialektische Vermittlungsversuche, vielmehr die aus den diskursiven Strategien der aufgeklärten Kritik und Affirmation fließenden Spaltungen von Konstitution und Sozialisation. Die Parallelität der Berührungspunkte hat keinen Bezugspunkt.
Erst im gemeinsamen Produkt (z. B. dem Brief über die moralische Revolution des Ich) findet sich der Begriff dieser Mitte (das Ich im Brief des Autors/Schreibers).
In Jean Pauls Romanen ließen sich die immer neuen Versionen dieses Briefes lesen. Deutlich skizziert das der Erzählrahmen des *Hesperus*: es gibt da den Autor (Dr. Fenk), der zugleich sich an den Intrigen um den Helden Viktor beteiligt und die Dokumente über dessen Leben einsammelt; und Jean Paul, den pedantischen Schreiber, der, den Dokumenten folgend, den Roman hinschreibt und am Ende der Niederschrift feststellt, daß das, was so aus dem Dokument, durch die Umschrift des Schreibers hindurch, zur Fiktion werden sollte, seine eigene «Wirklichkeit», er selbst die «Paraphrase» (1, 1231) des Helden Viktor sei. Das deutet an: wie Autor und Schreiber zum Zwecke der Romanproduktion verkoppelt werden; wie das von ihnen als Zentrum im Text produzierte Ich («Viktors Seele») in einem dialektischen Prozeß seiner Entwicklung – z. B. hat Viktor zwischen dem Pedanten Pastor

Eymann, seinem angeblichen Ziehvater, und dem intriganten Intellektuellen Lord Horion, dem angeblichen leiblichen Vater, den rechten Begriff väterlicher Autorität zu entwickeln – die Duplizität der produzierenden Organisationen abbildet. Solange dieses Abbildungsverhältnis aufrecht erhalten bleibt – d. h. die Duplizität von Konstitution und Sozialisierung in einer Dialektik des Ich wiederholt wird – bleibt dieses Ich für die Komik des Erzählens (hier: des Rahmens) das jenseitige Ideal im Erzählten. Wenn der Erzählrahmen im *Hesperus* sich schließt, wird das Abbildungsverhältnis von Produktion und Produziertem aufgebrochen: der pedantische Schreiber Jean Paul eignet sich als seine nicht intendierte Wirklichkeit jenen Romantext zu, vor dem der Autor Fenk sich als Auftraggeber im enthusiastischen Entzücken nur zu spiegeln vermag; Viktor findet im Pedanten Eymann seinen wirklichen leiblichen Vater, der angebliche Vater Lord Horion hinterläßt das nun wirklich zum Politicum gewordene Testament. Freilich bleibt diese Umgruppierung, die aus der die Verfasserkonstellation wiederholenden Väterkonstellation eine durchgängige Differenz zwischen der typologischen Wirklichkeit und Schrift und Vaterschaft einerseits, von anonym gewordenem Text und politisch allgemeinem Programm andererseits herstellt, untergründig und tonlos, unter dem Gewicht der erfolgreichen Erziehungsetappen Viktors und der Familienversöhnungen auf der «Insel der Vereinigung».

Die Kommentare beschreiben ein historischen Profil der systematischen Muster. Vom rettenden Autor kann deshalb interpretativ gesprochen werden, weil die Systematik der Oberfläche des Textes nahe liegt. Der idyllische Pedant erfordert die Rekonstruktion seines Komischen: Exkurse einer Differenzenanalyse also. Bis hin zum Roman entzieht sich die erzählte Theorie vom Erzählen dem hermeneutischen Verstehen, insofern das Erzählen sich hier als Produktion etabliert. Der Brief über die Revolution des Ich ist ein Produkt der Entfremdung, insofern die Dialektik des Ich die Fremdheit der Organisationsformen wiederholt. Es geht weder begrifflich um Autor, Schreiber und Romanproduktion – es ist offensichtlich, daß in diesen Rubriken sich eine idealistische Dialektik abzeichnet. Es ist aber möglich, in den sie erzählenden Texten deren organisatorische Zurichtungen zu lesen. Auch geht es nicht um einen geschichtlichen Beitrag zur ‹Lust am Text› usw. Gerade umgekehrt ist der Kommentar deshalb bis zu solchen Mustern geführt, um die (systematischen) Stellen am Werk Jean Paul zu markieren, an denen es sich – mit abnehmender Intentionalität seines historischen Aussagens – an die gesellschaftlichen Funktionsweisen angeschlossen fühlt. Der Autor weiß nicht, ob er über die Revolution des Ich den nur ihm gegenwärtigen Text verfaßt habe, den er hier wiederholt, denn er hat vergessen, als sein Kopist, ihn zu archivieren. «Wenn die ökonomische Ausbeutung die Arbeitskraft vom Produkt trennt, so können wir sagen, daß der Disziplinarzwang eine gesteigerte Tauglichkeit (:des Autors) und eine vertiefte Unterwerfung (:des Schreibers) im Körper miteinander verkettet.»[80] Der Kommentar muß eine Lektüre der Wortlaute wiederherzustellen versuchen, weil nur so die Dichte und Solidität der Anschlüsse sichtbar wird. Am Legitimationsdruck der Bedeutungen sieht sich die Ordnung im narzißtischen Schmerz strikter organisiert, als die Beherrschung der symbolischen Materialität im Witz von der Lust an der Schrift, die noch nicht in die sexuelle Pathologie von Patienten und Dichtern aufgenommen ist. Ihre Intersubjektivität ist also noch öffentliche Sache – ihrer noch zu erwartenden Disziplinierung, deren Gewalt die Lust am Witz ankündigt. Tonlos bleibt die Randpassage des Romans von einer die Organisationen nicht wiederum abbildenden Produktion.

ANMERKUNGEN

[1] Jean Paul, Werke in 6 Bden, hg. v. N. Miller, München Wien³ 1970ff.

[2] Die «Konjekturalbiographie» stammt von 1799; um 1800 plant Jean Paul einen ‹Nekrologartikel› als vita für eine Edition der opera omnia (vgl. die Entstehungsgeschichte etwa der Confessions). Nach Abbruch dieses Plans wird die Arbeit erst zwischen 1813 – 19 wieder aufgenommen und erst postum als «Wahrheit aus Jean Pauls Leben» veröffentlicht.

[3] Jean Pauls Versuch einer ästhetischen Reformulierung der Gattungspoetik errichtet nur scheinbar im deutschen, holländischen, italienischen Roman drei vergleichbare Positionen. Während der hohe Roman Gegenstand geschichtphilosophischer Erörterung ist, wird der niedere Roman unmittelbar mit der poetologischen Tradition verglichen.

[4] Vgl. B. Lindner, Jean Paul. Scheiternde Aufklärung und Autorrolle, Darmstadt 1976, 105ff. – Freilich erneuert hier die linguistische Terminologie die bekannten Erzähltypologien kaum, auch kann deren Anwendung auf Formen der Öffentlichkeit, von Habermas bereits kommunikationsanalytisch rekonstruiert, einen Zirkel kaum vermeiden. Genauer reflektiert Jean Paul selbst den Bruch der Kommunikationspostulate zwischen: Selbstgespräch des Publikums (der aufklärerischen ‹Stilistiker›, 5, 392) und Selbstbezug der Produktion (der frühromantischen ‹Poetiker›, 5, 400f.) und der den

Kontrast überbietenden «Anonymität, vorzüglich wechselseitige» (zur ‹poetischen Poesie›, 5, 449).

⁵ Der Komplex der idealen Leserin wäre zu entwickeln wohl eher noch am Feminismus der gleitenden Konversation (dazu: Rousseau im 5. Buch des Émile, dem folgend Jean Paul im 4. Bruchstück der «Levana») als am Bild des weiblichen Körpers, wie er in der erotischen Literatur des 18. Jhds. erscheint.

⁶ Nachdem die «Briefe» den philosophischen Autor ohne Öffentlichkeit gezeigt haben, herrscht in der Autoridylle die Leipziger Messe als Bezugspunkt. Die ökonomischen Verhältnisse des zeitgenössischen Buchmarktes stellt, in Hinblick auf Jean Paul, dar: P. Sprengel, Jean Paul oder das Leiden an der Gesellschaft, München Wien 1977, 127ff

⁷ Vgl. vor allem die unterdrückte Vorrede zu den Confessions sowie die Rêveries. Rousseau geht die konstituierende Eingliederung des Verfolgten ins Bild des Literaten (vs. den scholastischen Gelehrtentyp und den Humanisten) voraus, s. Voltaire, Dictionnaire philosophique, Paris 1964, 254, s.v. Lettres, gens de lettres, lettrés

⁸ Foucault, Vorwort zu den Dialogues von Rousseau, in: Schriften zur Literatur, München 1974, 35 – 52

⁹ Vgl. die ganz andere Schilderung eines Hebräisch-Unterrichtes in «Dichtung und Wahrheit», HA, Bd. 9, 124ff. Nicht zufällig: Goethe konnte von seinem ersten Schauspiel «eine saubere Abschrift durch unsern Schreibenden anfertigen» lassen (108). Seine erste Gedichtsammlung dann schrieb er «mit eigener Hand» ab, «weil ich durch diese Privatübung von den Vorschriften des Schreibemeisters entbunden wurde» (143). Im patrizischen Milieu existiert noch der aus dem Spätmittelalter stammende Stand der Schreibemeister in der Doppelfunktion des calligraphus und des secretarius. I. A. überdauert dieser Stand im 17. und 18. Jhd. als Lehrerzunft für die Deutschen Schulen der Reichsfreien Städte, s. H. Heisinger, Die Schreib- und Rechenmeister des 17. und 18. Jahrhunderts in Nürnberg, Diss. Erlangen 1927. Darauf spielt i. f. der Ausdruck ‹Schreiber› an.

¹⁰ Beispiele findet man etwa bei Moritz und Tieck. Typische Lebensläufe, die das belegen, zitiert Hans Gerth, Die sozialgeschichtliche Lage der deutschen bürgerlichen Intelligenz um die Wende des 18. Jahrhunderts, Diss. Frankfurt 1935

¹¹ Den naturalen Zyklus hebt R.-R. Wuthenow, Das erinnerte Ich. Europäische Autobiographie und Selbstdarstellung im 18. Jahrhundert, München 1974, schon im ersten Satz der «Selberlebensbeschreibung» in Parodie auf «Dichtung und Wahrheit» hervor, 204.

¹² Rousseau, Les confessions, Paris 1964, 259f., unterscheidet die Art der Erinnerung ans glückliche Leben der Charmettes als zyklisch von den ‹ersten Eindrücken› nach Art der Urszenen (179f – Ende Buch 4). Initiation im Stil des Crébillon'schen Versac erfährt nur Mme de Warens durch ihren ersten Liebhaber.

¹³ Ph. Ariès, Die Geschichte der Kindheit, München², 1979, 469 – 502

¹⁴ Starobinski, L'Idylle impossible, in: L'Invention de la Liberté, Genf 1964, «(Un esprit attentif) s'apercevra qu'il joue seul les rôles de l'idylle.» (159)

¹⁵ Während für den «Wutz», «Quintus Fixlein» und «Fibel» sich keine direkten Vorbilder ermitteln ließen (H. Küpper, Jean Pauls «Wutz», Hermeae XII, Halle (a. S. 1928), lassen sich für den «Jubelsenior» zahlreiche Vorbilder der bürgerlichen Idyllik anführen (Goldsmith, Voß, etc.), was für seinen mangelnden Erfolg verantwortlich gemacht werden kann (Berend, Jean Paul, SW, 1. Abt., 5. Bd., Weimar 1930, XLIIIff).

[16] M. A. v. Thümmel's Sämtliche Werke, Leipzig 1811f., Bd. 1, 151ff. (zuerst 1764).
[17] Thümmel ist für Jean Paul noch vor Wieland Vertreter der an ‹den Franzosen› und zum andern an Sterne orientierten erotischen Literatur (s. «Vorschule», Autorenregister). Weiter als in der «Wilhelmine» ist der ideologiekritische erotische Witz in Thümmels «Reise in die mittäglichen Provinzen von Frankreich» ausgeführt. Deren Thema ist die Darstellung der Erotik als Metaphorik und Enthüllung (bis hin zu deren Technifizierung für die Familienpolitik in der Schlußutopie – kritisiert von Jean Paul, 5, 432f.), deren Schema Thümmel so veranschaulicht: Unter dem Brustbild eines Mädchens kann man durch den Druck auf eine geheime Feder ihr Kniestück hervorspringen lassen (Bd. 3, 354 – 362). Die Verdeckung (Selbsttäuschung, Betrug, nacktes Interesse) ist ein einfaches Oben und Unten, die Mechanik der Feder betätigt die Macht, anders der Witz.
[18] «Avec un homme expérimenté, un mot dont le sens même peut se détourner, un regard, un geste, moins encore, le met au fait ...; et supposé qu'il se soit arrangé différement de ce qu'on souhaiterait, on n'a hasardé que des choses si équivoques ...qu'elles se désavouent sur-le-champ», Crébillon, Les égarements du coeur et de l'esprit, Paris 1977, 56
[19] Friedrich Leopold Graf zu Stolberg, Die Insel (Deutsche Neudrucke, Reihe Goethezeit, Heidelberg 1966). Auf diesen Zusammenhang hat zuerst J. Krogoll, Idylle und Idyllik bei Jean Paul, Diss. Hamburg 1972, 292, Anmkg. 324, hingewiesen.
[20] Dazu vgl. Reinhart Meyer-Kalkus, Werthers Krankheit zum Tode. Pathologie und Familie in der Empfindsamkeit, in: Kittler/ Turk, Urszenen, Frankfurt 1977, 106 – 124.
[21] «Die Söhne ...wurden ...wärmer ...und dichter an die ehrerbietige Empfindung ihres Ursprungs und ihrer kindlichen Pflichten gerückt, und die Erwachsenen wurden zu hülflosen dankenden Kindern verjüngt.» (4, 507)
[22] Im Vorgriff auf die Bedeutung des Chodowiecki-Stiches in dieser Idylle, vgl. W. Sauerländer, Pathosfiguren im Œuvre des Jean-Baptiste Greuze, in: Fs. W. Friedländer, Berlin 1965, 146 – 150.
[23] Benveniste, Problèmes de linguistique générale, 1, Paris 1966, 49 – 56
[24] «Ein Fürsten-Blick ist schon Tat; ein Fürst hat also die Wahl, ob er den ganzen Tag ermorden oder beleben will.» (5, 762)
[25] Eine Zusammenstellung der Dokumente: Voltaire, L'Affaire Calas, Paris 1975
[26] Vgl. zum Verhältnis Kritik-Pathos: F. Antal, Hogarth and his Place in European Art, London 1962, der Chodowieckis ‹Calas› mit Hogarths «The Rake in Prison, VII. Scene in the Fleet Prison». Vergleicht: «Chodowiecki's only transposition was to turn Hogarth's tragicomic prison scene into a tragi-sentimental one and to temper Hogarth's baroque in the direction of Greuze.» (208). Der ‹Calas› war Chodowieckis erster großer Erfolg und veranlaßt auch das i. f. typische Verfahren der Verbreitung durch Nachstiche.
[27] Zur Indifferenz des reisenden Autors gruppieren sich die bekannten narzißtischen Bilder: des engeren Narzißmus: «Natürlicherweise schreib' ich ewig fort ...»; melancholischer Auflösung: «Wenn der Strudel der Zeit einen Autor wie der Karlsbader Sprudel übersintert und versteinert hat ...»; des Voyeurismus: «Ich reise, um im Alter eine Reisebeschreibung zu liefern ...» (4, 458), so wie andererseits die Wanderung als dessen Heilmittel gilt, vgl. Viktors Wanderung des 9. Hundposttages. Vgl. Foucault, Wahnsinn und Gesellschaft, Frankf.³ 1978, 323f.
[28] Jean Paul legitimiert sich außerdem mit Esenbecks «Porzellan-Schreibzeug, das einen

aufgerichteten Bock darstellt, der ein weißes Herz, worein ich jetzt eintunke, in den Vorderfüßen hielt. (Das Schreibzeug ist wirklich Esenbecks Wappen).» 4, 476

[29] Zum «Schreiber» (vgl. Anm. 9)

[30] Z. f. vgl. neben Ariès a. a. O.: Fr. Paulsen, Geschichte des gelehrten Unterrichts, 3. Aufl., 2. Bd., 1919/21; J. Dolch, Lehrplan des Abendlandes, 3. Aufl., Ratingen-Wuppertal 1971; H. Gerth, a. a. O., Kap. II; Foucault, Überwachen und Strafen, Frankfurt 1977, Kap. III.

[31] Das Englische, Französische und von dort entlehnt das Deutsche kennen das auch dem Italienischen entlehnte Wort seit der 2. H. des 16. Jhds. (d. h. seit der Konsolidierung der (protestantisch-)humanistischen Gymnasien in der Klassen-, Curriculum- und Disziplinarordnung). In seiner sog. ‹neutralen› Bedeutung: «Schoolmaster, teacher, tutor» (Oxf. Engl. Dict.); «précepteur, maître d'école» (Grand Larousse) und einer ‹pejorativen›: «a person who overrates booklearning or technical knowledge...one who has mere learning untempered by practical judgement and knowledge of affaires»; «gelehrt tun, einseitig, ohne höhere auffassung» (Grimm).

[32] Montaigne, Essays, Livre I chap. XXV, Paris 1969, 181 – 193, dort 184 u. 190f.

[33] Bild und geschichtsphilosophische Interpretation des melancholischen Gelehrten sind bekannt; neben Benjamin, im Trauerspielbuch, vgl. H. Schlaffer, Der Bürger als Held, Frankfurt 1973, Kap. I.

[34] Montaigne, a. a. O.

[35] vgl. Ariès, a. a. O., 521f

[36] Dolch, a. a. O., 292f

[37] Gerth, a. a. O., 82ff

[38] Die Komplementarität beider Aspekte macht ein Vergleich der Arbeiten von Ariès und Dolch deutlich.

[39] Vgl.: 4, 635; 658; 690. Eine weitere Anspielung: Jean Paul ‹findet› den Katechismus in Fr. K. G. Hirschings «Versuch einer Beschreibung sehenswürdiger Bibliotheken Teutschlands nach alphabetischer Ordnung der Städte», Erlangen 1786, Bd. 1, 215; dessen Sammeleifer sich in dem Raum der Bibliotheken ansiedelt, gegen den die Spekulation das Reich der Ideen ausspielt: «Wie bescheiden der größte Gelehrte ...neben dem dumpfen Pedanten, der seine Quartbände hütet», Schiller (3, 510).
Jean Paul reagiert mit dem parodistischen Kommentar unmittelbar auf Lichtenbergs «Ausführliche Erklärungen der Hogarthischen Kupferstiche», Göttingen 1794, die wohl zum ersten Mal das Prinzip der autonomen ästhetischen Kunstkritik in Deutschland grundsätzlich ausformulieren (s. dort Bd. 1, XIX –XXVII).

[40] Joh. Amos Comeni Orbis sensualium pictus ...Editio tertia ..., Nürnberg 1662, Vorwort (unpaginiert)

[41] Comenius, a. a. O., deutsche Titelversion

[42] Diesen Ausdruck verwendet Leibniz: «Comenio igitur prorsus assentior, Januam Linguarum et Encylopaediolam debere esse idem.» (Opera omnia, De scriptis Comenianis, Genf 1768, Bd. 5, 181)

[43] Comenius, a. a. O., Ende des Vorworts

[44] Die Reformer, die sich als liberale Avantgarde verstehen, bedienen sich einer Rhetorik der Verdächtigungen der je herrschenden Praxis als bürokratisch, ineffektiv, unaufgeklärt, überlebt. Beisp.: Comenius: «Quodquia vulgò in Scholis neglegitur, ...fit, ut docendi et discendi labor molestè procedat, exiguum ferat fructum «(Vorwort). Basedow, Elementarwerk. Ein Vorrath der besten Erkenntnisse zum Lernen,

Lehren, Wiederholen und Nachahmen, 2. Aufl. Leipzig 1785: «Die an den meisten Orten herrschende Pädagogik ist noch immer auf Verordnungen und Gewohnheiten, die aus den Jahrhunderten der Unwissenheit entlehnt sind, gegründet.»

[45] Emile Durkheim, L'Evolution pédagogique en France, 2. Aufl. 1969, hat darauf hingewiesen, daß die Idee der Enzyklopädie sich einerseits durch die Geschichte der pädagogischen Theorie durchhalte, andererseits erst mit Comenius zur inneren Form der Theorie werde, 329.

[46] Goethe (20, 126): «Wer bloß mit Zeichen wirkt, ist ein Pedant, ein Heuchler oder ein Pfuscher.»

[47] Jean Paul wiederholt dieses Argument in der «Levana» §150, 5, 826

[48] Comenius, a. a. O., s. v. «prudentia»

[49] Comenius' enzyklopädischen Schriften wurden auf Einladung englischer Gelehrter in London verfaßt. Während die tschechische Brüdergemeinde ihrem Bischof Comenius Laizismus vorwarf, rügte Descartes die Unwissenschaftlichkeit der Methode. In der Tat führt Comenius das Problem der Konzinnität von Geschöpf und Schöpfungswelt nicht in einer erkenntniskritischen Willenstheologie durch, sondern in einer diskurstheoretischen: ut quemadmodum opera + verba tua (Gottes) sunt vera, + viva imago tui: ita hoc, quid agimus, esse queat vera + viva operum + verborum tuorum imago, Pansophiae Prodromus, London 1639, 39.

[50] Comenius, a. a. O., Vorwort

[51] Dazu: H. Henne, Deutsche Lexikographie und Sprachnorm im 17. und 18. Jahrhundert, in: Wortgeographie und Gesellschaft, hg. v. W. Mitzka, Berlin 1968

[52] Leibniz, a. a. O., 185

[53] Zum Verhältnis von Sprache und visueller Kompaktheit der Bedeutungen vgl. die Bemerkungen zum «Jubelsenior».

[54] Basedow, a. a. O., Bd. 1, 26 u. 29. Chodowieckis Kupferstiche zum «Elementarwerk» sind vom Modell des Orbis pictus weit entfernt. Text und Bilder verlieren in der Abfolge, wie in der inneren Struktur ihre Parallelität, sie kommunizieren vielmehr – sei es, daß es sich um eine dramatische Szene oder um eine Lehrbuch-Skizze handelt – über Kontemplation, Begriff, Räsonnement.

[55] Basedow, a. a. O., Bd. 1, 349f., Anmgk.

[56] Zu Jean Pauls pädagogischer Sprachauffassung vgl. 5, 827ff.

[57] Friedrich Immanuel Niethammer, Der Streit des Philanthropinismus und Humanismus in der Theorie des Erziehungs-Unterrichts unserer Zeit, Jena 1808, 102f. – Während Basedows Realienpädagogik sich vorwiegend mit der Transformation des Drills der Anordnungen zur Einübung der Ordnungen im Bereich der «gemeinnützigen Logik» befaßt und die Arbeitsethik aufklärerischen Postulaten anvertraut (Bd. 2, 350), ist es dem scheinbar konservativen Neuhumanismus vorbehalten, die formalen Ordnungen – die der toten Sprachen, ihrer logifizierten Grammatik – auch als disziplinarische Kategorien zu interpretieren. Mit dem abstoßenden Unterricht der toten Sprache habe man, «das richtige Mittel getroffen ..., das Kind zur Arbeit zu gewöhnen», indem «man damit anfängt, was es am wenigsten tun mag. Das übt die Kraft des Willens, die Trägheit überall zu überwinden.» (Niethammer, a. a. O., 246) Denn: «Man muß die Arbeit lernen» (249). Konsequent tritt als Feld der disziplinarischen Ordnungskategorien sogar das doch als tot erwiesene Alphabet wieder auf: «In Bezug auf ... den Unterricht ist zu bemerken, daß derselbe vernünftigerweise mit dem Abstraktesten beginnt, das vom kindlichen Geiste gefaßt werden kann. Diese sind die

Buchstaben.» (Hegel, Werke Bd. 10, Frankfurt 1970, Enzyklopädie III, 82). – Beim toten Buchstaben und pedantischen Schreiber geht es um Formen der Organisation und der Disziplinierung, nicht der Arbeit und der Ausbeutung. Freilich lehren Niethammers und Hegels Ausblicke aufs 19. Jhd., daß im endlich noch seiner Differenz beraubten toten verbum die disziplinarische Zurüstung entfremdeter Arbeit ihren symbolischen und ihren pädagogischen Ort hat.

[58] Niethammer, a. a. O., 146f., formuliert hierbei das Gegensatzpaar Einseitigkeit-Allseitigkeit – es ist das Motto des «Titan». Dieses Paar bezeichnet keine differenzielle Antithese mehr, sondern eine dialektische.

[59] Rousseau, Les confessions, a. a. O., 656f. «Ce chien (sein Name: duc, und Rousseau ändert ihn in: turc), non beau, mais rare en son espèce, duquel j'avais fait mon compagnon, mon ami, et qui certainement méritait mieux ce titre que la plupart de ceux qui l'ont pris ...» (657). Rousseau fürchtet, den Duc de Montmorency zu beleidigen.

[60] Gnothi sauton, oder Magazin zur Erfahrungsseelenkunde als ein Lesebuch für Gelehrte und Ungelehrte. Mit Unterstützung mehrerer Wahrheitsfreunde hg. v. Carl Philipp Moritz, 2. Aufl. Berlin 1805. Moritz' Aufsatz «Erinnerungen aus den frühesten Jahren der Kindheit», Bd. 1, 65 – 70 (zitiert: 65f.), im ersten Heft, löst wirklich je mehrere Erfahrungsbeiträge pro weiterer Nummer aus.

[61] «Unzähligemale weiß ich schon, daß ich mich bei irgend einer Kleinigkeit an etwas erinnert habe, und ich weiß selbst nicht recht an was.» (Moritz, a. a. O., 66f.)

[62] «Freilich merke ich es deutlich, daß dieses oft nur Erinnerungen von Erinnerungen sind. Eine ganz erloschene Idee war einst im Traum wieder erwacht, und ich erinnere mich nun des Traumes, und mittelbar durch denselben erst jener wirklichen Vorstellungen wieder.» (Moritz, a. a. O., 65f.) – Jean Paul vermutet in plötzlichem Erinnern «unterirdische Reste alter Kinderträume», so daß zu ihnen «im ganzen erinnerlichen Leben kein Urbild dagewesen.» (5, 775)

[63] Zur Freudschen Unterscheidung von Wiederkehr, Wiedererinnern, Wiederholen s. Lacan, Séminaire Livre XI, Paris 1973, 48f. u. 54. Hier auch zum Unterschied: Automatische Verkettung – Zufall.

[64] Auf Freuds «Einführung in den Narzißmus» (1914) ist hinzuweisen, gerade weil hier noch Typologie und Entwicklungsmodell sich gleichberechtigt gegenüber stehen. Anders ordnen erst die theoretischen Arbeiten von 1917 («Trauer und Melancholie», «Metapsychologische Ergänzungen zur Traumlehre»).

[65] Rousseau, Émile ou de l'éducation, Paris 1964, 189.

[66] Zusammenfassend dort, 247; zu désir und fantaisie 79; der Ursprung dessen, was nicht (wie Basedow sagen wird) Realpädagogik ist: «tout le reste est arbitraire et dépend de l'opinion» (77). Im Charakter der Arbitrarität und der Abhängigkeit von der Rede der société in den Worten des Einzelnen kommt der opinion – und jedes bloße Wort ist opinion – jene Ambiguität von Unterwerfung und Anarchie zu. – Besonderes Gewicht erhalten die Worte von Ge- und Verbot, die Rousseau ganz der Sprache fernhalten läßt (94 u. 96), während Jean Paul sich mit Warnungen vor dem double-bind begnügt (5, 854).

[67] Es handelt sich dabei um Praxis der Aufklärungspsychiatrie: Foucault, Wahnsinn und Gesellschaft, a. a. O., 335 – 339.

[68] So in der weinerlichen Komödie Gellerts. Der pedantische Magister («Die zärtlichen Schwestern») kramt Regeln des Herzens vor, wo es gilt, die Unruhe des Mädchens ihr zum Symptom der Liebe zu konstituieren und auszulegen. Die «Betschwester» stellt

den religiösen Pedanten vor, deren intolerante Geschwätzigkeit grotesk in die philanthropische Konversation der Individuen hineinragt.

[69] Carl Friedrich Flögel, Geschichte des Groteskekomischen. Ein Beitrag zur Geschichte der Menschheit, Liegnitz Leipzig 1788, 2f., 11f., 13 – 24, 87; und der (ebenfalls posthume) Ergänzungsband zum Grotesken: die «Geschichte des Hofnarren», 1789.

[70] Flögel, Geschichte der komischen Literatur, Liegnitz Leipzig 1784, Bd. 1, 144f. – Das Wort «Typus» spielt auch in der Geschichte der Pädagogik eine bezeichnende Rolle. Bei einem Vergleich von Schulordnungen zwischen 1520 und 1620 merkt Dolch (a. a. O., 219) an: «Geht man diese Bezeichnungen durch, so fällt sofort in die Augen, daß das bloße Ratio oder Ordo über das Formula und Oeconomia nach und nach ersetzt wird durch Typus oder Metae oder Series oder auch andere Bezeichnungen, die das ‹Mehrmals›, ‹Immerwieder› und ‹Alljährlich› zum Ausdruck bringen.»

[71] Genau an dem Punkt, wo der Widerspruch von Deformation und Glück der Wutz, Fixlein, Fibel einen nur psychoanalytisch zu formulierenden Begriff der Regressivität als Integrationsmoment der Texte verlangt – eine Frage der Textsystematik, die die Literaturgeschichte in Geschichtsfragmente von Erinnerung und Präfiguration umsetzt – verfangen sich viele Interpreten. J. Tismar z. B. konfrontiert eine kritisch-aufklärerische und eine biedermeierlich-affirmative Lektüre (Gestörte Idylle, München Wien 1973); P. Sprengel scheidet in psychologische und sozialpsychologische Kategorien (a. a. O., 245); in sich stimmig, aber unhistorisch dämonisierend: Max Kommerells Begriff des «mystischen Humors» (Jean Paul, Frankf. 2. Aufl. o. J.: «Jean Pauls Käuze»).

[72] Freud, Der Witz und seine Beziehung zum Unbewußten, Studienausgabe, Bd. IV, Frankfurt 1976, z. B. 63f. und (dort das Bergson-Zitat) 194f.

[73] Kant, Metaphysik der Sitten, Hamburg 1966 (Meiners PhB), § 31,II, 106f.

[74] Lacan, L'Instance de la Lettre dans l'inconscient ou la raison depuis Freud, Écrits, Paris 1966, 493 – 530, zitiert: 495. – Jean Pauls komplizierte Darlegungen in der «Levana» lassen sich so referieren: zwar stellt sich das wahre Wissen erst im «lebendigen Schauen», nicht im Schuldialog her (5, 779), andererseits ist der (moralische) Ausdruck des Ich im «beseelte(n) Auge» nicht schon als solcher wahr, denn dieser ist nun auf das «Zungenband», das das «Seelenband», kurz: der «Sprachgebrauch» sei (5, 790), angewiesen. Wenn nun die Schrift als Aufklärung (es «erhellt, vom Schreiben an, das der Schreibemeister lehrt, bis zu jenem, das an den Autor grenzt», 5, 832) und als Abtötung des «Seelen-Hauche(s)» (5, 796) zugleich gilt, so deshalb, weil die Potenzierung der Sprachlichkeit in der Schrift im Fall des Wissens als Blick des Blicks erscheint (als «Reflexion»), im Fall des moralischen Ausdrucks als Bezeichnung des Bezeichnenden der Kommunikation («jedes Zeichen ... ins Unendliche wieder bezeichnend», 5, 790).

[75] Kant, a. a. O., 107.

[76] J. J. Engel's Schriften, Der Philosoph für die Welt, Berlin 1801. Garves Parabel: Bd. 1, 259 – 265; eine Fortsetzung im 34. St. des 2. Bds.

[77] Zu einer ‹sozialpsychologischen› Theorie von Pedant (Kleinbürger) und dilettantischem Genie (aufgestiegenen Bürger) Moritz, «Grundlinien zu einem ohngefähren Entwurf in Rücksicht auf die Seelenkunde», a. a. O., Bd. 1, 32ff.

[78] Wirklich lassen sich die Bestimmungen des Schreibers und des Autors, in begrifflicher Ordnung, finden in den beiden so benannten Abschnitten des «subjektiven

Geistes» (vgl. Hegel, Enzyklopädie III, a. a. O.). Nur ein Beispiel: die Analyse des Schreibens (§ 410, Zus. Ende), in der Hegel den Charakter des Exemplars (der Type) in dem der abstrakten Selbstischkeit eigenen Widerspruch von Einzelheit und Allgemeinheit sucht, den Typus als abwesende Gegenwärtigkeit der Seele in der Gewohnheit beschreibt und resümiert: «die Gestalt eines Mechanischen, einer bloßen Naturwirkung» (191).

[79] Daß diese Skala gerade in der Ästhetik (Vorschule, II. Programm) und der Pädagogik (Levana, 7. Bruchstück) fast identisch auftaucht, ist bei G. Wilkending, Jean Pauls Sprachauffassung in ihrem Verhältnis zur Ästhetik, Marburg 1968, nur werkgeschichtlich interpretiert.

[80] Foucault, Strafen und Überwachen, a. a. O., 178.

ULRICH NASSEN

Trübsinn und Indigestion – Zum medizinischen und literarischen Diskurs über Hypochondrie im 18. Jahrhundert.

Pour ma dulcinée

Gelehrte, und überhaupt alle vielsitzenden Personen, glauben insgeheim, sie können so viel essen, als andere, die nicht sitzen, und immer in der Bewegung sind. Freylich essen sie oft mit eben so gutem Appetit, aber sie dauen unendlich schlechter; je stärker daher die Eßlust bey Gelehrten ist, desto mehr sollten sie fasten. Ohne diese Rücksicht mehren sich, aller Arzeneyen ohngeachtet, ihre Blähungen, und die vielen daher rührenden Übel täglich. Sie sinken in die Schwermuth, und in dem rohen Lande der Biersuppen, der Cartuffeln, der Heringe, der Stockfische, des Pökelfleisches, des rohen Speckes, der Schweinebraten, der Knackwürste, der Neunaugen und der Butterbrodte in die Verzweiflung.

Wie sehr die Hypochondrie im 18. Jahrhundert verbreitet, ja zeitweilig geradezu modisch gewesen sein muß, läßt sich nicht nur an zahlreichen literarischen Dokumenten demonstrieren, sondern auch an den vielen medizinischen Abhandlungen über diese Krankheit, die uns aus dieser Zeit überliefert sind. In zahlreichen medizin- bzw. literarhistorischen Untersuchungen ist auf das Phänomen der epidemischen Verbreitung dieser Krankheit im 18. Jahrhundert eingegangen worden.[1] Gleichwohl hat das Problem der *Verkettung* von medizinischem und literarischem Diskurs über Hypochondrie in der damaligen Zeit noch zu wenig Aufmerksamkeit erfahren. Erst rudimentär ist untersucht, wie beide Diskurse die Krankheit Hypochondrie konstituieren, transformieren, zu ihrer Verbreitung beitragen und sie schließlich weitgehend eindämmen. Medizinhistorische Untersuchungen thematisieren nämlich literarische Dokumente nur marginal und literarhistorische Analysen begnügen sich zumeist mit medizinischen Exkursen. Ohnehin fehlt eine umfassende Darstellung des Verhältnisses von Medizin und Literatur bis auf den heutigen Tag.[2] Auch nach einer Darstellung des Kranken in der Literatur des 18. Jahrhunderts wird man vergeblich suchen, obwohl gerade auch von einer solchen Arbeit viel Erhellendes zum Verhältnis von Medizin und Literatur im 18. Jahrhundert zu erwarten sein dürfte.

Um zu ermessen, welche epidemische Verbreitung die Hypochondrie im 18. Jahrhundert erreicht haben muß, braucht man sich lediglich zu vergegenwärtigen, daß manche Zeitgenossen allen Ernstes in ihr eine Gefahr für den Bestand der Bevölkerung sahen. Die 1767 in Kopenhagen erschienene Abhandlung des Arztes Johann Ulrich Bilguer, die medizinhistorisch von großem Interesse ist, belegt diese Befürchtung schon durch ihren Titel: *Nachrichten an das Publikum in Absicht der Hypochondrie. Oder Sammlung verschiedener und nicht sowohl für die Aerzte als vielmehr für das ganze Publicum gehörige die Hypochondrie, ihre Ursachen und Folgen betreffende medicinische Schriftstellen und daraus gezogener Beweis, daß die Hypochondrie heutiges Tages eine fast allgemeine Krankheit ist und daß sie eine Ursache der Entvölkerung abgeben kan.* Wenn auch der Rezensent der Bilguerschen Abhandlung in der Allgemeinen Deutschen Bibliothek diesen «Beweis» vorsichtig problematisiert, so muß er gleichwohl gestehen, daß eine «unglaubliche Menge Menschen» unter «der Tiranney der Hypochondrie» seufze.[3]

Daß die grassierende Hypochondrie eine Depeuplierung nach sich ziehen werde, befürchteten viele Ärzte nicht, weil die Hypochonder zuhauf dahingerafft worden wären, sondern weil sie angeblich wenig Neigung zeigten, sich zu verheiraten. Literarisiert erscheint diese medizinische Auffassung beispielsweise in Moritz August von Thümmels Roman einer hypochondrischen Reise[4], wie auch der Roman bereits ein Dokument für die Verkettung von medizinischem und literarischem Diskurs über Hypochondrie ist. «Thümmel war über die Erscheinungsformen der Hypochondrie, ihren Charakter als Zeitkrankheit des 18. Jahrhunderts und die zahllosen Medikamente zu Behandlung der Milzsucht ausgezeichnet informiert. Daß er sich eindringlich mit medizinischen und populärmedizinischen Schriften vertraut gemacht hat, geht aus einigen Stellen zu Beginn des Romans hervor.»[5]

Warum war nun die Hypochondrie auch in den Augen der Zeitgenossen eine allgemeine Krankheit? Die Antwort, die Bilguer auf diese Frage erteilt, ist in verschiedener Hinsicht aufschlußreich: zum einen wird die Hypochondrie nicht mehr als ausschließliche Gelehrtenkrankheit bezeichnet, zum anderen begegnet man einer begrifflichen Konfundierung von Hysterie und Hypochondrie, die für die damaligen medizinischen Theorien recht charakteristisch ist:

«Es wird sich finden, daß diese Krankheit (die Hypochondrie; U. N.) heutiges Tages weit mehr den Namen der allgemeinen, als nur die den Gelehrten eigene Krankheit genennet zu werden verdienet. Die heutiges Tages allgemein bekannte Wahrheit, daß die Hysterische und Hypochondrische Krankheit einerley ist, und die entsetzliche Menge Personen des schönen Geschlechts, welche mit der hysterischen, das ist mit der hypochondrischen Krankheit so gut als Mannspersonen beschwert sind, könnte einigermaßen schon allein rechtfertigen die Hypochondrie heutiges Tages eine allgemeine Krankheit zu nennen, und noch weniger kann sie, wie hieraus erhellet, die den Gelehrten nur eigene Krankheit heißen. Denn unter der heutiges Tages vorhandenen sehr großen Menge hysterischer Frauenzimmer, ist die Anzahl der Gelehrten darunter nur sehr geringe, ob man schon weis, daß es zur Ehre des schönen Geschlechts einige dergleichen giebt.»[6]

Hypochondrie und Hysterie sind keine verschiedenen Krankheiten, sondern geschlechtsspezifische Ausprägungen ein- und derselben Krankheit. Es ist dies eine Auffassung, die bereits 1682 in England von dem Arzt Sydenham vertreten wurde, damals indessen auf wenig Wertschätzung bei seinen Kollegen stieß.[7] «Er (Sydenham; U. N.) identifiziert weitgehend – was das klinische Bild angeht – die bei den Frauen vorherrschende Hysterie mit der Hypochondrie, ihrem Äquivalent bei Männern und mit der Melancholie.»[8] Auch findet sich bei Sydenham bereits die These, die Hypochondrie sei eine Gelehrtenkrankheit: «Frei von Hysterie sind fast nur Frauen ‹such as work and fare hardly›. Umgekehrt sind von den Männern vor allem von dieser Störung befallen solche ‹who lead a sedentary life and study hard›, also Männer mit einer Tätigkeit in kaufmännischen oder sonstigen Büros und in akademischen oder literarischen Berufen. Damit ist mit dem Begriff der Hysterie ziemlich genau der Bereich der ökonomischen und der literarisch-humanen, d. h. für den Akademiker sichtbaren bürgerlichen Öffentlichkeit gedeckt: der typische Bürger leidet auch an Hysterie bzw. Hypochondrie.»[9] Jahrzehnte später ist in Deutschland die Situation keineswegs mehr so klar: die Hypochondrie ist keine Krankheit des Bürgertums allein, sie grassiert auch in anderen Schichten der Gesellschaft. Insofern ist die verbreitete These, die politische Ohnmacht des Bürgertums im 18. Jahrhundert kompensiere sich in einer Gefühlskultur der Empfindsamkeit, in einem heimeligen Eskapismus und treibe gewissermaßen komplementär eine entsprechende Modekrankheit – die Hypochondrie – hervor, nur bedingt richtig.[10] «Bürgerlich» ist die Hypochondrie nur in der Hinsicht, daß – wie noch zu zeigen sein wird – in der Ätiologie der Hypochondrie von der Medizin das negative Verhalten des homo oeconomicus des 18. Jahrhunderts auf den Begriff gebracht wird.

Nicht nur zwischen Hysterie und Hypochondrie wurde von den damaligen Medizinern nicht präzise unterschieden, auch die Begriffe

Hypochondrie und Melancholie werden oft nicht genügend gegeneinander abgegrenzt. Gleichwohl geht die Behauptung Lepenies', auch die Termini Hypochondrie und Melancholie seien im 18. Jahrhundert synonym verwendet worden[11], zu weit. Zwar ist es richtig, daß Hypochondrie und Melancholie auch noch im 18. Jahrhundert längere Zeit vermöge des noch weiterwirkenden antiken säftetheoretischen Modells in der Medizin als Ergebnis derselben Ursache, der schwarzen Galle im Körper, gedeutet werden konnten. Aber auch dem tradierten Melancholiekomplex gliedert sich – wie Hoffmann richtig bemerkt – «im 18. Jahrhundert die Hypochondrie als modische Zivilisationskrankheit mit angeblich *somatischer Ätiologie* aus.»[12] Die Beschreibungen von Hypochondrie und Melancholie in Adelungs *Versuch eines vollständigen grammatisch-kritischen Wörterbuchs der Hochdeutschen Mundart* (1774 – 1786) präzisieren das Verhältnis der beiden Erkrankungen zueinander: Melancholie ist nicht identisch mit Hypochondrie, sondern Melancholie erscheint als eine mögliche Endstufe, als schwerste Form hypochondrischer Erkrankung.[13] Gleichwohl spielen die schwarze Galle und ihre Derivate auch weiterhin in der Ätiologie der Hypochondrie eine maßgebliche Rolle. Mit ihrer Hilfe konnte die Medizin auf elegante Weise einen Zusammenhang herstellen zwischen «ungesundem» Lebenswandel und der unter den Hypochondern so verbreiteten Indigestion.

«... alle Ärzte kommen darinnen überein, daß mit einem Worte alle diejenigen Dinge, welche das Blut verdicken, indem sie das flüßige desselben verzehren oder ausjagen, oder indem sie machen, daß demselben allzu zähe und grobe Theile zugemischt werden, die schwarze Galle, oder eine schwarzgallichte Materie oder melancholische Säfte erzeugen, und daß alle diese Ursachen eigentlich diejenigen seyn, welche aus dem Begrif: lang fortgesetzter Genuß unverdaulicher Dinge, bey Ruhe und Unthätigkeit, beständiger Fehler der Diät, schlechte Lebensordnung und Lebensart, sich beständig überlassene heftige Affecten, Leidenschaften und Begierden, immer fortdauernde Schwäche des Magens, der Gedärme und der peristaltischen Bewegungen und der Unverdaulichkeit folgt.»[14]

Hypochondrie besteht für Bilguer «in einer kranken Gemüths- und Leibesbeschaffenheit zugleich; und diese wird her vorgebracht, von gar mannichfaltigen, sowohl moralischen als auch physicalischen Ursachen.»[15] In der Tat, stattlich ist die Zahl der «Ursachen», die Bilguer aufführt und von denen nur die wenigsten «physikalischen» Charakter haben:

«Ich sehe ... als Hauptquellen der heutiges Tages so allgemein herrschenden Hypochondrie an: die Pracht; die Schwelgerey, und die überhaupt schlechte Lebensordnung.

den Müßiggang; die heutiges Tages vorhandene und gegen die Anzahl der sich tüchtig bewegenden und dadurch immer gesund und stark erhaltenen Leute, gar zu überwiegende Menge solcher Personen, welche sich mit solchen Geschäfften abgeben, deren Ausübung vieles Sitzen, oder eine preßhafte gezwungene und unnatürliche Stellung des Leibes, oder auch, es geschehe nun freywillig oder gezwungen, eine zu stille oder zu sittsame Lebensart erfordert; die heutiges Tages übertriebene Begierde, seinen Stand zu verbessern, das zu frühzeitige Verheyrathen; die unglücklichen Ehen; den ehelosen Stand oder das Cälibat, über das 25ste bis 30ste Jahr, und so weiter hin; das heutiges Tages zwar nicht mehr, wie ehedem so häufig und öffentlich wütende, wohl aber mehr als man meynt, doch noch im Verborgenen schleichende venerische Gift; die seit schon einiger Zeit her geschehene ungesunde Fortpflanzung des menschlichen Geschlechts (...) die heutiges Tages, und besonders in den Städten, fast allgemein herrschende so gar fehlerhafte Erziehung der Kinder, sowohl im moralischen als physikalischen Verstande; der so allgemein herrschende Misbrauch des Zuckers und Backwerks, des Thee- Caffee- Schocolade und Brandtweingetränkes, wie auch des Rauchtabaks (...) die fast allgemein herrschende stolze Nachahmung oder Affectation der Personen von geringen, mittlern und ungelehrten Stande, um entweder den Vornehmen oder den Gelehrten, wie in vielen andern Stücken, also auch in Ansehung der Zärtlichkeit, der Weichlichkeit und den kränklichen Lebensumständen gleich zu seyn ...»[16]

Und auch Christoph Wilhelm Hufeland meint noch dreißig Jahre nach Bilguer in seiner *Makrobiotik* (1796): «Woher jetzt die vielen hypochondrischen, lebenssatten, unzufriedenen jungen Leute? – ‹Weil sie als Knaben keine Schläge mehr bekommen› hörte ich neulich eine verständige alte Dame sagen – und sollte sie so ganz unrecht haben? – Man braucht nur nicht eben Schläge, sondern eine gewisse Strenge der Erziehung zu verstehen.»[17]

Was hier in der Ätiologie der Hypochondrie Eingang gefunden hat, ist nicht nur, wie Schings meint, «ein bürgerlicher Sündenkatalog»[18], sondern bezeichnet überdies recht präzise das negative Verhalten des homo oeconomicus des 18. Jahrhundert. Die «Verwahrlosungstendenz des Hypochondriebegriffs»[19] hat auch ihre ökonomischen Implikationen. Die Sprache der Ätiologie enthält bereits jene Ökonomie der rationalen Beschränkung der Begierde, die dann im Frühkapitalismus ihren Höhepunkt erreichte und – wie Sontag gezeigt hat – die Phantasien über die Modekrankheit des 19. Jahrhunderts, die Tuberkulose, maßgeblich modellierte. Ätiologie der Hypochondrie und Ätiologie der Tuberkulose sind über diese Ökonomie metaphorisch miteinander verkettet.

«Wie Freuds mangelökonomische Theorie der ‹Triebe› sind die Phantasien über Tb, die im letzten Jahrhundert entstanden sind (und die sich weit bis in unseres hinein gehalten haben) ein Nachhall der mit der frühkapitalistischen Akkumulation verbundenen Verhaltensweisen. Man hat eine begrenzte Energiemenge, die in angemessener

Weise verbraucht werden muß. (...) Die Energie kann wie Ersparnisse erschöpft werden, kann ausgehen oder durch rücksichtslose Ausgaben aufgebraucht werden. Der Körper wird beginnen sich selbst ‹aufzuzehren›, der Patient wird ‹schwinden›. (...) Der Frühkapitalismus geht von der Notwendigkeit geregelten Ausgebens, Sparens, Haushaltens, von Disziplin aus – eine Ökonomie, die auf der rationalen Beschränkung der Begierde beruht. Tb wird in Bildern beschrieben, die das negative Verhalten des homo oeconomicus des 19. Jahrhunderts zusammenfassen: Auszehrung, Schwinden, Verschwenden von Vitalität.»[20]

Diese Ökonomie der rationalen Beschränkung der Begierde waltet bereits auch in der Ätiologie der Hypochondrie und bestätigt sich bis in Details hinein: so warnt Bilguer beispielsweise seine Leser vor der exzessiven Onanie, weil diese zu hypochondrischer Abzehrung führe – der Verschwendung von Vitalität folgt auch hier die Abzehrung auf dem Fuße. Selbst noch die Ablehnung von Tee und Kaffee, die, neben dem «Aphrodisiacum» Schokolade, von Bilguer unter die «entfernteren Ursachen der Hypochondrie»[21] gerechnet werden, korrespondiert mit einer zunehmenden ökonomischen Verknappung dieser Genußmittel in der zweiten Hälfte des 18. Jahrhunderts in Deutschland.[22] Dies gilt insbesondere für den Kaffee, der in der Diätetik der Zeit, die «als geistige Gegenbewegung der Wissenschaft gegen die Hypochondrie zu gelten (hat)»[23], im allgemeinen abgelehnt wird. Christoph Wilhelm Hufeland: «Wahrlich die alten Philosophen dachten wohl ebensoviel als die neuern Gelehrten, und litten dennoch nicht an Hypochondrien, Hämorrhoiden und dgl. Die einzige Ursache lag darin, weil sie mehr ambulierend oder liegend und in freier Luft meditierten, weil sie nicht Kaffee und Tabak dazu brauchten, und weil sie die Übung und Kultur des Körpers dabei nicht vergaßen.»[24] Überhaupt wurde von den Ärzten viel Bewegung gegen Hypochondrie verordnet; als besonders probates Mittel galt das Reiten, wovon noch zu sprechen sein wird. Gleichwohl mag es dennoch Hypochonder gegeben haben, die sich um das Kaffeeverbot nicht kümmerten, wie Lenzens Zerbin: «Er wollte das Schauspielhaus, die Kaffeehäuser besuchen, um nicht von dem Alp Hypochonder erdrückt zu werden, der sich so gern zu einem Kummer gesellt, der durch keine Leidenschaft mehr veredelt wird.»[25] Und auch ein Freund Hufelands, «de(r) verheerend (hypochondrische) Göttinger (Professor)»[26] Georg Christoph Lichtenberg, dem Hufeland die Erstauflage seiner Makrobiotik widmete und dessen älterer Bruder Ludwig Christian Lichtenberg Claude Révillons *Briefe eines Arztes an einen Hypochondristen* übersetzte, mochte nicht ganz vom Kaffee lassen. Lichtenberg war in der Tat ein veritabler Hypochonder. Über seine

Krankheit ist bereits andernorts manches publiziert worden, das hier nicht mehr wiederholt zu werden braucht.[27] Zwei Notizen Lichtenbergs in seinen Sudelbüchern verdienen allerdings erwähnt zu werden, zumal sie bislang nirgends kommentiert wurden. Als einziger unter seinen Leidensgenossen nennt Lichtenberg die Hypochondrie in einem Atemzug mit der Hermeneutik. «Die Hermeneutik der Hypochondrie»[28] notiert er sich. Er erkennt hier ein wesentliches seelisches Ansteckungsprinzip, das nach Hellpach[29] neben Einredung und Eingebung bei der Ausbreitung einer jeglichen geistigen Epidemie eine bedeutende Rolle spielt: die Einfühlung. Der von Lichtenberg verwendete Terminus «Hermeneutik» darf in diesem, gegenüber unserem heutigen Hermeneutikbegriff restriktiven Sinne von «Einfühlung» verstanden werden. Gadamer hat auch bei anderen Autoren der Zeit festgestellt, daß im späten 18. Jahrhundert der Ausdruck «Hermeneutik» – vermutlich von der Theologie her – in den allgemeinen Sprachgebrauch eindrang und dann selbstverständlich nur die praktische Fähigkeit des Verstehens selber bezeichnete, daß heißt das verständnisvoll einfühlsame Eingehen auf den anderen.»[30] Eine weitere Stelle bei Lichtenberg belegt diese These Gadamers auf ironische Weise: In der Erklärung eines Kupfers von Hogarth aus dem *Weg des Liederlichen* heißt es von dem abgebildeten Dieb, er stehle «mit Vorsicht voran und mit schlauer Hermeneutik im Hinterhalte.»[31]

Die zweite Notiz Lichtenbergs bezieht sich auf die weibliche Form der Hypochondrie, die Hysterie. In dieser Notiz nistet ein Dogma, das erst von Freud wieder reaktiviert wird: die Lehre von der sexuellen Ätiologie der Hysterie. Vermöge der von ihm imitierten satirischen Technik des cross readings, bei dem Zeilen auf gleicher Höhe, aber aus verschiedenen Kolumnen einer Zeitung zu einer einzigen zusammengefaßt werden, montiert Lichtenberg die folgende Passage: «Ein junger starker Kerl, der schon als Reitknecht gedient – Vertreibt Vapeurs und Mutterzufälle in kurzer Zeit.»[32] Auch mit dieser Bemerkung erweist sich Lichtenberg, wie in manch anderer Hinsicht[33], als ein Vorläufer der Psychoanalyse im 18. Jahrhundert. Es sei nur am Rande erwähnt, daß das Motiv der sexuellen Ätiologie der Hysterie selbstverständlich hie und da in der erotischen Literatur der Zeit erscheint. So schildert zum Beispiel Mirabeau in *Ein Lebemann von Format,* wie eine Äbtissin durch Beischlaf von ihren vapeurs «geheilt» wird.[34] Die Mediziner der Zeit indessen ventilieren andere Theoreme, ja sind bisweilen angesichts hysterischer Phänomene offenkundig ratlos.[35]

Die männliche Hypochondrie mit ihrer vermeintlichen Lokalisation im Unterleib bereitete ihnen hingegen zunächst weniger therapeutische Schwierigkeiten. Was lag näher, als bei einer Erkrankung, die in den meisten Fällen mit Indigestion einherzugehen pflegte, alles mögliche zu verordnen, um eben diese Indigestion zu beseitigen. Da nur ein entleerter Darm ein gesunder Darm sein konnte, bot sich neben diätetischen Maßnahmen vor allen Dingen das Applizieren von Klistieren an. Aus dem Arsenal der Diätetik einige Beispiele: «Rohe Mehlspeisen» – so Hufeland – «(...) passen nicht für Kinder, sitzende Gelehrte und Hypochondristen.»[36] Pflanzenkost «(ist) für Hypochondristen und zur Säure Geneigte weniger tauglich (...)»[37], Zwiebeln und Meerrettich gar «können Hypochondristen zur Verzweifelung bringen.»[38] Ein probates Mittel gegen die Hypochondrie und auch gegen fast alle anderen Krankheiten des Unterleibes glaubte der Arzt Johannes Kämpf in seinen «Visceralklystieren» entdeckt zu haben. Zur Bekämpfung der schwarzen Galle hielt er sie für hervorragend geeignet, ja er war sogar der Meinung, sie hätten, wären sie nur damals bekannt gewesen – die Gründung des Jesuitenordens verhindern können: Die schwarze Galle

«ist und bleibt ...immer ein heimtückisches Leib und Seele verderbendes Ungeheuer. Es ist im Stande sich in ein reissendes Tier zu verwandeln, macht Weise zum Kinderspott, setzt Philosophen Schellenkappen auf, wirft seine Sklaven bald in die unterste Hölle, wo Heulen und Zähneklappern ist, bald in den obersten Himmel, wo sie die Engel singen hören, es macht aus Dummköpfen Propheten und Poeten. Es hat von jeher Intoleranz geschnaubt, und ihr das Schwert in die Hand gegeben. Es – kurz, es kann Wunder thun. Die größte Epoche, die es, auf unserem Erdballe gemacht, ist wohl diese, das es den Jesuitenorden gestiftet hat. Denn bey der Leichenöffnung des heilig ausgemergelten Ignaz fand der Doktor Columbus die Pfortader desselben mit schwarzgalligtem Blut ganz vollgestopft. Wären die Visceralklystiere zu der Zeit bekannt gewesen, vielleicht hätten sie den schrecklichen Folgen einer fanatischen Seuche vorbeugen können, die noch im Finstern schleicht ...»[39]

Als unterstützende Maßnahme empfiehlt Kämpf den Hypochondern das Reiten, ein Therapeutikum, das bereits Sydenham für unfehlbar gehalten hatte. «Unsern Kranken rahte ich vorzüglich das die Eingeweide des Unterleibs erschütternde und stärkende Reiten eines sanften Trabes, und das Fahren auf holperichten Wegen, in einem von Weichlingen verabscheuten Fuhrwerke. Die heilsame Erschütterung des Unterleibs wird sehr vermehrt, wenn man, unterm Traben, die Knöchel der rechten Hand der Wampe selbiger Seite stark andrückt, und mit dem linken Vorderarm, auf der andern Seite ein gleiches thut. Diejenigen, welche die Klystiere leicht halten können, thun wohl, wenn sie sich gleich zu Pferde setzen.»[40] Wie viele Patienten solche Ausritte ohne größeres Malheur überstanden haben, erfährt der Leser allerdings nicht.

Neben dem medizinischen Modell einer somatischen Lokalisation der Hypochondrie (im Unterleib), wie es hier bei Kämpf begegnet, und dem säftetheoretischen Modell, das aus der Antike tradiert wurde, existierte im 18. Jahrhundert noch ein drittes, das sich seit der Mitte des Jahrhunderts mehr und mehr durchsetzte, und dies nicht von ungefähr: die Interpretation der Hypochondrie als «Nervenkrankheit».[41] Die Beschreibung der Hypochondrie als Nervenkrankheit hat sicherlich zu einer weiteren Verbreitung dieser Krankheit beigetragen, denn mit diesem medizinischen Modell wird es möglich, auch solche Symptome als hypochondrische Symptome zu «diagnostizieren», die keinerlei somatische Lokalisation besitzen bzw. vice versa nicht lokalisierbare somatische Beschwerden als Begleiterscheinungen einer vorgängigen Hypochondrie zu deuten. Krankes Gemüt und kranker Leib sind von nun an so eng miteinander verknüpft, daß die Krankheit Hypochondrie an allen erdenklichen Stellen des Körpers auftreten kann. Lichtenbergs Tagebücher sind voll von Beispielen: «Die Tagebücher zählen seine Leiden nicht, sondern registrieren ängstlich Zahngeschwüre, bösen Hals, Husten, Diarrhöen, unregelmäßigen Puls, Kopfweh, Rückenschmerzen, Knochenreißen, Ohrensausen, Seitenstechen, Schmerzen bald an dem, bald an dem Gliede, Krämpfe, Schweißausbrüche bei der geringsten Anstrengung, ‹Todeskälte in den Füßen›, Beängstigungen, Appetitlosigkeit, Abspannung, Ohnmacht, Schlaflosigkeit.»[42] Die Medizin ist endlich auf der Höhe der Empfindsamkeit. «Solange die Nervenleiden mit den organischen Bewegungen der unteren Körperteile (...) in Verbindung gebracht wurden, stellten sie sich in eine bestimmte Ethik der Begierde: sie waren die Vergeltung eines rohen Körpers; man wurde von zu großer Heftigkeit krank. Künftig ist man krank, weil man zu viel empfindet (...) Das ganze Leben endet damit, daß es sich nach diesem Erregungszustand (der Nerven; U.N.) beurteilt: Mißbrauch unnatürlicher Dinge, die Ortsansässigkeit in Städten, Lektüre von Romanen, Theatervorstellungen, unmäßiger Eifer in den Wissenschaften, ‹zu lebhafte sexuelle Leidenschaften oder jene verbrecherische, ebenso moralisch tadelnswerte wie schädliche Gewohnheit›.»[43] Mit der Interpretation der Hypochondrie als Nervenkrankheit ist die Hypochondrie in die Nähe des Wahnsinns gerückt, eine Annäherung, die dann gegen Ende des Jahrhunderts Kant vornimmt.

Literarisiert erscheinen die geschilderten drei medizinischen Modelle erstmals deutlich bereits relativ früh, 1738, in Adam Bernds Autobiographie. Bernd ist einer jener Gottesgelehrten, über die man dann 1785 im *Magazin zur Erfahrungsseelenkunde* nachlesen kann, ihre Zahl habe in den letzten zwanzig Jahren «unglaublich» zugenommen.⁴⁴ Bernd, der sich von den konsultierten Ärzten nicht verstanden fühlte, eignete sich in eklektischer Weise medizinisches Wissen an. «Als ‹Melancholia hypochondriaca› ordnet Bernd seine Krankheit in jenes verwirrend umfassende Krankheitsbild der Melancholie ein, das die Renaissance und Barockzeit entwickelt hat. (...) Aus diesem Komplex gliedert sich im 18. Jahrhundert die Hypochondrie als modische Zivilisationskrankheit mit angeblich somatischer Ätiologie aus. Entsprechend vertritt Bernd verschiedene Organlokalisationen seiner Krankheit im Magen und Unterleibbereich (...), er macht aber auch Anleihen bei Theorien, welche die Hypochondrie teils als reine Nervenkrankheit (...), teils kombiniert mit somatischer Ätiologie verstehen.»⁴⁵ Insofern hatte Hamann durchaus Recht und Unrecht zugleich, wenn er sich nach der Lektüre der Berndschen Autobiographie in seiner Auffassung bestätigt sah, daß Hypochondrie in Leidenschaften ihren Ursprung nehme.⁴⁶ Nicht ohne Grund fürchtete er, Bernds Autobiographie werde bei hypochondrischen Lesern nicht die ihr zugedachte aufklärerische Funktion haben. Ohnehin dürften die zahlreichen «aufklärenden» Schriften über Hypochondrie, die den lesenden Zeitgenossen in den folgenden Jahrzehnten beschert wurden – die medizinischen Tischbücher nicht zu vergessen – unstreitig ihren Teil zur Ausbreitung der Epidemie beigetragen haben. An ihnen bestätigt sich die Dialektik der Aufklärung erneut. Johann Andreas Murray, ordentlicher Professor der Medizin an der Universität Göttingen, thematisiert das Problem in einer Rede, die er 1779 als Dekan der medizinischen Fakultät hält und die den bezeichnenden Titel trägt *Vom begrenzten Wert praktischer medizinischer Bücher, die für den Volksgebrauch bestimmt sind.*⁴⁷ Nicht nur seien die medizinischen Laien hoffnungslos überfordert, wenn es gelte, eine Krankheit mit diffuser Symptomatologie zu diagnostizieren, meint Murray und nennt auch sogleich ein Beispiel: «In wie viel Verkleidungen treten Hypochondrie und Hysterie auf!»⁴⁸ – sondern es bestehe bei der Lektüre solcher medizinischer Hausbücher die Gefahr,

«daß viele Leser, weil sie krank die Beschreibung dieser oder jener Krankheit lesen und wegen gewisser gemeinsamer Symptome auf sich beziehen, sich oft unnötig ängstigen und betrüben, wenn sie zufällig auf die Beschreibung einer Krankheit verfallen, die viel schrecklicher ist als die ihre. Wenn sie sich andererseits in der Diagnose nicht geirrt haben, nähren sie dann oft ihre Krankheit in nicht unbeträchtlicher Weise, weil sie beim Lesen auch die traurigsten Ausgänge erfahren (...) Während man also in diesen Handbüchern nach Medizin für eine Krankheit sucht, legt man oft gleichzeitig Funken an sie, durch die sie sogar bisweilen in offenen Flammen ausbricht.»[49]

Was wunder, wenn Leisewitz sich in sein Tagebuch notiert: «... wie ich alleine war, fing meine Hypochondrie an entsetzlich zu wüten, und ich hatte einige äußerst schwarze Stunden. Ich sah dabey, daß mir das Lesen von Schriften über die Hypochondrie nicht gut sey, wenn ich es auch nicht sogleich bemerke ...»[50] Wie es Möser erging, der sich von einer Lektüre von Claude Révillons *Briefe eines Arztes an einen Hypochondristen* Linderung versprach[51], ist nicht bekannt.

Daß die unablässige Frustration der Hypochonder rasch in Aggressivität gegen die Ärzte umschlagen konnte, ist gut dokumentiert. Theodor Johann Quistorp macht sich in seinem Lustspiel *Der Hypochondrist* (1745) nicht nur über den Hypochonder lustig, sondern auch über dessen Ärzte Krebsstein und Muscat, die gleich zu Beginn der Komödie fruchtlose nosologische Rabulistik betreiben.[52] Lichtenberg notiert: «So wie die Leibärzte der Ochsen Menschen sind, so hat man auch oft gefunden, daß die Leibärzte der Menschen Ochsen sind.»[53] Und Peter Helfrich Sturz berichtet in seinem *Fragment aus den Papieren eines verstorbenen Hypochondristen*[54] mit grimmigem Humor von verschiedenen Therapien, denen sein Hypochonder sich ohne Erfolg unterzog. Mag auch die Driburger Wasserkur Lichtenberg vorübergehend Linderung verschafft haben – er schreibt am 6. 1. 1791 an Christian Gottlob Heyne: «Ew. Wohlgeboren müssen einem armen Hypochondristen, der nun durch Driburger Wasser und frische Kräuter zusehends wieder auflebt, noch einige Tage von dieser Zeit zu seiner Disposition schenken, sonst werde ich nie wieder»[55] – Sturzens Hypochonder hilft die Pyrmonter nicht und auch keine andere.

«Im verwichenen Sommer trat in Pyrmont eine hagre, hohläugige Gestalt zu mir. Haben Sie, fragte das Gespenst mit bebender Stimme, auch das kalte Bad schon gebraucht? Es stärkt gewaltig. – Hier fiel es in Ohnmacht. Ich leugne die Kräfte des kalten Wassers nicht. (...) Mir aber gerieth die Kur nicht, ich gebe vielmehr der Erkältung dabei meine Gliederschmerzen Schuld, welche weder die Dusche, noch das Senfbad, noch irgend ein warmes Bad, lindern will. O Aeskulape, zürnet nicht, wenn mein Glauben an eure Kunst zu wanken beginnt ...»[56]

Den Ärzten gefielen solche und ähnliche Anwürfe vermutlich wenig und manch einer unter ihnen wird die Auffassung Bilguers geteilt haben, die im übrigen einem Argumentationsschematismus gehorcht, der auch der Psychiatrie bekannt ist: Daß aus der Unwirksamkeit ärztlicher Therapie «ein Beweis für jene Meinung folge, welche die Feinde, und vorzüglich die hypochondrischen Feinde der Aerzte, bey allen möglichen Gelegenheiten auszuseufzen versuchen, nämlich daß die ganze Arzneykunst ungewiß und einer Lotterie ähnlich sey, in welcher immer mehr Menschen verlören als gewönnen, wird kein Mensch, als nur ein solcher zu sagen sich veranlaßt sehen, dessen Hypochondrie ihn schon so weit gebracht hat, verlegen genug zu seyn, augenscheinlichen Vorurtheilen und Unwahrheiten das Wort zu reden.»[57]

Hier ist der medizinische Diskurs an der Stelle angelangt, von der aus die Hypochondrie erfolgreich bekämpft werden konnte: am Kopf des Patienten. Inmitten der Verwahrlosung des Hypochondriebegriffs gegen Ende des Jahrhunderts kündigt sich mit Kants Definition der Hypochondrie eine entscheidende Therapeutik an. Ist die Hypochondrie, wie Kant es in seiner Schrift *Von der Macht des Gemüths durch den bloßen Vorsatz seiner krankhaften Gefühle Meister zu sein* (1797) getan hat, erst in die Nähe des Wahnsinns gerückt, dann ist sie nicht mehr salonfähig, sondern nur gefährlich, weil sie die Identität des Bürgers bedroht. Sie bleibt keine Krankheit des Körpers mehr, wird vielmehr zu einer des Kopfes – und vom Kopf aus muß sie bekämpft werden, bei Strafe des Identitätsverlustes. Kant hat es an sich vorgeführt:

«Ich habe wegen meiner flachen und engen Brust, die für die Bewegung des Herzens und der Lunge wenig Spielraum läßt, eine natürliche Anlage zur Hypochondrie, welche in früheren Jahren bis an den Überdruß des Lebens grenzte. Aber die Überlegung, daß die Ursache dieser Herzbeklemmung vielleicht bloß mechanisch und nicht zu heben sei, brachte es bald dahin, daß ich mich an sie gar nicht kehrte, und während ich mich in der Brust beklommen fühlte, im Kopf doch Ruhe und Heiterkeit herrschte ...»[58]

Christoph Wilhelm Hufeland sekundiert mit folgender Annotation:

«Das größte Mittel gegen Hypochondrie und alle eingebildeten Uebel ist in der That das *Objectiviren seiner selbst,* sowie die Hauptursache der Hypochondrie und ihr eigentliches Wesen nichts anderes ist, als das *Subjectiviren aller Dinge,* das heißt, daß das physische Ich die Herrschaft über Alles erhalten hat, der alleinige Gedanke, die fixe Idee wird, und alles Andere unter diese Kategorie bringt. (...) Denn das wahre Ich wird nie krank.»[59]

Diese Theorie Kants, die vermutlich durch Hufeland auch zu Goethe gelangte[60], an dessen Weimarer Freitagsgesellschaften Hufeland früher teilgenommen hatte[61], verfehlte ihre Wirkung auf die Zeitgenossen nicht. Sie half den Ärzten aus diagnostischen Nöten, weil sie «die Spannung (löste), die innerhalb des Hypochondriebegriffs dadurch entstanden war, daß dieser einerseits von der Ursache her, andererseits vom Symptom der Krankheitsfurcht her definiert wurde»[62] aber andererseits es auch ermöglichte, in prekären Fällen die Kranken mit ihrem Kopf allein zu lassen. Die Vernunft hatte die Hypochondrie eingeholt. Von nun an mußte man sich überlegen, ob man hypochondrisch sein wollte. – «Es hat mir schon einmal jemand gesagt, er glaube, ich könne nur durch den Kopf geheilt werden. – Nun fürwahr ich muß aufhören, sonst sagen Sie mir wohl gar, freilich vor allen Dingen muß *erst der Kopf* geheilt werden.»[63]

ANMERKUNGEN

[1] Zu erwähnen wären hier vor allem: Busse, W.: Der Hypochondrist in der deutschen Literatur der Aufklärung. Diss. phil. Mainz 1952; Dörner, K.: Bürger und Irre. Zur Sozialgeschichte und Wissenschaftssoziologie der Psychiatrie, Ffm. 1975 (Erstauflage 1969); Fischer-Homberger, E.: Hypochondrie. Melancholie bis Neurose. Krankheiten und Zustandsbilder, Bern/Stuttgart/Wien 1970; Foucault, M.: Wahnsinn und Gesellschaft. Eine Geschichte des Wahns im Zeitalter der Vernunft, 2. Aufl. Ffm. 1977 (Erstauflage 1961); Promies, W.: Die Bürger und der Narr oder das Risiko der Phantasie. Sechs Kapitel über das Irrationale in der Literatur des Rationalismus, München 1966; Schings, H.-J.: Melancholie und Aufklärung. Melancholiker und ihre Kritiker in Erfahrungsseelenkunde und Literatur des 18. Jahrhunderts, Stuttgart 1977.
[2] Vgl. Engelhardt, D.v.: Medizin und Literatur in der Neuzeit – Perspektiven und Aspekte. In: DVjs., 52. Jg. 1978, S. 380. Es handelt sich hierbei um ein ähnliches Desiderat, wie es bereits Marquard für das 19. Jahrhundert vermutet hat. Vgl. Marquard, O.: Schwierigkeiten mit der Geschichtsphilosophie, Ffm. 1973, S. 101 («Eine einschlägige Inventur der Figuren des Arztes und des Kranken in der Literatur des neunzehnten Jahrhunderts ist ...noch Desiderat.»)
[3] Zitiert nach Wonderley, W.: Some Notes on Hypochondria and Melancholy in German Literature of the Early Eighteenth Century. In: Philological Quarterly, 30. Jg. 1951, S. 188f.
[4] Vgl. Thümmel, M. A. v.: Reise in die mittäglichen Provinzen von Frankreich. 3 Bde., München/Leipzig 1918 (Erstauflage des Romans 1791 – 1805), sowie: Sauder, G.: Der reisende Epikureer. Studien zu Moritz August von Thümmels Roman «Reise in die mittäglichen Provinzen von Frankreich», Heidelberg 1968, S. 67
[5] Sauder, G.: Der reisende Epikureer ..., a. a. O., S. 65. Vgl. auch Fischer-Homberger, E.: Hypochondrie ...,a. a. O., S. 81.
[6] Bilguer, J. U.: Nachrichten an das Publicum ...,a. a. O., S. 4f. Wie sehr die Hysterie im 18. Jahrhundert verbreitet war, läßt sich dem Buch von Abricossof entnehmen.

Vgl. Abricossof, G.: L'hystérie au XVIIe et XVIIIe siècle, Paris 1897; Vgl. auch Bloch, I.: Der Marquis de Sade und seine Zeit. Ein Beitrag zur Sittengeschichte des 18. Jahrhunderts, München 1978, S. 83f. (Erstauflage 1900).
[7] Vgl. Veith, I.: Hysteria. The History of a Desease, Chicago 1970, S. 141
[8] Dörner, K.: Bürger und Irre ...,a. a. O., S. 37.
[9] Dörner, K.: Bürger und Irre ...,a, a, O., S. 37.
[10] Vgl. z. Bsp. Lepenies, W.: Melancholie und Gesellschaft, Ffm. 1972, S. 83; Wuthenow, R.-R.: Das erinnerte Ich. Europäische Autobiographie und Selbstdarstellung im 18. Jahrhundert, München 1974, S. 199
[11] Lepenies, W.: Melancholie und Gesellschaft, a. a. O., S. 88; Vgl. auch Promies, W.: Die Bürger und der Narr ...,a. a. O., S. 242f.; Zur Kritik an Lepenies vgl. auch Schings, H.-J.: Melancholie und Aufklärung ...,a. a. O., S. 70
[12] Hoffmann, V.: Nachwort. In: Adam Bernd. Eigene Lebens-Beschreibung. Vollständige Ausgabe. Mit einem Nachwort, Anmerkungen, Namen- und Sachregister. Hrsg. v. V. Hoffmann, München 1973, S. 423f. (Hervorh. U. N.)
[13] Vgl. die Zitate aus Adelung bei Wonderley, W.: Some Notes ..., a. a. O., S. 188.
[14] Bilguer, J. U.: Nachrichten an das Publicum ..., a. a. O., S. 307.
[15] Bilguer, J. U.: Nachrichten an das Publicum ..., a. a. O., S. 1.
[16] Bilguer, J. U.: Nachrichten an das Publicum ..., a. a. O., S. 8f.
[17] Hier zitiert nach der gekürzten Neuauflage: Hufeland, C. W.: Makrobiotik oder die Kunst das menschliche Leben zu verlängern. Mit einem Brief Immanuel Kants an den Autor sowie einem modernen Nachwort von R. Brück, München 1978, S. 194.
[18] Schings, H.-J.: Melancholie und Aufklärung ..., a. a. O., S. 71.
[19] Vgl. Fischer-Homberger, E.: Hypochondrie ..., a. a. O., S. 52ff.
[20] Sontag, S.: Krankheit als Metapher, München/Wien 1978, S. 67f.
[21] Vgl. Bilguer, J.U.: Nachrichten an das Publicum ..., a. a. O., S. 177 und S. 181f.
[22] Vgl. Schivelbusch, W.: Der Kaffee als bürgerliche Produktivkraft. In: Ästhetik und Kommunikation, 9. Jg. 1978, H. 33, S. 18ff, insbesondere das auf S. 19 zitierte Kaffeeverbot aus dem Jahre 1766: «... alle Töpfe, vornehme Tassen und gemeine Schälchen, Mühlen, Brennmaschinen, kurz alles, zu welchem das Beiwort Kaffee zugesetzt werden kann, soll zerstört und zertrümmert werden, damit dessen Andenken unter unseren Mitgenossen gerichtet sei. Wer sich untersteht, Bohnen zu verkaufen, dem wird der ganze Vorrat konfisziert, und wer sich wieder Saufgeschirr anschafft, kommt in Karren.»
[23] Busse, W.: Der Hypochondrist ..., a. a. O., S. 109.
[24] Hufeland, C. W.: Makrobiotik ..., a. a. O., S. 142; Vgl. auch Heischke-Artelt, E.: Kaffee und Tee im Spiegel der medizinischen Literatur des 17. bis 19. Jahrhunderts. In: Medizinhistorisches Journal, 4. Jg. 1969, S. 250ff.
[25] Lenz, J. M. R.: Zerbin oder Die neuere Philosophie. In: J. M. R. Lenz. Erzählungen und Briefe. Hrsg. und mit einem Essay v. J. Seyppel, Berlin 1978, S. 31.
[26] Promies, W.: Die Bürger und der Narr ..., a. a. O., S. 239.
[27] Vgl. Requadt, P.: Lichtenberg. Zum Problem der deutschen Aphoristik, Hameln 1948, S. 42f.; Promies, W.: Georg Christoph Lichtenberg, Reinbeck 1964, S. 102f. Vgl. auch M. Schneider (in diesem Band).
[28] G. C. Lichtenberg. Schriften und Briefe. Hrsg. v. W. Promies, Bd. I, München 1968, S. 762.

²⁹ Vgl. Hellpach, W.: Die geistigen Epidemien, Ffm. 1906, S. 31 und S. 65f. (= die Gesellschaft 11).
³⁰ Gadamer, H.-G.: Hermeneutik als theoretische und praktische Aufgabe. In: Revue internationale de philosophie, 33. Jg. 1979, no. 127/128, S. 239.
³¹ G. C. Lichtenberg. Der Weg des Liederlichen. Ausführliche Erklärung der Hogarthischen Kupferstiche, Ffm. 1968, S. 14 (= Insel-Bücherei 936).
³² G. C. Lichtenberg. Schriften und Briefe. Hrsg. v. W. Promies, Bd. II, München 1971, S. 161.
³³ Vgl. Rattner, J.: Vorläufer der Psychoanalyse im 18. Jahrhundert. Lichtenberg – Goethe – Carl Philipp Moritz, Berlin 1975, S. 4 ff. (Maschinendruck).
³⁴ Mirabeau, H. G. de R.: Erotische Schriften. Hrsg. v. J. Fürstauer, Wiesbaden o. J., S. 313f.
³⁵ Vgl. beispielsweise die Beschreibung einer Hysterikerin bei Bilguer, J. U.: Nachrichten an das Publicum ..., a. a. O., S. 238f.
³⁶ Hufeland, C.W.: Makrobiotik ..., a. a. O., S. 235.
³⁷ Hufeland, C. W.: Makrobiotik ..., a. a. O., S. 234.
³⁸ Hufeland, C. W.: Makrobiotik ..., a. a. O., S. 237.
³⁹ Kämpf, J.: Für Ärzte und Kranke bestimmte Abhandlung von einer neuen Methode, die hartnäckigsten Krankheiten, die ihren Sitz im Unterleibe haben, besonders die Hypochondrie, sicher und gründlich zu heilen, 2., vermehrte und verb. Aufl. Ffm./Leipzig 1787, S. 17f.
⁴⁰ Kämpf, J.: Für Ärzte und Kranke bestimmte Abhandlung ..., a. a. O., S. 414
⁴¹ Zu den diversen medizinischen Funktionsmodellen der Zeit vgl. Foucault, M.: Wahnsinn und Gesellschaft ..., a. a. O., S. 285ff.
⁴² Promies, W.: Georg Christoph Lichtenberg, a. a. O., S. 103.
⁴³ Foucault, M.: Wahnsinn und Gesellschaft ..., a. a. O., S. 305.
⁴⁴ Vgl. Magazin zur Erfahrungsseelenkunde als ein Lesebuch für Gelehrte und Ungelehrte, Bd. III, no. 1, Berlin 1785, S. 125 ff; hier zitiert nach dem Reprint Lindau 1978.
⁴⁵ Hoffmann, V.: Nachwort. In: Adam Bernd. Eigene Lebens-Beschreibung ..., a. a. O., S. 423f.
⁴⁶ Vgl. Hoffmann, V.: Hamann als Leser von Adam Bernds ‹Eigener Lebens-Beschreibung› (1738). In: J. G. Hamann. Acta des Internationalen Hamann-Colloquiums in Lüneburg 1976. Hrsg. v. B. Gajek, Ffm. 1979, S. 291.
⁴⁷ Murray, J. A.: Vom begrenzten Wert praktischer medizinischer Bücher, die für den Volksgebrauch bestimmt sind. In: Göttinger Universitätsreden aus zwei Jahrhunderten (1737 – 1934). Hrsg. v. W. Ebel, Göttingen 1978, S. 118ff.
⁴⁸ Murray, J. A.: Vom begrenzten Wert ..., a. a. O., S. 124.
⁴⁹ Murray, J. A.: Vom begrenzten Wert ..., a. a. O., S. 126.
⁵⁰ Zitiert nach Busse, W.: Der Hypochondrist ..., a. a. O., S. 92.
⁵¹ Vgl. Promies, W.: Die Bürger und der Narr ..., a. a. O., S. 239.
⁵² Vgl. Quistorp, Th. J.: Der Hypochondrist. Ein deutsches Lustspiel. In: J. C. Gottsched. Die Deutsche Schaubühne. Faksimiledruck nach der Ausgabe von 1741 – 1745. Mit einem Nachwort v. H. Steinmetz, Sechster Teil, Stuttgart 1972, S. 277ff. (= Deutsche Neudrucke/ Reihe: 18. Jahrhundert)
⁵³ G. C. Lichtenberg. Schriften und Briefe. Hrsg. v. W. Promies, Bd. II, a. a. O., S. 191.

[54] Vgl. Sturz, P. H.: Schriften. Nachdruck der Ausgabe Leipzig 1779/82, München 1971, S. 190ff. (= Aufklärung und Literatur 2).
[55] G. C. Lichtenberg. Schriften und Briefe. Hrsg. v. W. Promies, Bd. IV, München 1967, S. 798.
[56] Sturz, P. H.: Fragment ..., a. a. O., S. 195.
[57] Bilguer, J. U.: Nachrichten an das Publicum ..., a. a. O., S. 411.
[58] Kant, I.: Von der Macht des Gemüths durch den bloßem Vorsatz seiner krankhaften Gefühle Meister zu sein. Hrsg. und mit Anmerkungen versehen v. C. W. Hufeland, Minden 1873, S. 31.
[59] Kant, I.: Von der Macht des Gemüths ..., a. a. O., S. 33f. (Hervorh. v. H.).
[60] Vgl. eine entsprechende Bemerkung Goethes in einem Brief an Riemer aus dem Jahre 1814, in dem es u. a. heißt: «Hypochondrisch sein heißt nichts anderes als ins Subjekt versinken.» Zitiert nach Flavell, M. K.: Goethe, Rousseau and the ‹Hyp›. In: Oxford German Studies, 7. Jg. 1972/73, S. 23.
[61] Vgl. Hufeland. Leibarzt und Volkserzieher. Selbstbiographie v. C. W. Hufeland. Neuherausgegeben v. W. v. Braun, Stuttgart 1937, S. 12.
[62] Fischer-Homberger, E.: Hypochondrie ..., a. a. O., S. 76f.
[63] G. C. Lichtenberg. Schriften und Briefe, Hrsg. v. W. Promies, Bd. IV, a. a. O., S. 831 (Hervorh. v. L.) Der Satz wurde 1792, also fünf Jahr bevor Kants Schrift in Druck ging, geschrieben. Lichtenberg hat hier sehr klar gesehen.

LUDWIG JÄGER
Linearität und Zeichensynthesis
Saussures Entfaltung des semiologischen Form-Substanz-Problems
in der Tradition Hegels und Humboldts[1]

1. Einleitung

In der Hierarchie der zeichentheoretischen Grundfragen, die Saussure sich in seiner Sprachtheorie zu lösen bemüht, muß dem Problem der Linearität der phonischen Substanz sicherlich ein ähnlich hoher Stellenwert zugewiesen werden, wie der Fundamentalproblematik der Arbitrarität des sprachlichen Zeichens. Gleichwohl ist das Linearitätsproblem weder von den Cours-Herausgebern, noch von der Cours-Rezeption in seiner Bedeutung erkannt und adäquat dargestellt und diskutiert worden.[2] Die Ursache hierfür ist zweifelsohne in dem Umstand zu suchen, daß der Linearität, als spezifischer Eigenschaft der phonischen Substanz, die ihrerseits in der wirkungsgeschichtlich fiktiven Gestalt der Saussureschen Theorie in ihrer Bedeutung für die Konstitution des Zeichens als *Form* gänzlich negiert wurde, ebenfalls kaum theoretische Aufmerksamkeit gewidmet wurde. Der wirkliche Rang des Linearitätsproblems soll deshalb im folgenden durch eine quellenkritische Rekonstruktion des sogenannten ‹Form-Substanz-Theorems›[3] im Lichte der geistesgeschichtlichen Tradition, in der Saussure diese Thematik erörtert, herausgearbeitet werden: im Lichte der Tradition nämlich des sprach-philosophischen Denkens von Hegel und Humboldt.
Ich habe an anderer Stelle gezeigt[4], daß es die zentrale Leistung des ‹Gesichtspunkt-Gegenstand-Theorems› im systematischen Aufbau der Theorie des fiktiven Saussure ist, den epistemologischen Modus linguistischer Gegenstandskonstitution als konventionalistischen Modus zu bestimmen, und das heißt, eine theoretische Konstitution des linguistischen Erkenntnisobjektes zu ermöglichen, die nicht auf einer vorgängigen sprachlichen Erfahrung (wie auch immer diese erkenntnistheoretisch gefaßt sei) gegründet und durch diese legitimiert ist, sondern die gerade von der ‹erfahrbaren› sozio-historischen Kon-

kretheit der Sprache ‹idealisierend› abstrahiert. Das Gesichtspunkt-Gegenstand-Theorem stellt also als epistemologisches Basis-Theorem die Bedingung der Möglichkeit dafür dar, daß zum «einzige(n) wirklichen(n) Gegenstand der Sprachwissenschaft immanentistisch eine «Sprache an und für sich selbst betrachtet»[5] bestimmt werden kann, die als «eine Form und nicht eine Substanz»[6] von allen substanziellen, d. h. diskursiv-diachronischen Momenten[7] gereinigt ist. Das Immanenz-Postulat, daß nur ‹die Sprache an und für sich selbst betrachtet der einzige Gegenstand der Sprachwissenschaft› sei, erfährt also durch das Form-Substanz-Theorem eine inhaltliche Explikation, wobei dieses seinerseits für alle weiteren, differenzierteren Bestimmungen des Erkenntnisgegenstandes Sprache, wie sie etwa im Langue-Parole-Theorem oder im Synchronie-Diachronie-Theorem[8] vorgenommen werden, die Grundlage bildet.

Allgemein läßt sich die Funktion des Form-Substanz-Theorems im Zusammenhang der Theorie des fiktiven Saussure folgendermaßen charakterisieren:

Es stellt eine Hypothese dar, die aus dem heterogenen Kontinuum sprachlicher Phänomene, wie sie vortheoretisch gegeben sind, den theoretischen Gegenstand Sprache qua Form konstituiert und zwar dergestalt, daß alle jene substanziellen Momente, die als konkrete Vielfalt die kommunikative Erfahrung alltäglichen Sprechens ausmachen, aus dem *Immanenzbereich* des hypothetisch konstituierten Erkenntnisobjektes *externalisiert* werden können. Ermöglicht wird dieser Akt der Externalisierung durch das Gesichtspunkt-Gegenstand-Theorem, das die ‹freie Wahl› gegenstandskonstitutiver Gesichtspunkte unabhängig von einer diese begründenden Erfahrung legitimiert.

Nun zeigt sich allerdings bei einer näheren Erörterung des hier impliziten erkenntnistheoretischen Konventionalismus hinter dessen liberalistischer Fassade ein latenter Dogmatismus; es zeigt sich nämlich, daß die vorgeblich freie Wahl theoretischer Hypothesen, mit denen das Erkenntnissubjekt seinen Erkenntnisgegenstand konstituiert, nicht von einem – wie Popper glaubt – empirisch kontingenten, sondern vielmehr von einem erkenntnislogisch relevanten, transzendentalen Motiv *determiniert* wird: von dem Interesse nämlich an einer Erzeugung prognostischen Wissens.

In der Tat ergibt sich nun bei einer näheren Betrachtung des Form-Substanz-Theorems, das ja das gegenstandkonstitutive Kern-Theorem des strukturalistischen ‹Point de vue saussurien› darstellt, daß auch dieses sich nicht etwa einer freien Wahl verdankt, sondern durch das Interesse an einer Erzeugung prognostischen Wissens[9] bestimmt wird. Der strukturalistische Versuch, «alle beobachtbaren Erscheinungen und Eigenschaften der Sprache› immanentistisch auf ein hypothetisch unterstelltes «inhärentes System von Invarianten zurückzuführen»[10], die die *Form* bzw. die *Struktur* der Sprache ausmachen, ist de facto durch das, dem Strukturalismus selbst nicht bewußte, Motiv geleitet, die Sprache von allen jenen Momenten einer *historisch gesellschaftlich vermittelten Subjektivität* zu reinigen, die sich einer szientischen Vergegenständlichung entziehen. Eine Bemerkung Hjelmslevs etwa kann dies exemplarisch verdeutlichen:

«(...) the real units of language are not sounds, or written characters, or meanings: the real units of language are the relata which these sounds, characters and meanings represent. The main thing is not the sounds, characters, and meanings as such, but their mutual relations within the chains of speech and within the paradigms of grammar. These relations make up the system of a language, and it is the interior system which ist characteristic of one language as opposed to the other languages, whereas the representation by sounds, characters, and meanings is irrelevant to the system and may be changed without affecting the system.»[11]

Hjelmslev stützt sich mit dieser Auffassung der Sprache als einer «reinen Form», «définie indépendamment de sa réalisation ‹sociale et de sa manifestation matérielle»[12], wie das strukturalistische Paradigma der Linguistik insgesamt[13], auf zwei Äußerungen des fiktiven Saussure im ‹Cours›.[14] Allerdings zeigt nun auch hier eine nähere Analyse der Quellen, daß *auch diese, für das szientische Dogma der neueren Linguistik fundamentale Annahme, einer, von der phonischen und psychischen Substanz unabhängigen, reinen Form (Struktur) der Sprache, eine schwerwiegende Verfälschung der Saussureschen Denk-Intention darstellt.* Zwar hat Saussure, das muß betont werden, die «ontische Reduktion»[15] der Sprache auf den Parallelismus einer je autonomen physischen und psychischen Substanz im Rahmen seiner Destruktion des sensualistischen Atomismus der Junggrammatiker scharf kritisiert; allerdings zieht er aus dieser Kritik des positivistischen Versuches, das (Sinn-) Allgemeine der Sprache durch induktive Verallgemeinerung («Ergänzung des Gegebenen durch Schlüsse»[16]) in der Form von psycho-physiologischen Gesetzen, aus der «in den einzelnen Akten der Sprechtätigkeit» gegebenen lautlichen Substanz zu gewinnen[17], gerade nicht die verfehlte Konsequenz, die Bedeutsamkeit der Substanzialität des konkreten psychophysischen Sprechaktes für die Konstitution der Sprache als Form nun umgekehrt gänzlich in Abrede zu stellen.

2. Die Kritik der physiologischen Reduktion des Substanzbegriffs

Saussures kritische Bemerkung von 1893/94[18], daß die Sprache («Langage») «(...) ‹n'offre› sous aucune de ses manifestations une matière [(biffé) substance] (...)»[19], ebenso wie seine am 30. November 1908 in der zweiten Genfer Vorlesung vertretene These, daß die durch den Akt synthetisierender Artikulation konstituierte Kette sprachlicher Einheiten («articuli») «keine Substanz bildet»[20], können beide die strukturalistische Form-Substanz-These nicht legitimieren. Sie zielen vielmehr lediglich darauf, den aporetischen Substanzbegriff der Junggrammatiker durch einen dialektischen Substanzbegriff zu ersetzen, der gerade, weil er der kritischen Einsicht Rechnung trägt,

«(...) qu'il serait parfaitement impossible aux physiologistes eux-même de distinguer des unités dans le jeu de la voix (...)»[21],

aufgrund der Kritik also eines *physiologisch reduzierten Substanz-Begriffes,* es überhaupt erst gestattet, die eigentliche Bedeutung des materiell-substanziellen Moments (und damit des konkreten psycho-physischen Sprechaktes) für die Formung, d. h. synthetisierende Konstitution der Sprache, bzw. der sprachlichen Zeichen, herauszuarbeiten.

Dessen Wichtigkeit hat Saussure vor allem in dem für die Semiologie wohl wichtigsten Fragment, den «Notes item»[22], immer wieder betont, wenn er etwa meint,

«... que le sème a sa base fondamental dans le signe matériel choisi ...»[23],

daß es keine Morphologie außerhalb der Bedeutung, aber noch viel weniger eine Semantik außerhalb der materiellen Form gebe[24] und schließlich, daß für die Konstitution des Zeichens das materielle Moment «unentbehrlich» erscheine.[25]

Wenn Saussure also sowohl einerseits generell an einer für die Formung sprachlicher Einheiten konstitutiven Bedeutung der phonischen Substanz – in einem bestimmten, noch zu explizierenden Sinn – festhalten will, indem er den Laut zu einem «wesentlichen Faktor der Sprache»[26] erklärt, und wenn er zugleich andererseits hervorhebt, daß die Identität einzelner Laute als distinkt artikulierter Sprachlaute, bzw. die Identität komplexer Laut-Einheiten, auf physiologischer Grundlage, d. h. durch die «äußerliche Assoziation» der «Tonempfindung» mit einem zugrundeliegenden «Bewegungsgefühl»[27] nicht sichergestellt werden kann, weil das «Band der Identität außerhalb (der physiologischen Dimension, L. J) des Lautes liegt»[28], so kann aus dieser seiner nur scheinbar gegensätzlichen Argumentation nicht einfach, wie das der ‹Cours› nahelegt, und wie das Sechehaye (und mit ihm die strukturalistische Saussure-Rezeption insgesamt) explizit formuliert hat, gefolgert werden, Saussure betreibe eine ‹*Dematerialisierung* der Sprache›[29]. Vielmehr folgt hieraus lediglich, daß der für die Konstitution sprachlicher Einheiten «wesentliche Faktor» der phonischen Substanz weder allein, noch vorwiegend in ihrem physiologischen, d. h. die Lautproduktion durch die Bewegung des Stimmapparates betreffenden Moment gesucht werden kann:

«Du coté de la question matérielle du signe linguistique, est-ce que c'est la voix humaine qui est décisive. Non.»[30]
«‹La vue de tous les mouvements de l'appareil vocal nécessaires pour obtenir chaque impression phonétique n' éclarerait en rien la langue.›»[31]

In der Tat richtet sich Saussures Kritik des Substanz-Begriffes lediglich gegen dessen physiologische Reduktion und nicht etwa gegen diesen schlechthin. Daß die Kritik des *physiologischen Reduktionismus* die Stoßrichtung der Saussureschen Argumentation bestimmt, zeigt auch seine dezidierte Wendung gegen den junggrammatischen Versuch, die Sprache lediglich als eine Funktion des physiologischen Stimmapparates aufzufassen:

«(...) la langue n'est pas une fonction d'appareils physiologiques (...)».[32]
«A supposer même que l'exercise de la parole constituât chez l'homme ‹une fonction naturelle›, ce qui est le point de vue éminemment faux où se placent certaines écoles d'anthropologistes et de linguistes, il faudrait encore absolument soutenir que l'exercice de cette fonction n'est abordable pour la science que par la côte de langue (...)»[33]
«(...) on est allé jusqu'à qualifier le langage parlé de fonction de l'organisme humain, mélangeant ainsi sans retour ce qui est relatif à la voix et ce qui n'est relatif qu'à la traduction de la pensée par un signe (...)».[34]

3. Die Linearität der phonischen Substanz als fundamentale Bedingung der Sprache[35]

Eine nähere Untersuchung des Substanz-Problems auf der Grundlage der Quellen zeigt nun tatsächlich, daß Saussure in der Tradition der idealistischen Sprachphilosophie, vor allem Hegels[36], Humboldts[37] und K. W. L. Heyses[38], sehr wohl einer Eigenschaft der phonischen Substanz – wenn auch sicherlich nicht ihrer physiologischen Qualität – *konstitutive Bedeutung* für den Akt der synthetisierenden Artikulation sprachlicher Zeichen («Formen») zugeschrieben hat:

«Le *caractère capital* de la matière phonique est de se présenter à nous comme ‹une chaîne de parole› *acoustique*. Cela entraîne immédiatement le *caractère temporel*. C'est un caractère qui n'a qu'une dimension, c'est un *caractère linéaire*..»[39]

In der Tat sieht Saussure in der *linearen*, d. h. zeitlich sukzessiven Erscheinungsform der lautlichen Substanz, und – wie sich zeigen wird – in den beiden konstitutiven Momenten dieser Linearität, nämlich ihrer *Akustizität* und in ihrer *Differenzialität*, eine «fundamentale Bedingung der Sprache»[40]

«De ce principe-là découlent nombre d'applications. (...) Il exprime une des conditions auxquelles sont assujettis tous les moyens dont dispose la linguistique. Cela découle de ce qu'il (le mot; L. J.) est *acoustique* (il se déroule dans le temps qui n'a qu'une dimension linéaire, une seule dimension).»[41]

Die phonische Substanz, die sich als «chaîne sonore»[42], als «suite acoustique»[43], als «sensation auditive»[44], bzw. als «tranche auditive»[45], kurz, als «akustischer Klang in einer einzigen Dimension, entfaltet»[46], gewinnt durch diesen sie bestimmenden Charakter der *«Zeitlichkeit»*[47] jene, wie Hegel sie genannt hatte, «ideelle, (...) sozusagen unkörperliche Leiblichkeit»[48], die eine unabdingbare. Voraussetzung für die Zeichensynthesis – und damit für die Sprache schlechthin – insofern ist, als sie qua sinnliches Medium einerseits dem vorsprachlich unbestimmten Gedanken zur Bestimmung verhilft, indem sie ihm als *sprachliche* Bedeutung Zeichenform gibt, ohne daß sie andererseits in ihrer Sinnlichkeit bereits *für sich* etwas ‹bedeutete›.[49]

Saussure stimmt aber nun mit Hegel und Humboldt nicht nur darin überein, daß der Ton in seiner zeitlichen Gestalt der «für sich seienden Idealität der Seele eine ihr völlig entsprechende äußere Realität» vermittelt[50], bzw. daß, wie Humboldt bemerkt, «seine scheinbare Unkörperlichkeit dem Geiste auch sinnlich entspricht» und ihn so zu «einem ihm wundervoll angemessenen Stoff»[51] qualifiziert, sondern er folgt Hegel auch über diese allgemeine Charakteristik hinaus in der näheren Analyse der Zeitlichkeit des Tones.

Hegel hatte in der Psychologie die Sprache als Zeichen, d.h. «nur nach der eigentümlichen Bestimmtheit als das Produkt der Intelligenz, ihre Vorstellungen in einem äußerlichen Elemente zu manifestieren»[52] analysiert. Dabei faßte er dieses, den Vorstellungen «absolut notwendig(e)»[53] äußerliche Dasein als eine «gedoppelte Negation der Äußerlichkeit»[54] auf:

Einmal wird bei der Perzeption des *zeitlichen* Tones von der *räumlichen* Anschauung, wie sie etwa im visuellen Zeichen gegeben ist, abstra-

niert, d. h. im ideellen sinnlichen Dasein des Tones wird die sichtbare körperliche Materie negiert: «Für das Gehör endlich ist der Gegenstand ein *materiell bestehender,* jedoch *ideell verschwindender*; im Tone vernimmt das Ohr das Erzittern, d. h. die nur *ideelle, nicht reale* Negation der Selbständigkeit des Objektes.»[55]
Zum zweiten wird nun jedoch neben dieser Negation der ‹Selbständigkeit des räumlichen Objektes› in der ideelleren zeitlichen Gestalt des Tones das ideellere Dasein des Tones *selber* negiert. Dieses stellt nämlich eine Realität dar, «die unmittelbar in ihrem Entstehen aufgehoben wird, da das Sichverbreiten des Tones ebensosehr sein Verschwinden ist.»[56] «Das Wort als *tönendes* verschwindet in der Zeit; diese erweist sich somit an jenem als abstrakte, d. h. nur vernichtende Negativität.»[57]
Aus dieser zweifachen Negation seiner Äußerlichkeit resultiert nun jene positive, konstitutive Bedeutung des Tones für die Zeichensynthesis, die ihn zu dem «dem Geiste noch relativ gemäßeste(n) sinnliche(n) Material»[58] prädestiniert: denn eben in seiner für sich *verschwindenden Materialität* bleibt er im Zeichen aufbewahrt und ermöglicht einerseits, sofern er ein *sinnliches* Medium ist, die Fixierung des flüchtigen Gedanken in einer identischen, d. h. distinkten sprachlichen Bedeutung, ohne daß er andererseits dieser Bedeutung gegenüber in seiner ideellen Materialität eine bedeutungsmäßige Selbständigkeit behielte. Im Gegensatz zu als Zeichen verwendeten räumlichen Gegenständen, die der Bedeutung, die sie bezeichnen *äußerlich* bleiben, weil sie dieser gegenüber in ihrer Materialität bedeutungsmäßige Selbständigkeit bewahren, ist der zeitliche Ton als ein «für sich bedeutungsloses» Moment[59] im sprachlichen Zeichen restlos ‹aufgehoben›.
Saussure schließt sich nun in seiner Analyse der konstitutiven Bedeutung der phonischen Substanz dem Hegelschen Gedanken unmittelbar an. Auch für ihn ist diese durch eine zweifache Negation bestimmt, aus der sich ihre positive Bedeutung für den Akt der Zeichenartikulation ergibt.
Einmal wird auch für Saussure durch die ideell *zeitliche* Gestalt, d. durch die Linearität der phonischen Substanz der *räumliche* Charakter visuell perzipierbarer «pluriformer»[60] und «simultaner»[61] Zeichen negiert. Das «principe de *l'uni-spatialité*»[62], wie Saussure das Linearitätsprinzip in den «Notes item» nennt, stellt eine Negation des «*multi-spatialen*»[63] Charakters räumlicher Zeichen dar, wie sie etwa in einem »‹direkt visuellen› System»[64] wie der ideographischen Schrift gegeben sind.

Zum zweiten wird aber nun diese, der räumlichen Substanz gegenüber ideellere Materialität des zeitlichen Tones gerade durch den ihr eigentümlichen Charakter der Zeitlichkeit selber negiert; denn daß, wie Hegel formuliert hatte, ‹das Wort als tönendes in der Zeit verschwindet›, heißt nichts anderes, als daß jeder ertönende Laut den ihm vorausliegenden negiert, um seinerseits durch den ihm folgenden negiert zu werden. Insofern impliziert das «Prinzip der *zeitlichen Sukzession*»[65] nicht nur die Negation der *räumlichen Simultaneität*, sondern auch die Negation *des in der Sukzession Erscheinenden* selbst:

«La matière phonique (...) n'admet pas la simultanéité de deux signes.»[66]
«La chaîne de parole s'offre à nous comme une *ligne* et cela est très important pour tous les rapports intérieurs qui s'établissent. Les *différences* ‹qualitatives de voyelle à une autre [«les *différences de l'ordre acoustique*»[67], L. J.] n'arrivent qu'a se traduire *successivement*›. Les variations sont successives – voyelle accentuée peut être suivie d'une voyelle atone, mais il ne peut y avoir à la fois voyelle accentuée et voyelle atone. (...) ‹Pour d'autres espèces de signes hors de la linguistique ce n'est pas la même chose. Par exemple› ce qui s'adresse à l'organe *visuell* peut comporter beaucoup de signes *simultanés*.»[68]

Beide gleichsam negativen Bestimmungen der phonischen Substanz haben nun für Saussure, wie vor ihm für Hegel, eine dritte, positive zur Folge: Da es nämlich, wie sich gezeigt hat, das Wesen des äußerlich-substanziellen Moments der Sprache ausmacht, zugleich, so Hegel, «ein Dasein in der Zeit» und «ein Verschwinden des Daseins, in dem es ist»[69] zu sein, ist dieses substanzielle Moment «für sich bedeutungslos» oder, wie Saussure formuliert, «en soi nul»[70]. Saussure spricht deshalb auch bei der Explikation des Prinzips der Linearität, bzw. der «unispatialité» von der «nullité interne des signes»[71]: die ideelle Materialität der phonischen Substanz ist dadurch bestimmt, daß sie *für sich* keine bedeutungsmäßige Selbständigkeit beansprucht, daß sie in sich formlos ist:

«Aussi dans une certaine mesure, il résulte de ce caractère linéaire de la langue que ce côté (de la langue) est amorphe, n'a *pas de forme en soi* ‹le côté matériel›»[72]

In den «Notes item» faßt Saussure diese positive Eigenschaft der phonischen Substanz, ihren amorphen Charakter, bzw. ihre innere Bedeutungslosigkeit, theoretisch noch genauer, indem er sie als das «*Prinzip des identischen Vermögens*»[73] expliziert: weil in jedem akustischen Zeichen «nur eine Folge von *Lautäußerungen* («phonations») existiert, die untereinander völlig gleichartig sind»[74], und weil deshalb jede *Folge* von Lautäußerungen («phonismes») «in sich selbst allen anderen Folgen von Lautäußerungen gleicht, vermag sie jede Funktion, welcher Art diese auch sei, zu übernehmen»[75], Bedeutungsfunktionen, die ihr von der «faculté significatrice»⁷⁶ – in Hegels Worten von der «Zeichen machenden Phantasie»⁷⁷ – zugewiesen werden. Insofern nennt Saussure auch die ‹Zeichen machende Phantasie› im Hinblick auf das ihr unabdingbare Medium der linearen phonischen Substanz die «(...) faculté de notre esprit de s'attacher à un terme en soi nul (...)»⁷⁸

Gerade bezüglich dieses «identischen Vermögens» der phonischen Substanz, des Vermögens also, der potentiellen Bedeutsamkeit des ‹flüchtigen Gedankens› gegenüber ‹gleich-gültig› zu sein, sie zugleich aber – wie sich noch zeigen wird – allererst zur Bestimmtheit einer distinkten Bedeutung und damit zur Geltung gelangen zu lassen, sind *akustisch* perzipierbare, phonische Zeichen *visuell* perzipierbaren, räumlichen Zeichen überlegen, deren Materialität nie gänzlich im Zeichen aufgehoben werden kann: vom *räumlichen Nebeneinander* visueller Zeichen kann im Akt der Zeichenartikulation bzw. der Zcichenperzeption nicht in gleicher Weise abstrahiert werden wie dies vom zeitlichen Nebeneinander akustischer Zeichen möglich ist:⁷⁹

«A) Supposons que sur la même disque de laterne magique on donne successivement
> Disque *vert*
> Disque *jaune*
> Disque *noir*
> Disque *bleu*
> Disque *bleu* (de nouveau)
> Disque *rouge*
> Disque *violet*

Il résulterait de l'ensemble de ces signes la quasi-impossibilité de se les représenter *dans leur suite*, ou ‹comme une suite recolligible, faisant un tout› (...)».⁸⁰

Für Saussure wie für Hegel ist also die ‹ideelle› und ‹abstrakte› Negativität des Tones, seine innere Bedeutungslosigkeit, eine Voraussetzung für die «wahrhafte, konkrete Negativität des Sprachzeichens»⁸¹, weil die Intelligenz als produktive Einbildungskraft, bzw. genauer als ‹Zeichen machende Phantasie› – oder, in der Formulierung Saussures, als ‹zeichenschaffendes Vermögen› – notwendig der ideell zeitlichen Materialität des Tones bedarf, um sich ein solches äußerliches Dasein zu geben, das wieder «aus einem *Äußerlichen* in ein *Innerliches* verändert und in dieser umgestalteten Form *aufbewahrt*»⁸² zu werden vermag. Allein die ideelle Materialität des Tones, bzw. der phonischen Substanz ermöglicht es der Intelligenz als zeichenschaffendem Vermögen, sich sowohl zu *äußern*, als auch die Äußerlichkeit zugleich in einem *Innerlichen*, nämlich einer psychischen Zeichenform, im Lautbild, oder – so

Hegel – im «Namen», gänzlich wieder aufzuheben; insofern ist die phonische Substanz in ihrer inneren Bedeutungslosigkeit eine Bedingung sine qua non für die «psychologisation des signes vocaux»[83], für die *Er-innerbarkeit* der bedeutenden «Lautgebärden» (Hegel) als «Namen» in das Gedächtnis, und damit für die Bedeutungskonstitution selbst.

4. Differenzialität und Akustizität als konstitutive Bedingungen der Zeichensynthesis

In welcher Weise läßt sich nun – über die bisher gegebene allgemeine Darstellung hinaus – die Linearität der phonischen Substanz, d. h. ihre innere Form- und Bedeutungslosigkeit näher bezüglich ihrer konstitutiven Funktion für die Zeichensynthesis explizieren. Es sind hier vor allem zwei Momente – beide wurden in 3 implizit schon ausgesprochen –, die einer genaueren Betrachtung bedürfen: die *Differenzialität* und die *Akustizität* der phonischen Substanz. Beide Momente stellen dabei lediglich zwei verschiedene Aspekte der oben bereits allgemein herausgearbeiteten Eigenschaft der phonischen Substanz dar, eine ‹für sich verschwindende Materialität› zu sein.

Saussure leitet aus diesen beiden Qualitätsmerkmalen, die der phonischen Substanz bereits *vor jeder semiologischen Bestimmung* im Akt der Zeichensynthesis zukommen, die zentrale These ab, daß die phonische Substanz, obgleich sie selber «*keine Form in sich*»[84] hat, gleichwohl eine *notwendige Bedingung* dafür darstellt, daß sich sprachliche Zeichenformen, in denen Laut und Bedeutung synthetisiert sind[85], aus einer vorsprachlich gleichfalls unbestimmten gedanklichen Substanz[86] in einem *zeichenartikulatorischen* Akt überhaupt erst bilden können.

Im zeichenartikulatorischen Akt bringt das «zeichenschaffende»[87], bzw. das «artikulatorische»[88] Vermögen die noch unbestimmte gedankliche Substanz – bei Hegel die im «nächtlichen Schacht» der Intelligenz ‹bewußtlos aufbewahrte Vorstellung›[89], bei Humboldt die aus der Synthesis der Sinnestätigkeit und der inneren Handlung des Geistes hervorgegangene, noch nicht entäußerte Vorstellung[90] – dadurch zur Bestimmung, daß es sie einmal im *sinnlich-akustischen* Medium der phonischen Substanz *entäußert* und sie so in die für das Denken konstitutive *Sphäre der Intersubjektivität* versetzt, und zum andern dadurch, daß es sie vermittels der *zeitlich-differentiellen* Struktur dieses akustischen Mediums in *distinktive* Einheiten gliedert, d. h. sie vom Status *diskursiver Abschnitte* der akustischen Kette in den *assoziativer Einheiten* des Bewußtseins transformiert.

4.1 Der differentielle Charakter der Linearität

Saussure hat in der zweiten Genfer Vorlesung von 1908/09 die für die Zeichensynthesis konstitutive, gliedernde Struktur der phonischen Substanz, die sich aus dem sie bestimmenden «Prinzip der zeitlichen Sukzession»[91] ergibt, in einer Weise theoretisch expliziert, die sich geradezu frappant an entsprechende Überlegungen Humboldts anschließt, wie dieser sie am prägnantesten bereits in seinem frühesten sprachphilosophischen Fragment «Über Denken und Sprechen» aus den Jahren 1795/96 formuliert hatte. Humboldt bestimmt hier den Zusammenhang von ‹Denken und Sprechen›, insbesondere die formkonstitutive Funktion des zeitlichen Tones für das begrifflich-distinktive Denken folgendermaßen:

«4. Das Wesen des Denkens besteht also darin, *Abschnitte* in seinem eignen Gange zu machen; dadurch aus gewissen Portionen seiner Thätigkeit Ganze zu bilden; und diese Bildungen einzeln sich selbst *unter einander*, alle zusammen aber, als Objecte, dem *denkenden Subjekte* entgegenzusetzen.
5. Kein Denken, auch das reinste nicht, kann anders, als mit Hülfe allgemeiner Formen unsrer *Sinnlichkeit* geschehen; nur in ihnen können wir es *auffassen* und gleichsam festhalten.
6. Die *sinnliche Bezeichnung* der Einheiten nun, zu welchen gewisse Portionen des Denkens vereinigt werden, um als Theile andern Theilen eines grösseren Ganzen, als Objecte dem Subjecte gegenübergestellt zu werden, heisst im weitesten Verstande des Worts: *Sprache*.
7. Die Sprache beginnt daher unmittelbar und sogleich mit dem ersten Act der Reflexion (...).
8. Der Sprache suchende Mensch sucht Zeichen, unter denen er, vermöge der Abschnitte, die er in seinem Denken macht, Ganze als Einheiten zusammenfassen kann. Zu solchen Zeichen sind die unter der *Zeit* begriffenen Erscheinungen bequemer, als die unter dem Raume.
9. Die Umrisse ruhig nebeneinander liegender Dinge vermischen sich leicht vor der Einbildungskraft, wie vor dem Auge. In der *Zeitfolge* hingegen schneidet der gegenwärtige Augenblick eine bestimmte Gränze zwischen dem vergangenen und zukünftigen ab. Zwischen Seyn und Nicht mehr seyn ist keine Verwechslung möglich. (...)[92]
11. Die schneidensten unter allen Veränderungen in der Zeit sind diejenigen, welche die *Stimme* hervorbringt. Sie sind zugleich die kürzesten, und aus dem Menschen selbst mit dem Hauche, der ihn belebt, *hervorgehend*, und augenblicklich *verhallend* (...).
12. Die Sprachzeichen sind daher *nothwendige Töne* (...).
13. (...) Als der Mensch *Sprachzeichen* suchte, hatte sein Verstand das Geschäft zu

unterscheiden. Er bildete ferner dabei Ganze, die nicht wirkliche Dinge, sondern Begriffe, also eine freie Behandlung, abermalige Trennung und neue Verbindung, zulassend, waren. Diesem gemäß wählte also auch die Zunge *artikulierte Töne*, solche die aus Elementen bestehen, welche vielfach neue Zusammensetzungen erlauben.»[93]

Auch Humboldt betrachtet also – wie später Hegel in der Psychologie – den Ton in seiner spezifischen, in sich formlosen (verhallenden) Sinnlichkeit, d.h. genauer in seiner zeitlich-differentiellen Struktur als notwendige Bedingung dafür, daß wir unser ansonsten gleichfalls formloses Denken «gleichsam festhalten», indem wir, vermöge dieser Struktur Abschnitte im vorsprachlichen ungegliederten Gang des Denkens artikulieren. Saussure nun greift diesen Gedanken folgendermaßen auf:

«le rôle caractéristique du langage[94] vis-à-vis de la pensée c'est de créer un milieu intermédiaire entre la pensée et le son, de telle nature que le compromis entre la pensée et le son aboutit d'une façon inévitable à des unités particulières. La pensée, de sa nature chaotique, est forcée de se préciser parce qu'elle est décomposée, elle est répartie par le langage en des unités.[95]«

Wenn für Humboldt die «Sprachzeichen (...) nothwendige Töne (sind)», damit das Denken «Abschnitte in seinem eignen Gange zu machen» vermag, so sieht auch Saussure die konstitutive Bedeutung der in sich amorphen phonischen Substanz darin, daß das «seiner Natur nach chaotische Denken» erst in der Synthese mit der zeitlich-differentiellen Struktur der Laut-Substanz, durch deren gliedernde Wirkung, in distinkten Einheiten, nämlich in Sprachzeichen, bestimmt werden kann. Für die idealistische Sprachphilosophie von Humboldt bis Cassirer stellt die These ein Essential dar, daß «die Sprache nicht bloß die Bezeichnung des, unabhängig von ihr geformten Gedankens ist[96], daß sie – in einer Formulierung Cassirers nicht «der bloße Abdruck solcher Unterschiede (ist), die im Bewußtsein schon bestehen»[97]; eben diese idealistische[98] Einsicht ist es, die auch Saussure bei der Explikation der formkonstitutiven Bedeutung der phonischen Substanz leitet:

«Le rôle de langage via-à-vis de la pensée, ce n'est pas [d'être] un moyen phonique, un moyen matériel d'expliquer des pensées, comme déja toute claire, définie.»[99]

«Psychologiquement, que sont nos idées, abstraction faite de la langue? Elles n'existent probablement pas. (...) Nous n'aurions (...) pas le moyen de distinguer clairement deux idées sans le secours de la langue (...).

Par conséquent, prise en elle-même, la masse purement conceptuelle de nos idées, la masse dégagée de la langue représente une espace de nébuleuse informe où l'on ne saurait rien distinguer dès l'origine.

(...) pour la langue, les différentes idées ne représentent rien de préexistant.»[100]

Eben weil «unsere Ideen» keine dem zeichenartikulatorischen Akt transzendente Form haben, die in diesem nur noch einer *abbildenden*, materiellen Repräsentation bedürfte, sind sie, um den Status ‹klarer› und ‹bestimmter› Ideen zu erlangen, auf die *Synthese* mit der formkonstitutiven, differentiellen Struktur der phonischen Substanz verwiesen. Diese hat eben nicht nur eine abbildende, sondern ganz im Sinne Humboldts eine «gedankenbildende Eigenschaft»[101]. Erst mit dem Laut gelangen nämlich die vorsprachlich ‹trüben› und ‹gärenden› Vorstellungen (Hegel), die «eine Art formlose Nebelwolke» darstellen, durch den Entäußerungsakt, in das Bewußtsein – das so *zu sich selbst* und zu den *Erkenntnisgegenständen* in Beziehung tritt –, werden im Sprachzeichen zu *bestimmten* und *klaren* Gedanken.
Saussure folgt also auch in *der* Annahme Hegel und Humboldt, daß «das Gebundensein des Gedanken an das Wort»[102] nicht etwa einen Mangel des ersteren, sondern vielmehr dessen Möglichkeitsbedingung darstellt. Hegel hatte dies pointiert so formuliert: «(...) denn obgleich man gewöhnlich meint, das Unaussprechliche sei gerade das Vortrefflichste, so hat diese (...) Meinung doch gar keinen Grund, da das *Unaussprechliche* in Wahrheit nur etwas Trübes, Gärendes ist, das erst, wenn es zu Worte zu kommen vermag, Klarheit gewinnt. Das Wort gibt demnach den Gedanken ihr würdigstes und wahrhaftestes Dasein.»[103]
Ähnlich dezidiert hatte auch Humboldt hervorgehoben, daß die «intellectuelle Thätigkeit (...) an die Nothwendigkeit geknüpft (ist), eine Verbindung mit dem Ton einzugehen», weil sonst «das Denken (...) nicht zur Deutlichkeit gelangen, die Vorstellung nicht zum Begriff werden (kann).»[104] Und in einer Formulierung, die Saussure beinahe wörtlich aufgreift, bemerkt er: die Sprache «bildet Begriffe, führt die Herrschaft des Gedanken in das Leben ein, und thut es durch den Ton.»[105]
In der Tat kann auch für Saussure der Gedanke nur durch den Ton *zu Bewußtsein* kommen, d. h. zu jener Klarheit und Bestimmtheit gelangen, die ihm allein das distinkte Sprachzeichen vermittelt. Nur in der durch das zeichenschaffende Vermögen bewirkten Synthese mit der linearen phonischen *Substanz* nämlich vermag die gedankliche *Substanz* zu jenen «spezifischen Einheiten»[106], zu jenen «articuli»[107] *geformt* zu werden,

«dans lesquels la pensée prend *conscience* (...) par un *son*.»[108]

Auch für Saussure besteht also – in der Tradition der idealistischen Sprachphilosophie – «das Wesen des Denkens (...) darin, Abschnitte in seinem eignen Gange zu machen»[109];und wie für Hegel und Humboldt ist auch für ihn die reflektierende Tätigkeit des Geistes, sein «Geschäft zu unterscheiden»[110] nicht als solipsistisch-innerliche Tätigkeit denkbar, die als solche, so Humboldt «gewissermaßen spurlos vorübergehend»[111] wäre; vielmehr ist die Reflexion, will sie zu klaren und bestimmten Gedanken gelangen, *notwendig* auf das zeichenschaffende, bzw. artikulatorische Vermögen als auf ein «Vermögen unseres Geistes» verwiesen, «sich an in sich bedeutungslose Ausdrücke zu knüpfen»[112], um sich in der *semiologischen* Synthese mit deren zeitlich-differentieller Struktur in artikulierte, voneinander abgegrenzte Zeichen zu gliedern. Erst die spezifische Struktur der ‹in sich bedeutungslosen› phonischen Substanz, ihre «divisibilité dans le temps»[113] ermöglicht es dem zeichenschaffenden Vermögen die gedankliche Substanz in ‹bestimmte› und ‹klare›, d. h. in *distinkte Bedeutungseinheiten* zu ‹teilen›:

«Principe de *l'uni-spatialité*, si l'on considère le sôme[114], avant pour conséquence dans le sème[115]: la divisibilité *par tranches* (toujours dans le même sens et par coupures identiques) (...).»[116]

Die zeitliche «Eindimensionalität» des «sôme» wird so zu einer Möglichkeitsbedingung der spezifischen Sinnstruktur des «sème», nämlich seiner Untergliederbarkeit

« ...) parallèlement à des fonctions qu'on peut attribuer à chaque morceau de temps.»[117]

Das zeichenschaffende Vermögen benutzt also im artikulatorischen Akt gewissermaßen «eine Opposition der Laute [ihre differentiell-zeitliche Struktur, L. J.] (...) für eine Bedeutungsopposition.»[118]

Die konstitutive Bedeutung, die der linearen phonischen Substanz in ihrer differentiellen Struktur für die Zeichensynthesis zukommt, läßt sich also folgerdermaßen zusammenfassen: Wenn es die spezifische Wirkung der in der Zeit erstreckten phonischen Substanz ist, daß sie «nicht die Simultaneität zweier Zeichen zuläßt»[119], daß sie – in der Formulierung Humboldts – «eine bestimmte Gränze zwischen dem vergangenen und dem zukünftigen (Augenblick, L. J.)» dergestalt abschneidet, daß «zwischen Seyn nicht Nicht mehr seyn (...) keine Verwechslung möglich (ist)»[120], so ermöglicht es diese *distinguierende* Wirkung der phonischen Substanz der synthetisch mit ihr verknüpften gedanklichen Substanz, sich in *distinkte* Sinneinheiten zu gliedern, die nun – in der durch die Synthese gewonnenen Form – als bestimmte, voneinander abgegrenzte sprachliche Zeichen zueinander in eine oppositive Beziehung treten. Insofern geht Saussure auch, wie Hegel davon aus, daß die abstrakte Negativität der phonischen Materie in ihrer Differenzialität zu einer Möglichkeitsbedingung der konkreten Negativität, nämlich der Bedeutungsoppositivität der sprachlichen Zeichen wird, durch die das System einer Sprache, d. h. ihre «parasemische» Struktur[121] bestimmt ist:

«Le jeu des signifiants est fondé sur différences. De même pour les signifiés, il n'y a que des différences qui seront conditionnées par les différences de l'ordre acoustique.»[122]
«En quoi consiste tout ce qui se trouve dans un état de langue? Quel est le mécanisme de cet état de langue? Nous avons dit que c'était un jeu de différences (...). Il y a perpétuellement une oppositon de valeurs au moyen de différences phonique;»[123]

Die Wert-Struktur[124] einer Sprache, d. h. die *konkrete Negation*[125], die jedes Zeichen eines «Synchronismus»[126] für jedes andere darstellt, insofern es einem System syntagmatisch und assoziativ organisierter *Oppositionen*, nämlich dem «Mechanismus»[127] der Sprache angehört, verdankt sich also in einer wesentlichen Hinsicht der *abstrakten Negativität* und das heißt ja der *Differenzialität*[128] der phonischen Substanz, auf die das ‹zeichenschaffende Vermögen› notwendig im Akt der Zeichenartikulation verwiesen ist, um aus dem amorphen «Ensemble der zu bezeichnenden Materie»[129] – nämlich der gedanklichen Substanz – identische und distinkte Zeichen und damit zugleich ein System von «Termen (termini)»[130] zu konstituieren. In der Tat zeigt gerade eine Analyse der differentiellen Struktur der phonischen Substanz den engen Zusammenhang, den der Akt der *Zeichenkonstitution* mit dem der *Systembildung* hat: Wenn nämlich jeder Akt der Artikulation, indem er die *Identität* eines sprachlichen Zeichens hervorbringt, zugleich ein Akt der *Abgrenzung* ist, der sich dem distinguierenden Medium der phonischen Substanz verdankt, wenn also jeder Akt der Zeichen-*Konstitution* notwendig auch ein Akt der Negation[131] ist, so heißt das nichts anderes, als daß bereits jede *einzelne* Handlung der Hervorbringung eines sprachlichen Zeichens, also seiner Identitätskonstitution, zugleich notwendig eine systembildende Handlung ist.[132] Artikulation und Struktur sind für Saussure komplementäre Begriffe[133]. Deshalb ist für ihn auch jedes Zeichen (signe) ein Wert (valeur)[134] oder – in der Terminologie der «Notes item» – jedes Sème notwendig ein Parasème[135].
Erst vor dem Hintergrund der nun vollständig explizierten, konstitutiven Bedeutung der linearen phonischen Substanz in ihrer differentiel-

len Struktur für den Akt der Zeichensynthesis, insbesondere für die systembildenden Leistungen, die diesem Akt zukommen, sofern er das sprachliche Zeichen in seiner Identität *und Negativität* hervorbringt, werden die oben bereits zitierten, allgemeinen Bemerkungen Saussures zum Prinzip der Linearität in ihrer ganzen theoretischen Tragweite deutlich:

«De ce principe-là découlent nombre d'applications. (...) Il exprime une des conditions auxquelles sont assujettis tous les moyens dont dispose la linguistique. Cela découle de ce qu'il (le mot, L. J.) est acoustique (il se déroule dans le temps qui n'a qu'une dimension linéaire, une seule dimension).»[136]

«La chaîne de parole s'offre à nous comme une ligne et cela est très important pour tous les rapports intérieurs qui s'établissent.»[137]

4.2 Der akustische Charakter der Linearität

Man kann es als die epistemologische Pointe der Saussureschen Analyse der differentiellen Struktur der phonischen Substanz ansehen, daß für ihn, wie für Hegel und Humboldt, der ‹reflektierende Geist› bei seinem ‹Geschäft zu unterscheiden› mit unabdingbarer Notwendigkeit auf das *sinnliche* Medium des distinguierenden Lautes verwiesen ist. Die Einbildungskraft vermag *nur als zeichen*schaffendes Vermögen, d. h. als ein Vermögen, «sich an in sich bedeutungslose Ausdrücke zu knüpfen»[138], begrifflich distinktiven Sinn, nämlich Sprachzeichen-Bedeutungen, hervorzubringen. Erst in der Synthese mit der Unterscheidungen ermöglichenden Lautsubstanz transformiert sich die unbestimmte gedankliche Substanz in bestimmte Abschnitte des Denkens, erst in der Lautgebärde vermag Sie geäußert, und als ‹anerkannte› (Hegel) wieder erinnert zu werden.

Ohne Zweifel ist hierin eine Absage Saussures an den *Solipsismus* der zeitgenössischen Sprachtheorie sowohl aristotelischer als auch positivistischer Provenienz zu sehen, in der ‹Gedanken›, bzw. ‹Ideen› oder ‹Vorstellungen› als der Sprache transzendente, und damit vorsprachlich distinkte Größen angesehen wurden, die es im Sprech- bzw. Artikulationsakt nur noch zu verlautbaren galt, wobei der Akt der Verlautbarung der eines *für sich* erkenntnisautomen Subjektes ist.

Für Saussure dagegen, wie für die idealistische Tradition, ist die *Entäußerung* im *Medium der zeitlichen Stimme* die Bedingung sine qua non der Konstitution der Gedanken; damit die gedankliche Substanz in identischen Sinn-Einheiten Gestalt gewinnen kann, bedarf sie der

phonischen Substanz als eines *äußerlichen* Daseins, in ihrer akustisch transmissiblen Eigenschaft, weil nur diese die, wie bereits Humboldt hervorhebt, notwendige «gesellschaftliche Wechselwirkung zur Ausbildung der Gedanken»[139] ermöglicht. Erst in einer, mindestens zwei Subjekte voraussetzenden [140] sprachlichen Interaktion nämlich, vermag die linear
«de la bouche d'un monsieur A à l'oreille d'un monsieur B et réciproquement»[141]
geäußerte gedankliche Substanz eine intersubjektive, psychische Form («image acoustique») zu gewinnen und sich als *identische*, d. h. bestimmte sprachliche Bedeutung («concept») zu konstituieren, in der nun die phonische Substanz als ‹für sich *bedeutungsloses*› Lautbild, als «innerliches Äußerliches»[142] eines andererseits ohne sie unbestimmten gedanklichen Inhaltes aufgehoben ist:[143]
«(...) der Laut weicht gewissermaßen dem Begriff, den er nur hervorrufen und gestalten soll.»[144]
In der Tat ist die phonische Substanz eine notwendige Bedingung für die Konstitution jener Sphäre der Intersubjektivität, ohne die sich Sprache überhaupt nicht bilden kann. Erst in dem so intersubjektiv konstituierten Zeichen, in dem das Lautbild die Form einer bestimmten Bedeutung ist, zugleich aber nur als Gestalt dieser Bedeutung *Form hat*, hat sich das zeichenschaffende Vermögen jene virtuell-psychische Form geschaffen, vermittels der allein sie sich im konkreten Sprechakt – als Aktualisierung dieser Form – zu realisieren vermag; eine Form allerdings, die nicht als «fixe»[145] und «unbewegliche»[146] aufgefaßt werden darf, sondern die gleichsam als eine *Vollzugsform*[146a] gedacht werden muß, in der das artikulatorische Vermögen als ein energetisches Moment aufbewahrt bleibt. Der durch die virtuell-psychische sprachliche Form vermittelte, realisierende Akt wird nämlich in seiner linearen, d. h. zeitlich gliedernden und akustisch transmissiblen Verfaßtheit seinerseits zu einer Bedinung der «Modifikations»[147], d.h. einer «transformation intelligente»[148], jener sprachlichen Form, die seine Möglichkeitsbedingung ist:
«le soidisant contrat primitif se confond avec ce qui se passe tous les jours avec *création indéfinie* des signes.»[149]
Saussure entwickelt also die phonische Substanz als eine unabdingbare Voraussetzung für die, im Akt synthetisierender Artikulation sich vollziehenden *Formung* der gedanklichen Substanz zu sprachlichen Zeichen. Die Bedeutung der phonischen Substanz liegt für ihn nicht, wie für die Junggrammatiker, darin, ein «in sich gegebenes»[150] «Mittel

zum Ausdruck bereits völlig klarer und bestimmter Gedanken»[151] zu sein, sondern vielmehr, wie für die idealistische Sprachphilosophie überhaupt, in ihrer «Gedanken bildenden (und nicht abbildenden, L. J.) Eigenschaft»[152], d. h. in ihrer linearen, zeitlich-*gliedernden* und akustisch-*transmissiblen* (sprachliche Interaktion ermöglichenden) Struktur. Erst als *entäußerte* Erinnerung, erst als ein durch die *Substanzialität* der diskursiven Lautgebärde vermitteltes memorielles Sprachzeichen, gewinnt dieses jene semiologische *Form,* in der für das sich artikulierende Subjekt Gegenstands – und Selbstbewußtsein ‹aufgehoben› sind.

Zeichenerklärungen

EC	Ferdinand de Saussure, Cours de linguistique générale, édition critique par Rudolf Engler, Wiesbaden 1968, tome 1, fascicule 1 – 3
EC (N)	Cours, édition critique, tome 2, fascicule 4, Wiesbaden 1974, appendice,
LTS	R. Engler, Lexique de la terminologie Saussurienne, Utrecht-Antwerpen 1969
SM	R. Godel, Les sources manuscrites de Cours de linguistique générale de Notes de F. de Saussure sur sa linguistique générale

ANMERKUNGEN

[1] Die hier vorliegende Abhandlung versucht in systematischer Form ein Thema wiederaufzunehmen und zu entfalten, dessen Problematik ich an anderer Stelle bereits vorläufig angesprochen habe: die grundlegende Bedeutung nämlich, die Saussure – im wirkungsgeschichtlichen Raum der idealistischen Sprachphilosophie – der *zeitlichen Stimme* für die Konstitution des Zeichens zumißt (zur vorläufigeren Diskussion dieses Themas vgl. L. Jäger 1975, 111 – 128). In seinem jüngst in deutscher Sprache erschienenen Essay «Die Stimme und das Phänomen» (vgl. J. Derrida 1979) vertritt Derrida – in einer äußerst anregenden Hegel- und Saussure-Lektüre die zentrale These, Saussure habe ein Konzept der ‹phänomenologischen› Stimme entwickelt, dessen theoretische Pointe es sei, daß das «Subjekt (...) nicht aus sich selbst heraustreten (muß), um unmittelbar von seiner Ausdruckstätigkeit affiziert zu werden.» (a. a. O. 132) Obwohl der hier vorliegende Aufsatz nicht explizit auf die Derridasche These eingeht, kann er als ihre implizite Bestreitung gelesen werden. Ausführlich setzte ich mich mit der These Derridas in einer Abhandlung auseinander, die Saussures Theorie des *«Aposèmes»* zu entfalten sucht («Das hermeneutische Gesetz des Zeichens») und die ich in Kürze zu publizieren hoffe.

[2] Zur grundlegenden Neueinschätzung des Linearitätsproblems bei R. Engler vgl. Anm. 35

[1] Vgl. hierzu auch L. Jäger 1976, 227 ff
[2] Vgl. L. Jäger 1975, 77 ff
[3] BSL 279; BS 324 (317); EC 415, 3281; daß dieser für den ‹Point de vue saussurien› zentrale Schlußsatz des ‹Cours› eine Hinzufügung der Editoren ist, hat Godel bereits 1957 hervorgehoben; vgl. SM 119; ebenso R. *Engler* 1959, 120 und T. *de Mauro* (1968) 1972, 476, Anm. 305, der die Konsequenzen dieses Editionsfehlers am markantesten zusammengefaßt hat: «Comme l'a rélévé le premier R. Godel (...), le dernier aliéna de C. L. G. est la «conclusion des éditeurs»: autrement dit, rien dans les sources manuscrites ne montre que Saussure ait prononcé cette célèbre phrase, et évidemment encore moins qu'elle représente «l'idée fondamentale» de son enseignement. (...) il est bien vrai qu'une bonne partie de la linguistique d'inspiration structuraliste a cru que respecter Saussure voulait dire ignorer les déséquilibres du système, la dynamique synchronique, les conditionnements sociaux, les phénomènes évolutifs, le lien entre ces derniers et les différentes contingences historiques, tout le flot de phénomènes linguistiques dont et grâce auxquels la langue est forme. L'ajout de la dernière phrase est le sceau d'une manipulation éditoriale des notes saussuriennes qui porte en partie la responsabilité de l'attitude exclusiviste du structuralisme (...).»
[4] BSL 146; BS 169; EC 276; BSL 134; BS 157; EC 254
[5] Vgl. hierzu L. *Jäger* 1976, 225 ff, insbesondere die Abschnitte 3.24, 230 ff und 3.25, 232 ff. In der Tat bedeutet der Ausschluß aller *substanziellen* Momente aus der theoretisch konstituierten Sprache den Auschluß der *historischen* und der *kommunikativen* (d. h. sinnkonstitutiven) Dimension der Sprache; beide Dimensionen spielen in der Theorie des authentischen Saussure, wie sich noch zeigen wird, eine bedeutsame Rolle.
[6] Vgl. L. *Jäger* 1976, 230 ff
[7] Vgl. hierzu etwa W. *Motsch* 1967, 143: «Eine konstruierte Theorie gilt dann als gerechtfertigt, wenn sie es gestattet, Voraussagen über neue, noch nicht bekannte Sachverhalte zu machen.»
[8] Vgl. W. *Motsch* 1967, 133; Motsch bezeichnet hier diesen Ansatz als die «Grundidee Saussures und aller späteren Strukturalisten.»
[9] L. *Hjelmslev* 1947, 69
[10] Ders. 1942, 32; vgl. auch ders. 1938, 215 «Von der Wahl der Substanz bleibt die Form unabhängig. (...) Die Form ist von der Substanz unabhängig, und das Verhältnis von Form und Substanz ist ein ganz arbiträres und rein konventionelles.»
[11] Vgl. etwa E. *Benveniste* 1966; G. de *Poerck* 1966; G. *Granger* (1959) 1973; A. *Martinet* (1953) 1973; W. *Motsch* 1967; M. *Bierwisch* 1966; A. *Sechehaye* 1927, 1942; vgl. kritisch F. *Hintze* 1949; E. *Coseriu* (1958) 1974, 227 ff.
[12] Vgl. EC 254, BS 163 (157), BSL 134; und EC 276, BS 175 (168), BSL 146
[13] Vgl. K. O. Apel (1955) 1973, 79 ff.
[14] H. Paul 1901, 163
[15] Ders. (1880) 1920, 29
[16] Zur Datierung vgl. SM, 36
[17] EC 276, N 9.1. *1976 (3295*,1)
[18] EC 253, II R 37, 1831; CFS 15 (1957), 38
[19] EC (N) 32, N 14c, *3305*,7; vgl. auch EC 101, III C 95, 719
[20] Vgl. EC (N) 35 – 41, N 15, *3306 – 3324*
[21] EC (N) 37, N 15, *3312.3*
[22] EC (N) 37, N 15, *3314.10*

[25] EC(N) 40, N 15, *3320.4*
[26] CFS 15 (1957), 27
[27] Vgl. H. Paul (1880) 1920, 50
[28] CFS 15 (1957), 51
[29] Vgl. A. Sechehaye 1930, 341
[30] EC 234, II C 29, 1705
[31] EC 92, III C 94, 644
[32] CFS 15 (1957), 29
[33] EC 515, N 1.1, *3283*, 10
[34] EC (N) 41, N 17, *3326*
[35] Vgl. zum Problem der Linearität und zur zentralen Stellung des Linearitäts-Theorems in der Saussurschen Sprachtheorie vor allem die ausgezeichnete Studie von R. Engler «La linéarité du signifiant» (R. *Engler* 1974 a).
[36] Vgl. hierzu vor allem die erste Abteilung der «Philosophie des Geistes», «Der subjektive Geist», wo Hegel innerhalb der «Anthropologie» die Bedeutung «der Stimme» als Medium «der Verleiblichung des Geistigen» herausarbeitet (WW 10, § 401, insbesondere den Zusatz 102 ff), um dann innerhalb der Psychologie, im Rahmen einer expliziten Zeichentheorie, den «Ton» als «die erfüllte Äußerung der sich kundgebenden Innerlichkeit» (WW 10, § 459, 271) in seiner konstitutiven semiologischen Funktion für die Bildung der «bestimmten Vorstellungen» zu explizieren. Zu Saussure und Hegel vgl. die folgenden Ausführungen in Abschnitt 3
[37] Ähnlich wie Hegel faßt auch Humboldt den «Ton» und die «Stimme» in einem allgemeinen anthropologischen Sinne als Medium der ‹Verleiblichung des Geistigen›: in ihm realisiert sich «der Drang des Gedanken nach Äußerung, das Bedürfnis der Empfindung zum thierischen Schrei, und die Nothwendigkeit der gesellschaftlichen Wechselwirkung zur Ausbildung der Gedanken.» (WW V, 376). Aus dieser allgemeinen Bestimmung leitet Humboldt ebenfalls eine spezielle, semiologische Funktion des Tones ab, ohne den das Denken «nicht zur Deutlichkeit gelangen, die Vorstellung nicht zum Begriff werden» kann (vgl. WW V, 375). Vgl. hierzu insgesamt WW V, 115f; 375 ff. 417 ff; WW VII, 54 ff, 65 ff; ebenso das früheste sprachphilosophische Fragment Humboldts «Über Denken und Sprechen» von 1795/96 WW VII, zweite Hälfte, 581 ff. Zu Saussure und Humboldt vgl. vor allem die Ausführungen in Abschnitt 4.
[38] Vgl. K. W. L. *Heyse* 1856, 28 ff, der Gedanken Hegels und Humboldts synthetisiert.
[39] EC 234, II C 29, 1705; kursiv, L. J.
[40] EC 314, III C 296, 2192
[41] EC 157, III C 283, 1168, 1169; III C 284, 1167
[42] EC (N) 38, N 15, *3317.3*; EC 237, III C 291, 1719
[43] EC 237, III C 292, 1721
[44] EC 243, III C 293, 1758
[45] EC 244, III C 294, 1762
[46] EC 234, III C 290, 1704
[47] EC (N) 38, N 15, *3317.3*
[48] G. W. F. *Hegel* WW 10, § 401 Zusatz, 115; ganz analog zu Hegel spricht K. W. L. Heyse davon, daß der Sprachlaut als Schall «ein sinnlich Wahrnehmbares und doch Immaterielles, dem Geistigen am nächsten kommend(es)» sei. K. W. L. *Heyse* 1856,3
[49] Vgl. hierzu ausführlich unten Abschnitt 4

¹ G. W. F. *Hegel* WW 10, § 401 Zusatz, 115
² W. v. *Humboldt* WW V, 377
³ G. W. F. *Hegel* WW 10, § 459, 271; zur folgenden, kurzen Skizze der Hegelschen Position vgl. die ausgezeichnete Untersuchung von Theodor *Bodammer*; (Th. *Bodammer* 1969, 23 ff, hier besonders 47 ff, 108 ff)
⁴ G. W. F. *Hegel* WW 10, § 462 Zusatz, 280
⁵ G. W. F. *Hegel*, zit. nach Th. *Bodammer*, 1969, 47, 48
⁶ G. W. F. *Hegel*, WW 10 § 447 Zusatz, 251 f; vgl. hierzu auch K. W. L. *Heyse* 1856, 29: »...) noch ideeller als das Gesicht ist das Gehör. Was gesehen wird, ist doch ein Materielles, ein Bleibendes im Raume; was gehört wird, hat eine ganz ideelle Existenz, als unmittelbar verschwindend in der Zeit. Vermöge dieser ideellen Natur ist der Laut vorzugsweise geeignet zum Träger des Gedankens, das Gehör zum Empfänger desselben.«
⁶ G. W. F. *Hegel*, WW 10, § 401 Zusatz, 115
⁷ Ebd. § 462 Zusatz, 279 f
⁸ G. W. F. *Hegel*, zit. nach Th. *Bodammer* 1969, 48
⁹ G. W. F. *Hegel*, ebd. 49
¹⁰ Vgl. EC (N) 38, N 15, *3317.2*
¹ Vgl. EC (N) 39, N 15, *3318.4* EC 233, II R 36, 1703
² EC (N) 38, N 15, *3317.2*
³ Vgl. EC (N) 39, N 15, *3318.5* vgl. R. *Engler* 1974 a, 113
⁴ EC (N), N 15, *3317.2*
⁵ EC (N) 38, N 15, *3316.2*
⁶ EC 233, II R 36, 1703
⁷ EC 271, III C 404, 1941
⁸ EC 234, II C 29, 1706;
⁹ G. W. F. *Hegel*, WW 10 § 459, 271
¹⁰ EC (N) 38, N 15, *3316.1*
¹ Ebd.
² EC 250, II C 31, 1811; L.J.; ebenfalls in der 2. Vorlesung spricht Saussure in einem ähnlichen Zusammenhang von dem «(...) principe de vacuité de sens en soi (...)». Vgl. EC 154, B 11, 1131
³ EC (N) 39, N 15, *3318.9*
⁴ Ebd.
⁵ EC (N) 39, N 15, *3319.2*
⁶ Vgl. EC 36, N 21, *187* (*3330*, 4); LTS 30
⁷ Vgl. G. W. F. *Hegel*, WW 10, § 457, 268
⁸ EC (N) 38, N 15, *3316.1*
⁹ EC (N) 38, N 15, *3316.2*
¹⁰ «Si on voulait représenter vraiment les éléments phoniques successifs d'un mot, il faudrait un écran où viendraient se peindre par laterne magique des couleurs *successives*, et cependant ce serait faux en ce qu'il nous serait impossible de recolliger ces couleurs successive en une seule impression (...).»: EC (N) 39, N 15, *3318.6*; Saussure schließt sich mit dieser Bemerkung von 1897 beinahe wörtlich an eine Formulierung Diltheys aus dem Jahre 1894 an: «Wir besitzen gleichzeitige voneinander verschiedene Töne zugleich, und wir vereinigen sie im Bewußtsein, ohne daß wir ihr Auseinander in einem Nebeneinander auffassen. Dagegen können wir eine Mehrheit von Tast- oder

Gesichtsempfindungen immer nur in einem Nebeneinander zusammen besitzen. Können wir doch nicht einmal zwei Farben zusammen und gleichzeitig anders als in einem Nebeneinander vorstellen.» W. *Dilthey* (1894) 1968, 150

[81] G. W. F. *Hegel*, WW 10, § 462 Zusatz, 280

[82] G. W. F. *Hegel*, WW 10, § 462 Zusatz, 280

[83] EC (N) 38, N 15, *3316.2*; das Ergebnis der «psychologisation des signes vocaux» ist jene psychische Zeichengestalt eines ‹innerlichen Äußerlichen› (Hegel), die die kognitive Überlegenheit stimmlicher (akustischer) Zeichen ausmacht: «Le sème acoustique est fondé en grande partie sur la cent fois plus facile *mémorisation* des formes acoustiques que des formes visuelles.» (EC (N) 39, N 15, *3318.6*). Auch hier schließt sich Saussure an Hegel an: «Das reproduzierende *Gedächtnis* hat und erkennt im Namen die Sache und mit der Sache den Namen, ohne Anschauung und Bild. Der Name als Existenz des Inhalts in der Intelligenz ist die Äußerlichkeit ihrer selbst in ihr, und die Erinnerung des Namens als der von ihr hervorgebrachten Anschauung ist zugleich die Entäußerung, in der sie innerhalb ihrer sich setzt. (...) Bei dem Namen Löwe bedürfen wir weder der Anschauung eines solchen Tieres noch auch selbst des Bildes, sondern der Name, indem wir in verstehen, ist die bildlose einfache Vorstellung. Es ist in Namen, daß wir denken.» (G. W. F. *Hegel*, WW 10 § 462, 278).

[84] EC 250, II C 31, 1811; CFS 15 (1957), 37

[85] Vgl. CFS 15 (1957), 8

[86] Vgl. CFS 15 (1957), 37

[87] Vgl. EC 36, N 21, *187* (*3330*, 4); LTS 30

[88] EC 34, III C 254, 172; EC (N) 16, N 6, *3292*

[89] Vgl. G. W. F. *Hegel*, WW 10, § 453, 260; Hegel spricht hier, auf dieser ‹vorsprachlichen› Stufe die Intelligenz «als diesen nächtlichen Schacht» an, «in welchem eine Welt unendlich viele Bilder und Vorstellungen aufbewahrt, ohne daß sie im Bewußtsein wären (...).»

[90] Vgl. W. v. *Humboldt*, WW V, 376 f; VI, 154 ff; VII, 55 ff

[91] EC (N) 38, N 15, *3316.2*

[92] Diese Formulierung Humboldts ist eine sehr präzise Fassung dessen, was Saussure später das «Prinzip der zeitlichen Sukzession » nennt.

[93] W. V. *Humboldt*, WW VII, zweite Hälfte 581 ff

[94] Sechehaye und Bally sprechen im ‹Cours› fälschlicherweise von der «rôle caractéristique *de la langue*» (SB 162 (156); EC 253; kursiv, L. J.); hierauf hat Engler mit Recht hingewiesen (vgl. LTS 31). Tatsächlich spricht Saussure hier von der «langage» in Sinne einer nicht physiologisch reduzierten «langage parlé (EC (N) 41, N 17, *3326*) wie sie als sinnlich akustisches Medium für die «traduction de la pensée par un signe (ebd.) konstitutiv ist.

[95] CFS 15 (1957), 37; EC 253, II R 37, 1828, 1829; ebd. G 1.9 a, 1828

[96] W. v. *Humboldt*, WW V, 374

[97] E. *Cassirer* 1965, 178

[98] Es wäre hier weit angemessener statt von einer ‹idealistischen› Einsicht von einem implizit *materialistischen* Ansatz der idealistischen Sprachphilosophie zu reden. Ironischerweise ist es nämlich gerade dem ‹Materialismus› empiristisch positivistische Sprachtheorien von Locke bis Hermann Paul nicht gelungen, die fundamentale Bedeutung des materiellen Momentes der Sprache für die Konstitution von (sprachlichem) Sinn zu erkennen. Dieses materialistische Moment sprachlicher Sinnkonstitution her

ausgearbeitet zu haben, ist vielmehr ein Verdienst des sprachtheoretischen Idealismus, vor allem Humboldts, Hegels und Schleiermachers.

[99] EC 253, II C 31, 1828
[100] EC 252, II C 397, 1821 ff
[101] Vgl. W. v. *Humboldt*, WW V, 119
[102] G. W. F. *Hegel*, WW 10, § 462 Zusatz, 280
[103] Ebd.
[104] W. v. *Humboldt*, WW V, 375
[105] W. v. *Humboldt*, WW V, 118
[106] EC 253, II R 37, 1828; CFS 15 (1957), 37
[107] EC 253, II R 38, 1832; CFS 15 (1957), 38
[108] Ebd.
[109] W. v. *Humboldt*, WW VII, zweite Hälfte 581
[110] Ebd. 582
[111] W. v. *Humboldt*, WW V, 374
[112] EC (N) 38, N 15, *3316.1*
[113] EC (N) 39, N 15, *3319.5*
[114] In den ‹Notes item› verwendet Saussure eine differenziertere semiologische Terminologie als in den Vorlesungen: er unterscheidet hier den ‹Körper eines Zeichens zu einem bestimmten Zeitpunkt› bzw. ‹die Hülle des Zeichens› (= aposème;) von dessen ‹Bedeutung› (= contre-sôme; anti-sôme) einerseits, seiner Materialität (= sôme) andererseits und von dem ‹Zeichen als Ganzem› (= sème); das Zeichen als ‹systematisches Moment eines Synchronismus› nennt er parasème «vgl. EC (N) 37 ff, N 15).
[115] Vgl. Anm. 114
[116] EC (N) 38, N 15, *3317.1*; vgl. auch R. *Engler* 1974 a, 114 f
[117] EC (N) 38, N 15, *3317.3*
[118] EC 275, II C 56, 1972; CFS 15 (1957), 67
[119] EC 233, II R 36, 1703
[120] W. v. *Humboldt*, WW VII, 581 ff
[121] Vgl. EC (N) 37, N 15, *3313.2*
[122] EC 271, III C 404, 1941. Die abstrakte Negativität der phonischen Materie ist zwar eine Voraussetzung für die konkrete Negativität sprachlicher Bedeutungen – und damit sprachlicher Zeichen überhaupt –, aber, es muß beachtet werden, daß erst diese konkrete Negativität die in sich formlose phonische Substanz in die Form eines bestimmten Lautbildes verwandelt: «C'est la signification qui crée le différences (...)» EC 307, II C 64, 2152. An anderer Stelle heißt es zu dieser Dialektik: «C'est la différence qui rend significatif, et c'est la signification qui crée les différences aussi.» CFS 15 (1957) 76, vgl. auch ebd. 68
[123] CFS 15 (1957), 78; EC 264, 1904
[124] Zum Wertbegriff vgl. etwa die 2. Vorlesung CFS 15 1957, 47 ff, insbesondere EC 254 f, II R 24, 1842; ebenso aus der 3. Vorlesung EC 259 ff, 1864 ff, insbesondere N 23.6, *1864* (*3339*, 110); LTS 52, SM 280 ff
[125] Saussure verwendet den Begriff der Negativität an verschiedenen Stellen im explizit Hegelschen Sinne. Vgl. hierzu etwa EC 268, I R 3.55, 1924: «La véritable manières de se représenter les éléments phoniques d'une langue ce n'est pas de les considérer comme des sons ayant une valeur absolue, mais avec une valeur purement oppositive, relative, négative.» Vgl. ebenso EC 264, N 10, *1903* (*3297*, 53): «La loi tout à fait finale

du langage est (…) qu'il n'y a jamais rien qui puisse résider dans un terme (par suite directe de ce que les symboles linguistiques sont sans relation avec ce qu'ils doivent désigner) donc que *a* est impuissant à rien désigner sans le secours de *b* (…), celui-ci de même sans le secours de *a*; ou que tous deux ne valent donc que par leur réciproque *différence*, ou qu'aucun ne vaut, même par une partie quelconque de soi (…) autrement que par ce même plexus de différences éternellement négatives.»

[126] Vgl. EC (N) 37, N 15, *3314.3*

[127] Vgl. EC 245, III C 295, 1769; EC 264, II C 67, 1904; zum Problem syntagmatischer und assoziativer Beziehungen vgl. vor allem aus der 2. Vorlesung EC 276 f, II C67, 1982 suite; aus der 3. Vorlesung EC 257, III C 378, 1851 suite, insbesondere EC 251, III C 389, 1816.

[128] Vgl. EC 245, III C 295, 1769: «Tout mécanisme de langue roule autours d'identité et différence.»

[129] Vgl. EC (N), *3314.3*: «Un synchronisme se compose d'un certain nombre de termes (termini) qui se partagent l'ensemble de la matière à signifier.»

[130] Ebd.

[131] Mit der Explikation des engen Zusammenhanges von Bestimmung (Konstitution) und Negation greift Saussure einen Gedanken Spinozas auf, den auch Hegel in der Psychologie aktualisiert hatte: «Omnis determinatio est negatio.» (zit. nach Th. *Bodammer* 1969, 47). So hebt Saussure in den Notizen zur Semiologie hervor: «Pour le fait linguistique *élément* et *caractère* sont éternellement la même chose. C'est le propre de la langue, comme de tout *système* sémilogique, de n'admettre aucune différence entre ce qui distingue une chose et ce qui la constitue (parce que les ‹choses› dont on parle ici sont des signes, lesquels n'ont d'autre mission, essence, que d'être distincts). (…) Tout fait linguistique consiste en un rapport, et consiste en rien d'autre qu'en un rapport.» EC (N) 47, *3342.2*; vgl. ebenso EC (N) 42, *3328.3* und EC (N) 48, *3342.3*: «Le premier caractère universel du langage est de vivre au moyen de différences et de *différences* seules, sans aucune migitation comme celle qui proviendrait de l'introduction d'un terme positif quelconque à un moment quelconque.»

[132] Auch hierin, daß jeder Artikulationsakt notwendig systembildende Implikationen hat, stimmt Saussure mit Humboldt überein, der seinerseits hervorgehoben hatte: «Nun ist aber dasjenige, was die Articulation dem blossen Hervorrufen seiner (des Wortes, L. J.) Bedeutung (…) hinzufügt, dass sie das Wort unmittelbar durch seine Form als einen Theil eines unendlichen Ganzen, einer Sprache, darstellt.» Vgl. W. v. *Humboldt*, WW VII, 58; ebenso WW VI, 76, Für Saussure wie für Humboldt kann deshalb das Problem der Zeichensynthesis – in Humboldts Worten das Problem der «Spracherfindung» – bereits «in der unergründlichen Tiefe der einfachen Verstandeshandlung, die überhaupt zum Verstehen und Hervorbringen der Sprache auch in einem einzigen ihrer Elemente gehört» (W. v. *Humboldt* WW VI, 17), thematisiert werden, denn – so Humboldt – «damit der Mensch nur ein einziges Wort wahrhaft nicht als blossen sinnlichen Anstoss, sondern als articulierten, einen Begriff bezeichnenden Laut verstehe, muss schon die Sprache ganz, und im Zusammenhang in ihm liegen.» W. v. *Humboldt*, WW VI, 15.

[133] Insofern begreift Saussure jeden Akt der Artikulation als eine «détermination réciproque des valeurs». EC 50, 303.

[134] Vgl. etwa die folgende Bemerkung aus der 2. Vorlesung: «Un système sémiologique quelconque est composé d'une quantité d'unités (…) et la véritable nature de ces

unités (...) c'est d'être des valeurs. Le système d'unités qui est un système de signes est un système de valeurs.» EC 255, II R 24, 1824.

[135] Vgl. hierzu etwa eine Bemerkung in N 15: «(...) le sème dépend dans son existence de tout l'entourage parasémique de l'instant même.» EC (N) 37, N 15, *3314.9*; ebenso ebd. *3313.2*.
[136] EC 157, III C 283, 1168; III C 284, 1167.
[137] EC 234, II C 29, 1706.
[138] EC (N) 38, N 15, *3316.1*
[139] *W. v. Humboldt* WW V, 376; vgl. VI 154.
[140] Vgl. EC 28, II R 4, 142; CFS 15 (1957), 8 EC 37, III C 265, 195.
[141] EC 28, II R 4, 142; CFS 15 (1957), 8
[142] G. W. F. *Hegel* WW 10, § 462 Zusatz, 280.
[143] Vgl. EC (N) III N 14 a, *3303*; EC 233, III C 288, 1097; EC 235, III C 293, 1711
[144] W. v. *Humboldt* WW V, 429
[145] Vgl. EC (N) 15, N 1.1, *3283*, 21; EC (N) 130 – 132, N 15, *3309*
[146] Vgl. EC (N) 23, N 1.2, *3284*, 4
[146a] Theoretisch entfaltet hat Saussure diese «Vollzugsform» im Begriff des «*Aposèmes*». Vgl. hierzu oben Anm. 1.
[147] EC 169, N 10, *1367 (3297)*, 38 a
[148] EC (N) 26 – 27, N 1.2, *3284*, 9
[149] EC 160, G 1.3b, 1191; CFS 15 (1957), 22 kursiv L. J.
[150] EC 24, N 9.2, *131 (3295a, 1)*
[151] EC 253, II C 31, 1828
[152] W. v. *Humboldt* WW V, 119; vgl. auch G. W. F. *Hegel* WW 10, § 462 Zusatz, 280; K. W. L. Heyse 1856, 35

Literaturverzeichnis

K. O. *Apel* (1955) 1973, Die beiden Phasen der Phänomenologie in ihrer Auswirkung auf das philosophische Verständnis der Sprache, in: ders. 1973, Bd. I. 79 – 105.
K. O. *Apel* (1973), Transformation der Philosophie, 2. Bd., Frankfurt
E. *Benveniste* 1966, Problèmes de linguistique générale, Paris 1966
Th. *Bodammer* 1969, Hegels Deutung der Sprache, Hamburg
E. *Cassirer* 1965, Wesen und Wirkung des Symbolbegriffes, Darmstadt
E. *Coseriu* (1958) 1974, Synchronie, Diachronie und Geschichte, München
T. *de Mauro* (1968) 1972, F. de Saussure, Cours de linguistique générale, édition critique, Paris
J. *Derrida* 1979, Die Stimme und die Differenz, Frankfurt 1979
W. *Ditthey* (1894) 1968, Die Geistige Welt, Einleitung in die Philosophie des Lebens, 1.Hälfte: Abhandlungen zur Grundlegung der Geisteswissenschaften, (ed) G. Misch, Sttgt. Göttingen 1968, Ges. Schriften. V
R. *Engler* 1959, C. L. G. und S. M.: eine kritische Ausgabe des «Cours de Linguistique générale, in: Kratylos 4 (1959), 119 – 132
R. *Engler* 1974a, La Linéarité du signifiant, in: R. *Amacker* 1974 (éd), Studi Saussuriani per R. Godel, Bologna, 111 – 120

G. *Granger* (1959) 1973, Geschehen und Struktur in den Wissenschaften vom Menschen, in: H. *Naumann* 1973 (éd), 207 ff

G. W. F. *Hegel* WW 10, Enzyklopädie der philologischen Wissenschaften III, Die Philosophie des Geistes, (éd) E. Moldenhauer, K.M. *Michel*, Frankfurt 1970.

K. W. L. *Heyse* 1856, System der Sprachwissenschaft, (éd) H. *Steinthal*, Berlin 1856

F. *Hintze* 1949, Zum Verhältnis der sprachlichen «Form» zur «Substanz», in: Studia Linguistica III, 86 – 105

L. *Hjelmslev* 1947, Structural analysis of Language, Studia Linguistica I, Lund 1947, 69 – 78

L. *Hjelmslev* 1938, Über die Beziehungen der Phonetik zur Sprachwissenschaft, Archiv für vergleichende Phonetik, II (1938), 129 – 134; 211 – 222

L. *Hjelmslev* 1942, Langue et parole, CFS 2 (1942), 29 – 44

W. v. *Humboldt* WW, Gesammelte Schriften, (éd) Königlich Preussische Akademie der Wissenschaften (A. Leitzmann), 17 Bd. Berlin 1903 – 1936, photomech. Nachdruck Berlin 1968

L. *Jäger* 1975, Zu einer historischen Rekonstruktion der authentischen Sprach-Idee F. de Saussures, Diss. Düsseldorf 1975

L. *Jäger* 1976, F. de Saussures historisch-hermeneutische Idee der Sprache, in: LuD 27, 1976 (210 – 244)

L. *Jäger* 1977, Saussure-Kritik ohne Text-Kritik?, ZGL 5.3 (1977)

L. *Jäger* 1978, F. de Saussures semiologische Begründung der Sprachtheorie, ZGL 6.1 (1978)

A. *Martinet* (1953) 1973, Strukturale Linguistik, in: H. *Naumann* 1973 (éd)

W. *Motsch* 1967, Zur ‹Autonomie› der Sprachwissenschaft, in: Beiträge zur Romanischen Philologie VI, 1 (1967), 126 – 156

H. *Naumann* 1973 (éd), Der moderne Strukturbegriff, Darmstadt

H. *Paul* (1880) 1920, Prinzipien der Sprachgeschichte, Halle

H. *Paul* 1901, Methodenlehre, in: ders. 1901 (éd), Grundriß der Germanischen Philologie, Bd. I, Straßburg, 159 – 247

G. de *Poerck* 1966, Quelques réflexions sur les oppositions Saussuriennes, CFS 22 (1966)

A. *Sechehaye* 1927, L'école génévoise de Linguistique générale, in: Indogermanische Forschungen, Bd. XLIV, 3/4 (1927), 217 – 241

HORST TURK
Die Sprache des *unbeherrschten Schauens*
Zur Metaphorik in Rilkes *Archaïscher Torso Apollos*

Für Zdenko Škreb zum 75. Geburtstag

1. Methodische Vorbemerkung

«Die Sprache ist niemals das, was gedacht wird,» bemerkt U. Eco in seinem Plädoyer für eine offene, wissenschaftstheoretisch revidierte Konzeption des Strukturalismus, «sondern das, *in dem* gedacht wird.»[1] Die Reflexion auf den Diskurs der Wissenschaft, die für den hermeneutischen, sprachanalytischen und dialektischen Ansatz selbstverständlich war, beschäftigt in der aktuellen Diskussion auch den Strukturalismus: mit dem Effekt, daß der Strukturalismus zur Zeit weniger durch seine Wissenschaftlichkeit als durch seine Themen und Fragestellungen interessiert.[2] Man kann diese Entwicklung sowohl unter dem Aspekt der Begründungsprobleme als auch im Sinn der Wiederaufnahme traditioneller Fragestellungen verstehen.
Auf der Ebene der semiotischen Begründung ist hier vor allem der Vorrang des *Werts* (valeur) gegenüber der *Bedeutung* (signification) zu nennen. Über die *Bedeutung* bezieht sich das Sprachzeichen auf die Welt der Gegenstände (choses de la réalité). Unter dem *Wert* versteht man die Eigenschaft der Sprachzeichen, aufgrund ihrer Position im System *Bedeutung* zu tragen. Das Problem, das der Poststrukturalismus aufgreift, resultiert aus dem Vorrang des *Werts* vor der *Bedeutung*. Für de Saussure war der Primat des *Werts* die Voraussetzung, unter der die Sprache zum autonomen Objekt der Wissenschaft werden konnte. Indem er die sprachliche Strukturierung primär setzte, wurde die Sprache gesetzgebend für die *Gedanken* oder *Vorstellungen*. Das einzelne Sprachzeichen enthält zwar *Bedeutungen,* doch diese sind der Sprache ebensowenig vorgegeben wie die «Laute». «Ob man Bezeichnetes oder Bezeichnendes nimmt, die Sprache enthält weder Vorstellungen noch Laute, die gegenüber dem sprachlichen System präexistent wären,

sondern nur begriffliche und lautliche Verschiedenheiten, die sich aus dem System ergeben.»[3] Nach de Saussure ist die Sprache dadurch charakterisiert, daß es in ihr «*nur Verschiedenheiten gibt.* [...] Verschiedenheiten *ohne positive Einzelglieder.*»[4] Nun steht und fällt die These von der Autonomie der Sprache jedoch mit der Beantwortung der Frage, wie aus einem System von «Verschiedenheiten *ohne positive Einzelglieder*» positive Einzelglieder hervorgehen können. De Saussure umgeht dieses Problem, indem er auf einen Unterschied in der Betrachtungsart rekurriert. Der «Satz, daß in der Sprache alles negativ sei», gelte «nur vom Bezeichneten und der Bezeichnung, wenn man diese gesondert betrachtet». Sowie «man das Zeichen als Ganzes in Betracht» ziehe, habe «man etwas vor sich, das in seiner Art positiv ist.»[5] Diese Positivität gilt gerade auch für die Verknüpfung von *Wert* und *Bedeutung*. Sie ist keine Setzung der Wissenschaft, sondern in ihr manifestiere sich die «einigermaßen mysteriöse Tatsache» der sprachlichen Strukturierung selbst, die den Laut und das Denken gleichermaßen gliedert. De Saussure bleibt in dem entscheidenden Punkt, der Strukturierungsleistung der Sprache, eigentümlich dunkel: «Die Sprache hat also dem Denken gegenüber nicht die Rolle, vermittelst der Laute ein materielles Mittel zum Ausdruck der Gedanken zu schaffen, sondern als Verbindungsglied zwischen dem Denken und dem Laut zu dienen, dergestalt, daß deren Verbindung notwendigerweise zu einander entsprechenden Abgrenzungen von Einheiten führt. Das Denken, das seiner Natur nach chaotisch ist, wird gezwungen, durch Gliederung sich zu präzisieren; es findet also weder eine Verstofflichung der Gedanken noch eine Vergeistigung der Laute statt, sondern es handelt sich um die einigermaßen mysteriöse Tatsache, daß der ‹Laut-Gedanke› Einteilungen mit sich bringt und die Sprache ihre Einheiten herausarbeitet, indem sie sich zwischen zwei gestaltlosen Massen bildet.»[6] Weder die Entsprechung der «Abgrenzungen» noch die «Verbindung» von «Denken» und «Laut» wird zufriedenstellend geklärt. Schließlich: wieso ist das Denken «seiner Natur nach chaotisch»? Auch aus Gründen, die in der Entwicklung des Strukturalismus liegen, wird die Frage der sprachlichen Strukturierung zum zentralen Thema des *Poststrukturalismus*.

Die Annahme einer sprachlichen Strukturierung ließ verschiedene Möglichkeiten der Ausarbeitung zu: Die Strukturierung konnte unter dem Aspekt des Materials *grammatologisch* (Derrida), des Ereignisses *historisch* (Foucault), des Effekts *psychoanalytisch* (Lacan) und der Funk-

tion *methodologisch* (Eco) bestimmt werden. Seine klassische Ausprägung erhielt der *wissenschaftliche Strukturalismus* durch Lévi-Strauss. In *Das Rohe und das Gekochte* erläutert er die Erkennbarkeit der Struktur durch den Gedanken eines «letzte[n] Signifikat[s]», das in allen «Bedeutungen [...], die sich wechselseitig selbst bezeichnen», bezeichnet wird.[7] Nach Lévi-Strauss ist dieses «letzte Signifikat» der «menschliche Geist». Die Gewißheit, daß er derselbe im Denken der Eingeborenen und des Ethnologen ist, ergibt sich für ihn durch eine methodische Reflexion. «Denn wenn es das letzte Ziel der Anthropologie ist, zu einer besseren Kenntnis des objektivierten Denkens und seiner Mechanismen beizutragen, läuft es letztlich auf dasselbe hinaus, wenn in diesem Buch das Denken der südamerikanischen Eingeborenen unter der Wirkung des meinigen Gestalt gewinnt oder das meine unter der Wirkung des ihrigen. Wichtig ist, daß der menschliche Geist, unbeschadet der Identität seiner gelegentlichen Boten, in diesen eine Struktur kundtut, die in dem Maße immer verständlicher wird, wie der doppelt reflektierte Gang zweier aufeinander einwirkender Denkweisen fortschreitet [...].[8] Nicht nur in der Ethnologie[9], sondern auch von der Semiotik ist dieser Ansatz bestritten worden. Lévi-Strauss löst das Methodenproblem des *wissenschaftlichen* Strukturalismus, indem er den «menschlichen Geist» als Signifikanten sich selbst bezeichnen läßt. Der «menschliche Geist» wird durch eine methodische Reflexion zum «letzte[n] Signifikat». Kann aber diese Reflexion wie für den Ethnologen auch für das Denken der Eingeborenen in Anspruch genommen werden?
Eco verneint diese Frage. Er kritisiert die These vom «menschlichen Geist» als dem «letzte[n] Signifikat», weil sie zugleich die Gefahr einer Wiederherstellung des «Ethnozentrismus» enthalte und eine Zerstörung des «historischen Wissens» bedeute.[10] Die Historizität des Wissens sei mit dem Strukturalismus vereinbar, sobald man die Abgeschlossenheit der Struktur als ein Konstrukt der Wissenschaft interpretiere.[11] Die Annahme einer *realen Existenz* der Struktur – etwa im Denken des Eingeborenen und des Ethnologen – sei mithin entbehrlich.[12] Lévi-Strauss *ontologisiere* den Strukturalismus. Nun kommt aber auch der *methodologische* Strukturalismus Ecos nicht ohne Realitätsannahme aus. Sie bezieht sich jedoch nicht mehr auf die Struktur oder den Code, sondern auf die *Realität* als das «Nicht-Codifizierte». Das «Nicht-Codifizierte», das, «was die Semiotik nicht untersuchen kann und darf, außer wenn ein System ihm Gestalt verleiht und seine Möglichkeiten

einschränkt», hat nach Eco die Verfassung einer *Gleichwahrscheinlichkeit*. «Ein System wird auf die Gleichwahrscheinlichkeit einer Informationsquelle gelegt, um auf Grund bestimmter Regeln die Möglichkeit, daß *alles* geschehen kann, einzuschränken.»[13] Eco versucht, das Problem der *Bedeutung* auf dem Boden der *choses de la réalité* zu lösen. Indem er jedoch das «Nicht-Codifizierte» als «Gleichwahrscheinlichkeit» definiert, neutralisiert er lediglich die Realität. Der Rekurs auf die «Idee» des *interpretant* von Ch.S. Peirce[13a] führt zwar zu einer kulturwissenschaftlichen Erweiterung der Semiotik. Zugleich verschiebt er jedoch das Problem der *Bedeutung* (im Sinn Freges) zu einem Problem des *Sinns*. Das *Signifikat* wird von Eco als «kulturelle Einheit» interpretiert,[14] die in den *choses de la réalité* Sinneffekte erzeugt. «Ein System greift ein, um einer Sache Sinn zu verleihen, die ursprünglich keinen Sinn hat, indem es bestimmte Elemente dieser Sache in den Rang eines significans erhebt.»[15] Ungelöst bleibt in dieser Rekonstruktion nicht nur das Problem der *Referenz*[16] als Teilproblem der *Bedeutung,* sondern vor allem auch das Problem des *Subjekts* als Teilproblem des *Sinns*. Was heißt es, daß durch Lautopposition «bestimmte Elemente dieser Sache in den Rang eines significans» erhoben werden? Erst dadurch, *daß* sie bedeuten und d.h.: sich auf eine Welt der Gegenstände *beziehen*, können sie «in den Rang eines *significes*» erhoben werden. Der Übergang von der *«Welt des Signals»* zur *«Welt des Sinns»* wird von Eco als Übergang von der «Maschine» zum «menschlichen Wesen» als Empfänger der Botschaft beschrieben.[17] Er kann nur unter der Voraussetzung vollzogen werden, *daß* die Oppositionen bereits bedeuten. Seine *bestimmte* Bedeutung erhält der Signifikant zwar durch den jeweiligen Wert, der ihn von anderen Signifikanten des Systems unterscheidet. Diese Differenz erklärt jedoch nicht, wieso der Signifikant überhaupt bedeutet. Sie könnte – im Ecoschen Ansatz – allenfalls aus dem «menschlichen Wesen» als Empfänger der Botschaft erklärt werden. Das «menschliche Wesen» fungierte dann als *sinn*stiftende Instanz, und die *Bedeutung* wäre über den *Sinn,* der ein Effekt der «kulturellen Einheiten» ist, zu definieren. Den Rekurs auf das «menschliche Wesen» als Erklärungsgrund hat Eco in seiner Lévi-Strauss-Kritik jedoch selbst – und aus guten Gründen – bestritten. Der *Sinn* ist das System differentieller *Werte*. Wenn die *Bedeutung* aus ihm – ohne Inanspruchnahme eines menschlichen «Wesens» oder «Geistes» – hergeleitet werden soll, muß sie selbst ursprünglich als *Wert,* und d.h. als in die Position des Signifikats abgedrängter Signifikant aufgefaßt werden.

Dieser Ansatz, der die Funktion des Subjekts als *sinn*stiftender Instanz radikal infragestellt, wurde im Feld der strukturalen *Psychoanalyse* ausgearbeitet. In bezug auf das «menschliche Wesen» als Empfänger und Sender der Botschaft heißt es bei Lacan: «Die Sprachwirkung ist die ins Subjekt eingeführte Ursache.»[18] J. Lacan begreift das Signifikat als *Effekt* der Signifikation unabhängig vom Subjekt, weil die Menge der geäußerten *Bedeutungen* immer an die Stelle des Subjekts der Äußerung trete,[19] das sich in ihnen nach dem Gesetz der *Verschiebung* und der *Verdrängung* artikuliert. Das Gesetz der *Verschiebung* und *Verdrängung*, das Lacan von Freud übernimmt, wird auf dem Hintergrund des de Saussureschen Problems als «Sprachwirkung» interpretiert. In diesem Sinn hatte bereits R. Jakobson zwischen *Metonymie* und *Metapher* als zwei Grundoperationen auf der Achse der *Kombination* und der *Selektion* unterschieden, die er mit Freud psychoanalytisch als *Verschiebung* und *Verdrängung* interpretiert.[20] Lacan knüpft an Jakobson an, wenn er die *Metonymie* – abweichend von Jakobson – als das «*Wort für Wort*» einer Verkettung *im* Signifikanten beschreibt[21] und die *Metapher* als Wortersetzung oder -substitution: «*Ein Wort für ein anderes* ist die Formel für die Metapher [...]».[22] Nicht nur der «schöpferische Funke», sondern auch die Bedeutung als solche «entspringt» nach Lacan «zwischen zwei Signifikanten, deren einer sich dem anderen substituiert hat, indem er dessen Stelle in der signifikanten Kette» einnimmt, «wobei der verdeckte Signifikant gegenwärtig bleibt durch seine (metonymische) Verknüpfung mit dem Rest der Kette.»[23] Nach Eco ist der Übergang von der *Welt des Signals* zur *Welt des Sinns* identisch mit dem Übergang von der «Maschine» zum «menschlichen Wesen». Lacan verfährt gerade in diesem Punkt methodischer als der *methodologische* Strukturalismus, wenn er das *Subjekt* als *sujet* – Vorwurf oder *Stoff* – der Rede[24] wie den *Sinn* und die *Bedeutung* durch eine metaphorisch-metonymische Operation hervorgebracht denkt. «Man sieht, die Metapher hat ihren Platz genau da, wo Sinn im Un-sinn entsteht [...]»[25]. Mittels der metaphorischen Substitution läßt sich der Ursprung der Bedeutung erklären, wenn als Minimalbedingung für «Sinn» sowohl der Bezug des Signifikanten auf ein Signifikat (Bedingung der Referenzialisierbarkeit) als auch der Bezug des Signifikats auf die signifikante Kette (Bedingung der Interpretierbarkeit) verstanden wird. Das Subjekt wird unter dieser Voraussetzung der Erklärung der *Bedeutung* aus dem *Sinn* zum *Subjekt des Unbewußten*.[26] Es ist sprachförmig für Lacan, weil es wie das Unbewußte als *Effekt* der Signifikation zu verstehen ist. Lacan entscheidet im Verhältnis von Signifikant und Signifikat für die Priorität des Signifikanten.[27] Um *Bedeutung* im Sinn der Referenzialisierbarkeit zu haben, muß der Signifikant in der Position des Signifikats fixiert sein. Er muß selbst die *Dichte* empirischer Gegenstände annehmen, wenn *er* sich nicht auf die Welt der Gegenstände beziehen, sondern die Welt der Gegenstände als ein Effekt der Signifikation verstanden werden soll.

Zwei Fragen läßt der Lacansche Ansatz offen: 1. Wie können die Signifikate in der semiotischen Erkenntnis – die eine Erkenntnis durch Zeichen ist – die *Dichte* und innere Konsistenz empirischer Gegenstände gewinnen? 2. Wie ist die Hypostasierung des Signifikanten zum *Sein des Seienden* aufzulösen? Die zweite Frage wird durch eine Analyse der ontologischen Differenz von Derrida, die erste durch eine geschichtsphilosophische Rekonstruktion des semiotischen Wissens von Foucault beantwortet. Foucault untersucht in der ‹Ordnung der Dinge› das *Ereignis* der sprachlichen Strukturierung. Er versucht es durch eine historische Rekonstruktion des semiotischen Wissens zu deuten, indem er drei Epochen der abendländischen *episteme* unterscheidet: das Jahrhundert der Renaissance als Jahrhundert der *Schrift*,[28] das *klassische Zeitalter* als Jahrhundert der *Vorstellung* oder der *Repräsentation*[29] und das 19. Jahrhundert als das Jahrhundert der *Geschichte.*[30] Die Epochen der abendländischen *episteme* sind nach Foucault durch keine kontinuierliche Entwicklung verbunden. Diskontinuierlich *scheinen* sie jedoch nur, solange man sie auf den Menschen als Subjekt der Geschichte bezieht. Erfaßt man in ihnen die «Geschichte des nichtformalen Wissens», die «selbst ein System» hat,[31] dann geben sie sich auf dem Hintergrund der *triadischen Zeichenrelation*[32] als eine kontinuierliche Abfolge zu erkennen, die Foucault als eine Abfolge semiotischer Entdeckungen interpretiert: Die *episteme* des 16. Jahrhunderts basierte auf der *Materialität* des Zeichens, seiner Eigenschaft, «Schrift» zu sein. Im 17. Jahrhundert wurde die *semantische* Dimension der Sprache entdeckt; das Wissen organisierte sich auf der Grundlage der *Bedeutung* durch eine Analyse der Repräsentation.[33] Das 19. Jahrhundert, als Jahrhundert der *Geschichte,* legte die *pragmatische* Dimension[34] des Zeichenprozesses frei. Das Zeichen diente in seiner Eigenschaft, entstanden, verwendet und wirksam zu sein, zur Organisation des Wissens. Exponent dieses letzten Entwicklungsschritts in der Geschichte der abendländischen *episteme* sind nach Foucault die Humanwissenschaften. Für sie gelte, daß sich der *Mensch* als *Subjekt*

und *Gegenstand* des Wissens in der «Seinsweise des Lebens», der «Produktion» und der «Sprache» [35] als geschichtlich bestimmt erfährt.[36] Das *Auftauchen des Menschen* wird von Foucault als Konsequenz, nicht als Bedingung einer Historisierung des Wissens begriffen.[37] Es sei – im Prozeß des Abfalls der Sprache von sich (in der Analyse der Repräsentation) und der Rückkehr der Sprache zu sich (im «reinen Akt des Schreibens»[38]) – der Augenblick einer Wiederherstellung der Sprache, für den die Literatur des 19. Jahrhunderts das Paradigma abgibt. «Seit dem neunzehnten Jahrhundert stellt die Literatur die Sprache in ihrem Sein wieder ins Licht, aber nicht so, wie noch die Sprache am Ende der Renaissance erschien. Denn jetzt gibt es nicht mehr jenes ursprüngliche Sprechen, das absolut anfänglich war und wodurch die unendliche Bewegung des Diskurses begründet und begrenzt wurde. Künftig wird die Sprache ohne Anfang, ohne Endpunkt und ohne Verheißung wachsen. Die Bahn dieses nichtigen und fundamentalen Raumes zeichnet von Tag zu Tag den Text der Literatur.»[39] Auf einer gewundenen Bahn kehrt die Argumentation an ihren Ausgangspunkt, die Entdeckung der Sprache als Schrift, zurück. Die Literatur des 19. Jahrhunderts erinnert oder «wiederholt» das «Sein der Sprache»; jedoch nicht mehr unter der einschränkenden Bedingung des «Kommentars», bezogen auf ein «ursprüngliches Sprechen», das als der zugrundeliegende «Text» freizulegen wäre,[40] sondern als Beziehung des «Seins» zu sich: im «reinen Akt des Schreibens».[41] Diese Wiederentdeckung der Schrift wird nach Foucault das «Sein des Menschen» im «Sein der Sprache» aufheben.[42] Nachdem er die Sprache im «reinen Akt des Schreibens» mit sich vermittelt und wiederhergestellt hat, kehre der Mensch «zu jener heiteren Inexistenz zurück [...], in der ihn einst die beherrschende Einheit des Diskurses gehalten hat».[43] Foucault läßt die «Seinsweise [...] der Geschichte»[44] ebenso wie die «Seinsweise des Menschen»[45] durch eine geschichtsphilosophische Rekonstruktion aus dem «Sein der Sprache» hervorgehen. Er bedient sich dabei des Spielraums der ontologischen Differenz, der von Derrida als Spielraum der abendländischen Metaphysik aufgewiesen und gegen die ontologische Spielart des Strukturalismus eingewendet wird.
Derrida gibt sich als radikaler Kritiker sowohl der abendländischen Metaphysik (in Auseinandersetzung mit Heidegger) als auch des ontologischen Strukturalismus (in Auseinandersetzung mit de Saussure). Die gemeinsame Wurzel beider sei ein *Phonozentrismus* der sich selbst vernehmenden Stimme. «Das vom Laut im allgemeinen Gesagte gilt a

fortiori für die stimmliche Verlautbarung, die Phonie, durch die das Subjekt vermöge des unauflöslichen Systems des Sich-im-Sprechen-Vernehmens sich selbst affiziert und sich im Element der Idealität auf sich selbst bezieht.»[46] Im Unterschied zu Foucault analysiert Derrida die «ontisch-ontologische Differenz»,[47] die aus der «Selbstaffektion»[48] des *ursprünglichen Sprechens* ein «Sein der Sprache» hervorgehen läßt. Jedoch erst nachdem die alphabetische Schrift den *Phonozentrismus* materialisierte, habe dieser – in der Geschichte der abendländischer Metaphysik seit Aristoteles –[49] zum Ausgangspunkt für eine Metaphysik des Seins werden können.[50] Derrida versucht den Nachweis zu führen, daß der auch von de Saussure vertretene Primat der *phoné* Ausdruck eines sowohl logozentrischen als auch ethnozentrischen Kulturverständnisses sei, dessen Einheit im «erfüllten und in seiner ganzen Fülle *präsenten*»[51] Wort gründe, ontologisch: in «der Bestimmung des Seins des Seienden als Präsenz».[52] Im Unterschied zur strukturaler Psychoanalyse gibt es für Derrida die täuschende Selbstgegebenheit nicht nur als «imaginäre Identifikation» in der Anschauung,[53] sondern vor allem auch als «versichernde Evidenz»[54] des Sich-Vernehmens im Sprechen. Ausgehend von einer subtilen Kritik an de Saussure, der wider seine eigene Einsicht, die *langue* sei ein System von Differenzen, im Primat der *phoné* den Primat der Präsenz des Seins (als Sinn) perpetuiere, insistiert Derrida auf dem differentiellen Charakter der Sprache als Schrift. Die Reflexion auf «die Schrift im metaphorischen Sinn»[55] löse mit der Evidenz des «Sich-im-Sprechen-Vernehmens» das geschlossene System der Seinsmetaphysik auf dem Boden, auf dem es sich ausbilden konnte, in ein Spiel der *différance* (als Unterscheidung und Aufschub der Präsenz) auf.[56] Im Spiel der *différance* als einer generativen, die Geschlossenheit des Systems unterlaufenden Bewegung vollzieht der Strukturalismus seinen Übergang in die Offenheit der Geschichte.

Die Kritik an der Ungeschichtlichkeit des *wissenschaftlichen* Strukturalismus verbindet die Ansätze des *methodologischen* und des *philosophischen* Strukturalismus. Sie ermöglicht es, die Fragestellungen des *Poststrukturalismus* auf traditionelle Probleme der Literaturinterpretation anzuwenden.

2. Gesehenwerden ohne Blick. Das Verhältnis von Anschauung und Wort in Rilkes Metaphorik

Am 8. März 1907, ein halbes Jahr vor der Cézanne-Ausstellung, schreibt Rilke über das Verhältnis von Literatur und Malerei: «Das Anschauen ist eine so wunderbare Sache, von der wir so wenig wissen; wir sind mit ihm ganz nach außen gekehrt, aber gerade wenn wirs am meisten sind, scheinen in uns Dinge vor sich zu gehen, die auf das Unbeobachtetsein sehnsüchtig gewartet haben, und während sie sich, intakt und seltsam anonym, in uns vollziehen, ohne uns, – wächst in dem Gegenstand draußen ihre Bedeutung heran [...]»[57]. Die Äußerung dokumentiert Rilkes Hinwendung zum Dinglichen in der Lyrik. Implizit enthält sie eine Kritik an der «literatürlichen» Malerei, die Rilke sechs Monate später auf überraschende Weise bestätigt fand.[58] Im Schnittpunkt beider Vorgänge steht die Metapher des sich an die Sache verlierenden, «unbeherrschten Schauens».[59] Sie finden wir in dem Sonett, das 1908 den *anderen Teil* der *Neuen Gedichte* eröffnet, auf paradoxe Weise gestaltet: als Gesehenwerden ohne Blick.

Archaïscher Torso Apollos

Wir kannten nicht sein unerhörtes Haupt,
darin die Augenäpfel reiften. Aber
sein Torso glüht noch wie ein Kandelaber,
in dem sein Schauen, nur zurückgeschraubt,

sich hält und glänzt. Sonst könnte nicht der Bug
der Brust dich blenden, und im leisen Drehen
der Lenden könnte nicht ein Lächeln gehen
zu jener Mitte, die die Zeugung trug.

Sonst stünde dieser Stein entstellt und kurz
unter der Schultern durchsichtigem Sturz
und flimmerte nicht so wie Raubtierfelle;

und bräche nicht aus allen seinen Rändern
aus wie ein Stern: denn da ist keine Stelle,
die dich nicht sieht. Du mußt dein Leben ändern.[60]

«Gegenstand» des Gedichts ist der *Torso aus Milet,* der von Rilke als ein Torso des Apoll aus archaischer Zeit identifiziert wird. Er besteht aus einem Rumpf mit Schenkeln, Halsansatz und Schulterstümpfen, dem vor allem das «unerhörte [...] Haupt» fehlt, das die erste Strophe nennt: «Wir kannten nicht sein unerhörtes Haupt». Das Sonett schließt mit einer Halbzeile, die einen «Appell der Statue an den Betrachter» zu enthalten scheint.[60a] «Du mußt dein Leben ändern». Der Appell folgt aus einem Gesehenwerden ohne Blick: «denn da ist keine Stelle/ die dich nicht sieht». Wie ist das Verhältnis von «Anschauen», Gesehenwerden ohne Blick und «Sich-im-Sprechen-Vernehmen» zu verstehen? Das Sonett besteht aus einer Kette von Vergleichen und Metaphern, die von einem geradezu aufdringlichen Wohlklang getragen werden. So beginnt das erste Quartett in «Haupt», «Augenäpfel», «Schauen» und «zurückgeschraubt» mit einer lautlichen Äquivalenz, die durch «zurückgeschraubt» und «Haupt» als Reimwörter noch hervorgehoben wird. Der Reim der mittleren Zeilen bringt in «Aber/[...] Kandelaber» durch Enjambement das /a/ zum Klingen, während das zweite Quartett in «Bug» und «trug» das /u/ zur Geltung kommen läßt. Abgesehen von «Brust», das mit «Bug» durch eine Genitivmetapher verbunden ist, herrscht im Innern des zweiten Quartetts eine getragene /e/-Lautung vor: in «hält», «glänzt», «blenden», «Drehen», «Lenden», «lächeln» und «gehen». Sie wird durch den Reim der zweiten und dritten Zeile: «drehen/ [...] gehen» und durch einen Binnenreim: «blenden [...] Lenden» noch unterstützt. Die Tendenz zur Aufhellung, die durch einen Zerfall des Diphthongs im ersten Quartett vorbereitet zu sein scheint, wird in dem ersten Terzett durchbrochen: An die Stelle der klingenden Vokale tritt in «stünde», «Stein», «entstellt» und «kurz» eine konsonantische Äquivalenz, die ebenfalls durch den Reim: «kurz/ [...] Sturz» verstärkt wird. Aus ihr befreit sich der Klang in «bräche», das, unterstützt durch den Reim in «Rändern» und «ändern», die Lautgestalt des letzten Terzetts bestimmt. Der Klang betört nicht nur, sondern er scheint auch etwas zu bedeuten. Bräche man die Untersuchung an dieser Stelle ab, so ließe sich die Lautgestalt als *Paronomasie* auf der Grundlage des Jakobsonschen *Äquivalenzprinzips*[61] deuten: Die dunkle Lautung des ersten Quartetts bildet den Glanz des eingezogenen Dochtes nach. Die Aufhellung symbolisiert das von innen beseelte Leuchten. Nachdem dieses an der Wirklichkeit des Sichtbaren eine jähe Grenze fand, entlädt es sich umso überwältigender in der Metaphorik des letzten Terzetts. Die Einsicht von Alexander Pope, die nach Jakobson grundlegend für eine Interpretation der poetischen Sprachfunktion ist – «the sound must seem an Echo to the sense»[62] – scheint in diesem Sonett durchgängig beachtet worden zu sein. Was wäre dann aber der Sinn, zu dem der Laut das Echo ist? Die semantische Interpretation dieses Sonetts muß sich mit Vergleichen und Metaphern befassen, die durch den Klang nicht illustriert, sondern evident gemacht werden. Es ist kein Zufall, daß die visuellen Sachverhalte nur über Wortersetzungen zur Sprache kommen.[63] Ihre Wahrnehmbarkeit hängt von semantischen Operationen auf der Ebene des Wortes ab, ohne die der Apoll in dem Torso nicht angeschaut werden könnte. Besonders aufschlußreich ist für diesen Sachverhalt der Vergleich des Torso mit dem Kandelaber. Der Vergleich beruht auf einer gegenläufigen metaphorischen Ersetzung. Der Ausdruck «in dem sein Schauen, nur zurückgeschraubt, / sich hält und glänzt» bezieht sich vordergründig auf den Kandelaber. Er überträgt ein Merkmal, das schon dem Standbild nur metaphorisch zukommen könnte, auf den Kandelaber, der durch diese Übertragung statt des Torso in die Position des Bezeichneten, des Signifikats, – rückt. Doch er überträgt es so, wie es dem Standbild unter der Bedingung des Torso zukäme: als «zurückgeschraubt[es]» Schauen. Zugrunde liegt eine komplizierte metaphorisch-metonymische Operation, in deren Verlauf sich die Eigenschaft des Signifikats bewährt, als Signifikant mit dem «Rest der Kette» metonymisch verbunden zu bleiben. Ursprünglich befand sich der Torso in der Position des Signifikats, wenn von ihm gesagt wurde, daß er «wie ein Kandelaber» «glüht». Jetzt wird der Kandelaber mit dem Torso verglichen. Nun kann aber auch der Torso das «Schauen» nur metaphorisch besitzen. Buchstäblich wird das «Schauen» von dem «unerhörte[n] Haupt» ausgesagt, einem Signifikat ohne gegenständliche Bedeutung. Das Possessivpronomen in «sein Schauen» kann sowohl auf Apoll, der im Torso wie im Kandelaber uneigentlich erscheint, als auch auf den Kandelaber und auf den Torso bezogen gelesen werden. Das «Schauen», von dem in der ersten Strophe die Rede ist, «hält» sich und «glänzt» in einer Metaphorik, deren konstitutive Bedeutung vollends dadurch sinnfällig wird, daß sie in ihrer komplizierten semantischen Schichtung unmerklich bleibt. Denn der «Umschlag»[64] im Verhältnis von bildlichem und eigentlichem Ausdruck wird nicht beachtet, weil er sich in der Abfolge von «Haupt», «Augenäpfel», «Schauen» und «zurückgeschraubt» auf der Grundlage einer lautlichen Äquivalenz vollzieht. «Schauen» und «zurückgeschraubt» dokumentieren vor allem Bedeutungsverstehen buchstäblich ihre Zusammen*gehörigkeit*. Sie werden als zusammengehörig *vernommen*, bevor der *Sinn* ihrer Zusammengehörigkeit verstanden ist. Eben dies macht den Reiz und die Abgründigkeit eines Rilkeschen Dinggedichts aus. Es beruht auf einem virtuosen Spiel der Vertauschung von Signifikant und Signifikat, wobei das *letzte Signifikat* im Imaginären liegt.

Rilkes Verfahren der Metaphorisierung ist mit der Phänomenologie in Verbindung gebracht worden.[64a] Es unterscheidet sich jedoch gerade in dem entscheidenden Punkt einer anschaulichen Evidenz von der *Ideierung*. Der Sinn seiner Vergleiche und Metaphern erschließt sich nur einem Bedeutungsverstehen, das nicht die Metapher auf der Grundlage einer anschaulichen Evidenz (einer «zuvor bestehenden Ähnlichkeit») als *gekürzten Vergleich,* sondern den Vergleich auf der Grundlage einer semantischen Äquivalenz (einer die Ähnlichkeit *erzeugenden* Wortsubstitution) als *erweiterte Metapher*»[65] interpretiert. Der «Kandelaber» erfüllt im Vergleich die Funktion, ein Ungesehenes sichtbar zu machen: den Blick des Apoll. Um ihn – als *zurückgeschraubtes Schauen* – im Torso vergegenwärtigen zu können, *entdeckt* Rilke nicht nur die Ähnlichkeit des Torso mit einem Kandelaber, sondern verdeckt er sie auch wieder durch eine Übertragung des Schauens auf den Kandelaber. Die Metapher des *zurückgeschraubten Schauens* ist durch eine Blickmetaphorik vorbereitet, die den Sinn des «zurückgeschraubt[en] Schauens» vom Standpunkt des Betrachters aus zu bestimmen erlaubt. Der Ausdruck «darin die Augenäpfel reiften» beruht auf einer erstarrten Metapher der Umgangssprache, die er wiederbelebt, jedoch nicht in der Bedeutung, die sie in der Umgangssprache hat. In «Augapfel» besitzt der Bestandteil «Apfel» zweifellos auch die Konnotation von «reifen». Sie gehört jedoch nicht zu den Konnotationen, die in «Augapfel» mitgedacht werden. Die standardsprachliche Verwendung von «Augapfel» beruht auf einer Ähnlichkeit der Gestalt. Rilke verfremdet das standardsprachliche Verständnis der Metapher, indem er 1. in «Aug*en*äpfel» grammatisch korrekt den Genitiv wiederherstellt und 2. die Ähnlichkeit der Gestalt in der Verbindung mit «reifen» durch eine Konnotation verdrängt, die das Auge zu einem pars pro toto für «Blick» werden läßt. Die «Augenäpfel» werden zur Metapher für den Blick, weil nur das sehende Auge metaphorisch «reifen» kann. Metaphorisch wäre der Ausdruck «darin die Augenäpfel reiften» auch dann, wenn es sich um einen wirklichen, nicht um den Blick einer Statue handelte; denn das «Leben» der Augen ist der Blick: etwas Geistiges, von dem nur im übertragenen Sinn gesagt werden kann, daß es «reift». Indem Rilke die Verhältnisse des belebten Blicks auf den imaginären

Blick der Statue überträgt, verbindet er nicht nur zwei traditionelle Formen der Metaphorisierung – die Übertragung von Belebtem auf Unbelebtes und des Sinnlichen auf Geistiges –, sondern schafft er im Imaginären zugleich auch ein komplettes Bedeutungsfeld des Sehens, das buchstäblich nur dem Betrachter zugesprochen werden kann. Ein gereiftes Auge ist ein im Sehen geübtes Auge, ein Auge mit voll ausgebildeter Sehfähigkeit. Die Metapher «darin die Augenäpfel reifen» exponiert im Nichtgesehenen den Aspekt des gereiften Blicks. Damit beginnt «der Gegenstand draußen» sich nach dem Schema des Sehens zu organisieren. Der Vergleich mit dem Kandelaber überträgt den nicht gesehenen Blick auf das Sichtbare, den Torso. Zugleich beginnt mit dem «Schauen» des Kandelabers eine Organisation des Sichtbaren nach dem Schema des Sehenlassenden, des Lichts.

Die beiden mittleren Strophen verhalten sich zu dem Beginn wie ein aus der Anschauung ex negativo geführter Beweis. Der Torso scheint von sich aus eine Wahrnehmung unter dem Aspekt des Lichts nahezulegen: «Sonst könnte nicht der Bug/ der Brust dich blenden», «Sonst [...] flimmerte nicht [dieser Stein] wie Raubtierfelle;/ und bräche nicht aus allen seinen Rändern/ aus wie ein Stern [...]». Es liegt nahe, diese Art der Wahrnehmung mit einem Ausdruck der Rilke-Forschung als «Verwandlung ins Unsichtbare»[66] zu interpretieren. Der Torso verweist von sich aus auf die Bedingung, unter der er gesehen wird. Insofern damit die Bedingung eines gereiften Sehens überhaupt gemeint ist, ist sie als solche unsichtbar. Läßt sich die «Verwandlung ins Unsichtbare» mit der Prätention auf ein «sachliches Sagen» vereinbaren?[67] Nach einer brieflichen Äußerung Rilkes aus der Zeit der *Dinggedichte* wäre dieses «sachliche Sagen» ohne Deutung.[68] «Unbeherrscht» ist das «Schauen» nach unserer Interpretation jedoch gerade in seiner metaphorischen «Deutung» des Gesehenen, darin, daß es eine den Gegenstand überfrachtende Bedeutung «in dem Gegenstand draußen» heranwachsen läßt. Nicht nur der Blick, der die Bedingung eines gereiften Sehens überhaupt symbolisiert, sondern auch das Ding, auf das sich das «sachliche Sagen» richtet, befindet sich außerhalb des Bereichs der Erscheinung. Zwischen dem zweiten Quartett und dem ersten Terzett vollzieht sich ein «Umschlag», der bewirkt, daß dem «geschauten» Apoll für einen kurzen Moment ein bloß «wahrgenommener» Torso gegenübertritt: «Sonst stünde dieser Stein entstellt und kurz/ unter der Schultern durchsichtigem Sturz [...]». Der «Umschlag» selbst wird jedoch am Ende des zweiten Quartetts in seiner Bedeutung interpretiert: «[...] im leisen Drehen/ der Lenden könnte nicht einmal Lächeln gehen/ zu jener Mitte, die die Zeugung trug.» Einmal angenommen, daß das «leise Drehen der Lenden» im «Schwung der Figur» zugleich auch den «wendenden Punkt»[69] der Begegnung mit dem Ding symbolisiert, dann ist die «leere Mitte»[70], auf die das Drehen hindeutet, als «Mitte, die die Zeugung trug», ein Symbol der Schöpfung, des Ursprungs der Erscheinung, und dieser Ursprung ist negativ, als Abwesenheit des Ursprungs, symbolisiert. Um eine «Verwandlung ins Unsichtbare» handelt es sich gerade auch insofern, als das «Ding» zwar der Ursprung der Erscheinung ist, selbst aber nicht in dieser seiner Bedeutung auf der Ebene der Phänomene *erscheint*. Die «Verwandlung ins Unsichtbare» ist dann mit dem «sachlichen Sagen» verträglich, wenn man sie auf der Grundlage einer sprachlichen Strukturierung interpretiert: wenn *das Ding als Signifikat* dem Erscheinenden zugrundeliegt.

Das Sonett schließt mit einer Gleichsetzung von Gesehenem, Sehenlassendem und Blick, wobei der Blick, der sich im Gesehenen als Sehenlassendes manifestiert, unsichtbar bleibt. Man könnte die Gleichsetzung auch im Sinn der Versichtbarung eines Unsichtbaren interpretieren.[70a] Diese Interpretation müßte jedoch erklären können, warum das Unsichtbare *im Gesehenen* sichtbar gemacht wird. Eine Sichtbarmachung *im Gesehenen* ist nur sinnvoll, wenn das Gesehene konstitutiv für das Unsichtbare ist. Dies ist der Fall, wenn man die Gleichsetzung als eine Vergegenwärtigung des *gereiften Blicks* interpretiert, der im Torso für den Betrachter zur Selbstgegebenheit kommt. Dem Ansatz entspricht, daß in den mittleren Strophen der Torso unter dem Schema des Sehenlassenden, des Lichts, wahrgenommen wird. Im Vergleich des Torso mit dem Kandelaber wurde das imaginäre, nicht gesehene Sehen nach dem Schema des Sehenlassenden, des Lichts, gedeutet: mit dem Effekt, daß das Gebiet des Gesehenen sich nach dem Schema des Sehenlassenden, des Lichts, formierte. Indem das letzte Terzett den Vergleich mit dem «Stern» durch ein imaginiertes Gesehenwerden begründet – «denn da ist keine Stelle,/ die dich nicht sieht.» –, läßt das Gedicht das Sehen als Sehenlassendes im Gesehenen zur Selbstgegebenheit kommen. Es ist die Kraft eines abwesenden Blickes, die im Gesehenen das Ungesehene, das, was sehen läßt, zur Gegebenheit bringt: Das Gesehene «sieht», insofern es sehen läßt, Möglichkeiten des Sehens hervorruft. Es «sieht» metaphorisch, nicht buchstäblich. Das «Sehen», durch das der gereifte Blick im Gesehenen zur Selbstgegeben-

heit kommt, setzt die Abwesenheit des Blickes, der sehen kann, voraus. Der Blick, der sieht, ist der Blick des Betrachters. Damit *er* zur Selbstgegebenheit kommen kann, bedarf es einer metaphorischen Übertragung auf den – seinerseits abwesenden – Blick des Gesehenen. In diesem Sinn ist das Gedicht objektiv, subjektiv «ohne Deutung». Nicht nur das Ding, das der Erscheinung zugrundeliegt und der Blick, der «gesehen» wird, sondern auch der Blick, der sieht, sind im Gesehenen notwendig negativ symbolisiert.
Nun beginnt aber das Gedicht gerade nicht mit einem Hinweis auf das *ungesehene* Haupt, sondern mit einem Hinweis auf das «*unerhörte [s] Haupt*». Rilkes *Archaïscher Torso Apollos* reflektiert nicht nur in eigentümlicher Verkehrung das Sehen als Sehenlassendes im Gesehenen, sondern er reflektiert diese Verkehrung vor allem auch als eine Leistung der Sprache: als die Gewalt eines unbeherrschten, rückhaltlosen Schauens, das – im Weg über die totalisierende Reflexion – des eigenen Ursprungs inne wird. Die Abwesenheit des Blicks ist nicht nur in dem Sinn konstitutiv, daß nur unter dieser Bedingung der Torso als Manifestation des Sehens erscheinen kann, sondern auch in dem Sinn, daß dieses Sehen aufgrund seiner sprachlichen Vermittlung *unbeherrscht,* ein sich in den *Gegenstand* versenkendes Schauen ist. Es gibt keinen Blick, der dieses Schauen *als* Blick zur Selbstgegebenheit kommen lassen kann. Das Gedicht operiert auf der Grundlage eines *unbeobachteten* Schauens, eines Schauens, das aus sich heraustritt, um sich an den Gegenstand zu verlieren; das von ihm zurückgespiegelt wird, verwandelt in das andere seiner selbst: als Sprache. Auch der letzte Satz des Gedichts ist metaphorisch. Der Schauende *vernimmt* die Botschaft Apollos. Er *erkennt* – im Sinn von *Erhören* – das «unerhörte Haupt»: «Du mußt dein Leben ändern». Indem er die Botschaft als Gebot vernimmt, verschiebt sich zum letzten Mal die Bedeutung. Denn als Gebot fällt das Wort, mit dem das Sonett schließt, nicht unter *die* Klasse der Botschaften, in denen Seiendes ausgesagt wird; es deckt vielmehr die Metapher als den Ermöglichungsgrund des Seienden, die Differenz zwischen Signifikant und Signifikat als das Sein des Seienden auf. Die *Bedeutung,* die «*ohne uns* [...] *in dem Gegenstand draußen* [...]» *heranwächst,* ist die *aufgeschobene* Bedeutung. In diesem Sinn *sprechen* die Dinge,[71] wurde das Haupt Apolls von Rilke jedoch gerade nicht erhört. Die letzte Zeile schließt mit einem «Sich-im-Sprechen-Vernehmen». Das Schauen, das sich im Geschauten manifestiert, *verpflichtet* auf die «Evidenz» des gesprochenen Worts.

3. Sprache als Rede oder als Schrift. Zum Verhältnis von Metapher, Symbol und Allegorie

Es besteht kein Zweifel, daß Rilkes Versuch, die Dinge in ihrem Sein erfahrbar zu machen, in der Tradition eines Dichtungsverständnisses steht, das den poetischen Ausdruck gegenständlich, im Blick auf die «Bedeutung» interpretiert. In diesem Sinn findet sich schon bei Goethe der Versuch, die poetische Rede im Rekurs auf die bildende Kunst zu bestimmen. Das Symbol ist nach Goethe «die Sache, ohne die Sache zu sein, und doch die Sache; ein im geistigen Spiegel zusammengezogenes Bild, und doch mit dem Gegenstand identisch».[72] Anschauung und Sprache sind in Goethes Symbolauffassung jedoch so aufeinander bezogen, daß die Anschauung, nicht die Bedeutung die dichterische Sprache begrenzt.[73] Nicht das *Ding*, das in der *Anschauung*, sondern die *Anschauung*, die in der *Sache* zur Gegebenheit kommt, verbürgt die *Wahrheit* des poetischen Sprechens. Der Übergang vom symbolischen zum metaphorischen Sprechen, der sich bei Rilke beobachten läßt, impliziert eine Entdeckung der Sprache als Ermöglichungsgrund der Anschauung. Als Ermöglichungsgrund der Anschauung wurde die Sprache bereits im 18. Jahrhundert aufgefaßt: «Rede, daß ich dich sehe!». «Dieser Wunsch», dessen Erfüllung nach J.G. Hamann das Werk der Schöpfung vollendete, nimmt in der Vorstellung einer «Rede an die Kreatur durch die Kreatur»[74] den Imperativ vorweg, mit dem Rilkes Gedicht schließt. Im Unterschied zur Sprachauffassung des Sturm und Drang betont Rilke jedoch nicht die Schöpfungskraft des lebendigen Wortes, sondern seine Fähigkeit, die Dinge in ihrem Sein zu offenbaren.

Das Verhältnis von Anschauung und Sprache wandelt sich abermals, sobald die *Schrift* als Gegebenheitsweise der Sprache entdeckt wird. Das dichterische Sprechen vollzieht sich dann nicht mehr nach den Regeln einer Selbstgegebenheit der Anschauung oder der Sache, sondern nach den Regeln einer Selbstgegebenheit der Sprache als Schrift. Die Wiederentdeckung der Sprache als Schrift ist nicht erst das Werk des philosophischen Strukturalismus. In seiner kritischen Auseinandersetzung mit dem Symbolbegriff Goethes und der Romantik rekurrierte schon W. Benjamin – im Rahmen der Allegorietheorie – auf den Primat der Schrift.[75] Im Gegensatz sowohl zu Foucault als auch zu Derrida verleitet ihn dies jedoch nicht dazu, die Geschichte in das *Spiel* oder die *Selbstverwirklichung* der Sprache als Schrift aufzulösen, sondern die Gegebenheit der Sprache als Schrift konstituiert nach Benjamin *Geschichte* als «Urgeschichte des Bedeutens oder der Intention».[75] Sprachphilosophisch deutet Benjamin diese «Urgeschichte» vom Standpunkt eines «Urvernehmens»[76] aus. Der Versuch, den Primat der Schrift als Ursprung der Geschichte zu denken, erklärt, weshalb Benjamin nicht die Metapher oder das Symbol, sondern die Allegorie in das Zentrum seiner Überlegungen rückt.

Am Verhältnis von Allegorie, Metapher und Symbol läßt sich nachweisen, daß die aktuellen Fragestellungen des Strukturalismus nicht nur für die *Interpretation* literarischer Texte fruchtbar gemacht werden können, sondern daß sie auch *literaturgeschichtlich* eine Tradition fortsetzen, deren Aufarbeitung für den Philologen wie für den Literatur*theoretiker* gewinnbringend ist.

ANMERKUNGEN

[1] Umberto Eco: Einführung in die Semiotik, München 1972 (= UTB 105), S. 410. Vgl. Franz Koppe: Besprechung zu ‹Umberto Eco: Einführung in die Semiotik›, in: Poetica 6 (1974), S. 110–117. Vgl. auch Richard Brütting: Zur Situation des französischen Strukturalismus. Ein Literaturbericht, in LiLi H.14 (1974), S. 111–135.

[2] Vgl. W.D. Lange (Hrsg.): Französische Literaturkritik der Gegenwart, München 1975 (= Kröner TB 445). Samuel Weber: Rückkehr zu Freud. Jacques Lacans Entstellung der Psychoanalyse, Frankfurt/M/Berlin/Wien 1978 (= Ullstein Buch 3437), S. 33ff sowie zur Verknüpfung von Hermeneutik und Strukturalismus: Manfred Frank: Das Individuelle Allgemeine. Textstrukturierung und -Interpretation nach Schleiermacher, Frankfurt/ 1977. Vgl. auch Günther Schiwy: Neue Aspekte des Strukturalismus, München 1971; François Wahl: Einführung in den Strukturalismus, Frankfurt/M 1973 (= stw 10); ferner F.A. Kittler u. H. Turk (Hrsg.): Urszenen. Literaturwissenschaft als Diskursanalyse und Diskurskritik, Frankfurt/M 1977.

[3] Ferdinand de Saussure: Grundfragen der allgemeinen Sprachwissenschaften. Hrsg. v. Ch. Bally/ A. Sechehaye, 2. Aufl., Berlin 1967, S. 143f. Vgl. dazu Eberhard Hildenbrandt: Versuch einer kritischen Analyse des ‹Cours de linguistique générale› von Ferdinand de Saussure, Marburg 1972 (= Marburger Beiträge zur Germanistik, Bd. 36).

[4] De Saussure, a.a.O., S. 143.

[5] Ebd., S. 144.

[6] Ebd., S. 133f.

[7] Claude Lévi-Strauss: Mythologica I. Das Rohe und das Gekochte, Frankfurt/M 1971, S. 436.

[8] Ebd., S. 28.

[9] Vgl. dazu Dan Sperber: Über Symbolik, Frankfurt/M 1975.

[10] Eco, a.a.O., S. 375f. u. S. 392.

[11] Ebd., S. 374.
[12] Vgl. ebd., S. 375f.
[13] Ebd., S. 406.
[13a] Ebd., S. 77; vgl. Charles S. Peirce: Schriften, 2. Bde. Hrsg. u. eingel. v. k.-O. Apel, Frankfurt/M 1967-1970; hier: Bd. 2, S. 82f., 86, 92, 94f., sowie 352f., 472 u. 525f.
[14] Eco, a.a.O., S. 74f.
[15] Ebd., S. 406.
[16] Vgl. dazu die Auseinandersetzung mit Gottlob Frege bei Eco, ebd., S. 69ff.
[17] Ebd., S. 67.
[18] Jacques Lacan: Schriften 2. Hrsg. v. N. Haas, Olten/Freiburg i.Br. 1975, S. 213.
[19] Ebd.
[20] Vgl. Roman Jakobson: Der Doppelcharakter der Sprache. Die Polarität zwischen Metaphorik und Metonymik (1956), in: Jens Ihwe (Hrsg.): Literaturwissenschaft und Linguistik. Ergebnisse und Perspektiven. Bd. 1, Grundlagen und Voraussetzungen, 2. Aufl. Frankfurt/M 1972 (= Ars poetica. Bd. 8), S. 323–333.
[21] Lacan, a.a.O., S. 30.
[22] Ebd., S. 32.
[23] Ebd.
[24] Ebd., S. 194.
[25] Ebd., S. 33.
[26] Ebd., S. 41ff., 125, 173f.
[27] Ebd., S. 195, 218f.
[28] Michel Foucault: Die Ordnung der Dinge. Eine Archäologie der Humanwissenschaften, Frankfurt/M 1974 (= stw 96), S. 46–77. Vgl. Angèle Kremer-Marietti: Michel Foucault – Der Archäologe des Wissens. Mit Texten von Michel Foucault, Frankfurt/M /Berlin/Wien 1974 (= Ullstein Buch 3302). Vgl. zum folgenden Horst Turk, Das «klassische Zeitalter». Zur geschichtsphilosophischen Begründung der Weimarer Klassik, in: W. Haubrichs (Hrsg.): Probleme der Literaturgeschichtsschreibung (= Zeitschrift für Literaturwissenschaft und Linguistik, Beiheft 10), Göttingen 1979, S. 155–174.
[29] Foucault, a.a.O., S. 78–266.
[30] Ebd., S. 269ff.
[31] Ebd., S. 10.
[32] Ebd., S. 74f.
[33] Ebd., S. 98–102.
[34] Charles Morris: Zeichen, Sprache und Verhalten. Übers. u. eingel. v. K.-O. Apel, Düsseldorf 1973, (= Sprache und Lernen. Bd. 28) S. 324ff.
[35] Foucault, a.a.O., S. 380.
[36] Ebd., S. 398.
[37] Ebd., S. 441.
[38] Ebd., S. 365.
[39] Ebd., S. 77.
[40] Ebd., S. 73ff.
[41] Ebd., S. 365.
[42] Ebd., S. 408.
[43] Ebd., S. 461.
[44] Ebd., S. 271.

[45] Ebd., S. 413.
[46] Derrida, a.a.O., S. 26.
[47] Ebd., S. 44.
[48] Ebd., S. 38.
[49] Ebd., S. 24.
[50] Ebd., S. 42f.
[51] Ebd., S. 19.
[52] Ebd., S. 26.
[53] Lacan, a.a.O., S. 61ff.
[54] Derrida, a.a.O., S. 35.
[55] Ebd., S. 33.
[56] Vgl. J. Derrida: Die différance, in: J.D.: Randgänge der Philosophie, Frankfurt/M /Berlin/Wien 1976 (= Ullstein Buch 3288), S. 6–37.
[57] Rilke am 8. März 1907 an Clara Rilke. Rilkes Briefe werden zitiert nach: R.M. Rilke, Briefe aus den Jahren 1906–1907. Hrsg. von R. Sieber-Rilke n. C. Sieber, Leipzig 1930. Zum Cézanne-Erlebnis Rilkes vgl. Herman Meyer: Rilkes Cézanne-Erlebnis, in: H.M.: Zarte Empirie. Studien zur Literaturgeschichte, Stuttgart 1963, S. 244–286.
[58] Vgl. ebd., S. 258ff.
[59] R.M. Rilke, Briefe, hrsg. v. Rilke-Archiv in Weimar. In Verbindung mit R. Sieber-Rilke, besorgt durch K. Altheim, Wiesbaden 1950, S. 220. Die Ausgabe von 1930 enthält «Staunen».
[60] R.M. Rilke: Sämtliche Werke. Hrsg. v. Rilke-Archiv i. Verb. m. R. Sieber-Rilke, bes. d. E. Zinn, Bd. 1, Frankfurt/M 1955, S. 557. Vgl. zur Interpretation dieses Gedichtes und dem zweiten Teil der Neuen Gedichte bes.: Brigitte Bradley: Rainer Maria Rilkes Der Neuen Gedichte anderer Teil. Entwicklungsstufen seiner Pariser Lyrik, Bern/München 1976.
[60a] Georg Lukáss, Werke Bd. 11: Die Eigenart des Ästhetischen, I. Halbband, Neuwied/ Berlin 1963, S. 818.
[61] Roman Jakobson: Linguistik und Poetik (1960), in: Literaturwissenschaft und Linguistik, a.a.O., Bd. II/1, S. 153, 170. Zur Abweichung gegenüber Jakobson vgl. S.M. Weber, a.a.O., S. 33f.
[62] Jakobson, a.a.O., S. 171.
[63] Vgl. dazu auch Günter Heintz: Sprachliche Struktur und dichterische Einbildungskraft. Beiträge zur linguistischen Poetik, München 1978 (= Lehrgebiet Sprache, Bd. 2).
[64] Judith Ryan: Umschlag und Verwandlung. Poetische Struktur und Dichtungstheorie in R.M. Rilkes Lyrik der mittleren Periode (1907–1914), München 1972, S. 11f.
[64a] Die erkenntnistheoretische Parallele zu Husserl betont Käte Hamburger: Die phänomenologische Struktur der Dichtung Rilkes, in: K.H.: Philosophie der Dichter, Stuttgart 1966, S. 179–275.
[65] M. Black: Models and metaphors. Studies in language and philosophy. 4. Aufl. Ithaca, N.Y. 1968, S. 37: «It would be more illuminating in some of these cases to say that the metaphor creates the similarity than to say that it formulates some similarity antecedently existing.» und Harald Weinrich: Semantik der kühnen Metapher, in: DVjs 37 (1963), S. 337: «Die Metapher ist nicht ein verkürztes Gleichnis, sondern das Gleichnis ist allenfalls eine erweiterte Metapher.» Vgl. auch Nelson Goodman: Sprachen der Kunst. Ein Ansatz zu einer Symboltheorie, Frankfurt/M 1973, S. 87.

[66] Dazu vgl. Hermann Meyer: Die Verwandlung des Sichtbaren, in: H.M., a.a.O., S. 287-336, 294f.
[67] Vgl. dazu J. König; Die Natur der ästhetischen Wirkung, in: J.K., Vorträge und Aufsätze, hrsg. v. G. Patzig, Freiburg/München 1978, S. 302f.
[68] Rilke am 19. Oktober 1907 an Clara Rilke. Vgl. a. Hartmut Engelhardt: Der Versuch, wirklich zu sein. Zu Rilkes sachlichem Sagen, Frankfurt/M 1973.
[69] Vgl. R.M. Rilke: Die Sonette an Orpheus. Zweiter Teil, XII, in: R.M.R.: Sämtliche Werke, Bd. 1, a.a.O., S. 758:
«jener entwerfende Geist, welcher das Irdische meistert,
liebt in dem Schwung der Figur nichts wie den
wendenden Punkt.»
Vgl. dazu Beda Allemann: Zeit und Figur beim späten Rilke. Ein Beitrag zur Poetik des modernen Gedichtes, Pfullingen 1961, S. 39 u. 185ff.
[70] Vgl. Ryan, a.a.O., S. 32–38.
[70a] Vgl. Rilke an R.J. Sorge vom 4.6.1914.
[71] Vgl. Rilkes ‹Aufzeichnung über Kunst›, in: R.M.R.: Sämtliche Werke, Bd. 6, Frankfurt/M 1966, S. 1162: «Das ist das Rufen, das der Künstler vernimmt: der Wunsch der Dinge, seine Sprache zu sein.»
[72] Johann Wolfgang von Goethe: Über Philostrats Gemählde. WA I, 49, 1, S. 142. Vgl. Wilhelm Emrich: Die Symbolik von Faust II, 2., durchges. Aufl., Bonn 1957, S. 44f.
[73] «Alle Erscheinungen sind unaussprechlich denn die Sprache ist auch eine Erscheinung für sich die nur ein Verhältniß zu den übrigen hat, aber sie nicht herstellen (identisch ausdrücken) kann.» (J.W.v.Goethe: WA II, 5, 2, S. 298).
[74] Johann Georg Hamann: Aesthetica in nuce, in: J.G.H.: Sämtliche Werke, 2. Bd., Wien 1950, S. 195–217, 198.
[75] Walter Benjamin: Ursprung des deutschen Trauerspiels, in: W.B.: Gesammelte Werke, Schriften I, 1. Hrsg. v. R. Tiedemann u. R. Schweppenhäuser, Frankfurt/M 1974, S. 342.
[76] Ebd., S. 216.

CHRISTIAN STETTER
Zum verhältnis von sprachsystem und sprachgeschichte*

Seit sich die sprachwissenschaft aus der philosophie abgespalten und als eigenständige disziplin etabliert hat, markieren die begriffe von sprachgeschichte und sprachsystem diejenigen fixpunkte, an denen sich – bald dem einen, bald dem anderen zugewandt – das fach beständig orientiert hat. Fast durchgängig ist ihr verhältnis als widerspruch interpretiert worden, fast durchgängig allerdings auch das schlechte gewissen der zunft, die nicht müde wurde, die – kategorial allerdings kaum eingelöste – notwendigkeit zu beteuern, an beiden leitideen festzuhalten. Bereits bei Humboldt begegnet uns dieses für unser fach so charakteristische merkmal, nach dem das nachdenken über sprache gleichsam unvermeidlich in dichotomien zerfällt. Einerseits erblickt er – und zwar gegen ende seines lebenswerks hin immer dezidierter – im grammatisch-strukturellen bau der sprachen das universelle kriterium, aus dem der einfluß der sprache auf das jeweilige denken und somit ihr beitrag zur allgemeinen bildung des menschengeschlechts sich soll ermessen lassen. Wenn er jedoch, die große einleitung ins *Kawi-werk* resümierend, fast resigniert davon spricht, daß er nicht umhin könne, «den entschiedenen Gegensatz zwischen den Sprachen rein gesetzmässiger und einer von jener Gesetzmässigkeit abweichenden Form deutlich und unverhohlen aufzustellen»[1], so ist er sich – wie die sich anschließenden überlegungen verraten[2] – wohl darüber im klaren, daß er damit die zentrale einsicht seines sprachphilosophischen denkens zumindest partiell zurücknimmt, aus der es ihm gelungen war, die historische qualität der sprache systematisch zu begründen. In der tat lesen wir in der schrift *Über die Verschiedenheiten des menschlichen Sprachbaus* von 1829 ganz anderes: «Die Sprache», so lautet das berühmte, den methodologischen status der «allgemeinen Sprachkunde» schärfstens umreißende diktum, «liegt nur in der verbundenen Rede, Grammatik und Wörterbuch sind kaum ihrem todten Gerippe vergleichbar.»[3]
Unter dem titel des «Urtypus aller Sprachen»[4] faßt Humboldt bekanntlich in dieser schrift das kreative vermögen des individuums, das ihm je

vorgegebene repertoire sprachlicher zeichen in bezug auf seine besondere soziale situation und umwelt neu zu interpretieren und es zum zwecke der artikulation unvorhergesehener – und aufgrund ihrer kontingenz schlechterdings nicht prognostizierbarer – handlungsmöglichkeiten innovativ zu verändern.

Die weitere lektüre der arbeiten Humboldts zeigt indessen einen erstaunlichen und folgenschweren widerspruch: Zwar erkennt er, daß diese um die begriffe des jedesmaligen «Erzeugens», der «energeia», der «Pronominalansicht der Sprache»[5] zentrierte idee der traditionellen perspektive zuwiderläuft, die sprachliche äußerungen lediglich zu den vorgegebenen zwecken der syllogistik «grammatisch» zu zergliedern pflegte[6] und insofern von vornherein nur mit sprachlichen formen befaßt war, die deren vorgängigen normierungen genügten. Aber die macht der «grammatischen tradition», die ja gerade erst durch die entdeckung des sanskrit – der «vollständigen» erklärungsgrundlage des «grammatischen Baues» und des «Wörtervorraths» der indogermanischen sprachen[7] – eine erstaunliche bestärkung erfahren hatte, erweist sich als so groß, daß er den widerspruch gerade nicht als solchen begreift, der in heterogenen zugrunde liegenden logischen modellen seine ursache hat und somit aufzulösen wäre, sondern statt dessen zur these der komplementarität von sprachlicher «Nominal-» und «Pronominalansicht» gelangt[8]. Die konsequenz ist der ruin seiner sprachphilosophie, vollzogen – wie bereits angedeutet – in der einleitung ins *Kawi-werk,* in der er, den einleitenden reflexionen über den energeiabegriff zum trotz, der faszination einer idee universeller «grammatischer Formen» mehr und mehr verfällt und darüber sein hauptanliegen, den in der Akademie-vorlesung von 1820 so eindrucksvoll umrissenen begriff einer historischen, entfremdung aufhebenden bildung[9] sprachphilosophisch zu entwickeln, sprache als «Organ des Gedankens» zu begreifen, aus dem auge verliert. Es ist kaum ein zufall, daß sich die – wesentlich durch L. Weisgerber angeregte – anthropologisierende Humboldtinterpretation des 20. jhds.[10] vor allem an der rezeption des Kawi-werks orientiert hat.

Bei weitem entschiedener als Humboldt hat Schleiermacher die abstraktionsleistung erkannt und als solche gewürdigt, die «grammatik» allererst ermöglichte. Daß in verallgemeinernder weise von «dem» wort oder «den» sätzen «einer» sprache überhaupt gesprochen werden kann, verdankt sich – wie er in auseinandersetzung mit der hermeneutik Friedrich Asts verdeutlicht[11] – allein dem umstand, daß die «grammatische» sprachbeschreibung vom jeweiligen pragmatischen kontext des sprachgebrauchs abstrahiert und das unendliche, irreversible kontinuum menschlicher rede, den text sozusagen, den das menschliche gesamtsubjekt fortgesetzt aus sich herausspinnt und der als solcher trivialerweise «individuell» genannt werden muß, in normierbare bestandteile auflöst – wurzeln, stämme, suffixe, wörter, satzglieder, sätze usw . –, um die integrale rede als zusammensetzung aus wiederholungen dieser elemente begreifen zu können. Diese selbst aber werden eo ipso als gleichsam außerhalb des zeitverlaufs stehende größen mit identischen «bedeutungen», identischen «formen», identischen bildungsprinzipien etc. hypostasiert. Indem Schleiermacher den erkenntnis- und sprachtheoretischen implikationen seiner hermeneutischen einsichten nachgeht, gelingt ihm für einen augenblick in der entwicklung geisteswissenschaftlichen denkens die vermittlung von *sprache-als-system* und *sprache-als-akt*[12]: Im begriff der «intellektuellen Funktion», derjenigen spontanen tätigkeit der vernunft, durch die die chaotische mannigfaltigkeit des sinns kategorial gedeutet wird, «ist», so führt er in seiner dialektik-vorlesung von 1822 aus, «nichts anderes gesetzt als das System der Begriffe als ein in der wirklichen Tätigkeit des Denkens sich zeitlich Entwickelndes»[13]. Reden wir von sprache im sinne eines «allgemeinen Bezeichnungssystems», so müssen wir uns zugleich darüber rechenschaft ablegen, daß alle sprachsysteme permanenter veränderung unterworfen sind.[14]

Ohnehin von einem «außenseiter» formuliert, haben diese einsichten Schleiermachers die entwicklung der linguistik kaum beeinflußt. In Hermann Pauls *Prinzipien der Sprachgeschichte* finden wir die alte dichotomisierung wieder – wenn auch diesmal in veränderter bewertung der gegensätzlichen momente. Wissenschaftliche dignität wird allein der «historischen» sprachforschung zuerkannt[15], während die grammatische beschreibung dem verdikt des positivistischen atomismus der Junggrammatiker verfällt: «Ihr Inhalt sind nicht Tatsachen, sondern nur eine Abstraktion aus beobachteten Tatsachen»[16], befindet Paul, weder beeindruckt dadurch, daß er sich selbst fortwährend derartiger «abstraktionen» bedient – dies geschieht selbstredend nur aus dem «praktischen Bedürfnis, welches für systematische Darstellung ein solches Verfahren gefordert hat»[17] – noch gar davon, daß schlechterdings kein programm historischer forschung auf ein konzept unmittelbarer, auf sinnliche evidenz rekurrierender beobachtung sich gründen läßt. (Man versteht die abgrundtiefe verachtung, mit der ein mann von der genitalität Saussures die mediokrität bedachte, die die lehrstühle Reichsdeutschlands vereinnahmt hatte[18]).

Im gegenzug zu diesen paradoxien gleicht sich den Junggrammatikern der begriff der sprachgeschichte mehr und mehr dem der naturgeschichte an: Aufgabe der linguistischen «Prinzipienlehre» wird es, der «konstanten Kräften und Verhältnissen» nachzuspüren, denen der sprachwandel folgt[19]. Der begriff der geschichte wird in sein gegenteil verkehrt, in die vorstellung eines ablaufs prognostizierbarer ereignisse. Verfolgen wir – um das bild des eingangs skizzierten widerspruchs zu vervollständigen – noch kurz die linguistische modelldiskussion des 20. jhds.: Angesichts der unhaltbaren methodologischen paradoxien, in denen sich die Junggrammatiker verfangen hatten, ist der frühe strukturalismus vor allem durch die abkehr von deren induktionistischem positivismus charakterisiert. N. Trubetzkoi hat diese wendung in einem programmatischen aufsatz sehr schön verdeutlicht: «... die heutige Phonologie», so resümiert er seine darstellung der entwicklung strukturalistischer sprachauffassung, «ist vor allem durch ihren Strukturalismus und systematischen Universalismus gekennzeichnet. Dieser Zug unterscheidet sie grundsätzlich von den früheren sprachwissenschaftlichen Schulen, die typisch individualistisch und atomistisch waren ...»[20]

Die mit diesem paradigmenwechsel sich realisierende einsicht, daß sprachliche einheiten nicht als individuelle «gegebenheiten» zu begreifen sind, sondern als bestandteile von systemen, innerhalb derer ihnen ihr wert, ihre identität erst durch ihre relationen zu den koexistierenden system-bestandteilen sozusagen «zugesprochen» wird, ist das gemeinsame merkmal der verschiedenen strukturalistischen schulen[21], das diese entweder der von Sechehaye oder Bally propagierten version Saussurescher ideen übernehmen oder doch zumindest durch der rückbezug auf diesen post festum zur vulgata des strukturalismus erhobenen text zu legitimieren trachten.[22]

Allerdings – dies ist die kehrseite der medaille – befestigt gerade dieser unzweifelhafte fortschritt der methodologischen position der sprachwissenschaft die strikte dichotomie von «system» und «geschichte»: denn unverändert gegenüber den Junggrammatikern bleibt der ansatz, den wissenschaftlichen rang der linguistik – immer in sozusagen selbstverschuldeter konkurrenz mit den naturwissenschaften – dadurch zu beweisen, daß zum ziel der sprachanalyse die beschreibung von invarianten regelsystemen erklärt wird, die als ursachen sich wandelnder sprachlicher «oberflächen-erscheinungen» unterstellt werden. Dies spiegelt sich in der faszination wider, die die strukturalistische linguistik auf nachbardisziplinen, insbesondere etwa die ethnologie, ausgeübt hat. Das wiederaufleben rationalistischer – oder besser: den «philosophischen grammatiken» des rationalismus nachempfundener – theorien sprachlicher «universalien» – zu nennen sind hier ebenso Chomskys konzept «eingeborener» generativer grammatiken und Searles sprachakttheorie wie Habermas' entwurf einer «universalpragmatik» – sanktioniert den nun als solchen auch anerkannten bruch zwischen den dimensionen «historischer» und «systematischer» sprachbeschreibung, dessen vermittlung gerade das anliegen Humboldts gewesen war.

Nimmt man jedoch Humboldts sprachphilosophisches anliegen gegen die eigene sprachtheoretisch-kategoriale praxis ernst – ein anliegen, das ihn durchaus mit dem späten Wittgenstein verbindet: nämlich die historisch kontingenten sprachen, die mannigfaltigkeit unserer gebrauchssprachlichen sprachspiele als das fundament jeglicher spezifisch «wissenschaftlicher» sprachkonstruktion anzuerkennen, um dadurch den geltungsanspruch jeder theorie des bewußtseins, der logik, des sprachverhaltens kritisch zu begrenzen–, so hat man, gerade angesichts des offenkundigen scheiterns aller universalistisch fundierten sprachtheorien, die sich unvermeidlich im dilemma metasprachlicher konstruktion verstricken[23], anlaß, die frage nach einem alternativen linguistischen ansatz erneut zu stellen, und zwar nicht mehr – wie seinerzeit in der reaktion auf Chomskys konzept einer «idealen» sprachkompetenz – in form des postulats einer ergänzung der sprachtheorie um diese oder jene «komponente». Sie muß prinzipieller ausgerichtet sein. Denn läßt man – was hier nur andeutungsweise geschehen konnte – die geschichte sprachtheoretischer modelle revue passieren, so liegt doch der gedanke nahe, daß es *einen* systematischen grund für das sich in verschiedenen erscheinungsformen stets erneut zu beobachtende dichotomische auseinanderfallen des sprachbegriffs und folglich der linguistik geben muß.

Diese art der fragestellung ist keineswegs neu: In voller schärfe ist sie erstmals von Saussure in einem text formuliert worden, den man als höhepunkt und krise zugleich seiner auseinandersetzung mit den tradierten linguistischen anschauungsweisen ansehen kann: den um 1894 entstandenen entwürfen zu einem artikel über Whitney.[24] In ihm verdichten sich die zentralen motive von überlegungen, in denen Saussure, beginnend mit seinen inauguralvorlesungen von 1891, versucht hatte, die einordnung der linguistik in die philosophisch-historischen disziplinen zu begründen. Während es aber 1891 noch dezidiert heißt: «Je besser man die sprache ausmachenden sachverhalte verstand, ... desto evidenter wurde, daß die sprachwissenschaft eine historische und nichts als eine historische wissenschaft ist»[25], formuliert Saussure in den notes über Whitney offenkundig resigniert – weil er noch keine kategoriale lösung sieht – eine paradoxie:

«... Seit vielen jahren hege ich diese überzeugung, daß die linguistik eine *doppelte, gespaltene* wissenschaft (science *double*) ist, und zwar so tief und unheilbar gespalten, daß man sich wahrhaft fragen kann, ob es einen hinreichenden grund dafür gibt, unter dem namen der *linguistik* eine künstliche einheit aufrechtzuerhalten, welche doch gerade die ursache all der irrtümer, all der unentwirrbaren schlingen ist, gegen die ich tag für tag mit dem gefühl völliger aussichtslosigkeit ankämpfe.»[26]

Zwischen diesen beiden äußerungen liegt die kritik an der paradoxen haltung der Junggrammatiker gegenüber dem problem der *grammatik*, die erkenntnistheoretische formulierung des *identitätsproblems* und – damit aufs engste verbunden – die formulierung des begriffs der *subjektiven analyse,* desjenigen prozesses, durch den das jeweilige bewußtsein seinen bestand an sprachlichen zeichen permanent ordnet, um sie zu neuen einheiten bzw. komplexen zusammenfassen zu können. Dieses konzept impliziert bereits die idee eines systematischen zusammenhangs der elemente einer sprache, d.h. die idee der *synchronie,* und es läßt sich die verlegenheit Saussures wohl ermessen, wenn er gerade im zusammenhang des versuchs, die linguistik als historische disziplin zu begründen, sich zur anerkennung der unverzichtbarkeit dieser sprachdimension gezwungen sieht.

Von hier an reduziert sich für ihn – dies belegen nicht nur die notes über «status et motus»[27], sondern auch die in den späten vorlesungen, etwa in der einleitung des zweiten cours, getroffenen überlegungen zur komplementarität von *langue* und *parole*[28] – das problem einer logischen begründung der sprachwissenschaft in gewissem sinn auf die frage, wie sich zwischen den beiden für die linguistik gleichermaßen unverzichtbaren und doch unversöhnbar scheinenden einsichten, daß jedes sprachliche element ebenso strikt als bestandteil eines zeitlichen veränderungsprozesses wie eines synchronen systems aufzufassen sei, eine vermittelnde instanz finden lasse.

Bekanntlich führen diese überlegungen Saussure zur idee, eine zeichentheoretische basis der linguistik zu entwerfen. Im zeichenbegriff – dies ist seit der publikation der *sources manuscrites* und der kritischen ausgabe des *cours de linguistique générale* in einer reihe von untersuchungen inzwischen weitgehend geklärt worden[29] – entdeckt er diejenige kategorie, aus deren sinn sich die gesuchte vermittlung ableiten läßt. Freilich scheint er dabei das ursprüngliche ziel fast aus den augen zu verlieren: Zweifellos besteht eine seiner zentralen einsichten darin, daß er die identitätsphilosophischen implikationen des traditionellen, konventionalistischen zeichenmodells klärt, die stets aufs neue das beschriebene dichotomische zerfallen des sprachbegriffs verursachten. Indem die tradition das signe linguistique als isoliertes zeichenpartikel begriff, dem seine «bedeutung» per sozialer konvention assoziiert wurde, unterstellte sie stets eine welt sich gleichbleibenden sinns. J. Derrida hat in einer schönen, den begriff der *différance* aufgreifenden studie auf diese latente, um bestimmte leitideen zentrierte identitätsphilosophie hingewiesen[30]. Wenn Saussure jedoch das konventionsmodell sprachkritisch widerlegt – weil eben bedeutungen für uns immer nur in sprachlichen zeichen gegeben und vorstellbar sind und damit alle rede von nichtsprachlichen signifikaten, von «psychischen entitäten» etc. schlechterdings *sinnlos* ist – und wenn er in den *notes item* die parasemische zeichenrelation, die differenz des zeichens qua term eines systems zu dessen anderen termen als den bedeutungskonstituierenden sachverhalt schlechthin erkennt, so bleibt damit die kernfrage gerade unbeantwortet, ja sie wird eher noch verschärft: Wie soll sich aus der idee eines systems *koexistierender* zeichen der begriff des *zeitverlaufs* logisch ableiten lassen? Solange dieses problem nicht gelöst war, ließ sich das bereits in der note über morphologie umrissene ziel der formulierung einer grammatiktheorie als einer theorie sprachlicher zeichen[31] nicht erreichen. Tatsächlich hat Saussure eine klar umrissene antwort auf dieses problem nicht mehr entwickeln können. Hierin ist m.e. die entscheidende ursache für den fragmentarischen charakter seines werks zu sehen.

Immerhin finden sich jedoch in den späten vorlesungen unter den titeln der «rapports syntagmatiques et associatifs», der «subdivisions traditionelles et rationales» und der «entités abstraites» einige skizzen, in denen das problem «grammatik» wieder aufgegriffen wird[32]. Doch sind diese andeutungen aufgrund ihres tentativen charakters entweder ganz unbeachtet geblieben oder aber im sinne der allgemeinen strukturalistischen Saussure-rezeption mißverstanden worden. Letzteres gilt insbesondere für die bemerkungen über die syntagmatischen und assoziativen relationen des sprachlichen zeichens. Die Saussuresche these, daß jede theorie abstrakter einheiten – der «grammatischen kategorien» der tradition – eine theorie der formation konkreter zeichen voraussetzt[33], hat demgegenüber aufgrund der vorherrschaft der methodologischen prinzipien strukturalistischer oder generativer sprachtheorien bis heute meines wissens überhaupt keine beachtung gefunden.

Lösen wir uns daher einen augenblick von der betrachtung der problemstellung Saussures, die uns an diesem punkt nicht weiterführt, um unsere bisherigen überlegungen zu resümieren: Unverkennbar zeichnet sich – insbesondere in den sprachtheoretischen analysen Schleiermachers – die einsicht ab, daß der vermeintliche widerspruch zwischen synchronie und diachronie auf das konto eines grammatik-begriffs zu buchen ist, der seine prägung der vernachlässigung der zeitlichen dimension der rede verdankt. Der grund des von Saussure so eindrucksvoll umrissenen dilemmas muß daher in einer reflexion der konstitutionsbedingungen dieses grammatik-begriffs zu finden sein. Damit sieht sich die linguistische analyse allerdings unversehens auf ein fremdes und heikles feld geführt: auf das terrain der begründung formaler logik, in deren zusammenhang sich bekanntlich die idee «grammatischer» sprachanalyse mit der bis heute gültigen prädominanz der idee der *syntax* entwickelt hat, eben weil dem begriff einer «formalen» logik von anfang an der gedanke zugrunde lag, allgemeinverbindliche regeln gültigen schließens unabhängig vom spezifischen sinn der je zu schlüssen zusammengefaßten begriffe und urteile aufzustellen: die idee einer *logischen syntax*. Allerdings gilt für diese von anfang an die maxime, unter der es der junge Wittgenstein unternimmt, die tragfähigkeit diese idee auszuloten:

«Die Regeln der logischen Syntax müssen sich von selbst verstehen, wenn man nur weiß, wie ein jedes Zeichen bezeichnet.»[34]

Die konstruktion einer logischen syntax setzt – m.a.w. – immer zeichentheoretische annahmen voraus.[35]

In den entsprechenden vorannahmen, die Aristoteles in seinen schriften *De anima* und *De interpretatione* trifft, um auf ihrer basis die logischen terme *nomen, verbum, bejahung, verneinung, aussage, rede* etc. definieren zu können[36], stoßen wir auf die ursprünge eben dieses identitätsdenkens, das Saussure in seinen semiologischen studien freigelegt hatte:

«Es sind also», so beginnt die lehre vom satz, «die Laute, zu denen die Stimme gebildet wird, Zeichen der in der Seele hervorgerufenen Vorstellungen, und die Schrift ist wieder ein Zeichen der Laute. Und wie nicht alle dieselbe Schrift haben, so sind auch die Laute nicht bei allen dieselben. Was aber durch beide an erster Stelle angezeigt wird, die einfachen seelischen Vorstellungen, sind bei allen Menschen dieselben, und ebenso sind es die Dinge, deren Abbilder die Vorstellungen sind.»³⁷

Wie die schrift hier als repräsentation, als abbildung der rede verstanden wird, so in analogie dazu die rede als repräsentation des begrifflichen denkens, das in der logisch-grammatischen analyse somit in doppelt verfremdeter form bearbeitet wird. Dabei verhindert jedoch die idee der «repräsentation» gerade, daß diese differenz als solche erkannt wird. Denn die hypostasierung eines abbildverhältnisses legitimiert die verdinglichte betrachtung der voneinander isolierten ebenen von denken, rede und schrift.

Was hierdurch aus dem blickfeld der analyse gerät, ist der tatbestand, daß lesen wesentlich darin besteht, zeichenkomplexe zu einheiten zu *synthetisieren*. Damit – um ein beispiel von G. Prauss aufzugreifen – «K» + «a» + «n» + «t» den namen «Kant» ergibt, muß ein diese chiffren «buchstabierender» bewußtseinsakt sie allererst zu einer einheit zusammenfassen.³⁸ Hierin liegt auch für Saussure der wesentliche grund dafür, auf der psychischen natur des sprachlichen zeichens zu bestehen. Die differenz zwischen rede und schrift ergibt sich nun aus den unterschiedlichen medialen gegebenheiten des zeichensubstrats, das im fall der rede irreversibel linear sukzessiv angeordnet ist, im fall der schrift dagegen nicht. Somit sind verschiedene synthetische leistungen zur bildung eines «redezeichens» bzw. «schriftzeichens» erforderlich.

Mit diesen überlegungen befinden wir uns ersichtlich auf dem gebiet transzendentallogischer analyse, denn die handlung der synthesis eines mannigfaltigen zur einheit, die jedes begreifen, urteilen, schließen allererst ermöglicht, ist ja – so begründet Kant seinen kategorienentwurf – derjenige sachverhalt, dessen vernachlässigung durch die tradition der formalen logik eine transzendentale logik notwendig macht.³⁹ Nach ihren einsichten – dies haben vor allem G. Prauss' untersuchungen des Kantischen erscheinungs-begriffs gezeigt – ist erkenntnis-von-etwas nur dadurch möglich, daß wir uns mittels transzendentaler leistungen «subjektive gegenstände» zu einheiten synthetisieren, um sie als erscheinungen von objekten deuten zu können.⁴⁰ Hierzu müssen wir uns – da alle erkenntnis den in der transzendentalen ästhetik ausgelegten bedingungen unterliegt – durch sie selbst sinnlich affizieren. Für die besondere spezies sprachlicher «gegenstände» hat Humboldt diesen vorgang vortrefflich beschrieben:

«Subjective Thätigkeit bildet im Denken ein Objekt. Denn keine Gattung der Vorstellungen kann als ein reines Beschauen eines schon vorhandenen Gegenstandes betrachtet werden. Die Thätigkeit der Sinne muß sich mit der inneren Handlung des Geistes synthetisch verbinden, und aus dieser Verbindung reißt sich die Vorstellung los, wird, der subjectiven Kraft gegenüber, zum Object, und kehrt, als solches aufs neue wahrgenommen, in jene zurück. Hierzu aber ist die Sprache unentbehrlich. Denn indem in ihr das geistige Streben sich Bahn durch die Lippen bricht, kehrt das Erzeugnis desselben zum eigenen Ohr zurück. Die Vorstellung wird also in wirkliche Objectivität versetzt, ohne darum der Subjectivität entzogen zu werden.»[41]

Weil eben «erscheinungen» *auch* sinnliche objekte sind – dies macht ihre doppelnatur als zeichen aus –, muß sich die beschriebene synthetische handlung *in der Zeit* abspielen. Indem die transzendentale logik den prozeßcharakter der bedeutungskonstitution herausarbeitet, macht sie, wie vor allem das schematismus-kapitel der *Kritik der reinen Vernunft* verdeutlicht, die in der begründung der formalen logik vollzogene entkoppelung von zeichen- und zeitbegriff, die sich der fixierung der «grammatik» auf das medium der schrift verdankte, rückgängig.

Zeichenbildung, zumal sprachartikulation, ist immer handlung in der zeit. Saussure hat diesen sachverhalt in seinen überlegungen zum linearitätsprinzip immer wieder umspielt. Meine erste these lautet daher, daß das von ihm formulierte problem einer die einheit des sprachbegriffs erst begründenden vermittlung von diachronie und synchronie nur auf der basis transzendentallogischer einsichten einer lösung nähergebracht werden kann.

Die konsequenzen dieses vorgehens sind in der tat – wie Saussure bei der formulierung des linearitätsprinzips bemerkt[42] – unabsehbar. Als erstes löst sich das scheinbare paradoxon auf, daß sein versuch, die linguistik als historische disziplin zu begründen, beim begriff der synchronie endet: Der schein der paradoxie ist wiederum auf die vernachlässigung der handlung der zeichensynthesis zurückzuführen. Identität eines terms – so hatte Saussure gezeigt – ist nur dadurch möglich, daß er als nicht-identisch mit anderen termen desselben systems bestimmt wird. Parasemische relationen müssen durch «differenzierungsurteile» allererst hergestellt werden, und dies ist eben der vorgang, der zeitbewußtsein bewirkt, weil er sich nur als übergang von der erscheinung eines *a* zum *nicht-a* realisieren kann. Dies erfordert neben der memorisierung der erscheinungsqualitäten der zeichen eine weitere transzendentale leistung: deren durchgängigen bezug auf einen kontinuierlichen bewußtseinsstrom. Meine zweite these lautet daher, daß Saussures annahme, der begriff des wertes eines terms müsse neben der relation *simile : simile,* d.h. term : term, auf eine zweite, *simile : dissimile,* gegründet werden[43], zutreffend ist, daß sie aber nicht nach dem vorbild von Sechehaye und Bally durch den rückgriff auf das konventionalistische schema *laut : bedeutung* zu interpretieren ist, sondern im sinne eines unabdingbaren transzendentalen index-bezugs des zeichens.

Hieraus folgt unmittelbar, daß ein derart gefaßter zeichenbegriff tatsächlich zwischen synchronie und diachronie vermittelt, denn ein transzendentaler , indexikalischer zeichenbezug für sich allein wäre völlig bedeutungslos, da das objekt, auf das das bewußtsein sich hierin bezieht, völlig unbestimmt bliebe. Andererseits wäre die ausdifferenzierung von wert-qualitäten ohne diesen bezug unmöglich. Die begriffe von transzendentalem index-bezug und qualitativer wertedifferenzierung bezeichnen somit komplementäre, gleichermaßen notwendige bedingungen sprachlicher zeichenartikulation.

Ich kann abschließend nur noch einige – für die sprachtheorie m. e. allerdings fundamentale – konsequenzen skizzieren:

(1) ergibt sich aus dem geschilderten ansatz ein strikt pragmatischer bedeutungsbegriff, da er ja die verknüpfung der ausdifferenzierung sprachlicher terme mit dem je individuellen körperlichen erleben als unabdingbares fundament jedes spracherwerbs ausweist. Hieraus lassen sich erstaunliche parallelen zu Kants theorie des leibapriori[44], aber auch zu Lorenzers skizze einer materialistischen sozialisationstheorie[45] ableiten.

Dieser pragmatik-begriff muß jedoch im gegensatz zur universalistisch-szientifischen prägung des terms in der tradition Morris – Carnap – Searle[46] als historische kategorie verstanden und entwickelt werden, denn (2) folgt aus der unvermeidlichen kontingenz des primären spracherwerbs *und* aus der erkenntnistheoretischen einsicht, daß wir keinen begriff von etwas haben können, sofern wir uns dafür nicht auch sinnlich wahrnehmbare zeichen bilden[47], unmittelbar die widerlegung aller universalistischen syntax- und semantik-theorien. Der begriff des sprachsystems wäre selbst uninterpretierbar, wenn er nicht auf reale zeichenprozesse angewandt würde; es bewahrheitet sich hier Saussures these der priorität einer theorie konkreter vor derjenigen abstrakter einheiten. Der *begriff* des sprachsystems kann sich, m.a.w., erst dadurch bilden, daß konkrete zeichen *tatsächlich* miteinander verknüpft werden und daß für diese verknüpfungen selbst wiederum zeichen ausgebildet werden, die mögliche zukünftige verwendungsweisen von zeichenkomplexen auslegen. Dabei ergibt sich sowohl aus dem begriff der applikation wie aus der kontinuierlichen natur dieser zeichenbildungsprozesse[48] die unmöglichkeit, diese verwendungsmöglichkeiten etwa im sinne einer Chomsky-grammatik zu prognostizieren. Hieraus folgt wiederum (3), daß der allgemeinbegriff «einer» sprache als eines systems von konkreten und abstrakten einheiten immer nur relativ zu der zeit gelten kann, die erforderlich ist, um es aufzubauen bzw. «durchzugehen». Da aber – aufgrund der unvermeidlichen kontingenz der jeweiligen verknüpfungsoperationen – dieser formationsprozeß eines allgemeinen sprachbegriffs in form der entwicklung eines systems sich gegenseitig interpretierender abstrakter einheiten nicht prognostizierbar ist und mit jeder neuen abstrakten einheit neue verknüpfungsmöglichkeiten konkreter zeichenelemente eröffnet werden, da ferner diese verknüpfungen konkreter elemente ausschließlich die form der auf negationsurteilen beruhenden identitätsfixierung haben und somit jede neu hinzutretende differenz – wenn auch als einzelereignis nur unmerklich – den etablierten wert *aller* mit ihr verknüpften terme verändern muß, so erweist sich der begriff der synchronie als reiner grenzbegriff:

Der aufbau eines sprachsystems verändert in eben dem maße des aufbaus dasselbe system kontinuierlich[49].

Damit haben wir alle bestimmungsstücke für die these zusammen, daß alle systematische sprachbeschreibung gerade als solche immer nur historische sprachbeschreibung sein kann wie auch umgekehrt, daß keine historische beschreibung sich anders als in der entwicklung systematischer kontexte der je zur debatte stehenden terme realisieren läßt.

ANMERKUNGEN

* Diesen vortrag habe ich anläßlich der emeritierung von H. Glinz am 9.2.1979 an der RWTH Aachen gehalten.
[1] W. von Humboldt, Werke in 5 Bänden. Hg. A. Flitner und K. Giel, Darmstadt, Bd. III, S. 565.
[2] Vgl. ebd. S. 657: «Denn jede Sprache besitzt die Geschmeidigkeit, Alles in sich aufnehmen und Allem wieder Ausdruck verleihen zu können ...».
[3] Ebd. S. 186.

⁴ Ebd. S. 202.
⁵ Ebd. S. 191ff., 418ff., 202ff.
⁶ Ebd. S. 202f.
⁷ Ebd. S. 168ff.
⁸ Ebd. S. 203.
⁹ Ebd. S. 19f.
¹⁰ Spuren dieser auffassung prägen selbst die scharfsinnige Humboldtdeutung J. Simons *(Philosophie und linguistische Theorie,* Berlin-New York 1971, S. 108ff.).
¹¹ Vgl. F. D. E. Schleiermacher, *Hermeneutik und Kritik.* Hg. M. Frank, Frankfurt/M. 1977, S. 329ff.
¹² Vgl. hierzu die ausgezeichnete einleitung von M. Frank in die von ihm betreute auswahl, ebd. S. 25ff.
¹³ Ebd. S. 446.
¹⁴ Vgl. ebd. S. 458ff.
¹⁵ Vgl. H. Paul, *Prinzipien der Sprachgeschichte,* Darmstadt ⁶1960, S. 20ff.
¹⁶ Ebd. S. 24.
¹⁷ Ebd. S. 23.
¹⁸ Vgl. hierzu vor allem den auf die junggrammatiker gemünzten kommentar Saussures in N 8 *(Cours de linguistique générale.* Edition critique par R. Engler, Wiesbaden 1967ff. (= EC 4, S. 21): «Un des plus amusants spectacles est la manière dont se divise la grammaire *(scientifique)* d'une langue. – Il y a d'abord la *Phonétique* (en allemand *Lautlehre),* puis la morphologie (allemand *Formenlehre).* C'est tout naturel, n'est-ce pas? D'abord les sons, puis les combinaisons de son; d'abord le simple, puis le composé; et ce qu'il y a de plus merveilleux est que l'on croit comprendre!»
¹⁹ Vgl. Paul, *Prinzipien,* S. 2.
²⁰ N. Trubetzkoy, *Die gegenwärtige Phonologie.* In: H. Naumann (Hg.), *Der moderne Strukturbegriff.* Darmstadt 1973, S. 57–80, S. 80.
²¹ Erinnert sei z.b. an R. Carnaps (!) erläuterung des strukturbegriffs im Kursbuch 5, 1966.
²² Vgl. zur wirkungsgeschichte des CLG und ihrer kritik vor allem L. Jäger, *Zu einer historischen Rekonstruktion der authentischen Sprach-Idee F. de Saussures.* Diss. Düsseldorf 1975, und: *F. de Saussures historisch-hermeneutische Idee der Sprache.* In: LuD 27, 1976, S. 210–244.
²³ Vgl. hierzu Ch. Stetter, *Sprachkritik und Transformationsgrammatik.* Düsseldorf 1974, S. 104ff., und: *Grundfragen eines transzendental-hermeneutischen Sprachbegriffs. Zur Konzeption einer historisch-pragmatischen Linguistik.* In: L. Jäger (Hg.), *Erkenntnistheoretische Grundfragen der Linguistik,* Stuttgart 1979, S. 48ff.
²⁴ N 10, EC (4), S. 21ff.
²⁵ N 1.1., EC (4), S. 5.
²⁶ N 10, EC (4), S. 23.
²⁷ Vgl. N 11 und 12, EC (4), S. 26ff.
²⁸ Vgl. Godels rekonstruktion der einleitung des zweiten cours in CFS, 15, 1957, S. 8ff., dazu Stetter, *Peirce und Saussure.* In: Kodikas 2, 1979, S. 124–149.
²⁹ Vgl. vor allem R. Engler, *Théorie et critique d'un principe saussurien: l'arbitraire du signe.* In: CFS 19, 1962, S. 5–66; dazu Stetter, *Die Idee der Semiologie bei F. de Saussure.* In: Deutsche Sprache 4, 1976, S. 289–304.
³⁰ Vgl. J. Derrida, *Die Struktur, das Zeichen und das Spiel im Diskurs der Wissenschaften*

vom Menschen. In: W. Lepenies und H.H. Ritter (Hg.), *Orte des wilden Denkens. Zur Anthropologie von Claude Lévi-Strauss,* Frankfurt/M. 1970, S. 387–412.

[31] Vgl. N 7, EC (4), S. 17.

[32] Vgl. Saussure, *Cours de linguistique générale.* Edition critique préparée par T. de Mauro. Paris 1972 (= CLG), S. 144ff., S. 170ff. und 185ff.

[33] Ebd. S. 190.

[34] *Tractatus* 3.334.

[35] Diese einsicht bereits des jungen Wittgenstein erklärt m.e. sowohl die motive für die entwicklung der sog. «abbildtheorie» des *Tractatus* (vgl. hierzu allerdings K. Lorenz, *Elemente der Sprachkritik,* Frankfurt/M. 1970, S. 64ff. sowie Ch. Stetter, *Probleme einer historisch-hermeneutischen Wittgenstein-Interpretation.* In: ZGL 5, 1977, S. 45–68) wie auch den gesamtaufbau dieses werks.

[36] Vgl. *de interpretatione* 16aff. sowie *de anima* 427a 17ff.

[37] *De interpretatione* 16a.

[38] Vgl. G. Prauss, *Erscheinung bei Kant. Ein Problem der «Kritik der reinen Vernunft».* Berlin 1971, S. 38ff.

[39] Vgl. KdrV § 19.

[40] Hier kann zu diesem problem nur angemerkt werden, daß Kants kategorienentwurf gerade in bezug auf den sachverhalt der konstitution *sprachlicher* gegenstände eine neuinterpretation verdient. Dies betrifft selbstverständlich nicht die in der Kantforschung gegen die regulativen verstandesgrundsätze vorgebrachten einwände. Anders ist es dagegen mit der bedeutung der konstitutiven grundsätze für die linguistische theoriebildung, die m.e. für die entwicklung einer pragmatischen sprachtheorie, die diesen titel zu recht führen kann, unverzichtbar sind. Vgl. hierzu meine in kürze erscheinende untersuchung über «Grundlagen der Pragmatik».

[41] Humboldt, Werke, Bd. III, S. 195.

[42] CLG S. 103.

[43] Vgl. N 23.6, EC (2), S. 259f.

[44] Vgl. hierzu F. Kaulbach, *Leibbewußtsein und Welterfahrung beim frühen und späten Kant.* In: Kant-Studien 54, 1963, S. 464–490.

[45] Vgl. A, Lorenzer, *Zur Begründung einer materialistischen Sozialisationstheorie,* Frankfurt/M. 1972.

[46] Vgl. hierzu Stetter, Grundfragen, S. 48f. und 58ff.

[47] Vgl. hierzu vor allem Peirces aufsatzserie von 1868, *Collected Papers.* Ed. Hartshorne, Weiss, Burks, Cambridge/Mass. 1931ff. , Bd. 5, S. 213ff.

[48] Vgl. Stetter, Peirce und Saussure, S. 135f.

[49] Es bleibt anzumerken, daß dieses prinzip nur für «natürliche» sprachsysteme gilt. Für auf der basis von sekundären zeichensystemen, insbesondere von datenverarbeitungssystemen, erstellte sprachen müssen trivialerweise andere bedingungen angenommen werden. Allerdings verdanke ich B. Rieger den hinweis auf entwicklungen im bereich der fuzzy-set-theorien, die mir mit diesem prinzip durchaus verträglich scheinen.

GEISTERGESPRÄCHE

FRIEDRICH A. KITTLER

KRATYLOS. Ein Simulacrum

Sokrates. Willkommen, o Hermogenes, auf diesem Sitze neben dem meinen! Sage nun aber, hat dich wie mich der Staat der Athener oder das Alter oder hast du dich selbst hier hinabgesandt?
Hermogenes. Wo hinab denn, mein Sokrates?
Sokrates. So weißt du nicht, wo du weilest?
Hermogenes. Gewiß doch. Meinst du, ich sähe nicht, wie dort die Bildwerke aus Ton von den Töpfern zu Markte getragen werden, und könnte draus nicht, wie du mich's gelehrt, erschließen, daß dies hier der Kerameikos ist?
Sokrates. O Verblendeter, der du schon vom unsäglichen Flusse getrunken! Fühlst du auch nicht die Fesseln, die dich wie mich an den Sitz festbinden? Und erinnerst dich nicht einmal, wie ich euch einst bewies (ich weiß nicht, warum ich es noch weiß), daß, wer so angebunden immer dergleichen Krüge vor Augen habe, die keine wirklichen sind, sondern nur Schatten, in jenem Lande sei, dessen Bewohner seinen Namen nicht aussprechen können?
Hermogenes. Jetzt scheine ich mich zu entsinnen und jetzt spüre ich auch die Fesseln an Schenkeln und Nacken, wunderbarer Sokrates, dessen Kunst, wenn anders du wahr sagst, Hebammendienste noch an denen verrichtet, die vom unsäglichen Flusse getrunken haben. Wie aber solltest du wahr sagen, da ich mir keines Loses bewußt bin, das mich hier hinabgesandt hätte? *Politeia 514 a*
Sokrates. So hast denn weder du noch hat ein anderer noch gar der Staat den Faden deines Daseins durchschnitten?
Hermogenes. Ganz recht.
Sokrates. Da diese drei Gründe nun aber alle möglichen dafür sind, daß einer nicht ist und nicht vielmehr ist, so hätte Moira, die nichts ohne

Grund nicht sein oder sein läßt, als sie dich dem Anblick der Sonne entriß, sich selbst widersprochen?
Hermogenes. So sagt mir deine Weisheit; und wahrlich, mich dünkt jetzt, als sei ich nicht von wegen des Kratylos.

Aristoteles
Metaphysik
987 a 32

Sokrates. Eben des Kratylos, mit dem ich von Jugend auf bekannt geworden war?
Hermogenes. Eben dessen. Doch nicht, wie du wähnst, auf die Weise, die zwischen denen da oben die gebräuchliche ist, scheint er mich hinabgesandt zu haben.
Sokrates. Auf welche Weise denn nun wohl, rätselvoller Sohn des Hipponikos?
Hermogenes. Gemahnt dich noch das Gespräch, das du und ich mit dem

Kratylos
384 d
429 c
429 c

Kratylos führten? Damals, als ich behauptete, die Namen seien bloß aus Vertrag und Übereinkunft, entgegnete dieser, dem sei keineswegs so, sondern sie seien gemäß dem wahren Anblick eines jeglichen, so daß ich, Hermogenes, zum Beispiel diesen meinen Namen gar nicht

407 e

führe, sofern mir nämlich nichts irgendwie von einer Abstammung vom Hermes zukomme, sondern dieser Name gehöre einem andern zu, der auch wirklich einen solchen Anblick gebe wie der Hermes.

408 b

Sokrates. Woraufhin ich damals den Kratylos fragte, ob denn, wenn anders er recht habe, nicht einmal derjenige, welcher sagt, du heißest Hermogenes, lüge – so daß am Ende auch das nicht möglich wäre, zu sagen, du seiest Hermogenes, wenn du es nicht seiest?
Hermogenes. Allerdings. Kratylos nämlich glaubte damals, Hermes bedeute die Rede, wie denn *eirein* den Gebrauch der Rede und *emesato* das Erfinden heißt, so daß jener, der das Reden und die Rede erfunden hat, billig Eiremes heißen müßte und in der Tat auch Hermes heißt.

394 d–414 a

Sokrates. Ei wohl, lehrte ich dies nicht ebenfalls?
Hermogenes. So ist es. Ich mußte dem Kratylos sogar einräumen, daß

408 a–b

ich – denn keineswegs dürfte ich erfinderisch im Reden heißen – wirklich kein Hermogenes bin. Den Kratylos aber, kaum daß du von uns gegangen und vom Staat der Athener hier hinabgeschickt warst, überkam eine Begier, zu wissen, was das *eirein* im Namen des Hermes selber bedeute, und konnte es doch nicht herausbringen.

174

Sokrates. Wie das? Haben wir doch auch gemeinsam herausgebracht, was Zeus, was Dionysos, was Sonne, was Einsicht, was Weib bedeutet und vieles andere mehr.
Hermogenes. Freilich, Bester, doch waren es beliebige Dinge und Wesen, denen wir nachforschten, die alle ihren Anblick in etwas

anderem hatten. Nicht also aber, meinte Kratylos, ließe sich die Bedeutung aufklären, die die Bedeutung des Namens Hermes selber habe. Denn – wie du zugeben mußt – ein gröblicher und einzigartiger Fehlschluß war deine Behauptung, o mein Sokrates, daß mit den Worten *eirein* und *emesato* der Namengeber uns gleichsam befehle, den Gott, welcher die Rede erfunden hat, Eiremes oder Hermes zu nennen, wo doch, wie dir nicht hätte entgehen dürfen, der Namengeber und der Gott, welcher die Rede erfunden hat, eben dasselbe bedeuten und sein müssen.

436 b

Sokrates. Beim Zeus, da hast du recht. Und wäre ich nicht im unsäglichen Lande, ich wollte dem Hermes einen Widder opfern, auf daß er mir vergebe, so viel von einem Namengeber gefaselt zu haben und ihn selber als den Namengeber aller Dinge nicht erkannt zu haben. Lästerliche Reden habe ich geführt. Wie konnte ich nur behaupten, daß jener, der zuerst die Worte festsetzte so, wie er meinte, daß die Dinge seien, es vielleicht gar nicht richtig gemeint habe und daß dennoch die falschen nicht weniger als die richtigen Namen kundmachen, sofern wir nur sie zu sagen und zu vernehmen gewohnt sind. Wenn nun aber alle Worte göttlichen Ursprungs sind, muß ihnen die Gemäßheit eignen und Richtigkeit und uns, wenn wir sie sagen, dasjenige, was des Hermes ist: Bote zu sein der Götter.

435 a

Ion 534 e

Kratylos 429 d

Hermogenes. So ward denn nie ein wahrerer Satz gesagt als jener des Kratylos, daß, wenn einer sagt, was er sagt, er nicht umhin kann, zu sagen, was ist.

Aristoteles Metaphysik

Sokrates. Auch eben das, was du sagst, verhält sich so, wie du es vom Sagen sagst. Aber wie hätte all dies denn nun wohl den Kratylos daran irgend hindern sollen, herauszubringen, was *eirein* bedeutet?

Hermogenes. O Sohn des Sophroniskos, dessen einstige Lästerung der Sohn der Maia immer noch rächt! Kratylos, weiser als du, erkannte, daß die Frage selber eine falsche war und daß er immer schon wußte, wonach er suchte. Denn wenn das Reden seinen Ursprung in Hermes hat, bedeutet nicht Hermes, wie wir meinten, das Reden, sondern umgekehrt bedeutet *eirein* Hermes.

Sokrates. Und was bedeutet dann Hermes?

Hermogenes. Nichts, sagt Kratylos. Wie könnte wohl auch das, was sagen besagt, selber etwas besagen? Gleichwie das alles sehende Auge einzig sich selber nicht sieht, so geht das Erfinden aller Rede der Rede voraus und kann nicht reden von sich.

Sokrates. Kratylos – und wir sind ihm eben darin gefolgt, mein Bester –

249

scheint aber doch nun zu sagen, daß Hermes nicht von sich reden kann, weil er der Erfinder der Rede ist. Nun ist er jedoch eben darum der Erfinder der Rede, weil Hermes reden und erfinden bedeutet. Wenn Kratylos also recht hat, hat er unrecht: Gerade weil Hermes den Erfinder der Rede bedeutet, ist er es nicht, sondern kann von sich nicht reden und bleibt stumm.

Hermogenes. Eben dies, mein Sokrates, sagt Kratylos. Aber er sagt auch, daß das nicht seine Schuld sei, sondern die des Hermes selber, den alle Griechen denn auch den Gott der Lüge nennen. Und es sei gerade das Eigentümliche dieser Lüge, daß sie der Rede nicht bedürfe; sie rede vielmehr, indem sie schweige.

Sokrates. Wieso?

Hermogenes. Weil, wenn Hermes nicht redet, er das Reden erfindet, und wenn er schweigt, allem seinen Namen gibt, dergestalt also daß der Namengeber die Dinge nennt, nicht indem er sie nennt, sondern indem er sie mit seinem stummen Finger zeigt.

1010 a 12 *Sokrates.* Hat nicht auch Kratylos selber gar nichts mehr sagen zu dürfen geglaubt und nur noch den Finger zum Zeigen bewegt?

Hermogenes. Gewiß, so überliefert es der überspannteste unter den Schülern deines überspanntesten Schülers, der aus Stagira. Aber was dem Sohn des Nikomachos die überspannteste Ansicht dünkt, ist doch die einzige wahre. Wenn Kratylos sich gerade so verhält wie Hermes selber, so darum, um allen Dingen ihre Wahrheit zu sagen.

Sokrates. Und wie will er oder willst du das beweisen, daß der Kratylos den Dingen ihren wahren Namen gibt, wo er doch nur schweigend auf sie zeigt?

Hermogenes. Vernimm nun, was du mich anfangs gefragt hast: Eben darum verweile ich hier unten bei dir, weil der Kratylos mit dem Finger auf mich gezeigt hat. Indem er aber bloß auf mich zeigte und mich nicht bei meinem Namen Hermogenes nannte, bedeutete er mir, daß ich nicht Hermogenes bin, weil nämlich, wenn ich ein Hermogenes wäre, ich, statt nicht erfinderisch im Reden zu sein und dennoch zu reden, vielmehr (wie es denen aus dem Geschlechte des Hermes zukommt) erfinderisch im Reden, ja Erfinder der Rede wäre und schweige. Wie nun aber kann ich, der ich doch Hermogenes heiße, anders sein, was ich nicht bin, als indem ich – wie du, mein Sokrates – bin, wo ich nicht bin? Und wäre ich nicht einer, der nicht ist, so hätte Kratylos mich nicht mit meinem wahren Namen nennen können.

Sokrates. So hätte dich also das Zeigen des Kratylos, der wie sein

Meister Hermes ein Psychopompos scheint, ins unsägliche Land versetzt?
Hermogenes. Allerdings.
Sokrates. Und wer immer die Sprache spricht, hätte nicht gesprochen, weil nur der wahrhaft spricht, der wie Hermes und Kratylos spricht, indem er nicht spricht?
Hermogenes. Gar sehr scheint es so.
Sokrates. Und wer sagen würde, wie ich es vorhin und du es eben getan, daß er und das unsägliche Land, darin er ist, nicht seien, der hätte, weil ebensowenig wie Hermes, der Sprache bedeutet, spricht, einer sagen kann, was ist, in Wahrheit gesagt, daß sie seien, er selbst und das unsägliche Land?
Hermogenes. Offenbar.
Sokrates. Dann wäre ich also ein Tor gewesen, als ich, statt zu wissen, daß ich weiß, daß ich nichts weiß, vorhin sagte, ich wüßte, obwohl ich nicht wüßte, woher ich es wüßte, daß wir im Lande sind, das nicht ist, und daß die Krüge und Bildwerke nicht sie selber, sondern, was wir sehen, nur ihre Schatten sind?
Hermogenes. Auf alle Weise.
Sokrates. Und als ich dir sagte, daß du Fesseln habest an Schenkeln und Nacken, hattest du keine?
Hermogenes. Mich deucht so. Aber als du mir's sagtest, war mir – ähnlich wie damals, als Kratylos auf mich zeigte –, als werde die Rede wahr, kaum daß sie deinem Munde entflohen.
Sokrates. O hoher Zeus und ihr Götter, die ihr sonst hier zugegen sein mögt, verleihet mir in diesem Irrsal, zu wissen, wo wir sind und ob es uns gibt!
Hermogenes. Wenn es uns doch nur nicht unmöglich wäre, den Kopf zu wenden, um zu sehen, ob die Dinge, die wir sehen, sie selber sind oder ihre Schatten; alsogleich wüßten wir auch, ob wir auf dem Kerameikos sind oder aber im unsäglichen Lande.
Sokrates. So wende den Kopf; denn wovon du sagst, daß es unmöglich sei, muß es nicht alsogleich möglich sein? – Was siehst du?
Hermogenes. Den Kratylos, der auf uns zeigt.

Politeia
514 b

Archiv

Unter dieser Rubrik sollen hinfort Texte (wieder)abgedruckt werden, die schlaglichtartig und in Stichproben die Geschichte unserer Bildungsanstalten dokumentieren. Diese Geschichte steht der Text-Analytik nicht fern; nicht nur weil Texte im Rahmen von Institutionen entstehen (und unterdrückt werden), sondern auch weil Institutionen wie Texte das Werk semiotischer Tätigkeiten sind: man kann ihre Gesetzmäßigkeiten ebenso gut studieren wie die von anderen Codes der sozialen Ordnung. Archivarisch ist diese Arbeit, weil sie die Archive der Geschichte(n) benutzt, aber darum noch nicht notwendig rückwärts orientiert. Denn die Geschichte ist nicht immer so glücklich, durch ihr bloßes Fortschreiten in der Zeit einen Fortschritt in der Freiheit zu gewähren. Sehr oft scheint es durchaus prospektiv, wenn man in späterer Zeit sich ihrer besinnt.

Z.B. der Ursprünge der sogenannten Humboldtschen Universität. Als 1968 die Studenten unter diesem Namen eine autoritär erstarrte, von Wirtschaftsinteressen fremdgesteuerte und gegenüber der jüngsten Geschichte ratlose Universität angriffen, hätten sie gut daran getan, einen Blick ins ARCHIV zu werfen. Um dort zu lesen, daß Humboldts Universität nur noch dem Namen nach fortlebte, während ihr Geist seit Jahrzehnten emigriert war, und daß die «Reform»-Zeit, die den Protest allmählich in eine Allegorie des technischen Zeitalters umformte, die letzten Spuren Humboldts aus der Wirklichkeit in die Geschichtsakten vertrieb. Dort liegen sie archiviert und sind so frei wie die Gedanken, die auch in Diktaturen nicht verboten werden können ...

Das positivistisch recherchierte, in liberalem Geist geschriebene und oft amüsante Werk des Historikers Max Lenz über die *Geschichte der königlichen Friedrich-Wilhelms-Universität zu Berlin* (Halle/S. 1910ff.) hat Szenen, Verhandlungen, Ereignisse aufbewahrt, deren Aktualität vor allem der in Universitätsgeschichten verstrickte heutige Leser durch seine abwechselnde Erheiterung und Bestürzung ohne weitere Vermittlungshilfen bezeugt.

Wir geben im folgenden (von Ein- und Überleitungen der Hrsg. unterbrochene) Auszüge. Äußerlich wird ein roter Faden eingezogen durch den Namen Friedrich Schleiermacher; er will der freischwebenden Aufmerksamkeit aber kein Zaumzeug anlegen.

Mit der Zensurbehörde kam Schleiermacher wiederholt in Konflikt. Seine Predigt vom 3. Januar 1812, in der er des preußischen Königs diplomatisches Paktieren mit dem Napoleonischen Imperialismus scharf geißelt, wird von Spähern der Regierung überwacht; Hardenberg war die Sache wichtig genug, den Chef der Polizei (Wittgenstein) anzuweisen, sich über den Inhalt der Predigt zu informieren und evtl. das Manuskript abzufordern. Der Fürst beeilte sich, der Aufforderung nachzukommen, konnte aber nur zurückmelden, daß Schleiermacher Entwürfe zu seinen Predigten nicht anfertige.

Während der sogenannten Befreiungskriege ist Schleiermacher unermüdlich. Er übernimmt die Redaktion des *Preußischen Korrespondenten*, schreibt gegen Tendenzen, die Résistence gegen Napoleon aufzugeben und erhält für einen besonders unbotmäßigen Artikel vom 13. Juli 1813 («Viel Lehrgeld werden wir noch geben müssen, und viele Köpfe werden noch von ihrer Stelle müssen weggeschüttelt werden müssen, ehe die rechten an die rechte Stelle kommen.») zwei Verwarnungen. Charakteristisch ist, daß Schleiermacher die Schärfe seiner Angriffe nicht etwa – wie die hitzigen Nationalisten – gegen die «französische Nation», sondern gegen die preußische Regierung – und den König an der Spitze – richtet, wie er denn auch einer der ersten gewesen ist, die nach dem Sieg über Napoleon jeden nationalistischen Zungenschlag sich verbaten und die Freiheitskämpfer von gestern aufforderten, die Nationwerdung Deutschlands an die Einlösung des Konstitutionsversprechens zu binden, das der König gegeben hatte (ohne es, bekanntlich, jemals einzulösen). – Nun, Hardenberg verfügte gegenüber dem Staatsrat und Polizeichef Lecoq, den Verfasser der Artikel «für immer unschädlich zu machen» («Ich trage Ihnen auf, demselben seiner Dienste Entlassung anzukündigen und ihm anzudeuten, binnen 48 Stunden Berlin zu verlassen.»). Sogar des Hochverrats wurde Schleiermacher beschuldigt. Ihm wurde bedeutet, «daß dieser Artikel die Notwendigkeit einer Umwälzung der preußischen Staatsform durch gewaltsame Ereignisse» verkündige und die Anmaßung des Zeitungsschreibers enthalte, die Schritte der Regierung öffentlich meistern und leiten zu wollen, um sie diesem Ziel entgegenzuführen. Nach deutlicher Bestimmung des Landrechts, II. Teil, 20. Titel, 92. Paragraph, sei dies Hochverrat. Schleiermacher war nur zu Zugeständnissen in der Form seiner Äußerungen bereit, wie er in seiner Rechtfertigungsschrift darlegte, und setzte die freimütige Erklärung seiner Ansichten fort. Es begann ein Kleinkrieg mit dem neuen Zensor, bei dem alle Vorteile, welche die Feder zu geben vermag, auf seiten Schleiermachers waren und wobei er wenigstens das erreichte, daß er, «der Meister des Wortgefechts» (Lenz), dem Herrn Staatsrat gründlich die Laune verdarb. Aber das letzte Wort behielt er nicht. Als Lecoq sich an Hardenberg wandte, um eine Suspensionsermächtigung zu erwirken, zögerte der Staatskanzler zwar zunächst, reagierte dann aber auf eine besonders scharfe «Zerzausung» Lecoqs persönlich mit einer Maßregelung Schleiermachers. (...) Auch nach dem Sieg über Napoleon bekam Schleiermacher den Haß seiner Feinde zu spüren. Diesmal durch die Feder eines Kollegen, des reaktionären Staatsrechtlers Schmalz, des ersten Rektors der Universität, der ihn als «Revolutionär» verdächtigte. Ein Federkrieg entstand, in dessen Folge er aus dem Departement gedrängt, allerdings selbst zum Rektor gewählt wurde. Das Dienstverhältnis, in das ihn Humboldts und Dohnas Freundschaft gebracht hatte, war er schon im März 1815 losgeworden. Schuckmann

253

hatte, geschickt taktierend, die Gelegenheit abgewartet, um ihn auch aus dem Ministerium herauszubringen. Die Universität machte ihn dafür zum Rektor, wodurch sein Vorgehen gegen Schmalz allerdings noch schärfer akzentuiert wurde. «Er war aber ein Kämpfer, wie Fichte, und wollte so gut wie sein großer Antipode die Stellung, die ihm angeboten war, dazu benutzen, um seine Überzeugungen durchzusetzen» (Lenz).

Die Gedächtnisfeier der Universität an die Reformation (am 3. November 1817) gibt neuen Anlaß zu Querelen mit der Regierung. Schleiermacher hielt, in seiner Eigenschaft als Dekan der phil. Fak., eine Rede, in der er sagte, in der Freiheit des Wortes, des Lehrens und des Lernens liege die Bürgschaft für eine Wiederbelebung des religiösen Sinns. Das Volk fordere mit Recht die Freiheit des Lesens und Schreibens, «weil erst sie dem Gedanken die allgemeine Wirksamkeit sichert». Aus dieser Freiheit, so führte er aus, erwuchs die Reformation der Kirche: für sie hat Luther gegen den Papst und, wenn es sein mußte, gegen seinen Fürsten und dessen Räte, gegen seinen Freund Spalatinus selbst gestritten. Als die Klänge des Ambrosianischen Lobgesanges, der Schleiermachers Rede folgte, verhallt waren, trat (Kultusminister) Schuckmann auf seinen Antagonisten zu und gab ihm auf seine Weise zu verstehen, wie er die Freiheit der Gedanken und des Wortes auffasse. Er brachte die Rede auf die Wartburgfeier, über die der Lärm in den öffentlichen Blättern soeben anging, und auf ein übles (nämlich «demagogisches») Nachspiel, das am Abend des Haupttages, am 31. Oktober, im Berliner Opernhause bei der Aufführung einiger Szenen aus dem Reformationsdrama Zacharias Werners stattgefunden hatte. Schon hatte man sich im Kabinett mit diesen Vorgängen beschäftigt, und es sollten kaum 24 Stunden vergehen, «bis der Senat erfuhr, was darüber in den hohen Regionen zusammengebraut wurde» (Lenz).

Die Karlsbader Beschlüsse nämlich. Die preußische Regierung hatte sehnlichst einen Anlaß abgewartet, den Terror revolutionärer Zellen (der Gebrüder Follen etwa), jedes Eintreten für den konstitutionellen Staat und das Turnwesen in einen Topf werfen und als «Demagogie» verfolgen zu können. Den Anlaß lieferte des Theologiestudenten Sands Mord an Kotzebue (1819), der im russischen Staatsdienst die deutschen Burschenschaften ausspionierte. Schleiermacher verurteilte den Mord; aber er übersah nicht den Zynismus der preußischen Regierung, die das Gefühl der Unerträglichkeit politischer Morde ausschlachtete, um zur «Demagogenhetze» zu blasen, d.h. jedes Festhalten an Reformkonzepten zu unterdrücken. Schleiermacher schreibt dazu: «Gewiß, was der alte Sünder (Kotzebue) auch verbrochen hat, es kann keine Hölle für ihn geben, wenn er weiß, welchen Lärm sein Tod auf dieser armen Erde macht; denn seligeres Futter gibt es nicht für seine Eitelkeit. Noch hat die Furcht nicht ganz aufgehört, daß er alle Universitäten mit sich in die Grube ziehen wird.» Diese Furcht hatte Gründe: «Unser munteres Studentenvolk», schreibt Schleiermacher, «welches sich Gott sei Dank durch alle Plackereien nicht knikken läßt, hat den 18. in Treptow gefeiert, und ich bin auf die Gefahr, daß wieder ein paar verhaftet und über meine ausgebrachten Gesundheiten inquiriert werden möchten, mitten unter ihnen gewesen; denn es tut wohl jetzt mehr als jemals not, sich durch das Leben mit der Jugend zu erquicken.» Daß sich Schleiermachers Integrität vorteilhaft von Hegels Unterwürfigkeit gegen das Ministerium Altenstein unterschied, geht hervor aus Lenzens eindringendem Referat über den Beginn der «Säuberungsaktionen» und Berufsverbote an der Universität.

zu den Radikalen im Sinne der Follenschen Brüder dürfen wir kaum einen der Genannten (Studenten) zählen.(..) [Dennoch] ist es freilich wahr, daß die Empfindungen über Sands Tat in der Studentenschaft und weit über sie hinaus in den Kreisen der akademisch Gebildeten alles andere waren als die des Abscheus. Daß in Kotzebue der Verderber der Jugend getötet sei, war die allgemeine Anschauung; nicht nur Mitleid, sondern Bewunderung hatte man für den Mörder. Und mancher unter den jungen Burschen erwog bei sich, ob er nicht recht daran tun würde, die Tat, die den Ruhm der Tyrannenmörder des Altertums erneuere, zu wiederholen; wie ja im Sommer 1819 in dem Gießener Löhning, der den Dolchstoß gegen den Präsidenten von Ibel führte, Sand wirklich einen Nachfolger gefunden hat. Der junge Franz Lieber zum Beispiel bekannte in seinem Tagebuche: «Seitdem Sand sich geopfert hat, habe ich einen schweren Kampf zu kämpfen»; und er hatte bereits früher einmal, als Herr von Kamptz seine Schrift über die Wartburgfeier veröffentlichte, an Jahn die Frage gerichtet, ob es nun wohl Unrecht sei, den Kamptz zu töten. Es war dies aber schon die Folge der Unterdrückung von Gefühlen, die, wie unklar und verworren sie sein mochten, in ihrem Ursprung und Ziel wahrhaft idealische waren: der Sinnlosigkeit der Verfolger setzten diese Jungliberalen die eigene Unvernunft entgegen. Dennoch dürfen wir sagen, daß die Berichte der Universitätssenate an ihre Regierungen, welche immer den Gehorsam ihrer Studenten gegen die Gesetze betonten und revolutionäre Gedanken bei ihnen leugneten, im wesentlichen das Rechte getroffen haben.(...)

Ein sprechendes Zeugnis für die Stimmung, die unter unseren Studenten in den Wochen nach der Schreckenstat von Mannheim herrschte, bietet der Brief eines jungen Kommilitonen über eine Ausfahrt nach dem Pichelsberge «am 2. des Wonnemonds», wie er in altdeutscher Begeisterung schreibt, dessen Inhalt ich dem Leser nicht vorenthalten möchte. 86 Burschen, so erzählt er, waren ausgezogen, um den Frühlingsanfang am Ufer der Havel zu feiern. Mit Ballspiel, Wettlaufen und anderen Spielen vergnügte man sich, bis die Lehrer und Gönner, die man eingeladen hatte, kamen. Unter ihnen nennt er an erster Stelle Schleiermacher, De Wette und – Hegel; letzterer Name fast der beste Beweis, daß die revolutionäre Gesinnung über unsere Studentenschaft nichts vermochte. Hasse und Jahn waren ebenfalls aufgefordert, aber nicht erschienen. Schleiermacher aber gab sich um so ungescheuter dem jugendlichen Treiben hin. Doch hören wir, was der Bruder Studio selbst unter dem frischen Eindruck des Festes darüber schreibt. «Als nun alles bereit und alle Plätze mit den Marken belegt waren, die wir von unseren Festordnern für 2 Tlr. 4 Gr. gelöst, zogen wir hinein in den Saal und sangen: ‹Sind wir vereint zu guter Stunde!› Zum Wein hatte jeder sein eignes Glas mitgebracht, doch ist keins wieder heimgekommen. Dann ermahnte uns Schleiermacher, das Lied: ‹Wem gebührt der höchste Preis?› zu singen, und nachdem sprach er: ‹Wir wollen trinken, daß der Geist, der die Helden von Görschen beseelte, nicht ersterbe!› Gläserklänge und fröhliches Jubelrufen antworteten ihm. Dann sprach Dr. Förster einiges über Kotzebues Tod und endete so: ‹Nicht Sands Lebehoch wollen wir trinken, sondern daß das Böse falle auch ohne Dolchstoß›. Mir schien's, als würde nicht ganz laut Bescheid getan. Auch Jahns ward nicht vergessen. Endlich riß der Wein überall hindurch. An die Stille des ruhigen Gesprächs trat jauchzende Lust; auch die Professoren wurden Jünglinge. Alles Bruder und Freund! ‹Lieber

Bruder Schleiermacher›, sagte Hermes: ‹Du bist ein zu herrlicher Kerl; laß uns Schmollis saufen›. Und es geschah. Haake aber sprach zu demselben: ‹Schleiermacher, Du bist zwar sehr klein und ich sehr groß; ich bin Dir doch gar sehr gut!› Ich aber meinte: ‹Ach, wie wirst Du und alle morgen um 6 Uhr in deine Ästhetik finden!› Selbst vor Lachen und Trunkenheit stammelnd, führte er uns Salomonische Sprüche ins Gedächtnis. Alle riefen ihm zu: ‹Du liesest morgen nicht!› Und so ging's allen Doktoren, die dort waren. Ich weiß nicht, ob Du Schleiermacher kennst: ein alter, sonst so ernster Mann.» 175 Flaschen Rheinwein, so erzählt der fidele Bursch[1], seien ausgestochen worden, ein Quantum alkoholischer Getränke, dem die Stimmung, die sich allmählich der Gesellschaft bemächtigte, und die unser Berichterstatter noch weiter mit lebhaftesten Farben ausmalt, voll entsprach. Wir haben noch die Abrechnung, die von den drei Festordnern, darunter Aegidi, ausgestellt worden ist. Von einer Einnahme von 188 Tlr. 12 Gr. sind für Wein 123 Tlr. und 2 Gr., für Essen 48 Tlr. 12 Gr. – und für zerschlagene Sachen 2 Tlr. 10 Gr. ausgegeben worden.
(...) Mit vollem Eifer betrieben Karl Ulrich und seine Freunde die Vorbereitungen zu dem dritten allgemeinen Burschentage, der unter ihrer Leitung im Oktober in Berlin stattfinden sollte. (...) Bei Gustav Lieber in der Breitenstraße sollten sie sich melden. «Sendet feste Männer!», so heißt es in einem der Ausschreiben von Ulrichs Hand: «Wir halten Berlin für den passendsten Ort, weil man von oben herab eine Versammlung hier am wenigsten vermutet, besonders wenn wir ein wenig still sind ... Unterdessen laßt uns immer stärker werden im Glauben an den alten Gott und an unsere eigene Mannheit. Dann kehrt an unserm Arme die Freiheit wieder in unser altes deutsches Vaterland.»

Aber in demselben Moment, ja fast in derselben Stunde, wo diese kecken Worte niedergeschrieben wurden, zog Fürst Wittgenstein die Schlinge an dem längst gestellten Netze zu, in dem sich die jungen Burschen fangen sollten. Vom 24. Juni datiert der eigenhändige eingehende Bericht des Ministers an den König, worin er die Ergebnisse der Untersuchungen, die er mit den hessischen und badischen Kommissaren seit Wochen betrieb zusammengefaßt hatte. Für Wittgenstein stand es fest, daß es sich um eine Verschwörung gegen die Krone und die Grundlagen der öffentlichen Ordnung handelte. Darin suchte er den Sinn des engeren Bundes, der in der allgemeinen Burschenschaft entdeckt war. Er wies auf die Verfassungsurkunde Adolf Follens hin, die in seinen Händen war: teils durch Verbreitung demagogischer Grundsätze, teils durch offene Gewalt würden diese Ziele angestrebt; auch Offiziere und Beamte wären in dem Bunde. Sein Antrag ging dahin, die beiden Doktoren Jung und Bader zu verhaften und die Untersuchung gegen sie zu eröffnen, und zwar, um das Geheimnis recht zu bewahren, in Spandau; beide sollten dorthin abgeführt werden. Ihr Verbrechen war die Teilnahme an einer Gesellschaft, welche Hans Rudolf von Plehwe gestiftet hatte. (...) Es war ein literarisches Kränzchen, sicherlich eine ganz harmlose Ausgestaltung der von Karl Follen begründeten Diskussionsabende. Wittgenstein aber witterte darin einen der revolutionären Klubs, von denen er ganz Deutschland überzogen sah. Er hatte Plehwe, der jetzt bereits Hauptmann war, als «einen unserer gefährlichsten Schwärmer» sogleich unter Polizeiaufsicht gestellt; die Untersuchung gegen ihn gab er der Bestimmung des allerhöchsten Kriegsherrn anheim. Bei den übrigen, die er auf seiner Proskriptionsliste hatte, forderte er fürs erste nur die Beschlagnahme ihrer Papie-

re. Er nannte von den Berlinern Wesselhöft, Ulrich, Düring, Rödiger und außerdem noch den Referendar *Leopold von Henning,* der seit Ostern als Nachfolger Carovés der Repetent Hegels war.(...)
Der Fürst hatte die Genugtuung, bei Hardenberg volles Einverständnis und Entgegenkommen zu finden. «Wirken Sie kräftig mit», so schrieb ihm der Staatskanzler zurück, «es ist die höchste Zeit! Mir entgeht sonst aller Mut und alle Lust, weiter zu wirken». Größere Bedenken hatte der König; aber auf das Drängen Hardenbergs gab auch er nach und unterzeichnete am 3. Juli die Kabinettsordre, durch die eine polizeiliche Untersuchungskommission eingesetzt wurde. Vier Tage darauf, am Mittwoch, dem 7. Juli, fiel der sorgfältig vorbereitete Schlag. In der frühsten Morgenstunde drangen Wittgensteins Häscher bei den jungen Leuten ein, in denen er die Verschwörer gegen die deutschen Monarchien witterte, oder aus deren Papieren er Aufklärung über die Verzweigungen der großen Konspiration erhoffte, an die er glaubte oder zu glauben wünschte. Was sich nur an Schriftlichem in den Wohnungen der Überfallenen vorfand, auch ihre Kolleghefte und die Papiere ihrer Stubenkameraden, wurde von den Gendarmen und Polizeisergeanten zusammengerafft, versiegelt und auf das Polizeipräsidium gebracht. (...)
Der Senat der Universität, dem die Polizeiintendantur sofort Meldung von dem Geschehenen machte, nahm, von dem Rektor noch an demselben Tage zu einer außerordentlichen Sitzung berufen, sich seiner Angehörigen mit dem wärmsten Eifer an. Ohne den Anspruch erheben zu wollen, die Untersuchung vor das eigene Forum zu ziehen, ersuchte er, wie im April, die Minister der Justiz und der Polizei, einen Kommissarius von seiten der Universität in die Untersuchungskommission anzunehmen, welche zunächst nur aus dem Regierungsrat Grano und dem Justizrat Schmidt als Vertreter des Justizministeriums bestand. Aber der Erfolg entsprach diesen Bemühungen nicht. Wittgenstein selbst war schon nicht mehr in Berlin; er war am 9. Juli mit dem König in das Bad nach Teplitz abgereist. Statt seiner führte Herr *von Kamptz,* als der Direktor im Polizeiministerium, die Untersuchung, und er sowohl wie der Justizminister von Kircheisen wiesen den Antrag schroff ab. Von dem eigenen Minister aber, an den sich der Senat um Unterstützung seines Anliegens gewandt hatte, erhielt er statt dessen einen scharfen Verweis, weil er sich mit dem «an sich ebenso unstatthaften als unrätlichen Antrage» an fremde Ministerien gewandt habe, anstatt den ordnungsmäßigen Weg über das vorgesetzte Ministerium innezuhalten.
Unterdessen ging die Verfolgung fort. Am 12. Juli machte die Polizei in dem Hause Georg Reimers ihren Besuch. Der Hausherr selbst war verreist. Vergebens trat Geheimrat Eichhorn für die bedrängte Frau seines Freundes ein; er selbst war den Verfolgern längst verdächtig. Am folgenden Tage wurde der junge Franz Lieber verhaftet und in der Nacht vom 14. Juli der Hauptverschwörer: Ludwig Jahn. Auch gegen Gustav Asverus und Wilhelm Wesselhöft glaubte man jetzt genügendes Material zusammen zu haben, um sie festnehmen zu können; in der Nacht zum 15. Juli wurden beide zu den übrigen in die Hausvogtei gebracht. Schon am 14. hatte man auch Karl Ulrich gefaßt, denn es hatte sich mittlerweile herausgestellt, daß man in dem zuerst inhaftierten Ulrich einen falschen ergriffen hatte, den Schweizer David Ulrich, Sohn eines Gymnasialprofessors aus Zürich. Aber auch diesem enthielt man, ebenso wie seinem Stubenkameraden, Konrad von Wyß, die Papiere vor, und nahm beiden, wie den anderen, das Eh-

renwort ab, sich nicht aus der Stadt entfernen zu wollen. Als der Rektor darauf hinwies, daß hier wohl eine Verwechslung vorliege, ward er zunächst keiner Antwort gewürdigt; und als er seine Frage dringender wiederholte und die Pflicht der Behörden andeutete, einen etwaigen Fehlgriff, zumal einem Ausländer gegenüber, dessen Landsleute sich dadurch gekränkt fühlten, so rasch wie möglich wieder gut zu machen, erhielt er in dem barschen Ton, der in Kamptz' Gewohnheiten lag, die Antwort, daß, wenn auch der Student Ulrich aus Zürich nicht der eigentlichen Teilnahme an demagogischen Veranstaltungen verdächtig sei, dennoch die Beschlagnahmung seiner Papiere zur Klärung der Sache für notwendig erachtet und er daher allerdings der gemeinte Student dieses Namens sei. Letzteres war gewiß nicht wahr. Man hatte in ihm wirklich den falschen ergriffen.

Es scheint aber, als wenn man in den Papieren des Züricher Studenten in der Tat bereits einen Fund gemacht hatte, der die Untersuchung in einer anderen und dankbareren Richtung weiterzuführen versprach, eine Angabe nämlich, welche einen Lehrer der Universität zu kompromittieren geeignet war. Es war kein anderer als *De Wette*. Bereits am 13. Juli war dieser vor die Kommission zitiert worden. Jedoch hatten die Fragen, die man ihm dort vorlegte, mit Sands Tat noch nichts zu tun; er hatte sich nur über seine Teilnahme an Plehwes Montagsgesellschaft zu verantworten, welche die Untersuchung festgestellt hatte. In der Tat mußte er einräumen, daß er den Hauptmann durch Schleiermacher und Reimer, wie auch von den patriotischen Festen der Studenten her kenne, auch einmal im Laufe des Winters bei seinem Kränzchen in der Gardekaserne zugegen gewesen sei.(...) Über Ursprung und Zweck der Vereinigung konnte er nichts angeben.

Die Unterhaltung sei wie in jeder anderen Gesellschaft gewesen; das einzig Besondere habe vielleicht darin bestanden, daß man aus dem geistliche und vaterländische Gesänge vereinigenden Liederbuch für Alt und Jung gesungen habe. Die Gesellschaft sei ihm eher wie alles andere als wie ein geordneter Verein vorgekommen. De Wette hatte, so darf man wohl hinzufügen, die Lust verloren, den Besuch zu wiederholen, da seiner kräftigen Natur das unklare Wesen Plehwes wenig zugesagt haben wird. Auch die Kommission wußte mit dieser Tatsache offenbar nichts anzufangen, und so ließ man den Verdächtigen zunächst wieder laufen. Daß man aber ihn und seinen Kollegen Schleiermacher scharf im Auge behielt, konnten beide wahrnehmen, als am 9. Juli die Staatszeitung einen Artikel brachte, in dem sie beide mit kaum mißzuverstehenden Andeutungen als die eigentlichen Väter des deutschen Jakobinertums bezeichnet wurden: echt jakobinische Äußerungen und Lehren, so stand darin zu lesen, seien zum Teil aus Federn geflossen, welche zur Verbreitung der Grundsätze der Religion und Moral bestimmt seien. Diesen Anwurf beschlossen sie denn doch nicht auf sich sitzen zu lassen. Auch ohne Quellenzeugnis könnten wir wohl behaupten, daß vor allem Schleiermacher, mehr noch als De Wette, hinter der Beschwerde, welche die Fakultät hierauf einreichte, gesteckt hat. Er wußte, daß die Reaktionäre auch ihm an den Leib wollten, wie es das Gerücht bereits weithin, nicht ohne Übertreibung, verbreitete. Aber das konnte ihn nicht abschrecken. Gerade in solchen Momenten wuchsen dem großen Theologen die Kräfte, und kamen alle starken und freien Seiten seiner Natur hervor. Wie sehr er der Wortführer seiner Fakultät war, lehrt das Anschreiben derselben an den Minister, in dem sie über jenen Angriff Klage führte, nicht ohne die

Rücksichtslosigkeit der Untersuchungsrichter in der Ladung De Wettes um eines so geringfügigen Anlasses willen zu erwähnen. Denn, obschon nicht Dekan – dies war Marheineke, der sich, offenbar absichtlich, zurückhielt, – hat Schleiermacher dennoch das Konzept dieses Schreibens entworfen. Es enthielt die Bitte um Schutz gegen die Verleumdung, die in dem Zeitungsartikel liege, und um die Ausstellung einer Ehrenerklärung durch das Staatsministerium. (...) In diesen Tagen aber waren die Bedränger De Wettes schon dabei, ihm eine neue Falle zu stellen. Noch immer hatte David Ulrich seine Briefschaften nicht ganz zurückerhalten; sein wiederholtes Ersuchen darum war, trotzdem der Senat es unterstützte, stets vergebens gewesen. Statt dessen erhielt er zum 1. August eine Vorladung vor die Kommission. Hier lieferte man ihm zunächst fünf der Briefe seines Vaters aus; zwei andere, vom 22. März und 12. Mai, erklärte man zunächst noch behalten zu müssen. Dann aber begann man ihn zu verhören. Zuerst mit einer allgemeinen Frage nach dem, was er von geheimen Verbindungen wisse, und wie sein Verhältnis dazu sei. Er antwortete, daß ihm solche ganz unbekannt wären, daß er auch von akademischen Äußerungen nichts zu sagen wisse. Zur Burschenschaft gehöre er nicht, ihr Wesen und ihr Treiben seien ihm aber wohl bekannt. Hierauf rückte man mit einem neuen Schreiben heraus, vom 20. April, das er selbst an seinen Vater abgesandt hatte. Darin stand das Wort zu lesen: «Sands Tat schadet der guten Sache». Es war also ein Brief, den man unterschlagen, oder von dem man eine Abschrift genommen hatte. Ulrich verweigerte hierauf die Antwort, bevor man ihm sage, wie man zu dem Brief gekommen sei: übrigens könne er schreiben, was er wolle; in Gedanken und Mitteilungen habe die Freiheit keine Schranke. Jedoch ließ er sich zu der Erklärung herbei, daß er unter der guten Sache eine gute Konstitution verstehe. Sofort wurde inquiriert, wie nach seiner Meinung diese herbeigeführt werden solle, durch Gewalt oder als Geschenk? Der Züricher verweigerte zunächst abermals die Antwort, erklärte dann aber doch, der letzte Weg sei der rechtmäßige. Sofort hielten die Untersuchungsrichter ihm eine neue Stelle seines Briefes vor. Er hatte geschrieben: die Regierungen in Deutschland, besonders Preußen, hätten Grund zur Schonung und Vorsicht, weil allzu große Strenge eine schnelle Krisis hervorbringen könnte; falls aber die Revolution ausbräche, sei die Regierung schuld daran, weil sie Männer wie Schleiermacher und De Wette schikaniere und ausspioniere, ohne zu bedenken, daß es von diesen fast nur eines Wortes bedürfe, um das bestehende staatliche Gebäude umzustürzen. Worauf er diese Meinung gründe, war die Frage, welche man an ihn stellte. Ulrich verweigerte zum drittenmal die Antwort und blieb auch Drohungen gegenüber standhaft. «Der Ulrich», steht am Rande des Protokolls, «war anscheinend trotzig». Nun aber suchten die Herren noch eine dritte Stelle heraus, ein Wort De Wettes, welches Ulrich in dem Briefe mitgeteilt hatte. Derselbe habe in einer Studentenversammlung geäußert: wenn Sand einen unwiderstehlichen Trieb zu der Tat gefühlt habe, so habe er recht getan, sich als Werkzeug Gottes zu betrachten und als Märtyrer für die gute Sache zu sterben. Ob De Wette das wirklich gesagt habe? Ulrich versuchte die Stelle zunächst als harmlos auszudeuten, konnte aber am Ende nicht leugnen, daß er wenigstens dies aus den Worten herausgehört habe. Wo De Wette dies geäußert habe? Ulrich antwortete: bei ihm selbst. (...) Damit endigte für diesmal die Vernehmung. Am nächsten Tage kam Ulrich noch einmal und bat, das Protokoll ergänzen zu dürfen. Er bemerkte in bezug auf die Stelle seines Briefes über die Schädlichkeit von Sands Tat, daß dort ein von den Richtern ausgelassener Zusatz stehe, der den Sinn seiner Worte mildere. «Und doch», so hatte er geschrieben, «sind es gerade diese Männer, welche den oft aufbrausenden Geist der Jugend mäßigen und ihren Enthusiasmus zu guten Zwekken zu leiten suchen». Daran knüpfte sich noch einmal eine Diskussion zwischen ihm und der Kommission, wobei Ulrich sich ganz tapfer und verständig, wie am vorigen Tage, benahm, übrigens aber als Ausländer und Republikaner aus seiner politischen Gesinnung kein Hehl machte. Es seien, so sagte er, Zeiten möglich, wo die Revolution nützlich sei, und wo er selbst daran teilnehmen werde. Sie schände an sich nicht, jedoch kenne er Deutschland zu wenig, um an einen Nutzen der Revolution für dasselbe zu glauben.

Im Besitz dieser Aussage ging die Kommission abermals gegen De Wette vor. Am 8. August, einem Sonntag, erhielt dieser eine neue Vorladung auf den folgenden Tag, «behufs Vernehmung über einige in dem Briefe eines Studierenden ausgesprochene Tatbestände». (...)

In dem Verhör hielt man ihm nichts weiter vor, als den Satz über Sand. Er wurde gefragt, ob er dies Urteil wirklich für das seinige erkenne und, sofern dies der Fall sei, ob er es in einer Studentenversammlung ausgesprochen habe. De Wette erklärte zunächst, daß er sich für berechtigt halte, eine solche, sittliche Meinungen und Absichten betreffende Frage, die nicht in das Gebiet einer zur Untersuchung demagogischer Umtriebe und Verbindungen eingesetzten Kommission zu gehören scheine, abzulehnen, setzte dann aber doch hinzu, daß er das in Rede stehende Urteil über Sands Tat weder in seiner besonderen Fassung noch in dem damit zu verbindenden Sinne für das seinige erkennen könne, und mithin aufs bestimmteste in Abrede stellen müsse, solches in dieser Art je in einer Versammlung von Studierenden ausgesprochen zu haben. Er leugnete nicht, daß er mehrmals Veranlassung gehabt habe, sich über die Mordtat zu äußern, und es sei daher wohl möglich, daß er einzelne Sätze angeführt habe, die aus dem Zusammenhang gerissen von einem weniger aufmerksamen oder mit ihm nicht genau bekannten Manne in beinahe demselben wie dem angeführten Sinne verstanden sein könnten. Zum Schluß bemerkte er, daß er in seiner Stellung als Lehrer der Moral auf der hiesigen Universität es auf keine Art vermeiden könne, auch gegen Studierende seine Ansichten von der Sandschen Tat zu entwickeln; doch sei dies nur in rein moralischer Beziehung geschehen. Abermals entlassen, säumte er nicht, seinen Konflikt mit dem Polizeiministerium in dem ganzen Verlauf von dem ersten Verhör ab dem Unterrichtsminister vorzutragen, dessen Weisheit er, da es ihm hier nicht um seine Person zu tun sei, alles ruhig anheimstellen wolle.

Auch unter den Studenten, deren Empörung über die Verfolgung tief und allgemein war, hatten manche, unter Berufung auf die durch die akademischen Gesetze ihnen zugesicherten Freiheiten, sich geweigert, vor der Kommission zu erscheinen. Sie hatte der Senat, jedoch erst, als das Ministerium ihm die Pflicht dazu eingeschärft hatte, durch Anschlag am Schwarzen Brett ermahnt, den Ladungen zu folgen. Den Kollegen aber wollte er weiteren Behelligungen nicht aussetzen. Indem er dem Minister die Beschwerde De Wettes überreichte, erklärte er sich in einem besonderen Anschreiben von außerordentlicher Schärfe mit ihm solidarisch.

Wie man sieht, war man an der Universität noch immer guten Mutes und ver-

stand gar nicht recht, wie ernst die Lage geworden war. Wer hätte auch bereits etwas ahnen können von dem, was in diesen Wochen in Teplitz und dann in Karlsbad gebraut wurde und erst das Geheimnis eines kleinen Kreises war!«
Der Senat, und besonders Schleiermacher, rechnen bereits mit einer Niederschlagung des Verfahrens und einer Besinnung in Hardenbergs Kanzleramt. Da findet die Polizei die Spur eines Trostbriefes, den de Wette an die Mutter Sands geschrieben hatte ...
»Am 12. August war General von Zastrow in der Lage, die konfiszierten Briefe, dazu die Originalprotokolle an das Berliner Polizeiministerium abzuschikken. Am 19. kamen sie an Schuckmann; am 20. übersandte dieser alles, zugleich mit den Untersuchungsakten gegen David Ulrich und dem Brief des Studenten Lindenberg über das Pichelsberger Fest am 2. des Wonnemonds, an das Unterrichtsministerium. Altenstein war noch immer nicht von seiner Erholungsreise zurückgekehrt, deren Erfolg durch diese Akten, die ihm am 26. August vorgelegt wurden, nicht erhöht sein wird. Was kommen mußte, konnte er voraussehen: den Einbruch einer Partei, deren bildungsfeindliche Bestrebungen ihm nur zu wohl bekannt waren, in den Bereich der Wissenschaft, deren Pflege ihm Sache des Herzens und der Überzeugung war. Aber was sollte er machen? In der Ministerialkrisis hatte er seine Stellung genommen, trotzdem er der entscheidenden Aktion im August sich weise entzogen hatte. Er mußte jetzt wenigstens für sein Ressort Farbe bekennen. Noch am 26. August ward die Kabinettsordre aufgesetzt, die ihm befahl, De Wette dahin zu vernehmen, ob er den abschriftlich anliegenden Brief als den seinigen anerkenne, und sofort höheren Ortes Bericht zu erstatten. (...)
Welche Auffassung De Wette in diesem Moment von seiner Lage hatte, läßt sich kaum sagen, da intimere Äußerungen von ihm aus diesen Tagen leider fehlen. Es scheint aber, als ob die Stimmung des Unmuts, in die er durch die Quälereien Wittgensteins und Granos geraten war, die Besorgnis, daß es um seine Stellung geschehen sei, noch überwogen habe. Jedenfalls ließ er sich nicht einschüchtern und trat aufrechten Ganges seinen Verfolgern gegenüber. Diesen Eindruck erhält man auch durch die Eingabe an den Minister, die er seiner zu Protokoll gegebenen Erklärung zwei Tage später nachsandte, und worin er denselben um eine Fürsprache bei Sr. Majestät anging. Er hat sie später in einem Brief an Schleiermacher ungeschickt genannt und es überhaupt beklagt, daß er den Freund in jenen Tagen nicht bei sich gehabt habe. Wir aber möchten den Brief nicht missen. Der Stolz, den er atmet, macht uns den Schreiber erst recht wert; und daß, wie er nach seiner Absetzung zu glauben schien, eine nachgiebigere Haltung sein Schicksal abgewandt hätte, war gewiß eine Täuschung. «Aber ich bitte um nichts», so schreibt er darin, «als was Ew. Excellenz von selbst für recht und billig halten. Der Wahrheit, in deren Dienst ich stehe, kann nur mit Gerechtigkeit gedient werden, und ich leiste Verzicht auf jede Nachsicht und Gunst, welche der Sache derselben Schaden bringt. Ist es erwiesen, daß ich als Lehrer der Jugend Schaden stifte, so will ich gerne abtreten und büßen. Aber diesen Beweis führe man nicht aus meinen oder hiesiger Studierenden vertraulichen Briefen, sondern aus meinen Schriften und öffentlichen Vorträgen». Er forderte ein vollständiges Zeugenverhör, er erbot sich seinerseits, Zeugen zu stellen, gerade solche, die jetzt verhaftet seien, denen er die Unrechtmäßigkeit dieser Tat ins Licht zu setzen gesucht habe, und er berief sich auf das Zeugnis aller derer, die ihn kennten, ob er durch seinen Lebens-

wandel und durch seine Gesinnung den Verdacht rechtfertige, daß er Grundsätze verbreite, welche das Leben zerstören würden. (...)
Hierauf blieb zunächst alles still. Am 2. Sept. ging der König nach Breslau zu den schlesischen Revuen, und das mag vielleicht der Anlaß für ihn gewesen sein, die Entscheidung hinauszuschieben. (...) In der Nacht zum 11. September kehrte der König zurück, und schon in den folgenden Tagen fanden die Beratungen statt, in denen De Wettes Schicksal besiegelt wurde. An Gegenwirkungen fehlte es nicht. Am 8. September hatte das Staatsministerium eine Immediateingabe an den König gerichtet, in der es auf die Willkür der von der Polizei geführten Untersuchung hinwies, unter anderem bemerkte, daß der Professor Jahn ohne alles Verhör bereits zwei Monate verhaftet sei, und darauf drang, eine Justizkommission zu bestellen, damit die Dinge einen den Gesetzen angemesseneren Gang nähmen. Wir haben darin ohne Frage den Einfluß der liberalen Gruppe, Beymes, Humboldts und Boyens, zu sehen. (...) Bei dem König jedoch fand diese Eingabe die übelste Aufnahme. Eine Kabinettsordre vom 16. September sprach dem Staatsministerium das allerhöchste Befremden über dies «tadelhafte Mißtrauen» gegen seine ausgesprochenen Grundsätze aus und stellte in Abrede, daß die Polizei nach reiner Willkür verfahre. Die Vorstellung beruhe auf ganz irrigen Voraussetzungen, auch in bezug auf Jahn, und nicht die geringste Spur von Willkür sei in dem Vorgehen der Polizei vorhanden. Der König berief sich auf den Satz, den auch das Ministerium anerkannt hatte, daß die Privatsicherheit der öffentlichen aufgeopfert werden müsse, sobald und soweit es die Not gebiete, und daß es vermessen sein würde, dem König das Recht zu bestreiten, außerordentliche Maßregeln zur Sicherheit des Staates zu ergreifen.«

Am 18. September befahl der König, nachdem der Polizeiminister ihm Vortrag gehalten hatte, die Entlassung De Wettes. Damit war die Sache zu Ende. De Wette bat in einem Abschiedsbrief die Fakultät um eine Vertrauenserklärung, die sie umgehend ausstellte. Schleiermacher veranlaßte die Instituierung eines Gemeinschaftsfonds, in den einige Kollegen (Hegel nur widerwillig) von ihrem Gehalt zugunsten De Wettes abzweigten. Sie forderten ferner, De Wette solle eine öffentliche Verteidigungsschrift vorlegen. Vor allem Schleiermacher ermutigte ihn dazu und sandte ihm seinen Entwurf der Fakultätsantwort auf De Wettes Abschiedsbrief hin. Der Druck fand statt, und alle Dokumente und Prozeßakten des Verfahrens gegen De Wette kamen vor die Öffentlichkeit. Man riet dem Minister, die Akte zu konfiszieren, was dieser glücklicherweise ablehnte. Glücklicherweise oder unglücklicherweise. Denn De Wettes Gegner fanden in der Sammlung, und zwar in Schleiermachers Briefentwurf, eine Handhabe, um «den anderen Jakobiner» der Fakultät zu fassen, «der noch viel gefährlicher» erschien als der unvorsichtige De Wette. Am 23. Februar ließ der König durch seinen Kabinettschef, Geheimrat Albrecht, requirieren, wer das Antwortschreiben der theologischen Fakultät verfaßt habe. Drei Wochen später trat unter Hardenbergs Vorsitz die neugebildete Ministerialkommission zusammen, um über *Schleiermacher* Gericht zu halten.

»Hätte man nun den Verhaßten allein vor sich gehabt, so würde man wohl kurzen Prozeß mit ihm gemacht haben. Das Unangenehme war nur, daß das Fakultätsschreiben auch von den beiden Kollegen, Marheineke und Neander, unterzeichnet war, die mit den Verirrungen De Wettes gar nichts gemein hatten und eher als seine Gegner aufzufassen waren, und daß ferner eine Verfügung der Art im «Publi-

co», und besonders in der Gelehrtenwelt ein großes und unangenehmes Aufsehen erregen und der hiesigen Universität vielleicht nachteilig sein würde. Auch ließen sich, wie in dem Protokoll ausgeführt ward, mildernde Umstände für jene beiden finden, denn es war doch nur die Antwort auf einen Brief De Wettes gewesen, dessen abscheulicher Grundsatz keineswegs verteidigt, sondern ausdrücklich darin verworfen sei, wozu noch komme, daß De Wette ihn selbst gar nicht mehr aufrecht erhalte und fast verleugnet habe. Ferner sei wohl anzunehmen, daß die beiden Herren den Brief vor seiner Reinschrift nicht einmal gesehen und erwogen hätten, sondern nach flüchtiger Durchsicht und im überwältigenden und wohl zu entschuldigenden Gefühl des Mitleids mit ihrem mehrjährigen Kollegen unterschrieben hätten. Dem Verfasser dagegen ward aus denselben Argumenten, welche Marheineke und Neander entlasten mußten, der Strick gedreht. «Er, der klügsten und verschmitztesten einer, der den Wert der Worte genau kennt und wiegt und die Kraft des Ausdrucks in seiner Gewalt hat, verfaßte das Konzept des in Frage stehenden Schreibens mit Muße und Bedacht. Wegen alles dessen, was das Schreiben Zweideutiges und Anstößiges enthält, kann ihm daher die Vermutung der Übereilung, des Mißverstehens, der Unparteilichkeit oder eines zu weit getriebenen Mitleidens nicht zu Statten kommen, und zwar um so weniger, da er ganz der Mann ist, von dem man sich einer lebhaften Teilnahme an den bösartigen Verirrungen des De Wette versehen darf». Mehr noch ward dem Verhaßten die eigene Vergangenheit angerechnet: der Mißbrauch der Kanzel zu «politischen Vorträgen» und seine früheren politischen Aufsätze, insbesondere der Artikel im Preußischen Korrespondenten vom 13. Juli 1813, dazu noch drei Briefe an Arndt, welche unter dessen im Juli beschlagnahmten Papieren gefunden waren, aus denen im Protokoll die Sätze zitiert wurden, die ihn als Gesinnungsgenossen von Görres und Jahn, als Tadler der preußischen Verwaltung und als Beleidiger der königlichen Majestät hinstellen sollten. Auch die begeisterte Schilderung jenes Studenten über das Pichelsberger Fest ward ihm jetzt zum Fallstrick. (...)
«Wer so redet, so schreibt und so handelt», heißt es am Schluß des langatmigen Schriftstücks, «wie der Professor Schleiermacher nach diesem allem geschrieben, geredet und sich betragen hat, sollte nicht länger als Seelsorger, Prediger und akademischer Lehrer der Religion und Moral geduldet werden». Dennoch kamen die drei Minister überein, daß die Dienstentlassung nach den Vorschriften des allgemeinen Landrechts, Teil II, Titel X, § 99 ff. gegen den «Schleiermacher» zu verfügen wegen der besonderen Beschaffenheit der dabei zugrunde zu legenden Beweismittel bedenklich und schwierig sein möchte; und sie hielten es für ratsamer, zur Verhinderung des Übels, welches «der Schleiermacher» in seinem großen Berliner Wirkungskreise unstreitig stifte, zu seiner Warnung und, wenn es möglich sei, zu seiner Besserung ihn nach seiner Dienstanciennität und mit Beibehaltung seines Diensteinkommens als Universitätslehrer wie als Prediger an eine andere Universität zu bringen. Sie hatten zunächst die Kirche und die Universität zu Greifswald mit ihm beglücken wollen. Aber die pommersche Universität scheint ihnen dann doch noch dem revolutionären Zentrum zu nahe gelegen zu haben; denn in dem Konzept sind diese Worte wieder ausgestrichen, und dafür ist Königsberg als der Ort einer gefahrloseren Wirksamkeit des Hochverräters gewählt worden. (...)
Daß Schleiermacher von dem gleichen Schicksal bedroht wurde, dem sein

Freund erlegen war, konnte natürlich, zumal nach Einforderung der Fakultätsakten, nicht verborgen bleiben. Er selbst schreibt unter dem 21. März 1820 an Arndt, daß die Stadt seit länger als 14 Tagen voll davon sei. Er wird sich auf seine Freunde im Ministerium selbst beziehen, wenn er von den Äußerungen wohlunterrichteter Männer darauf schließt, daß wirklich solche Absichten gegen ihn obgewaltet, seit einigen Tagen aber die Gefahr für jetzt vorübergegangen sei und es daher scheine, als ob diesmal «Recht vor Ungnade» gegolten habe. Aber die Akten waren der Fakultät noch nicht zurückgegeben, und «also», fügt er hinzu, «wollen wir noch nicht zu früh triumphieren». (...)

Nun darf man allerdings nicht sagen, daß die Eingaben des Senates an die Regierung durchaus die Stimmung in den Kreisen der Professoren widerspiegeln. Daß Gegenströmungen vorhanden waren, bewies uns die Verbindung, in der wir Hufeland mit dem Fürsten Wittgenstein sahen. Im allgemeinen werden wir aber doch zugeben können, daß die Kabinettsjustiz, welche gegen De Wette beliebt worden war, und die Vergewaltigung der Lehrfreiheit, besonders durch den Beschluß des Bundestages vom 20. September, auch die konservativen Elemente unter den Professoren indigniert hat. (...)

(...) Marheineke, der im Juli sich unter dem Eindruck des ersten Schreckens noch zurückgehalten hatte, unterzeichnete dennoch den Brief der Fakultät an De Wette vom 25. Oktober und die herrliche Eingabe an den Minister vom 19., worin Schleiermachers Feder den Minister auf die Freiheit als den lebendigen Odem der Wissenschaft von Gott und seiner Lehre verwies. Savigny, der sich zu dem Inhalt des De Wetteschen Briefes und zu seiner Schrift von der Sünde wider den heiligen Geist sicherlich nicht anders gestellt hatte als zu dessen früheren Schriften, übernahm es dennoch, die beiden Briefe an den König und den Minister zu entwerfen, worin der Senat gegen die Vergewaltigung des Kollegen protestierte. Bei den Reaktionären vom Schlage Wittgensteins und des Herzogs Karl von Mecklenburg galt er noch immer als behaftet mit dem revolutionären Gift.[2] Auch Hegel war diesen Kreisen als Philosoph, weil er zu denken wagte, verdächtig, und seine Beteiligung an dem Fest in Pichelsberg, sein Verhältnis zu Friedrich Förster, zu Carové und Herrn von Henning mußte den Spürsinn eines Cölln in der Tat in diese Richtung leiten. Indessen haben wir von ihm eine Äußerung (sie fällt allerdings etwas später, in den Januar oder Februar), welche von seiner früheren Haltung absticht und darauf deuten könnte, daß er bereits seine Stellung näher an der Regierung genommen habe. Schleiermacher hat sie überliefert, und wir wissen davon außerdem durch zwei Billets, die beide bei dieser Gelegenheit ausgetauscht haben. Anlaß war ein Rencontre, das sie außerhalb der Universität, auf einer Gesellschaft, miteinander gehabt hatten, offenbar bei einem Gespräch über das Thema, das alle Gemüter beschäftigte. Hegel verfocht in der Diskussion, die er selbst herbeigeführt hatte, mit Heftigkeit den Satz, daß der Staat das Recht habe, einen Lehrer abzusetzen, wenn er ihm nur sein Gehalt lasse. Schleiermacher brauste hiergegen auf. Diese Theorie, rief er aus, sei erbärmlich. Worauf Hegel mit einem gleich scharfen Wort antwortete. Die Sache erregte weithin Aufsehen. Bei Hof erzählte man sich, daß die streitenden Professoren miteinander handgemein geworden wären, und Schleiermacher wurde darüber sogar von Breslau her durch Gaß interpelliert.[3] In der Tat aber hatte er selbst, da er, wie er dem Freunde zurückschrieb, das erste unfeine Wort gesprochen, nach wenigen Tagen die Hand zum

Frieden geboten, in einem Entschuldigungsbrief, den Hegel sogleich in verbindlichster Form erwiderte. Beide hatten sich gegenseitig der vollen Achtung versichert und die Hoffnung ausgesprochen, sich in einer Fortsetzung der Diskussion über den Gegenstand zu verständigen, der, wie Schleiermacher schreibt, «in unserer gegenwärtigen Lage von so großer Wichtigkeit ist», so daß sie, wie Schleiermacher dem Breslauer Kollegen meldete, gar nicht mehr überworfen waren. Daß Hegel die Entlassung De Wettes, zumal in ihrer Formlosigkeit, an sich gerechtfertigt habe, geht daraus noch nicht hervor und ist eher zu verneinen. Wenn er bei jeder Gelegenheit den Anspruch des Entlassenen auf Fortbeziehung seines Gehaltes anerkannte, so muß er jedenfalls diese Verfügung seiner Verfolger gemißbilligt haben, womit die Tatsache, daß er einen bedeutenden Beitrag für die Spende hergegeben hatte, übereinkommt.»

[1] In einem zweiten, späteren Brief an den Vater selbst nennt er 375 Flaschen; aber die Zahl des ersten Briefes ist groß genug, um die feucht-fröhliche Feststimmung zu verstehen; auch scheint, nach dem Preise zu schließen, der Wein nicht schlecht gewesen zu sein.
[2] Vgl. Varnhagens Tagebuch, 20. Dezember 1819: «Prinz Karl soll neulich gesagt haben, es gäbe vier Hauptumtriebler, Gneisenau, Schleiermacher, Grolmann und Savigny; Schleiermacher aber sei der Ärgste». Und dabei hatte Gneisenau schon seit einem Jahr den Verkehr mit den alten Freunden gemieden, in deren Kreise er nach Varnhagens Mitteilungen als der «Marschall Seitwärts» bezeichnet wurde.
[3] Es ist der Brief, der Wittgensteins lebhaftes Interesse erregte. «Hier hat man in Hofgesellschaften erzählt», so lesen wir darin, «wir wären mit Messern aufeinander losgegangen. Da aber diese Geschichte gar bis nach Breslau gekommen ist, so hätte sie bis dahin wenigstens ein Mord müssen geworden sein.»

CHARAKTERISTIKEN UND KRITIKEN

Norbert W. Bolz
GREPH: Qui a peur de la philosophie
1977, Flammarion, Paris

Exoterik ist die Form und die Forderung eines Buches, in dem ein Forschungskollektiv Untersuchungen zur philosophischen Lehre in Frankreich vorstellt; und deshalb wäre ihm nichts unangemessener als eine deutsche Rezeption durch die Wenigen, die die Mühen einer fremdsprachigen Lektüre auf sich nehmen. Es handelt sich um eines jener Bücher, die durch Übersetzung gewinnen könnten – nicht nur viele deutsche Leser, sondern auch ein Mehr an Konkretion, da sich die meisten Essays auf deutsche Philosophie, zumal die Hegels und Nietzsches, beziehen. Übersetzung aber auch als Reformulierung der französischen Fragestellungen im Kontext der deutschen Bildungsinstitutionen. GREPH leistet Widerstand gegen die fortschreitende Liquidation der philosophischen Lehre, ohne an deren traditioneller Form festzuhalten. U-topisch fordert die Gruppe deren Ausweitung an anderen Orten, statt sich, wie die deutsche Philosophie, unterm politischen Druck der Nützlichkeitsfrage zur bloßen Wissenschaftstheorie zu verstümmeln. Alain Delormes entwickelt in seinem Beitrag die Zeit zum Denken gerade aus der Nutzlosigkeit der Philosophie und opponiert deren Lehre polemisch der gesellschaftlichen Rentabilitätsökonomie: am Horizont des nutzlosen Denkens erscheint ein anderes Sprechen. GREPH forciert die Möglichkeit, philosophische Praxis außerhalb der ihr gegenwärtig reservierten Räume zu entfalten, und stellt deshalb das ihr traditionell zugeschriebene Lebensalter in Frage. Entscheidend für die kritische Strategie des Kollektivs ist die These, daß es kein natürliches Alter für die Philosophie gibt und deshalb die «Reife» ein Pseudos mit eminenten politischen Effekten ist. Sarah Kofman analysiert das Funktionieren des Reife-Konzepts der Pädagogik, bestimmt seine Stellung zu Lust- und Realitätsprinzip und korreliert die Temperamente verschiedener Lebensalter in Comtescher Manier mit philosophischen Attitüden. Dabei wird deutlich, daß sich im Konzept der gereiften Intelligenz ein politischer Konservativismus verhaust, der dem Begehren die Spitze abbricht, die Wünsche kastriert und den, der einmal Lust am/aufs Denken hatte, auf den asketischen Zuchtweg zur Wahrheit zwingt. Dem verleiht die alltägliche Erfahrung an den deutschen Universitäten Relief: wen es, nach trauriger Schulzeit, als Erstsemester gelüstet, etwa Hegels Große Logik oder *Sein und Zeit* zu lesen, dem wird prompt ein Denkbeamter abraten und ein Handbuch der philosophischen «Grundbegriffe» aufnötigen. Nach dem Willen der Universitätspädagogik ist der Weg des Erstsemesters zu den großen philosophischen Texten so weit wie der des Wehrpflichtigen zum Rang eines Oberst. Diese Zucht zur Wahrheit kauft dem, der Philosophie studieren will, um einmal unreglementiert denken und sprechen zu können, den Schneid ab, indem sie ihn in Einführungskurse schleußt, die ihn mit einem Ensemble geistiger Kastrationsinstrumente konfrontieren. Sylviane Agacinski zieht daraus den Schluß, daß «intellektuelle Reife» ein philosophischer Mythos ist, der sich entschieden mit einer Politik der Ausschließung alliiert. Draußen gehalten werden die Unreifen: Kinder, Frauen, Volk – unreif, d.h. wünschend, begehrend. GREPH geht es darum, den verdrängten Wünschen eine philosophische Stimme zu leihen. Denn die Macht hat Angst vor einer Philosophie, die in die «falschen» Hände geraten ist – etwa in die der «Kinder» ...

GREPH fordert deshalb, das Alter der jungen Philosophen zu senken und die Lehre auszuweiten, wobei sich die Gruppe vor der naturalistischen Mystifikation schützen muß, daß das noch nicht zugerichtete Kind von Natur aus fähig sei, zu philosophieren. Zurück zu den wilden Wünschen! Unmittelbare Aufhebung der Verdrängung! Das sind die Losungen eines neuen Naturalismus, der viele «subversive» Diskurse heute verhext. Jacques Derrida stellt ihm in seinem stupenden Essay «L'âge de Hegel» – er spielt mit dem Doppelsinn von âge als Lebens- und Zeitalter – die Diagnose: «Comme toujours, le naturalisme consinien, dans ce contexte, est immédiatement théologique. Les vérités naturelles qu'enseigne la métaphysique procèdent d'une écriture divine. Celle-ci aura gravé dans l'âme du disciple ce que le maître de philosophie doit seulement, s'effaçant lui-même, révéler, comme une écriture invisible qu'il laisse paraître sur le corps de l'enseigné. Les discours du GREPH sont-ils toujours à l'abri de ce schéma?» (S. 78). Das Schema gehorcht einer doppelten Metaphorik der Einschreibung: die gute Schrift, die kraft einer natürlichen Einschreibung der Seele Wahrheit gibt, ist durch eine böse, verrätselte und stimmlose Schrift überschrieben und pervertiert. Pädagogik heiße, die böse Schrift verschwinden machen ...

In ihrer Lehre wird die Philosophie eine Sache von Körpern, denn Pädagogik heißt zumeist, Wissen im Handgemenge zwischen Lehrer und Schüler zu vermitteln – und zwar ein Wissen, das sich zwanghaft als philosophisches ausweist, indem es sich der Hausordnung der Wahrheit unterwirft. GREPH versucht, auf dem Körper des Meisters die Idiomatik der Wahrheit zu dechiffrieren: «le discours de maître n'est pas séparable de la mise en scène inconsciente du discours, de sa mise en corps dans le corps du maître.» (Bernard Pautrat, S. 271) In diesen genealogischen Analysen bekommt alles einen Körper und die Philosophie wird eine Sache Mann gegen Mann. Sie fragen nicht «Was ist Metaphysik?» sondern «Wer beansprucht sie für sich?» Wer hat Angst vor der Philosophie? Derridas prompte Antwort: der Staat. Dieser fürchtet die Philosophie als Brutstätte linkshegelianischer Staatsveränderer und der destruktiven Charaktere unter der schwarzen Fahne der Anarchie. Nominalistisch funktioniert «Marxismus» nur noch als Schibboleth für ein theoretisch-praktisches Feld, auf dem sich beide Kräfte zusammenfinden.

Philosophische Körper sind nicht nur die Lehrkörper der Universitäten, sondern auch kontextuelle Institutionen – auch der Staat führt einen philosophischen Diskurs, etwa über die Unmöglichkeit einer philosophischen Lehre – und intervenierende politische Mächte. Philosophie der Macht ist genitivus obiectivus wie subiectivus, und ihr überragendes

Paradigma bildet, auch für GREPH, Hegels Stellung zum preußischen Staat. Die Genealogie der Philosophien überbordet deren Feld, denn sie sind Kampfzonen, nicht theoretische Objekte, über die nachzudenken wäre. Dabei ergreift GREPH nicht Partei für die Philosophie, sondern für die Arbeit an ihr. Das Kollektiv möchte Philosophie weder prolongieren noch liquidieren, sondern zum Feld freier Erfahrung machen. Deshalb widersetzt sich GREPH den vier Gestalten einer Regression auf den vorkritischen Stand des Bewußtseins: einmal der technokratischen Reform des Erziehungssystems, die Philosophie in Humanwissenschaft auflöst. «Il s'agit de faire qu'à brève échéance on étudie la philosophie hors des lycées, entre spécialistes, comme une langue morte réservée au tout petit nombre des prêtres-archéologues-académiciens, dans des laboratoires ou des amphithéâtres capitonnés.» (S. 6) Es gibt sodann den unpolitischen Konservativismus traditionalistischer Philosophen, der Paralytiker des Geistes. Drittens jene, die mit dem gestanzten Pathos der Gott-ist-tot-Formel einen kurrenten Diskurs über den Tod der Philosophie ins Werk gesetzt haben. Und schließlich kämpft GREPH gegen die neuen Philosophenkinder, die mit eingesammelten Trümmern der alten Metaphysik basteln und, über sich selbst erstaunt, in einem neuen Verkündigungsstil sprechen.

GREPHs Stärke, die das Buch zu einer faszinierend luziden Genealogie der philosophischen Praktiken werden läßt, ist untrennbar von einer Schwäche des Kollektivs. Blind folgt GREPH dem Schema, das seit langem eine Geschichtsphilosophie der Philosophiegeschichte en miniature bietet: Hegel sei das Gefängnis, Nietzsche der Befreier. Ausgehend von der zweifelsfreien Einsicht, daß Hegels Diskurs als zeitparadigmatische Verknüpfung von Staatsstruktur und philosophischer Lehre gedeutet werden muß, identifiziert Derrida die Hegelsche Diskursmaschine, in der sich auch noch das Rädchen unseres Sprechens dreht, mit dem onto-enzyklopädischen System der Universitas, die ihrerseits die Autoenzyklopädie des Staates sei: «le système lui-même est une immense école, de part en part l'autoencyclopédie de l'esprit absolu dans le savoir absolu.» (S. 106) Dies Modell fordert als Form der Analyse transzendente Kritik, denn da sich philosophische Begriffe stets mit den Postulaten eines bestimmten Staates verschränken, kann sich die Dekonstruktion des Systems nicht unmittelbar an die Philosophie halten. Nietzsche hat das vorexerziert. Auf seinen Spuren wandelt GREPH; wenn etwa Sarah Kofman die Dialektik als oralsadistische Lust entlarvt, die sich schamhaft als Wahrheitssuche maskiert: «ce plaisir de triompher de l'adversaire, de le déchirer, introduit déjà dans la philosophie une jouissance de type politique.» (S. 35)

In ihrem traumwandlerisch sicheren «Pas de deux» sprechen Martine Meskel und Michael Ryan aus, was die Gruppe zur Erforschung der philosophischen Lehre Nietzsche verdankt. Für Nietzsche reduziert sich Kultur nicht, wie für die sozialdemokratische Bildungsbeflissenheit, auf theoretische Information, sondern ist primär Praxis – ein Existenzstil. Das hat ihm den genealogischen Weg gewiesen, auf dem die moderne Kultur, die das Wissen zu ihrem neuen Gott gemacht hat, entmystifiziert werden kann. Wer aber den neuen Gott «Wissen» entmachten will, muß auch die Lehre von ihrem theologischen Ursprung emanzipieren. Deshalb lehrt Nietzsche, wie man wird, was man ist – das Unlehrbare. Wie lehrt man eine transmutative, umwertende Praxis? *Ecce homo* ist die Autobiographie als Antwort: die Lehre eines unprofessoralen Professors. Nietzsche ist ein Bei-Spiel. Jeder Dialektiker weiß, daß ein Beispiel dem durch es Illustrierten unwesentlich ist und in einer strengen philosophischen Durchführung keinen Ort hat. Doch wenn es kein Wesen gibt? Dann ist das Beispiel, das Nietzsche gibt, nicht exemplarisch, und der Professor verschwindet in seinem Spiel. Wir wollen Lehrer, die man vergißt im Spiel der Lehre, keine Katechese. «Pour bien ‹nous souvenir› de la leçon de Nietzsche, nous devons ‹oublier› Nietzsche als Erzieher (de la même manière que le GREPH doit oublier un certain ‹Derrida›, c'est-à-dire, un certain ‹texte› que l'on risque toujours d'idolâtrer et une certaine ‹voix› à laquelle on risque toujours de donner trop d'autorité, et non le «membre du GREPH) qui participe, comme les autres, au travail collectif du groupe).» (S. 377)

Eine alttürkische Geschichte gibt dem, der einen Gedanken hat, den Rat, ihn mit des Kameles weichen Füßen schreiten, ihn daherbrausen zu lassen mit des edlen Pferdes heißer Hast, selber aber verborgen zu bleiben wie in einer Wolke. Philosophen sind Kamele, gewohnt auf dem weichen Wüstensand der Abstraktion zu schreiten; die harten Bergwege der Machtpolitik bereiten ihnen Schmerzen. Darin liegt eine Anweisung auf Anonymität, die leicht macht. Alle ihre Effekte finden sich in dem Buch von GREPH, in dessen Kampfspiel große Namen wie Derrida und Nancy untergehen. Anonymität schützt die Gedanken vorm Ressentiment der Mächtigen: man kann sie nicht mehr durch einen individualisierenden Autorennamen neutralisieren. Und je entschiedener der Diskurs der Mächtigen bei ihren Namen genannt wird (Derrida über das «projet Giscard-Haby – je préfère lui donner son nom propre de régime»; (S. 451), desto namenloser wird das andere Sprechen an anderen Orten, das GREPH vorbereiten möchte. Man kann es auch so sagen: *Qui a peur de la philosophie* zeigt, was «Politisierung» philosophisch bedeutet. Der Band ist offen, work in progress – und GREPH gestattet es nicht, seine Fortsetzung rein literarisch zu denken.

Manfred Frank

Die Welt als Wunsch und Repräsentation oder Gegen ein anarcho-strukturalistisches Zeitalter

Gilles Deleuze/Félix Guattari, Anti-Ödipus. Kapitalismus und Schizophrenie I, deutsch von B. Schwibs, Frankfurt/M. (Suhrkamp) 1974 (2. Aufl. 1977)

Ein Wetterleuchten

Wenn wissenschaftliche Publikationen durch die Brisanz ihrer Thesen oder durch den Widerstand, mit denen Teile der gebildeten Öffentlichkeit ihnen begegnen, eine ernsthafte und kritische Beachtung herausfordern, dann gilt dies für den 1972 in Paris erschienenen und inzwischen ins Deutsche übersetzten *Anti-Ödipus (*mit dem Untertitel: *Kapitalismus und Schizophrenie I)* in besonderem Maße. Zwar hält sich der Verkauf des Bändchens bei uns noch in Grenzen; die «Neue Philosophie» der Autoren wirkt vorderhand eher in der Aufgeregtheit der unmittelbar Herausgeforderten oder im Geraune von Fan-Clubs und sektenähnlichen Gruppierungen am Rand der universitären Szene; und wenig spricht dafür, daß hierzulande irgendein professionell (oder aus Leidenschaft) mit Philosophie und/oder mit Psychoanalyse Befaßter den Kopf nicht schüttelte, wenn er Foucaults Posaunenstoß für Deleuze vernimmt:

«Ein Wetterleuchten, welches den Namen Deleuze tragen wird, ist angebrochen: ein neues Denken ist möglich; das Denken ist von neuem möglich. Es naht nicht etwa nur, verheißen vom fernsten Schimmer eines Neubeginns. Es ist da, in den Texten von Deleuze findet es statt, es hüpft und tanzt vor uns, mitten unter uns ... Eines Tages wird das Zeitalter vielleicht deleuzianisch sein.»

Diese Morgenröte eines neuen Denkens läßt im deutschen Sprachraum noch auf sich warten, obwohl es, wie gesagt, Aufgeregte gibt, die den Schimmer – teils besorgt, teils hoffend – schon erblickt haben wollen. Aber kann man leugnen, daß unserer Universitäts-Philosophie der Zeitgeist den Wind aus den Segeln genommen hat, daß nacheinander die Phänomenologie, der Existentialismus, die Kritische Theorie und allmählich auch die analytische Philosophie in die Klassiker-Bibliotheken einrücken und ihre letzten Vertreter nach einem Wetterleuchten schmachten, welches das Denken aufs neue möglich macht?

Von Deleuze kennt man inzwischen auch in Deutschland ein paar Publikationen, z.B. *Nietzsche und die Philosophie* (1976), *Marcel Proust und die Zeichen* (1979), *Kafka. Für eine kleine Literatur* (1976) und *Rhizom* (1977), die beiden letzten Titel in Koproduktion mit Félix Guattari entstanden. Aber das Œuvre von Deleuze ist sehr viel reicher; ich nenne nur *Empirisme et subjectivité* (1953), *La philosophie critique de Kant* (1962), *Le bergsonisme* (1966), *Spinoza et le problème de l'expression* (1969), *Différence et répétition* (1969), *Logique du sens* (1969), und *La révolution moléculaire* (1977). In all diesen Studien verfolgt der Verfasser ein Interesse an der – wie die neueren Franzosen das nennen –

«Dekonstruktion» klassischer Gegensatzpaare: Ausdruck und Bedeutung, Oberflächen- und Tiefenstruktur, Innerlichkeit und Äußerlichkeit, Wunsch und Vorstellung im «Diskurs» der abendländischen und besonders der neuzeitlichen Philosophie. Was man sich unter der «Dekonstruktion» vorzustellen hat, ist nicht leicht zu erklären. Deleuze nennt sein Verfahren ein Denken gegen die Vernunft».[1] Und die Vernunft, das ist ein normatives Verfahren, welches dafür sorgt, daß in den aufgeführten Gegensatzpaaren immer das eine Moment dem anderen zum Opfer gebracht wird. Regelmäßig widerfährt das in den maßgeblichen Denksystemen Europas der sinnlichen, der vitalen, der äußeren Komponente, die man überwinden muß, wenn man zur «Wahrheit» voranschreitet. Aber was da geopfert wurde: der «wilde Wunsch» in all seinen Erscheinungsformen, kehrt als Verdrängtes wieder und trägt mit feiner Tusche seine Spur ein in die großen Denksysteme, und Deleuze vermag sie dort zu entziffern: Das, was weder Platon noch die Stoiker noch Spinoza noch Hume oder Kant wirklich ausschließen konnten, bringt die «Dekonstruktion» ans Licht.

Deleuze ist Philosophieprofessor in Vincennes; und man kann von ihm sagen, daß er seine intellektuelle Ausbildung vor dem Publikum gemacht habe. Weniger bekannt ist (oder vielmehr war bis vor kurzem) Félix Guattari. Er ist Psychiater, stand eine Zeitlang der kommunistischen Partei nahe, besuchte Lacans Seminare, verfaßte *Neun Thesen der linken Opposition* und arbeitet seit 1953 an der (im selben Jahr von Jean Oury gegründeten) Reformklinik *De la Bord à Cour-Cheverny*. Seinen Ruhm verdankt er dem *Anti-Ödipus,* der ja den spezifizierenden Untertitel *Kapitalismus und Schizophrenie* trägt, mithin an die Kompetenz des Psychiaters appelliert. Was die beiden Autoren zuammenführte und auf die Idee brachte, ihre (sichtlich auseinanderstrebenden) Talente in der lustvollen Produktion jener Philippika gegen die Psychoanalyse zu vereinigen, das wird deutlicher als aus den belanglosen biographischen Räsonnements vereinzelter Interviews aus der Lektüre des Hauptwerks selbst.

«Nothing ist schlimm, alles haut hin, alles ist drin ...»

Der *Anti-Ödipus* beginnt mit einem Schwall von Sätzen, der allein genügt hätte, die Aufmerksamkeit auf ihn zu lenken (ich fürchte, daß er zugleich erreicht, die Aufmerksamkeit von der Lektüre *abzulenken*):
«Es funktioniert überall, bald rastlos, dann wieder mit Unterbrechungen. Es atmet, wärmt, ißt. Es scheißt, es fickt. Das Es ... Überall sind es Maschinen, mit ihren Kupplungen und Schaltungen. Angeschlossen eine Organmaschine an eine Quellmaschine: der Strom, von dieser hervorgebracht, wird von jener unterbrochen. Die Brust ist eine Maschine zur Herstellung von Milch, und mit ihr verkoppelt die Mundmaschine. Der Mund des Appetitlosen hält die Schwebe zwischen einer Eßmaschine, einer Analmaschine, einer Sprechmaschine, einer Atmungsmaschine (Asthma-Anfall). In diesem Sinne ist jeder Bastler; einem jeden seine kleinen Maschinen. Eine Organmaschine für eine Energiemaschine, fortwährend Ströme und Einschnitte. Präsident Schreber hat die Himmelsstrahlen im Arsch. *Himmelsarsch*. Und seid ohne Sorge, es funktioniert; Präsident Schreber spürt etwas, produziert etwas, und vermag darüber hinaus dessen Theorie zu entwickeln. Was eintritt sind Maschineneffekte, nicht Wirkungen von Metaphern» (7).[2]

Man lauscht der Symphonie eines totalen Funktionierens, die sich, bald nach der Exposition der Themen, zum brausenden Urschrei einer bedingungslosen Lebensbejahung und Anpassung steigert («alles stimmt, schon beim Kinde» [14]), um freilich im Verlauf der Durchführung vom Stakkato eines «ununterbrochenen Maschinenlärms» (7) sonderbar bearbeitet zu werden. Ähnlich erlebte man es bereits im Nietzschebuch von Deleuze: «Als einzige Qualität des Willens zur Macht bleibt die Bejahung.»[3] Diese Liebe zum «unbegrenzten Ja- und Amen-Sagen»[4] durchwärmt auch den *Anti-Ödipus;* und es fehlt auch nicht die Auslegung der ewigen Wiederkehr als des Ja zur «Züchtung, zur Auslese».[5]

Das Ungewohnte und Neue ist, daß dieser Neovitalismus mit einer neuen Zärtlichkeit für den Gedanken der Maschine einhergeht.

Alles ist Maschine: Maschinen des Himmels, der Sterne, des Regenbogens und der Gebirge – es stöhnt und seufzt und röchelt und furzt und liebt im Körper des Weltalls, in den sich der entgrenzte Leib des Vitalsubjekts ausgedehnt hat. Nietzsches *homo natura* und Feuerbachs *Wesenseinheit des Menschen und der Natur* (8ff) stehn überall im Hintergrund; und zuweilen fühlt man sich gar an den Analogienzauber romantischer Naturphilosophie erinnert. Dem Menschen sind «selbst Sterne und Tiere zur Hut aufgegeben». Indessen, er ist im technischen (d.h. im Maschinen-)Zeitalter nicht mehr, wie in Heideggers Idyllen, ihr Hirte, sondern, sachlicher, «der ewige Verwalter der Maschinen des Universums», ihr Mechaniker» (10, 437).

Warum dieser Totalitarismus der Maschine? Zum einen, weil sie (und nur sie) «funktioniert»; zum anderen weil es leichter fällt, an ihrer Zerstückelung und

271

ihrer erneuten Montage Lust zu empfinden, als man das für den Fall der Organzerfetzung voraussetzen dürfte. Überhaupt muß man nicht an Frankensteins Labor denken, eher schon an eine delirante Bastelei. Überall flottieren Maschinenteile, die nur unter der Bedingung funktionieren, daß sie an andere Teile angeschraubt oder von ihnen abgelöst werden: überall Zusammenstückungen und Einschnitte. Pseudo-mathematisch ausgedrückt heißt das: «die Maschinen bilden auf binärer Regel und assoziativer Ordnung beruhende Funktionszusammenhänge» (12). Allerdings handelt es sich um eine Kette aus Zweierbeziehungen ohne Ende: durch all das Schrauben- und Rädergewinde flutet, strömt, dringt, rast und tobt ein Lebens-Elan, eine Art kosmischer Elektrizität, die der Weltalls-Entropie (der «Anti-Produktion») und dem «organlosen Körper» zu widerstehen hat: der Wunsch, die Freudsche Libido, der Urwille der Romantiker und Nietzsches.

Man zögert zunächst, Zutrauen zu fassen, gleichwohl deutet sich hier etwas Bemerkenswertes an. Für Deleuze und Guattari ist ausgemacht, daß die Maschinenteile als «Partialobjekte» (in der Terminologie Melanie Kleins) – keine Zuweisung zu bestimmten personalen Trägern verlangen. Die Produktionseinheiten des Wunsches sind auflösbar und beliebig neu zusammenstückbar. Sie bilden weder «Repräsentanten elterlicher Personen noch Träger familialer Beziehungen» (58). Es gibt nur den Produktionsprozeß einerseits und Produktionsverhältnisse andererseits. Ursprünglich ist allein die Welt des Wunsches, bevor sich ihm die Figur des Ödipus einschrieb und ihn zu einem Ur-Verdrängten und Unbewußten werden ließ, als das Sigmund Freud ihn bearbeitete.

Die ödipale Einschreibung

Aller Ehrgeiz der Autoren ist darauf gerichtet, die Logik jener Verwandlung des noch ganz unpersönlichen «Wunsches zu wünschen» in ein Begehren nach Personen zu rekonstruieren. Sobald das Sprachspiel «Papa-Mama-Ich» in den Gesellschaften umläuft, hat die «ödipale Triangulation» sich durchgesetzt; auf deutsch: die Verteilung der Menschheit auf eine der drei Rollen: Vater, Mutter oder Kind zu sein. Diese Rollenverteilung-im-Dreieck kann entstehen, wenn der Wunsch (*le désir*) von der Ebene des lauteren maschinellen Funktionierens auf die Ebene des Bedeutens verschoben wird. Statt Wirklichkeiten zu produzieren und mit seinem Wollen inmitten der real existierenden Produktionseinheit von Mensch und Natur innezustehen, bringt er nurmehr Bilder, Schatten, Verweisungen und Wiedervergegenwärtigungen hervor: seine Welt wird von der wesenhaften Armut des bloß Symbolischen heimgesucht, das anstelle der Wirklichkeiten deren Stellvertreter unterschiebt: der Wunsch stirbt als Wunsch, um als Bedeutung(skette) wiederaufzuerstehen und alsdann auf Personen zu verweisen.

Der Gedanke ist als solcher nicht besonders originell. Schon für Schopenhauer existiert der Wunsch, der die Welt im Innersten zusammenhält, als Wille und Vorstellung. Zahlreiche Formulierungen des *Anti-Ödipus* umwerben den Titel des Schopenhauerschen Hauptwerkes, (36, 381/2), der nirgends genannt wird.

Desto leidenschaftlicher zitieren sie Nietzsche. Mit ihm bedrängen sie die Metapher der Einschreibung (der «Inskription») und des Ein-schneidens so lange, bis der Leser sich in Kafkas Strafkolonie oder in ähnliche Folterkammern versetzt sieht. Die Verwandlung des Wunsches in ein bloßes Symbol – Nietzsche sprach von einer *Mnemotechnik* – vollzieht sich als Schnitt und Sektion ins Fleisch des Lebenswillens. Die Zerstreuung durch die Sprache zerstückelt und zerfetzt den «vollen Körper» einer ins Paradies vor dem Sündenfall zurückgeträumten Wildheit. *Style, stylo, stylet:* drei Namen für ein und dasselbe Folterinstrument, nämlich die «Grammatik», d.h. «die Bewegung der Kultur»(184). Gewiß ist die Welt als Vorstellung (das Reich der Symbole, der Zeichen und Bedeutungen) kein Werk des «wilden Wunsches». Bedeutungen bilden sich, wie (nicht erst) Ferdinand de Saussure – der (mißverstandene) Begründer der strukturalistischen Bewegung – gezeigt hatte, im Raster unterscheidender Beziehungen zwischen materiellen Elementen (sogenannten «Signifikanten» oder Ausdrükken), deren jedes seine Identität und damit seine Bedeutsamkeit dadurch erwirbt, daß es sich von allen anderen Elementen eindeutig abhebt. Saussure gestand, daß ihm die Tauschwert-Theorie der politischen Ökonomie vorgeschwebt habe, als er diesen Gedanken entwickelte. Deleuze und Guattari dient er als Kriterium der Unterschiedenheit von Natur und Kultur. Wie vor ihnen Spengler und Vertreter der «konservativen Revolution» liebäugeln sie mit Beschreibungen der Menschheitsgeschichte als eines Zerfallprozesses erst der archaischen Wildheit, dann des Mythos, endlich der Kultur: die Schwundstufe wäre die totalitäre «Zivilisation», deren Décadence der neue Mythos von Blut, Gewalt und Ehre – es ist der *Mythus des 20. Jahrhunderts* – revolutionär ins Archaische wiederumwenden soll. Das Wichtige ist, daß der Kulturalisierungsprozeß – schon bei Spengler – nur im Vergleich zum Zivilisationsprozeß gut wegkommt: in der Skala des Verfalls steht er selbst schon ziemlich unten; und die «rechten» Jünger Nietzsches – Gentile z.B. – haben schon früher nicht versäumt, in ihm die Gewalttat der «mnemotechnischen Einschreibung» nachzuweisen. Vergessen wir (trotz Theweleit) nicht, daß auch der Faschismus seine Ströme und Flüsse zu entbinden wußte, z.B. Röhms «braune Flut», die den «grauen Felsen überschwemmen» sollte. Ich gehe so weit und behaupte: das Phantasma vom wilden Fluß und seiner bedeutungsmäßigen Bändigung begründet den Minimalkonsens der Gegenaufklärung, die bekanntlich niemals Sympathien für den Kapitalismus hegte: das gilt sowohl für Nietzsche selbst wie für Spengler, Rosenberg, Moeller van den Bruck oder Heidegger.

Und auch für Deleuze und Guattari. In einem (zuweilen anregend geschriebenen) spekulativen Durchgang durch die (Verfalls-)Geschichte der abendländischen Menschheit unterscheiden sie drei Stadien. Am Anfang stehen die wilden Gesellschaften *(les barbares);* sie konstituieren sich über Verwandtschaftsbeziehungen, die den einzelnen unmittelbar zum Repräsentanten des Gesellschaftlichen machen. Durch die bloße Einschreibung in eine symbolische und soziale Ordnung verdrängen sie freilich mit struktureller Notwendigkeit den Repräsentanten des wilden Wunsches. Die «wilde Territorialmaschine» (die so heißt, weil sie die uferlosen – «deterritorialisierten» – Ströme der archaischen Wunschproduktion in Ländereien und Gehege, in Parzellen und ausdifferenziertes Eigentum «territorialisiert») weicht im Verlauf der Geschichte dem «despotischen Staat», in welchem «die verdrängende Repräsentation» – der «despotische Signifikant» – ihr terroristisches Regime errichtet. Wie sie das genau tut, bleibt hier wie stets dunkel. Genug, die Staatsgründer – «ein Rudel blonder

273

Raubtiere, eine Eroberer- und Herren-Rasse» (246) – brechen über die wilden Gesellschaften herein: «Die Erde wird am Ende ein Irrenhaus.»

Damit es dahin kommt, muß das Spiel der Repräsentation – der Verwandlung von Wunsch in Bedeutung – in seine letzte, verheerende Entstellung einwilligen: ganz allein bewerkstelligt durch die «Instanz des verschobenen entstellten Repräsentierten». Das ist eine ziemlich dunkle und schwer nachvollziehbare Geschichte, aber an ihrem Ende stehen Ödipus und Freud, sein Fürsprecher im Bereich der Theorie. Ödipus ist nun nicht, wie man glauben sollte, das konsequente Endprodukt der «Ordnung der Zeichen» und der ihr eingeschriebenen Identifikations- und Unterscheidungszwänge (die Personen und Eigentümer an die Stelle von Wunschmaschinen-Teilen setzt). «Damit Ödipus besetzt wird, genügt es nicht, daß er innerhalb des Systems der Repräsentation eine Grenze oder ein verschobenes Repräsentiertes darstellt, er muß ins Innere des Systems wandern, muß selbst den Platz des Repräsentanten des Wunsches einnehmen» (227). Diese Bedingung, so versichern uns die Autoren, sei im Kapitalismus verwirklicht.

Die Entgrenzung der Ökonomie und die Stufe des Irrsinns

Hier ist also der Ort erreicht, an dem Deleuze und Guattari die Sprachwert-Theorie der strukturalen Linguistik mit der Tauschwert-Ökonomie des Kapitalismus engführen können (311ff.) Tückischerweise ist nämlich der Kapitalismus gar kein System der «Kodifikation» (im traditionellen Sinne). Sein Wesen ist es, Codes permanent zu «decodieren», Territorien zu «deterritorialisieren». Seine Geld-, Scheiß- Warenströme kennen keine fixen und definitiven Grenzen. Das teilen sie mit dem «Sprachsystem», dessen Bedeutungs-«Werte» ebenfalls im Lauf der unendlich vielen Sprachverwendungen um ihre Zeichenhülsen flottieren («floaten wie die Währungen»), um sich auf jeweils neuen und erweiterten «Sprachgittern» immer wieder neu zu differenzieren und zu identifizieren. Man könnte, mit Bataille, von einer im Strukturalismus/Kapitalismus vollzogenen *Entgrenzung der Ökonomie* sprechen. Ihr Effekt ist der Irrsinn; das letzte Territorium, das sich dem Auflösungsprozeß entgegenstemmt, ist die Ödipalität mit ihrem «Papa-Mama-Ich»: «das auf den Papa übergegangene despotische Zeichen, die von der Mama übernommene residuale Territorialität und das abgespaltene, kastrierte Ich» (342).

Ödipus ist also keine Erfindung Freuds: er hat ihm auf der Couch nur eine neue Heimstatt gewährt. Und es ist wahr: Freud hat nicht sehen wollen, wie sich die «familialen Imagines», sobald man sie fest ins Auge faßt, in ihrer Substanz verflüchtigen und den Durchblick auf jene gesellschaftlichen Bilder freigeben, von denen sie ihre Bedeutung sich vorgeben lassen. Freuds historische Leistung war, das abstrakte Wesen der *libido* entdeckt zu haben. Aber dann hat er den wilden Strom des Wunsches – wie um sich für seine Entdeckung gegenüber dem «System» zu entschuldigen – als jene «schmutzigen kleinen Geschichten» in den *pool* der Familie umgeleitet: «Statt reißender decodierter Ströme – die in das Bett von Mama recodierten seichten Wässerlein» (349).

Die Stunde des «Schizo» hat geschlagen. Sein Begehren ist es, die stets nur relativen Grenzen, durch die der Kapitalismus seinen Amöbenleib umgürtet, absolut zu durchbrechen. Man kann demnach sa-

gen, daß der Schizophrene den «Endpunkt der innersten Tendenz des Kapitalismus» anstrebt; aber dieser Endzustand wäre die Entropie, die Selbstauflösung des Kapitals. Man muß den Schizo also ins Irrenhaus sperren oder auf der Couch reödipalisieren.
Ein klarer Fall. Wir kennen ihn schon als Foucaults *Geschichte des Wahnsinns,* auf die Deleuze und Guattari sich stützen. Jede Generation muß aus dem Stoff ihrer Erfahrung realen Leidens in der bestehenden Gesellschaft Kontrast-Mythen schmieden. Oft geschieht das in der Form einer einfachen Umkehrung des herrschenden Wertsystems. Im 18. Jahrhundert verstärkt sich in Kreisen der aufsteigenden bürgerlichen Intelligenz die Kritik an der Legitimität des Kolonialimperialismus: es enstehen zugleich die Komplementärmythen vom bestraften Weltentdecker (Fliegender Holländer) und vom «guten Wilden». Im 20. Jahrhundert – und, wie man inzwischen weiß, seit der Romantik – scheint sie der Mythos vom guten Irren, vom «Schizo», abzulösen. Bleibt man auf der Ebene der Phantasieproduktion, so fällt es schwer, der Diagnose von Deleuze und Guattari zu widersprechen: sobald sie in der Literatur ihre Belegstellen rekrutieren (und sie tun es auffällig oft, dagegen nie in der Klinik), können sie zwingend nachweisen, daß der von der Gesellschaft ausgebürgerte Irre als der «bessere Mensch» geträumt wird. Der Schizo ist das kollektive Subjekt der Wünsche, Heiland und Revolutionär in einem, Schirmburg aller verbotenen oder verschobenen Begehrungen, die von ihrer Natur ordnungsfeindlich und auf Umsturz bedacht sind. Ein jeder kann diese Sympathie in seiner eigenen Brust entdecken: in diesem Sinn ist's schon plausibel, daß «uns der Kapitalismus alle verrückt macht».

Eine «völlig unbürgerliche Aventüre»

Die Frage bleibt freilich erlaubt, ob man über die Psychose notwendig selbst im Stil der Psychose (und nicht: im Stil der Dichtung) schreiben muß: als gälte es, Schopenhauers (ich weiß: ungerechtes) Wort über die Sprache Hegels nachträglich an neuem Material zu bewähren. (Er sprach vom «Zusammenschmieren sinnleerer, rasender Wortgeflechte, wie man sie bis dahin nur in Tollhäusern vernommen hatte ..., mit einem Erfolg, welcher der Nachwelt fabelhaft erscheinen und ein Denkmal deutscher Niaiserie bleiben wird».[6] Einige Landsleute leisten derzeit fleißige Kärrnerarbeit für die Errichtung eines neuen Denkmals dieser Art.)
Aber fragwürdiger als die Sprache der Autoren sind einige ihrer Grundüberzeugungen. Z. B. ihre Besessenheit von der Idee, die «Wahrheit breche nur im Delirium auf» (9), während jede vernünftige Kontrolle von Argumentationsabläufen eine Option für die Wunsch-Unterdrückung und gegen die Befreiung einschließe. «Die Vernunft, das ist die Folter», hat Foucault jüngst erklärt. Warum? Nun, die Vernunft schließt den Gedanken geordneter Verhältnisse ein; Ordnungen aber scheiden mit Notwendigkeit solche Elemente von sich aus, die der Ordnung widerstehen. Also sind Ordnungen gewalttätig. – Der Scharfsinn dieser Folgerung ist beängstigend.
Sodann fragt man sich, wem die Befreiung vom Kapitalismus eigentlich zugute kommen soll. Die Idee eines freien Subjekts, das unter seinen Zwängen litte, ist durch den begrifflichen und erkenntnistheoretischen Apparat des *Anti-Ödipus* von vornherein ausgeschlossen. Schließ-

lich kann sich Subjektivität nur innerhalb einer Ordnung des Vorstellens (der Repräsentation)⁶ᵃ konstituieren; niemand könnte daran denken, die «wilde Welt» der vorsubjektiven Elemente zu befreien. Und schließlich: in wessen Namen kämpfen die Autoren gegen die Ordnungen der Einschreibung? Man kann bestehende Verhältnisse nicht umstürzen, ohne sich – gegen die Wirklichkeit – auf einen Wert zu beziehen, in dessen Namen das, was ist, der Kritik verfällt. Stattdessen gleichen Deleuze und Guattari die gesellschaftliche (d.h. die *wirkliche*) und die Wunsch-Produktion.⁷ Diese Identifikation raubt dem Wunsch jenen gegenwirklichen Charakter, den nur seine Verschiebung auf die Ebene der Repräsentation zu gewährleisten vermöchte und der die (ständig zitierten) Dichtungen zu einer quasi-ethischen Instanz gegenüber der herrschenden Gewalt machte: die ins Unwirkliche und Symbolische ausgebürgerten Phantasien klagen das Glück ein, dessen sich die wirkliche Gesellschaft entschlagen hat. Eine Moral wäre freilich nicht weit entfernt von einem Überich und appellierte an Begriffe wie «Zweck» und «Sinn». Doch da die Produktionsmaschine davon nichts weiß (es genügt, daß sie funktioniert [11]), muß der Anarchismus der Verfasser im fatalsten Sinne des Wortes Sache der Willkür und des Vonungefähr bleiben.⁸ Er ähnelt dem «einfachsten surrealistischen Akt», von dem Breton träumte («mit dem Revolver in der Hand auf die Straße gehen und so lange wie möglich auf gut Glück in die Menge hineinschießen») und von dem Sartre meinte, der Traum habe sich im alltäglichen Faschismus rasch verwirklicht gefunden.⁹ Übrigens tut die totale Vernichtung, von der der Surrealismus träumt, keinem weh. Gerade weil sie total ist, gilt sie keiner Ordnung insbesondere; die Schergen der wirklichen Unterdrückung, die nur hellhörig werden, wo vom Wunsch nach einer alternativen (aber immerhin einer) *Ordnung* die Rede ist, können über diese Art von Anti-Kapitalismus beruhigt sein.

Hinter dem Angriff auf *die* Ordnung steht letztlich ein Mißverständnis *der* «Grammatik», das schon auf Nietzsche zurückgeht, der vom «Gefängnis der Sprache» redete. Solange es Subjekte gibt, die – sprechend – mit überliefertem Sinn neuen Sinn machen, ist das grammatische Repertoire keine Fessel, sondern eine Ermöglichungsbedingung unserer Orientierung in Umwelt und Gesellschaft. Nur wer das Subjekt buchstäblich durch die Maschen des «Sprachgitters» fallen läßt, für den werden diese Maschen zu Würgeschlingen und Folterdrähten. Nicht die «Zerstörung des Codes», nicht die «Gewalt gegen die Syntax», nicht die «Durchbrechung der Grammatik» (105, 109, 171/2) retten das Subjekt des Wunsches vor der Gewalt fremder Bevormundung; sondern allein die auf geduldiger Situationsanalyse beruhende Arbeit zugunsten einer solchen Einrichtung zwischenmenschlicher Beziehungen, in welcher dem Wunsch des Einzelnen von Vernunft wegen ein Höchstmaß an politischer Macht zum Nachdruck verhilft.

Zu dieser Arbeit haben die Fans des *Anti-Ödipus* keine Lust mehr, wie es scheint. Die resignierten Herausforderer der kapitalistischen Ordnung von gestern greifen lieber zu geistigen Beruhigungsmitteln und zu Schmerzbetäubern für die verstörte Seele (statt Trauerarbeit zu leisten und dann zur Praxis zurückzufinden) und werden durch ihre tatsächliche Gleichgültigkeit (d.h. durch ihre Nichtbereitschaft, sich gegen die bestehende Ordnung zugunsten einer «besseren» zu engagieren) zu Vorkämpfern einer tödlichen Integration des Individuums unter die herrschende Gewalt. Indem sie ihren gegenwirklichen Charakter verleugnen, verurteilen sie die Wünsche dazu, ins frenetische Einverständnis mit der Wirklichkeit umzuschlagen. Dieser Versuch, den Verlust von Sinn in einem happening des hysterischen Frohsinns zu feiern, ähnelt übrigens bis in die Motivation hinein der neurotischen Konversion der gescheiterten Revolutionäre von 1848 zum Optimismus (Sartre hat sie im IV. Teil des «Flaubert» genau analysiert). Das politische und intellektuelle Ausflippen, das geistige Kalibantum, ein gewisser aparter Stil, der Gedankenarmut durch Bilderwut kaum bemäntelt, und ein grenzenloses Selbstmitleid vieler unserer Linken von gestern sind schlimme Merkzeichen dieser Art von Foucault-Lektüre. Ich erinnere nur an die bereits wieder faschistisch eingefärbten Neovitalismen, die sich in der Nachfolge der wiederentdeckten Gobineau, Nietzsche und der «konservativen Revolution» diesmal weniger in Deutschland, dem Heimatland des blinden Respekts vor blinder Produktivität, als in Frankreich einschleichen. Sie sind um so gefährlicher, als sie einen anarchistischen *touch* haben, der dem Bürger auf der Straße mißfällt.

Aber dem Bürger zu mißfallen ist nicht genug. Auch der Nazismus war, wie Thomas Mann sagt, eine «völlig unbürgerliche Aventüre».

(Ich schlage vor, über diese und die damit zusammenhängenden Entwicklungen des «Anarcho-Strukturalismus» und Neo-Vitalismus eine Diskussion in den FUGEN zu führen.)

Gilles Deleuze, *Nietzsche und die Philosophie*, München 1976, 102/3.

Eingeklammerte Seitenzahlen im laufenden Text verweisen auf die im Titel ausgeschriebene deutsche Übersetzung von Bernd Schibs.

Deleuze, *Nietzsche (...)*, 213

L.c. 200

L.c. 213

Zürcher Ausgabe, II, 528

Offenbar setzt jede Re-präsentation eine vorgängige Präsenz voraus, in welcher der Wunsch, jeder Reflexion und Personalisation zuvor, mit sich vertraut ist: Dies Theorem hatte Deleuze in *Logique du sens* als Sartres «entscheidende» Entdeckung gewürdigt (l.c. 120, 124), ohne sich freilich seiner Kennzeichnung als eines impersonalen *Bewußtseins* anzuschließen: «Ce champs ne peut pas être déterminé comme celui d'une conscience: malgré la tentative de Sartre, on ne peut pas garder la conscience comme milieu tout en récusant la forme de la personne et le point de vue de l'individuation. Une conscience n'est rien sans synthèse d'unification, mais il n'y a pas de synthèse d'unification de conscience sans forme du Je ni point de vue du Moi» (l.c. 124). – Offensichtlich hat Deleuze die neuere Diskussion um Selbstbewußtsein nicht verfolgt. Noch in der Negation steht er auf dem vorsintflutlichen Standpunkt Kants oder Husserls.

[7] «Das objektive Sein des Wunsches ist das Reale an sich» (36). «Es gibt die Ordnung der Produktion – die zugleich gesellschaftliche und Wunsch-Produktion ist – und die Ordnung der Repräsentation; diese vernichtet jene und unterwirft sie dem Gesetz der Ökonomie» (381/2; montiertes Zitat [M.F.]).

[8] Hier gibt es widersprüchliche Formulierungen. Man müsse, sagen die Verfasser, dem «Prozeß» der unter den Repressionsinstrumenten verstümmelten Wünsche wieder «ein Ziel vorgeben» (469). Die Ziellosigkeit sei schließlich die «innerste Tendenz des Kapitalismus» (316), ein Zustand totaler Desorganisation, dem eine *Ordnung* der Wunschproduktion» (eine «wilde Ordnung») Einhalt gebieten müsse (351). Also doch eine Ordnung? – Auf der anderen Seite betreiben die Verfasser

die Sache des Kapitalismus: «Niemals wird man in der Deterritorialisierung, der Decodierung der Ströme weit genug gehen können» (496). – Hier wird die «Schizo-Analyse» selbst zum «Schizo-Diskurs».
⁹Sartre, *Situations* II, 222; vgl. 227/8

Jochen Hörisch
Literarischer Absolutismus

Anmerkungen zur poststrukturalistischen Aneignung der frühromantischen Literaturtheorie in Philippe Lacoue-Labarthe / Jean-Luc Nancy, *L'absolu littéraire*. *Théorie de la littérature dans le romantisme allemand*, Paris (Editions du Seuil) 1978

«Pourquoi les Français ne rendent-ils pas justice à la littérature allemande?» fragte Madame de Stael schon 1812 in der Überschrift des Kapitels ihres Deutschland-Buches, das der Literatur und den Künsten gilt. Die Autoren, Herausgeber, Kommentatoren und Übersetzer des überaus sorgfältig gearbeiteten, mit Namens- und Fragmentindices, mit Zeittafel, Glossar und Bibliographie versehenen Bandes *L'absolu littéraire* nehmen diese Frage 165 Jahre später wieder auf (cf. 9)¹ und lassen sie auch für die Gattung der Literaturkritik und -theorie gelten: Philippe Lacoue-Labarthe und Jean-Luc Nancy präsentieren zentrale theoretische Texte der deutschen Frühromantiker, um damit der ästhetischen Epoche ihr Recht widerfahren zu lassen, die eine Diskursformation eröffnete, der die fortgeschrittene Literaturkritik und mit ihr die Subjektivitätstheorie heute noch verpflichtet sind. Denn die frühromantische Gruppe war, wie die Autoren «ohne jede Übertreibung» meinen feststellen zu können, «die erste ‹Avantgarde›-Gruppe der Geschichte» (17). Der von ihr favorisierte Duktus artistischer Intellektualität blieb freilich bis heute dermaßen für avantgardistisches Denken überhaupt bestimmend, daß der Zeitschriftenartikel *Athenäum* nicht nur «unseren» intellektuellen «Geburtsort» (17), sondern auch die subkutane «Naivität» noch der radikalsten Dissidenz des Denkens anzeigt: «le romantisme est notre naiveté» (27).
Ein Ambivalenzkonflikt kennzeichnet nicht nur in dieser Hinsicht das Verhältnis der Kommentare zu Kommentierten (cf. 27). Lacoue-Labarthes und Nancys Rekapitulation frühromantischer Literaturtheorie zeugt von Faszination durch und gleichermaßen Animosität gegen das Nächste. Und tatsächlich nehmen die Überlegungen Hölderlins, Friedrich Schlegels und Hardenbergs sich häufig wie verblüffende Antizipationen des poststrukturalistischen Reflexionsduktus aus, dessen Derridascher Variante die Autoren anhängen. Ihre Textpräsentation ist somit ein Stück Wiedererkenntnis: mit dem frühromantischen hat der Diskurs (Derridas), Lacoue-Labarthes und Nancys auch dies gemeinsam, dem Bewußtsein einer dreifachen Krise zu entspringen. Der sozialen und moralischen Krise des Bürgertums, der durch die französische Revolution ausgelösten politischen Krise und schließlich der durch Kants Kritiken indizierten Krise von Bewußtsein und Subjektivität verdankt frühromantische Reflexion ihren Impetus (13). Diesen Krisen lassen sich unschwer diejenigen korrelieren, denen der Poststrukturalismus seine – nunmehr auch in der

deutschsprachigen Rezeption – zunehmende Suggestivität schuldet: die Krisen der sozialen Deklassierung und Proletarisierung des akademischen Bürgertums, der politischen Hoffnungslosigkeit nach dem Mai '68 und nach dem Prager Frühling und der epistemologischen Erschütterungen rationaler Kategorialität durch das neuere Bündnis von Psychoanalyse und Semiologie.

Doch nicht nur die Herausforderung, auf die die frühromantische oder poststrukturalistische Avantgarde reagiert, sondern auch die esoterischen Versuche einer Antwort zeugen von Affinität. Beide, Frühromantik und Poststrukturalismus, analysieren die Verstrickungen reflexiver Selbstbezüglichkeit und dezentrieren Subjektivität zum Relat transsubjektiver Strukturen. Beide wenden deshalb reflexionslogische Kategorien semiologisch und situieren Dasein in einer Alteritätsstruktur, die diesem einen vorgezeichneten Ort anweist – «Jedes ist nur das auf seinem Platze, was es durch das Andere ist»[2]. Beide sprengen deshalb tradierte Reservat- oder Disziplingrenzen und erklären Erkenntnis-, Gesellschafts-, Subjektivitäts- und Zeichentheorie für eins. Und mit der frühromantischen Gruppe betreibt der Poststrukturalismus schließlich eine Rationalitätskritik, da beide in Vernunft die Grundfigur von Herrschaft – Synthesis des Mannigfaltigen oder Suprematie des Signifikanten über das Signifikat – gewahren. Wie die Frühromantiker gegen Kants Diktum «Es gibt weder eine Wissenschaft des Schönen, sondern nur Kritik, noch schöne Wissenschaft, sondern nur schöne Kunst»[3] opponierten und die Dilemmata des Schönen – Unverbindlichkeit – und der Wissenschaft – Lust- und Wunschverdrängung – in ästhetische Theorie[4] aufgehoben sahen, so begünstigt der Poststrukturalismus das «eidästhetische» (52) und autotheoretische» (281) Genre «künstlerischer Reflexion», über die Friedrich Schlegel schrieb:

«Es gibt eine Poesie, deren eins und alles das Verhältnis des Idealen und des Realen ist, und die also nach der Analogie der philosophischen Kunstsprache Transzendentalpoesie heißen müßte. Sie beginnt als Satire mit der absoluten Verschiedenheit des Idealen und Realen, schwebt als Elegie in der Mitte, und endigt als Idylle mit der absoluten Identität beider. So wie man aber wenig Wert auf eine Transzendentalphilosophie legen würde, die nicht kritisch wäre, nicht auch das Produzierende mit dem Produkt darstellte, und im System der transzendentalen Gedanken zugleich eine Charakteristik des transzendentalen Denkens enthielte: so sollte wohl auch jene Poesie die in modernen Dichtern nicht seltnen transzendentalen Materialien und Vorübungen zu einer poetischen Theorie des Dichtungsvermögens mit der künstlerischen Reflexion und schönen Selbstbespiegelung, die sich im Pindar, den lyrischen Fragmenten der Griechen, und der alten Elegie, unter den Neuern aber im Goethe findet, vereinigen, und in jeder ihrer Darstellungen sich selbst mitdarstellen, und überall zugleich Poesie und Poesie der Poesie sein»[5]

Jener frühromantischen Transfiguration von Subjektivitätsphilosophie (die sich in die Zirkel imaginärer Selbstbezüglichkeit verstrickt) und von Poesie (die zur Artikulation bloßen Meinungsdenkens tendiert und so basale Standards von Argumentativität unterbietet) in eine «Poesie der Poesie» gilt das bevorzugte Interesse von Lacoue-Labarthe und Nancy. Ihre Textpräsentation wird denn auch durch *das älteste Systemprogramm des deutschen Idealismus* eröffnet, das «die Philosophie des Geistes» als eine ästhetische Philosophie» bestimmt und fordert: «Der Philosoph muß ebensoviel ästhetische Kraft besitzen als der Dichter»[6]. Obwohl die vermutlichen Kollektiv-Autoren dieses Fragments von 1796 – Hölderlin, Hegel und Schelling – kaum ungebrochen den Romantikern zuzurechnen sind, ist ihre Programmatik der romantischen verwandt (39 sqq.). Auch personell korrespondieren die Tübinger und die Jenaer Gruppe: nicht nur wurde Schelling Mitarbeiter des *Athenäum* und Hegel ausdauernder Hörer der nicht gerade gut besuchten Jenaer Vorlesungen Friedrich Schlegels von 1800/01. Hölderlin und Novalis waren überdies an einem Abend im Mai 1795 und also vor der Niederschrift des *Systemprogramms* im Hause Niethammers mit Fichte zusammengetroffen, um – wie des Gastgebers Tagebuch vermerkt – «viel über Religion... und Offenbarung und (darüber) daß für die Philosophie noch viele Fragen offen bleiben»[7] zu sprechen.

Diese (vermutliche) Geburtsstunde des literarischen Absolutismus, der auf die offenen Fragen der Philosophie die glückende Antwort des Schönen gibt, wird von Lacoue-Labarthe/Nancy ebenso wenig erwähnt wie neuere Versuche seiner Rekonstruktion[8] oder selbst direkte Entsprechungen der Titelformulierung «*L'absolu littéraire*»[9]. Diese gerade unter den neueren Franzosen gepflegte Geste grandseigneuraler Zitations-Abstinenz wird freilich durch eine enge Orientierung an der kanonischen Romantik-Deutung Walter Benjamins kompensiert. Deren These über den von Schlegel und Novalis zuerst gewahrten Zusammenhang von Reflexion, Subjektivität und Kunst vollziehen Lacoue-Labarthe und Nancy akribisch nach: «Im frühromantischen Sinne ist der Mittelpunkt der Reflexion die Kunst, nicht das Ich. (...) Im. also verändert gedachten Absolutum wirkt eine andere Reflexion. Die romantische Kunstanschauung beruht darauf, daß im Denken des Denkens kein Ich-Bewußtsein verstanden wird. Die Ichfreie Reflexion ist eine Reflexion im Absolutum der Kunst»[10].

Mit Benjamin gehen Lacoue-Labarthe und Nancy davon aus, daß Kants und Fichtes Reflexionstheorie der Subjektivität die «Möglichkeit der Romantik» (42) erst eröffnet hat. Wie selbstbezügliche Subjektivität möglich sei, bleibt die Leitfrage auch der Frühromantiker (190) – daß sie aber reflexionslogisch nicht verfaßt sein könne, ist ihre Entdeckung, die zur Metabasis vom Medium der Reflexion ins artistische Medium «schöner Selbstbespiegelung» anhält. Reflektierende Subjektivität, die «ich=ich» sagend sich als sich identifizierte, verlöre sich in die unendliche Präsupposition ihrer selbst. Denn sie müßte sich ihrer Selbstgleichsetzung je vorweg bereits wissen, um von beiden Relata der Gleichung Identität prädizieren zu können. Überdies verwickelte jene Gleichung sich in das mengentheoretische Dilemma, daß das wissende Ich sich selbst qua gewußtes Ich als Element enthalten müßte und gleichwohl doch nur das *eine* Subjekt wäre. Sprengt demnach Philosophie eben jenen Identitätsbegriff der Subjektivität, dessen Verfassung sie doch rekonstruieren will, oder gibt es – wie die beiden Autoren formulieren – «nichts in der Philosophie, was dem Subjekt Zugang zu sich selbst eröffnete» (191), so bedarf es eines Vermittlers, der als dritte Position das sich schizoisierende Selbst über es selbst verständigt. Eben diese Leistung, eine opferlose Nichtidentität des Subjekts»[11] herzustellen, die eins wäre mit der vom Identitätszwang befreiten Sichselbstgleichheit»[12], haben die Frühromantiker der (Sprach-)Kunst anvertraut und zugetraut. Damit nimmt Kunst jenen Platz ein, den die Ontotheologie dem Absoluten reservierte: Grund und Garant also begründeter Subjektivität zu sein. Die frühromantische Säkularisierung des Absoluten resultiert demnach aus der philosophiekritischen Einsicht: «Sich selbst kann niemand auch nur seinem Geiste direkter Mittler sein, weil dieser schlechthin Objekt sein muß, dessen Zentrum der Anschauende außer sich setzt»[13] (cf. 190 sq.). Kunstwerke manifestieren einen subjekttranszendenten und transsubjektiven Sinn, der gleichwohl dem Wunsch und der Lust des Subjekts Sprache verleiht. Das literarische Absolute öffnet somit die dyadische Zirkularität rekursiver Selbstbeziehung auf einen dritten Platz hin, ohne die Zwänge einer theologischen oder ödipalen Exzentrierung phantasmatischer Selbstschaffung (auto-production/184, 192) zu wiederholen. Indem Subjektivität in Kunst die «Mimesis der Selbstschaffung» (mimésis ... de l'auto-production/ 192) gewahrt, die ihr selbst versagt ist, vermag sie die Exzentrierung ihrer selbst zu affirmieren, auf die sie sonst depressiv, psychotisch oder phantasmatisch reagierte. «La *Darstellung* de l'impossible autoconstitution» (275) läßt Kunst allerdings zu einem Absoluten werden, das sich – wie der nach Benjamin zweite Kronzeuge des Buches: Heidegger gezeigt hat – von sich selbst ab-solviert[14], losgelöst hat. Als Darstellung im Medium der Phantasie, das dem Subjekt das Idiom des Phantasmas bereitstellt (388), ist Kunst ineins die Utopie gelingender Selbstkonstitution und deren Dementi. Der «Verabsolutierung des Absoluten» (386) der Kunst korrespondiert demnach notwendiger Weise die «Ab-solution des literarischen Absoluten» (421): Grundfigur frühromantischer Ironie.

So betreibt die Frühromantik eine rettende Kritik des nicht-absoluten, des mundanen Subjekts[15], dessen Epoche wir bislang allen diesbezüglichen Autodafés zum Trotz (noch) nicht verlassen haben. «Cette vérité massive qui nous est assénée: nous ne sommes pas sortis de l'époque du Sujet» (27). Der Tod der Literatur und der Tod des Subjekts sind eins, solange einzig Literatur fähig ist, das subjektspezifische Glück festzuhalten, «ohne Schrecken seiner selbst inne werden zu können»[16]. Auf der Grundlage dieser frühromantischen Einsicht aber ist der Umstand um so irritierender, daß im frühromantischen Œuvre selbst die Kritik von Philosophie und Literatur den Platz einnimmt, den sie der Literatur vindizierte (372). Noch in ihrer gattungsmäßigen Option für literaturkritische «Reprisen dessen, was ist» (19), gibt die Frühromantik ihre Einsicht in die Mundanität des von ihr beschworenen Absoluten zu verstehen. Und noch darin antizipiert sie die Diskursformen des Poststrukturalismus, der umgekehrt in Lacoue-Labarthes und Nancys kritischer Reprise kritischer Reprisen seine eigene Archäologie freizulegen beginnt. «Vieille histoire de la vérité femme ...» (196), die Hölderlin und F. Schlegel dem Namen Diotima das Geheimnis der Nicht-Identität und der différance anvertrauen ließ.

[1] Seitenangaben in Klammern beziehen sich auf den rezensierten Band: Philippe Lacoue-Labarthe/Jean-Luc Nancy: *L'absolu littéraire – Théorie de la littérature du romantisme allemand*. Paris 1978 (Seuil).
[2] Novalis: *Schriften*, ed. R. Samuel, Bd. 2 Darmstadt p.
[3] *Kritik der Urteilskraft*, § 44, B 176 sq. Cf. dazu J. Derrida: *Economimesis;* in: S. Agacinski et. al.: *Mimésis des articulations*. Paris 1975
[4] Zu den Affinitäten zwischen Adornos *Ästhetischer Theorie* und den Frühromantikern cf. J. Hörisch: *Herrscherwort, Geld und geltende Sätze – Adornos Aktualisierung der Frühromantik als grammatologische Ra-*

tionalitätskritik; in: B. Lindner/M. Lüdtke: *Materialien zu Adornos Ästhetischer Theorie.* Ffm 1980

[5] Athenäum-Fragment 238

[6] In: Hegel: *Werke in 20 Bdn,* ed. Michel/Moldenhauer. Bd. 1. Ffm 1971, p. 235

[7] Zitiert in: Novalis: *Schriften* IV, ed. R. Samuel. Darmstadt 1975, p. 588

[8] Cf. u.a. B. Lypp: *Ästhetischer Absolutismus und politische Vernunft – zum Widerstreit von Reflexion und Sittlichkeit im deutschen Idealismus.* Ffm *1972 /* J. Hörisch: *Die fröhliche Wissenschaft der Poesie – Zum Universalitätsanspruch von Dichtung in der frühromantischen Poetologie.* Ffm 1976

[9] J.-P. Sartre: *L'idiot de la famille* III. Paris 1972, p. 103

[10] W. Benjamin: *Der Begriff der Kunstkritik in der deutschen Romantik;* in: *Gesammelte Schriften,* 1,1. Ffm 1974, p. 39 sq.

[11] Th. W. Adorno: *Negative Dialektik. Gesammelte Schriften* 6. Ffm 1973, p. 277

[12] Th. W. Adorno: *Ästhetische Theorie; Gesammelte Schriften* 7. Ffm 1972, p. 190

[13] F. Schlegel: Ideen-Fragment 44

[14] M. Heidegger: *Schellings Abhandlung über das Wesen der menschlichen Freiheit (1809).* Tübingen 1971, p. 52

[15] Schellings *Epikureisch Glaubensbekenntnis Heinz Widerporstens* ist sinniger Weise in die Textsammlung aufgenommen worden.

[16] W. Benjamin: *Einbahnstraße;* in: *Gesammelte Schriften* IV, 1. Ffm 1972, p. 113

Traugott König

Die Abenteuer der Dialektik in Frankreich

Es scheint kein Zufall zu sein, daß nicht einer der bekannten Philosophieprofessoren der Sorbonne, sondern ein aus Deutschland kommender Russe den Franzosen in den dreißiger Jahren als erster die Philosophie Hegels und damit dialektisches Denken nahegebracht hat: Aleksandr Kojevnikov. In den üblichen Philosophiehandbüchern wurde Hegel nur auf wenigen Seiten als eine typisch deutsche Erscheinung der Romantik abgehandelt. Die Herrschaft des Cartesianismus, des Neukantianismus, der analytischen Vernunft, der *clarté* war bisher nur von Mystikern oder Poeten in Frage gestellt worden. Schien sich doch die *clarté* als Herrschaft des Dritten Standes seit der Französischen Revolution gegen alle Rückschläge behauptet und in der Dritten Republik schließlich auf der ganzen Linie gesiegt zu haben. So jedenfalls mußte es sich dem französischen Durchschnittsbürger darstellen, bis der Erste Weltkrieg schlagartig zu Tage brachte, was sich hinter der Herrschaft der *clarté* verborgen hatte. Die Reaktion war um so heftiger: Psychoanalyse, Dadaismus, Spiritismus, Surrealismus. Daß jedoch auch diese *contestation* wieder außerhalb der Universität blieb, wo der Sieg der französischen Waffen weiterhin als Sieg der *clarté* gefeiert wurde, bewies Paul Nizan in unübertreffbarer Schärfe mit seinem Pamphlet gegen die offizielle Universitätsphilosophie: *Die Wachhunde.* In den Kreisen der Surrealisten, Psychoanalytiker und Existentialisten war man dagegen zum ersten Mal aufnahmebereit für die Demaskierung der analytischen Vernunft durch die Dialektik, für die Philosophie Hegels. Aber mehr wie eine Verschwörung als eine offizielle Rehabilitierung spielte sich diese Hegelrezeption zuerst ab. In der Pariser Elitehochschule *Ecole Pratique des Hautes*

Etudes, in der, ohne die Last der Berufsausbildung, alles möglich ist, was den Rahmen der Sorbonne mit ihrem strengen Studiensystem sprengt, zelebrierte im kleinsten Kreis der 31jährige Alexandre Kojève – wie er sich jetzt französisch nannte – von 1933 bis 1939 im Rahmen einer Vorlesungsreihe über Hegels Religionsphilosophie seine kommentierte kursorische Übersetzung der *Phänomenologie des Geistes*. Zu seinen Füßen saßen André Breton, Georges Bataille, Maurice Merleau-Ponty, Jacques Lacan und Raymond Queneau, der die Vorlesungsnachschriften und -résumées 1947 als *Introduction à la lecture de Hegel* herausgab und die Kojèvesche Hegelinterpretation damit der Öffentlichkeit zugänglich machte.

Kojève war 1902 in Moskau geboren, hatte 1920 die Sowjetunion – nach eigenen Aussagen ohne zwingenden Grund – verlassen, um in Berlin und Heidelberg zu studieren. Er hatte sich zunächst mit Sanskrit, Tibetanisch, Chinesisch und Buddhismus befaßt und 1931 bei Karl Jaspers über den russischen Mystiker Vladimir Solov'ev promoviert. Aber seine Bemühungen, in Deutschland – etwa bei Rickert – Zugang zu Hegel zu erhalten, blieben vergebens. Nicht in Deutschland also, sondern bei seinem Landsmann Alexandre Koyré, der gerade begonnen hatte, in eben der Ecole Pratique des Hautes Etudes die vor kurzem entdeckten Hegelschen Frühschriften zu kommentieren, lernte er Hegel kennen. Aber erst als Kojève diese Vorlesung mit seiner Übersetzung der *Phänomenologie des Geistes* fortsetzte, fand sich jener Kreis von Hörern ein, die alle nachhaltig von ihm beeinflußt werden sollten. Denn ebenso heftig wie die *contestation* des Surrealismus gegen die heuchlerische Demagogie der *clarté* war nun auch der Kojèvesche Angriff der Dialektik auf die geschichtslose analytische Vernunft.

Zwei Merkmale kennzeichnen die Kojèvesche Hegelinterpretation: 1. Marx hatte bei Hegel nur den auf dem Kopf stehenden Prozeß der menschlichen Arbeit gesehen und dabei vernachlässigt, daß diese Arbeit durch den Kampf um Anerkennung als Voraussetzung des Selbstbewußtseins, durch den Prestigekampf auf Leben und Tod erzwungen worden war, weil der Knecht in seiner Todesangst die Unterwerfung dem Tod vorgezogen hatte. Und so wurde der Kojèvesche Kommentar zu einer extrapolierenden Interpretation des Kapitels über «Selbständigkeit und Unselbständigkeit des Selbstbewußtseins, Herrschaft und Knechtschaft».

Daher will ich nur diese Interpreattion und ihre Schlußfolgerungen zu resümieren versuchen, wobei ich hier natürlich äußerst vereinfachen und viele Zwischenstufen überspringen muß: In Hegels *Phänomenologie des Geistes* geht diesem Kapitel die Analyse des Bewußtseins voraus, das heißt der sinnlichen Gewißheit, der Wahrnehmung und des Verstandes. Da bei diesen drei Stufen des Bewußtseins der Mensch in passiver Betrachtung seines Gegenstandes von diesem absorbiert wird, können sie nicht erklären, was das Selbstbewußtsein ist, das ihn vom Tier unterscheidet. Selbstbewußtsein kann nur durch die Begierde entstehen, weil die Begierde nichts anderes ist als das Begehren, das betrachtete Objekt durch eine Tat sich anzueignen und sich ihm gegenüber dadurch als selbständig zu erweisen. Aber das gilt ebenso für die animalische Begierde, die auch noch nicht zum Selbstbewußtsein führt, weil das Tier durch ihre rein biologische Befriedigung vom bloßen Sein, von der Natur abhängig bleibt. Daher gelangt es nur zum Selbstgefühl. Wer sich vom bloßen Sein wirklich befreien will, der muß seine Begierde auf etwas Nichtseiendes richten, das heißt auf eine andere Begierde.

Damit begehrt er nicht das Objekt, das der andere begehrt, sondern das Recht auf dieses Objekt, das heißt er begehrt die Anerkennung durch den anderen. Und nur dadurch, daß der andere ihn anerkennt, gelangt er zum Selbstbewußtsein. Streben nun aber alle nach Selbstbewußtsein durch Anerkennung, dann herrscht überall ein Prestigekampf auf Leben und Tod. Endet dieser Kampf mit dem Tod beider Protagonisten, dann gibt es kein Selbstbewußtsein. Verliert nur einer von ihnen sein Leben, gelangt der Sieger auch nicht zum Selbstbewußtsein, weil er sich ja nur von einem lebenden Subjekt anerkennen lassen kann. Unterwirft sich der andere jedoch, macht er sich zu seinem Knecht, so kann auch das seinen Herrn nicht befriedigen, denn dadurch, daß jener die Knechtschaft dem Tode vorzog, bewies er seine Abhängigkeit vom Sein, das heißt seine Unselbständigkeit. Also kann der Herr auch von ihm sich nicht anerkennen lassen. Somit endet sein Sieg in einer Sackgasse. Vom Knecht aber geht die Entwicklung weiter: da der Herr ihn zur Befriedigung seiner Begierden arbeiten läßt, unterwirft der Knecht durch seine Arbeit das Sein, indem er es verändert. Damit verändert er auch sich selbst, denn er beweist jetzt nachträglich doch Selbständigkeit gegenüber dem Sein, dessen Nichtigkeit ihn bereits seine Todesfurcht bei der Unterwerfung unter den Herrn gelehrt hatte, und gelangt nun seinerseits zum Selbstbewußtsein. Da sich dieses Selbstbewußtsein mit der Existenz des Herren nicht mehr verträgt, wird er schließlich jede Herrschaft beseitigen. Zurück bleibt die Gesellschaft der freien Bürger, die einander alle anerkennen, weil sie durch Kampf oder Arbeit alle zur Selbständigkeit des Selbstbewußtseins gelangt sind. Damit vollendet sich die menschliche Geschichte, und alles was folgt, ist nur die Durchsetzung ihrer Vollendung. Hegel sah diesen Prozeß in der Französischen Revolution und in der Errichtung des Napoleonischen Reiches, und die ganze *Phänomenologie des Geistes* ist nach Kojève eine verschlüsselte Apologie Napoleons. Kojève war übrigens nach 1937 der Meinung, Hegel habe etwa 100 Jahre zu früh gelebt: nicht Napoleon, sondern Stalin sei der Vollender der Geschichte. Aber seine Reisen in die USA, die Sowjetunion und China haben ihn immer mehr davon überzeugt, daß Hegel sich doch nicht geirrt hatte, denn sowohl in der kapitalistischen als auch in der sozialistischen Industriegesellschaft vollendet sich der bürgerliche Weltstaat, der mit Napoleon begann und den ja schon die Theoretiker der Französischen Revolution als klassenlose Gesellschaft der Produzenten konzipiert hatten. Alle Kriege, Revolutionen und Befreiungsbewegungen seit Hegel/Napoleon sind nur Nachholerscheinungen. Alles läuft auf den homogenen Weltstaat hinaus. Diese Überzeugung wirkt heute – gerade angesichts eines globalen wachsenden Krisenbewußtseins – wie eine naive Fabel oder ein die wahren Konflikte leugnender Skandal, eine Illusion, die man tatsächlich nur zu Hegels Zeiten hegen konnte. Aber wer sich gerne von einem Skandal anregen läßt, wer weiß, daß es immer fruchtbar ist, einmal die geläufigen Denkgeleise zu verlassen, und wer dann versucht, die einzelnen Denkphasen der Kojèveschen Geschichtsinterpretation Schritt für Schritt nachzuvollziehen, der wird ihren heuristischen Wert erkennen und vielleicht in seine eigene Sprache übersetzen können. Faszinierend finde ich auf jeden Fall, daß die Kojèvesche Hegel-Interpretation keine akademische Übung ist, sondern der Versuch, die globale politische Situation des gegenwärtigen Augenblicks zu verstehen.
Damit wurde in Frankreich – abgesehen von einigen vorbereitenden Hegelstudien – zum ersten Mal eine dialektische Ge-

schichtsphilosophie bekannt, die für den Geschichtsverlauf und vor allem die jüngsten Erfahrungen entscheidende Phänomene begreifbar machten, welche von der analytischen Vernunft bisher nur als irrational und damit nicht existent eskamotiert worden waren. In dieser Interpretation des Selbstbewußtsein begründenden Prestigekampfes auf Leben und Tod steckt *in nuce* bereits sowohl die Sartresche Philosophie des aporetischen Antagonismus zwischen dem Für-sich und dem An-sich als auch Batailles Deutung des *potlatch,* jenes erst kürzlich von den Ethnographen entdeckten und 1923 von Marcel Mauss systematisierten Prestigegeschenks, das die Grundsätze der herkömmlichen Nationalökonomie aus den Angeln hob. Ein weiteres Erbe dieses Hegelkommentars war es, daß von vornherein jede «Dialektik der Natur» als undialektischer Unfug zurückgewiesen wurde, was wiederum für die bald beginnende Marxrezeption in Frankreich zum Allgemeingut werden sollte und in den existentialistischen «Enklaven» des Marxismus bei Henri Lefebvre, Maurice Merleau-Ponty und Jean-Paul Sartre seinen Niederschlag fand. Als Beleg für die Faszination der Kojèveschen Hegelvorlesung sei noch erwähnt, daß Anspielungen auf sein Denken in clownesker Form bei der Hauptperson des Romans *Le dimanche de la vie* von Raymond Queneau auftauchen.

2. Gegenläufig zu dieser Dialektisierung des französischen Denkens wurde bald jedoch ein zweites Merkmal der Kojèveschen Hegelinterpretation für Kojève selbst dominierend: Er hatte die gesamte *Phänomenologie des Geistes* als eine verschlüsselte Apologie Napoleons, das heißt der Französischen Revolution gelesen. Das bedeutete für ihn nun aber, daß der Antagonismus von Herr und Knecht seitdem tendenziell aufgehoben sei, da je der Knecht, sprich: der Dritte Stand, durch seine vom Herrn erzwungene Arbeit, das heißt die Domestizierung der Natur, seinerseits zum Selbstbewußtsein gelangt war und die Gesellschaft von nun an nur noch aus ehemaligen Knechten und ehemaligen Herren bestand, die sich gegenseitig anerkennen mußten, was sich zum ersten Mal im Code Napoléon niederschlug. Zwar erklärte Kojève 1937 in einem Vortrag an dem von Bataille, Leiris und Caillois gegründeten *Collège de sociologie,* Hegel habe nicht wissen können, daß er sich um gute hundert Jahre geirrt habe und daß nicht Napoleon, sondern erst Stalin die «Weltseele» verkörpere (eine Interpretation, die mir ebenfalls, wenn auch modifiziert, in der Batailleschen Stalininterpretation von *La part maudite* anzuklingen scheint). Und 1946 schrieb er noch in seinem Aufsatz *Hegel, Marx und das Christentum:* «Nach Hegel kann nun eine Diskussion nur durch die Wirklichkeit entschieden werden, das heißt durch die Verwirklichung einer der einander bekämpfenden Thesen. Die verbalen Polemiken oder ‹Dialektiken› reflektieren nur die wirkliche Dialektik, die eine Dialektik des Handelns ist, das sich als Kampf und Arbeit manifestiert. Und in der Arbeit (‹Wirtschaftssystem›), in Revolutionen und in Kriegen spielt sich seit bald 150 Jahren die Polemik zwischen ‹Hegelianern› ab. In jüngster Zeit hat die ‹Linke› einen eklatanten Sieg errungen, und es wäre absurd, daraus zu folgern, daß die ‹Rechte› schließlich gewinnen wird. Aber ebenso falsch wäre es, wenn man sagte, die augenblicklich siegreiche Interpretation habe sich endgültig als wahr herausgestellt... Denn es kann sein, daß die Zukunft der Welt und damit der Sinn der Gegenwart und die Bedeutung der Vergangenheit letztlich von der heutigen Interpretation der Hegelschen Schriften abhängen.» Aber schon wenige Jahre danach war für Kojève die Geschichte nicht mehr offen, war die Ent-

scheidung endgültig gefallen: Hegel hatte sich doch nicht geirrt, alles, was seit Napoleon geschehen war – einschließlich der beiden Weltkriege und der antikolonialen Bewegungen der Dritten Welt – waren nur Nachholgefechte zur Generalisierung des Napoleonschen Weltstaates der selbstbewußten Knechte, in der die ehemaligen Herren verschwinden würden. Von nun an interessierte sich Kojève, der die akademische Laufbahn aufgegeben hatte und bis zu seinem Tod im Jahre 1968 in der Leitung der französischen Sektion der OECE arbeitete – ausschließlich für die Frage: Was wird der post-historische Mensch sein, für den Geschichte nur noch die globale Durchsetzung des Napoleonischen Weltstaates ist, das heißt menschliche Geschichte aufgehört hat? Was also in den dreißiger Jahren mit der Einführung einer dialektischen Geschichtsphilosophie ins französische Denken begonnen hatte, endete schon bald nach dem Zweiten Weltkrieg bei Kojève selbst mit einer Vision des geschichtslosen Menschen. Eine solche Entwicklung scheint für das Nachkriegsfrankreich durchaus typisch zu sein: Hier entstand kein Pendant zur «Frankfurter Schule», und der französische Existentialismus, der immerhin Hegel noch mehr verdankte als Kierkegaard, Husserl und Heidegger, wurde sehr bald durch den Strukturalismus verdrängt, der, wie Lévi-Strauss Paul Ricœur gegenüber zugab, ein «Kantianismus ohne transzendentales Subjekt» ist. Auch der französische Marxismus im engeren Sinne bewegte sich auf epigonalem Niveau, bis er mit Louis Althusser ebenfalls in strukturalistisches Fahrwasser geriet. In diesem Kontext wurde Sartres tollkühnes Ein-Mann-Unternehmen einer Neubegründung der dialektischen Vernunft kaum ernsthaft diskutiert und war von vornherein an die Peripherie verwiesen. Was nun Kojèves Prognosen für den post-historischen Menschen angeht, so sah er für diesen zunächst eine Rückkehr zum Zustand des Tieres voraus (was übrigens an bestimmte Zukunftsprognosen von Sigmund Freud erinnert). Aber seit 1960 glaubte er, angeregt von den Beobachtungen bei einer Japanreise, an die alternative Möglichkeit einer allgemeinen Entwicklung zum *Snobismus*. Diese höchst kuriose Spielart des «Mißgeschicks» der Dialektik in Frankreich belegen die folgenden Fußnoten zur Seite 434 der *Introduction à la lecture de Hegel* und die Fußnote zu dieser Fußnote, die Kojève als einzige Ergänzung der 2. Auflage seines Buches hinzugefügt hat. Wer sich jedoch von den Verstiegenheiten und historischen Verzerrungen (auf die man schließlich ja auch bei Hegel stößt) nicht davon abhalten läßt, sich anregen zu lassen, der wird vielleicht die merkwürdige Entdeckung machen, daß diese Vision, trotz ihrer fragwürdigen Prämisse einer seit Napoleon abgeschlossenen dialektischen Entwicklung, dominierende Erscheinungen unserer Wohlstandsgesellschaft, angefangen von der Drogensucht bis zum politischen Terrorismus, auf faszinierende Weise zu erklären scheint.

Fußnote 1 zu Seite 434 von Alexandre Kojève, *Introduction à la lecture de Hegel*.

«Das Verschwinden des Menschen am Ende der Geschichte ist also keine kosmische Katastrophe: die natürliche Welt bleibt, was sie von aller Ewigkeit her ist. Und es ist ebensowenig eine biologische Katastrophe: der Mensch bleibt als Tier am Leben, das *im Einklang* ist mit der Natur und dem Seienden. Was verschwindet, ist der Mensch im eigentlichen Sinn, das heißt das das Seiende negierende Handeln und der Irrtum oder, ganz allgemein, der *Gegensatz* von Subjekt und Objekt. Das Ende der menschlichen Zeit oder der Geschichte, das heißt der endgültigen Aufhebung des eigentlichen Menschen oder des freien geschichtlichen Individuums, bedeutet ja ganz einfach das Aufhören des Handelns im eigentlichen Sinn des Wortes. Das heißt praktisch: das Verschwinden der Kriege und blutigen Revolutionen. Und auch das Verschwinden der *Philosophie;* denn da der Mensch sich nicht mehr wesentlich selbst ändert, gibt es keinen Grund mehr, die (wahren) Grundsätze zu verändern, die die Basis der Welterkenntnis und Selbsterkenntnis bilden. Aber alles übrige kann sich unbegrenzt erhalten: die Kunst, die Liebe, das Spiel usw.; kurz, alles, was den Menschen *glücklich* macht. Denken wir daran, daß auch dieses Hegelsche Thema unter vielen anderen von Marx übernommen worden ist. die eigentliche Geschichte, in der die Menschen (die «Klassen») miteinander um die Anerkennung und durch die Arbeit gegen die Natur kämpfen, heißt bei Marx «Reich der Notwendigkeit», *jenseits* davon liegt das «Reich der Freiheit», in dem die Menschen (sich gegenseitig vorbehaltlos anerkennend) nicht mehr kämpfen und so wenig wie möglich arbeiten (da die Natur endgültig gezähmt, das heißt mit dem Menschen in Einklang gebracht worden ist). Siehe *Das Kapital,* Dritter Band, 48. Kapitel, Ende des zweiten Absatzes von III.»

Fußnote der zweiten Auflage zu dieser Fußnote:

«Der Text dieser Fußnote ist zweideutig, um nicht zu sagen widersprüchlich. Wenn man «das Verschwinden des Menschen am Ende der Geschichte» annimmt, wenn man behauptet: «der Mensch bleibt *als Tier* am Leben», und weiter präzisiert: «Was *verschwindet, ist der Mensch im eigentlichen Sinn»,* dann kann man nicht sagen: alles übrige kann sich unbegrenzt erhalten: die Kunst, die Liebe, das Spiel usw.». Wenn der Mensch wieder ein Tier wird, müssen auch seine Kunst, seine Liebe, sein Spiel wieder rein «natürlich» werden. Man müßte also annehmen, daß nach dem Ende der Geschichte die Menschen ihre Gebäude und ihre Kunstwerke so errichten, wie die Vögel ihre Nester und die Spinnen ihre Netze bauen, Konzerte nach dem Vorbild der Frösche und Grillen ausführen, wie Jungtiere spielen und sich wie erwachsene Tiere der Liebe hingeben. Aber dann kann man nicht sagen, daß all dies «den Menschen *glücklich* macht». Man müßte vielmehr sagen, daß die post-historischen Tiere der Spezies *Homo sapiens* (die im Überfluß und in voller Sicherheit leben werden) hinsichtlich ihres künstlerischen, erotischen und spielerischen Verhaltens *zufrieden* sein, da sie sich *per definitionem* damit zufrieden geben werden. Aber mehr noch. Die *«endgültige Aufhebung* des *eigentlichen* Menschen» bedeutet auch das endgültige Verschwinden der menschlichen Rede *(Logos)* im eigentlichen Sinn. Die Tiere der Spezies *Homo sapiens* würden durch bedingte Reflexe auf tönende oder mimische Signale reagieren, und ihre sogenannten «Reden» ähnelten auf diese Weise der angeblichen «Sprache» der Bienen. Was verschwinden würde, ist also nicht nur die Philosophie und das Suchen nach der diskursiven Weisheit, sondern auch diese Weisheit selbst. Denn bei den post-historischen Tieren gäbe es keine diskursive «Wel*terkenntnis* und *Selbsterkenntnis.»*

In der Zeit, als ich die obige Fußnote verfaßte (1946), schien mir die Rückkehr des Menschen zur Animalität als Zukunftsperspektive (einer übrigens mehr oder weniger nahen Zukunft) nicht undenkbar. Aber kurz danach habe ich begriffen (1948), daß das Hegelsch-Marxsche Ende der Geschichte nicht mehr aussteht, sondern schon jetzt Gegenwart ist. Als ich beobachtete, was um mich herum geschah, und darüber nachdachte, was seit der Schlacht von Jena in der Welt geschehen war, begriff ich, daß Hegel recht hatte, in dieser das Ende der eigentlichen Geschichte zu sehen. In dieser Schlacht und durch sie erreicht die Avantgarde der Menschheit virtuell die Grenze und das Ziel, das heißt das *Ende* der geschichtlichen Entwicklung des Menschen. Was sich seitdem ereignet hat, ist nur eine räumliche Ausdehnung der universalen revolutionären Macht, wie sie sich in Frankreich durch Robbespierre-Napoleon aktualisierte. Vom authentisch historischen Gesichtspunkt aus haben die beiden Weltkriege mit ihrem Gefolge von kleinen und großen Revolutionen nur das Ergebnis gehabt, die rückständigen Zivilisationen der Randprovinzen auf die (real oder virtuell) fortgeschrittensten europäischen Positionen zu bringen. Wenn die Sowjetisierung Rußlands und die Kommunisierung Chinas mehr und etwas anderes sind als die Demokratisierung des kaiserlichen Deutschland (auf dem Umweg über den Hitlerismus) oder die Gewinnung der Unabhängigkeit Togos, ja die Selbstbestimmung der Papuas, so einzig und allein deshalb, weil die chinesisch-sowjetische Aktualisierung des robbespierreschen Bonapartismus das nach-napoleonische Europa zwingt, die Beseitigung der zahlreichen, mehr oder weniger anachronistischen Rückstände seiner vorrevolutionären Vergangenheit zu beschleunigen. Schon heute ist dieser Beseitigungsprozeß übrigens in den nordamerikanischen Verlängerungen Europas weiter fortgeschritten als in Europa selbst. Man kann sogar sagen, daß von einem bestimmten Gesichtspunkt aus die Vereinigten Staaten bereits das Endstadium des marxistischen «Kommunismus» erreicht haben, da praktisch alle Mitglieder einer «klassenlosen Gesellschaft» dort schon jetzt erwerben können, was ihnen gefällt, ohne deshalb mehr arbeiten zu müssen, als sie Lust haben.

Mehrere vergleichende Reisen in die Vereinigten Staaten und die Sowjetunion (zwischen 1948 und 1958) haben mir nun den Eindruck vermittelt, daß die Amerikaner nur deshalb wie reichgewordene Russen und Chinesen wirken, weil die Russen und Chinesen einfach noch arme Amerikaner, allerdings auf dem Weg einer raschen Bereicherung, sind. Daraus habe ich geschlossen, daß der *American way of life* die typische Lebensweise der post-historischen Periode ist und die heutige Anwesenheit der Vereinigten Staaten in der Welt die künftige «ewige Gegenwart» der ganzen Menschheit vorwegnimmt. So erschien die Rückkehr des Menschen zur Animalität nicht als eine noch ausstehende Möglichkeit, sondern als eine bereits gegenwärtige Gewißheit. Aufgrund einer kürzlichen Reise nach Japan (1959) habe ich in diesem Punkt radikal meine Meinung geändert. Ich habe eine Gesellschaft beobachten können, die in ihrer Art einzigartig ist, weil sie als einzige eine fast dreihundertjährige Erfahrung eines Lebens in einer Periode gemacht hat, die man mangels jeden Bürgerkrieges oder äußeren Krieges (infolge der Beseitigung des «Feudalismus» durch den nichtadligen Hideyoshi und der künstlichen Isolierung des Landes durch seinen adligen Nachfolger Ieyasu) als eine Periode des «Endes der Geschichte» ansehen muß. Die Existenz der adligen Japaner, die nicht aufhörten, ihr Leben zu riskieren (sogar im Duell), ohne daß sie deshalb zu arbeiten begonnen hätten, war nichts weniger als tierisch.

Die «post-historische» japanische Zivilisation hat einen dem «amerikanischen Weg» diametral entgegengesetzten Weg eingeschlagen. Zwar gab es in Japan weder eine Religion noch eine Moral, noch eine Politik im «europäischen» oder historischen» Sinn dieser Wörter mehr.

Aber der *Snobismus* im Reinzustand schuf hier das «natürliche» oder «animalische Sein negierende Disziplinen, die an Wirksamkeit bei weitem diejenigen übertrafen, die in Japan und woanders aus dem «historischen» Handeln entstehen, das heißt aus den kriegerischen und revolutionären Kämpfen oder aus der erzwungenen Arbeit. Gewiß, die (nirgends erreichten) Gipfel des spezifisch japanischen Snobismus, die die No-Spiele, die Teezeremonie und die Kunst des Blumensteckens darstellen, waren und bleiben noch das ausschließliche Privileg der Adligen und Reichen. Aber trotz der fortbestehenden wirtschaftlichen und sozialen Ungleichheiten sind alle Japaner heute ausnahmslos dabei, nach total *formalisierten* Werten zu leben, das heißt nach Werten, die bar irgendeines «menschlichen» Inhalts im «historischen» Sinne sind. So ist also äußerstenfalls jeder Japaner prinzipiell fähig, aus reinem Snobismus zu einem vollständig «sinnlosen» *Selbstmord* zu schreiten (wobei das klassische Samuraischwert durch ein Flugzeug oder ein Torpedo ersetzt werden kann), der nichts mehr zu tun hat mit dem *Riskieren* des Lebens in einem Kampf um «historische» Werte sozialen und politischen Inhalts. Das scheint die Annahme zu erlauben, daß die beginnende Interaktion zwischen Japan und der westlichen Welt letztlich nicht auf eine neuerliche Barbarisierung der Japaner, sondern auf eine «Japanisierung» der Westler (einschließlich der Russen) hinauslaufen wird.

Da nun aber kein Tier ein Snob sein kann, wäre jede «japanisierte» post-historische Periode spezifisch menschlich. Es käme also nicht zu einer «endgültigen Aufhebung des eigentlichen Menschen», solange es noch Tiere der Spezies *Homo sapiens* gäbe, die als «natürliche» Basis für das dienen, was am Menschen noch menschlich ist. Aber, wie ich in der obigen Fußnote gesagt habe, ein Tier, «das im Einklang ist mit der Natur und dem Seienden», ist ein *lebendes* Wesen, das nichts Menschliches hat. Um menschlich bleiben zu können, muß der Mensch im *«Gegensatz* von Subjekt und Objekt» bleiben, selbst wenn «das das Seiende negierende Handeln und der Irrtum» verschwinden. Das heißt, der posthistorische Mensch muß, während er nunmehr in *adäquater* Weise von allem Seienden spricht, fortfahren, die «Formen» von ihren Inhalten *zu lösen,* nicht mehr, um letztere aktiv zu trans-formieren, sondern um sich selbst als eine reine «Form» sich selbst und den anderen als irgendwelche «Inhalte» *entgegenzusetzen.»*

Bibliographie Alexandre Kojève

Die Geschichtsphilosophie Wladimir Solowjews, Cohen, Bonn 1930
La métaphysique religieuse de Vladimir Soloviev, in: *Revue d'Histoire et de Philosophie religieuses,* Jg. 1934, S. 534—554
Hegel, Marx et le christianisme, in: Critique 3/4 (1946)
Introduction à la lecture de Hegel, Gallimard, Paris 1947
Tyrannie et sagesse, in: Leo Strauss, *De la tyrannie,* Gallimard, Paris 1954
Essai d'une histoire raisonnée de la philosophie paienne, Tome I: *Les Présocratiques,* Gallimard, Paris 1968
Essai d'une histoire raisonnée de la philosophie paienne, Tome II: *Platon – Aristote,* Gallimard, Paris 1972
Essai d'une histoire raisonnée de la philosophie paienne, Tome III: *La Philosophie hellénistique. Les Néo-platoniciens,* Gallimard, Paris 1973
Kant, Gallimard, Paris 1973

Bernd Martin Schuppener

Jean-Paul Sartre, La Grande Morale.

Extraits d'un cahier de notes (1947). In: *Obliques,* numéro spécial (no. 18/19), SARTRE, dirigé par Michel Sicard, Nyons 1979, p. 249—262

Entgegen Sartres Ankündigungen von 1975 (in: *Situations* X, 207 ff.) ist nun doch ein Teil dessen erschienen, was ursprünglich einer posthumen Veröffentlichung vorbehalten war. Man würde das nicht besonders aufregend finden, wenn es sich nicht um die *Morale* handeln würde, die Sartre am Schluß von *L'être et le néant* versprochen hatte, ohne das Versprechen einzulösen. Das Besondere an diesen Manuskripten aus dem Jahr 1947 – eine Datierung, die allerdings bezweifelt werden kann – besteht also darin, daß hier ein von Sartre aufgegebenes und nicht für den Druck bestimmtes Werk ausschnittweise dennoch in die Kultur- und Wissenschaftsmaschinerie gelangt und daß man von ihm weiß, daß seine Intentionen «scheitern» (vgl. *Saint Genet,* 177 Anm.). Zugleich hat man Grund zu vermuten, daß ihm Aktualität zukommt. Nicht nur, weil es im Bereich der Universitätsphilosophie derzeit einen Boom in «Ethik» gibt und man den Beitrag eines Autors vom Format Sartres nicht übergehen kann; sondern auch, weil er Aufschluß über die Genese von Sartres reifem Denken zu bringen verspricht. Aus der Perspektive des späten Sartre interessiert die «Moral» nicht trotz, sondern gerade wegen ihres Scheiterns.

Der in *Obliques* auszugsweise abgedruckte Text beträgt nur 14 Seiten. Die Seiten sind freilich gewaltig groß und überdies zweispaltig (klein) bedruckt. Nicht alle Äußerungen sind ausformulierte Sätze, oft handelt sich's nur um Satzfragmente und Stichwörter. Fragment 1 (S. 249—261) ist durchnumeriert von 1 – 68 (zit. F1, *n),* teilweise unzusammenhängend, wenn auch nicht zusammenhanglos. Fragment 2 (S. 261 f., zit. F2) bietet einen durchgehenden, zumeist vollständig ausformulierten Text. Der Reichtum nicht explizierter Bezüge zwingt mich zu der Ökonomie, nur die wesentlichsten Gesichtspunkte aufzuführen.

Wer von der *Morale* eine fugenlose Fortschreibung der sartreschen Ontologie erwartet, könnte enttäuscht sein. Das Problem der sich selbst als Wert setzenden Freiheit wird nicht ausdrücklich erörtert. Im Ansatz sind die in der *Morale* aufgeworfenen Themen jedoch auch in *L'être et le néant* zu finden, nur daß sie dort nicht jeweils als moralische deklariert werden. Terminologisch könnte man die beiden Fragmente in der Nähe des *Genet* ansiedeln.

Der Begriff der «Moral» selbst taucht recht selten auf. Die Fragmente thematisieren vor allem die Geschichtsproblematik – die allerdings eine moralische Dimension hat: Geschichte ist die des Individuums (F1, 8), bzw. die der Individuen; «c'est la liberté qui fait l'histoire» (F1, 19, ähnlich 14, 21, 42). Die These, daß die Individuen («personne ou groupe», F1, 1) die Geschichte machen, bringt verschiedene Probleme mit sich. Da jede Geschichtstheorie selbst historisch ist, ist die Bewertung der «faits historiques» nicht «objektiv», «le jugement fait partie de la chose jugée» (F1, 47, Anspielung auf Heisenbergs Unschärferelation, vgl. *L'être et le néant,* 369 ff.; *Critique de la raison dialectique,* 104). Ein Urteil über die Geschichte als Totalität (F1, 8) nimmt zwar an dieser Totalität teil, verändert aber damit die Geschichte. Hinzu kommt, daß es keine «gemeinsame» Geschichte gibt, woraus eine Unendlichkeit möglicher Interpretationen folgt (F1, 8, 46). Da die *Freiheit* die Geschichte macht, kann sie ebensogut auch die «Nicht-Geschichte» bewirken (F1, 19). «L'existentialisme contre l'histoire par affirmation de l'individualité irréductible de la personne» (F1, 10). Wenn Sartre hier den Existentialismus gegen die Geschichte stellt, kann er damit eigentlich nur den «mauvais» Aspekt dessen meinen, was der Existentialismus beschreibt, also die Möglichkeit des Bewußtseins, die Geschichte zu negieren (F1, 21). Das hat jedoch nichts mit der «Individualität der Person» zu tun. Die Individualität an sich steht nicht gegen die Geschichte (vgl. *L'être et le néant,* 205, 343, u. a.), sondern die faktische «séparation des consciences» (F1, 13). Die Geschichte birgt damit in sich selbst «éléments non historiques» (F1, 31) und menschliche Augenblicke, die der Geschichte entgehen (F1, 8). «Ainsi, au sein de l'histoire, chaque être historique est en même temps un absolu ahistorique» (F1, 13). So kommt es, daß eine historisch-ahistorische Geschichte (vgl. F1, 58) «est l'autre, donc l'autre qu'elle-même» (F1, 68). Sie ist «quasi-dialektisch», *ohne Synthese,* damit auch *ohne Sinn* – «l'histoire s'échappe à elle-même ... [et] sera toujours aliénée» (F1, 68). Geschichte ist «die beständig durch die reale Diskontinuität gesprengte ideale Kontinuität» (F1, 15), deren Synthese unmöglich ist (F1, 16).

Soviel zur Geschichtsproblematik. Auf die Dialektik solcher Termini wie «événement», «progrès», «totalisation» usw. habe ich hier nicht eigens hingewiesen. Man kennt sie ja aus der *Critique de la raison dialectique.* Wenn ich hier zwischen «Geschichte» und «Moral» trenne, so bin ich mir bewußt, den Text in seiner vorliegenden Form überzuinterpretieren. Aus Gründen einer besseren Verstehbarkeit scheint es mir jedoch legitim, jenseits der Aussagen, die er trifft, auch jene Implikationen auszufalten, die der Text nur andeutet.

Was die «Moral» anbetrifft, kann man hier drei Ebenen unterscheiden: die gegenwärtige und vergangene Alltagsmoral, also die historische oder besser: prähistorische Moral – dann die historisch-utopische authentische Moral, d.h. *die* Moral – und schließlich eine ästhetische, poetische Moral.

Die ästhetische Moral ist durch die Ambivalenz gekennzeichnet, zugleich historisch wie auch prähistorisch zu sein. So heißt es:

«Le véritable agent historique est moins efficace mais en traitant les hommes comme lui-même, il tâche à faire exister l'esprit comme unité donc l'histoire. C'est par lui qu'une histoire est possible (par l'écrivain, le philosophe, le saint, le prophète, le savant).» (F1, 5; vgl. die Ausführungen im *Genet.)*

Die Kunst, so Sartre, ist die einzige Art von *Imagination,* die nicht der Geschichte (sprich: Vorgeschichte) entgeht (F1, 8) und die damit die wirkliche historische Kraft in der Vorgeschichte wäre. Die *Poesie* ist der Modus, das *Scheitern* – nämlich das des Strebens nach dem unerreichbaren Sein – zu «lieben» und als solches «anzuerkennen» (F1, 41). «La poésie c'est le salut de la poursuite de l'être vu du point de vue d'une réflexion non convertie.» (F1, 51 – vgl.: *L'écrivain et sa langue, Sit.* IX, 59—65.) Die Poesie ist also nicht «eigentlich» moralisch, denn sie rettet vor dem Seinsstreben mit den Mitteln der nicht-konvertierten Reflexion, der «réflexion impure», wie es in *L'être et le néant* heißt. In der *Morale* stellt sich Sartre die «description du monde poétique» (F1, 41) nur als Aufgabe. Man kann sie im *Genet* und im *Flaubert* nachlesen.

Die «alltägliche» und die «authentische» Moral – terminologisch von Sartre *so* nicht unterschieden – kann man nicht getrennt von einander beschreiben, denn die authentische Moral *ist* ja *nicht,* kann also nur vom Standpunkt jener nichtkonvertierten Reflexion aus gesehen werden. In einer Zeit, so Sartre (F1, 66), in der Wirtschaft, Medien und Geschichte dazu tendieren, die Menschen zu isolieren, ist die Moral «abstraite et universelle» und betrachtet «l'activité humaine comme une succession d'actes au présent», d.h. sie ist «analytisch» (F1, 66). Damit wendet Sartre sich auch gegen die Kantische Moral.

Übrigens ist dies ein Indiz für die Fraglichkeit der Datierung des *Morale*-Fragments auf 1947; denn im gleichen Jahr noch hatte Sartre die «cité des fins kantiennes» als die eigentliche moralische Ebene postuliert (*Conscience de soi et connaissance de soi*, 82). Auch in *Qu'est-ce-que la littérature?* zeigt er sich Kant gegenüber noch wohlwollender (*Sit.* II, 296 ff.).

Diese Moral verschleiert die konkrete Zukunft durch die «Ewigkeit» (F1, 66, s.a. 31, 33f.). – eine Attacke gegen die christliche Religion.

«Die Geschichte wird *immer* entfremdet sein» (F1, 68). Wenn man sich überhaupt eine Utopie vorstellen kann, dann: «une histoire où l'altérité est reprise par l'unité, bien qu'elle demeure toujours ontiquement» (F1, 68). Daß auch diese Utopie «ontisch» bleibt, ist einsichtig; denn das Seinsstreben wird durch die Konversion nicht beseitigt werden können. «L'homme authentique ne peut pas par la conversion supprimer la poursuite de l'Etre car il n'y aurait plus rien.» (F1, 41)

«Il faut une détermination morale de la personne à traiter en fin les autres personnes; ainsi le passage de pseudo-histoire à l'histoire vraie est soumis à cette détermination ahistorique de tous à réaliser la morale. La révolution historique dépend de la conversion morale. L'utopie c'est que la conversion de tous à la fois toujours possible, est la combinaison la moins probable (à cause de la diversité des situations). Il convient donc d'égaliser les situations pour rendre cette combinaison ...» (F1, 68)

Daraus ergibt sich die Aufgabenstellung einer «historischen Moral»: das Studium der menschlichen *Aktionen* – denn man muß (dennoch) «heute» damit beginnen, die Verbesserungen von «morgen» vorzubereiten (F1, 68).

Sartre stellt die Frage nach der Möglichkeit einer Bien/Mal-Synthese (F2). Ohne Konversion sei sie sicher nicht möglich, «... puisqu'elle serait synthèse du Poursoi et de l'En-soi.» Wieso eigentlich? Das en-soi ist weder Bien noch Mal. Die Bestimmung erhält es erst durch das poursoi. Es kann also die Synthese von *bestimmtem* en-soi und pour-soi *nicht* die von *l'être et le néant* bis zum *Flaubert* angesprochene en-soi-pour-soi-Synthese sein, der prinzipiell unüberschreitbare «Wert». Die Argumentation läuft darauf hinaus, daß man selbst derjenige ist, der über Bien und Mal entscheidet. Daher solle man sich, so Sartres Postulat, auf die Seite derjenigen stellen, die unter dem Bösen leiden. Daraus ergäben sich jedoch zwei antinomische Forderungen, die es «aufzuheben» gelte. Zum einen: Mit den *Unterdrückten* «un Bien positif» zu definieren, im Lichte dessen «le Mal apparaît comme mal»; jenes positive Gute sei dann als Ziel in die Zukunft zu hypostasieren (F2). «C'est la *maxime directrice de l'Action,* c'est *l'idée régulatrice.*» Diese «regulative Idee» ist der Sozialismus (vgl. *Qu'est-ce-que la littérature? Sit.* II, 266, 310), den es aber, wie in Klammern zu lesen ist, noch zu definieren gilt: («... – cf. plus loin – à partir de l'œuvre et de la liberté – donc du mouvement – non à partir du bonheur – c'est-à-dire du repos et la mort»). (F2) Zum anderen: Diese regulative Idee nicht «au sérieux» aufzunehmen (vgl. *L'être et le néant,* 77, 669). «Notre Bien» ist, genau wie wir, selbst «un absolu-relatif» (das könnte allerdings die sich selbst für wert-

voll haltende Freiheit von *L'être et le néant*, 722, meinen).
Nach einer Auseinandersetzung mit dem Zweck/Mittel-Verhältnis (*contenu concret de la morale, valeur, action*) der «Revolutionäre» schließt das cahier, fast prophetisch: «Ainsi s'entrevoit, par-delà l'antinomie de la morale et de l'histoire, une morale concrète qui est comme *la logique de l'action effective.*»
Zusammenfassend möchte ich betonen, daß viele Problemkreise der *Morale* in der *Critique de la raison dialectique* wieder auftauchen, manche auch im *Genet* oder im *Flaubert*. Einen Bruch mit der Theorie von *L'être et le néant* kann ich nicht feststellen. *Alle* Fragestellungen sind auch dort zu finden – *sogar* die der Geschichte. Von daher finde ich die einleitende Bemerkung von M. Sicard, der glaubt, «de mieux comprendre chez Sartre le passage d'une philosophie de la conscience à une pensée de l'histoire», überflüssig. Sich der Geschichte zuzuwenden heißt doch nicht gleichzeitig, das Terrain der Bewußtseinsphilosophie zu verlassen. Sartre hat *nie* im Übergang zu neuen Themenstellungen die alten aufgegeben; und die des Bewußtseins schon gar nicht! Die *Morale* hat «nur» eine Schwachstelle von *L'être et le néant* aufgegriffen (den IV. Teil) und konkretisiert. Die Kontinuität in Sartres Denken, die eben darin liegt, in einer detotalisierenden Prähistorie den Anfang in der durch die Apodiktizität des praereflexiven cogito (*vécu*) garantierten Subjektivität zu sehen, bleibt bis zum *Flaubert* – so auch hier – bewahrt.
Die Tatsache, daß diese Moral «scheitert», geht nicht zu Lasten ihrer methodologischen Basis, sondern ist – und darin liegt das Verdienst des «Scheiterns» – den historischen Gegebenheiten zuzusprechen. Jenes «Scheitern» der *Morale* dokumentiert vielmehr die offensichtlich ethische Implikation von *L'être et le néant* und dessen ambivalenter Terminologie.
Eines möchte ich zum Schluß noch anmerken: Wie kommt Sartre, nachdem er die Frage nach der Möglichkeit der Bien/Mal-Synthese gestellt hat (F2), zu der Behauptung: «Mais si nous opérons la conversion l'éclairage est différent ...»? Und: woher weiß die nicht-konvertierte Reflexion, daß sich nach Vollzug der Konversion das Seinsstreben nicht beseitigen läßt (F1, 41)? Über die Verschiedenheit der Gesichtspunkte *nach* der Konversion kann man doch nur dann etwas sagen, wenn man bereits konvertiert ist! Auch die Erkenntnis der Konstanz des Seinsstrebens setzt die Konversion voraus.
Wie man weiß, hat Sartre in seinen früheren Werken (bis etwa *Conscience de soi et connaissance de soi*) zwischen einer *réflexion impure (complice)* und einer *réflexion pure (purifiante)* unterschieden. In den späteren Schriften – so auch hier – fällt diese Differenzierung weg, obwohl man sie versteckt doch immer wieder irgendwo aufspüren kann. «Elles n'ont pas conscience *historique* de la temporalité comme essentielle. Elles n'ont conscience que de la durée immédiate et naturelle.» (F1, 53)
Warum drückt sich Sartre wohl mit einer solchen Beständigkeit um die Explikation jener mysteriösen konvertierten, reinen Reflexion herum?